怀旧：永恒的文化乡愁

赵静蓉 著

商務印書館

2009年·北京

图书在版编目(CIP)数据

怀旧:永恒的文化乡愁/赵静蓉著.—北京:商务印书馆,2009

ISBN 978-7-100-06565-8

I.怀… II.赵… III.文学批评—理论研究 IV.I106

中国版本图书馆CIP数据核字(2009)第018482号

怀旧:永恒的文化乡愁

赵静蓉 著

商务印书馆出版

(北京王府井大街36号 邮政编码100710)

商务印书馆发行

北京瑞古冠中印刷厂印刷

ISBN 978-7-100-06565-8

2009年9月第1版 开本880×1230 1/32

2009年9月北京第1次印刷 印张14½

定价:30.00元

本书系国家社会科学基金项目“现代文化的转型与怀旧情结”(项目批准号:04CZW004)成果

本书出版受暨南大学“211工程”第三期“比较文艺学与海外华文文学”建设项目专项资助

序一

周　宪

今天，我们面临的是一个以速度和变化取胜的时代。所以，当代人对一百多年前马克思和波德莱尔几乎同时言说的两段话体验深刻。马克思写道："一切固定的古老关系以及与之相适应的素被尊崇的观念和见解都被消除了，一切新形成的关系等不到固定下来就陈旧了。一切固定的东西都烟消云散了。"而波德莱尔则用诗人的语言说道："现代性就是过渡、短暂、偶然。"对现代性研究的文献稍加翻检便会注意到，以上两句话频繁地出现在各种各样的现代性研究著述中。

尽管这两句话所针对的问题不尽相同，但它们都深刻地触及到现代性的基本特征，用当代英国社会学家鲍曼形象的比喻来说，就是"流动的现代性"。他曾以"液态"来比喻今天的现代性境况，一切都变得稍纵即逝。于是，过去很快被淡忘，历史变得相当遥远，而传统生活被彻底改变了。有趣的是，也许正是因为过去丢失的速度加快了，过去变得朦胧遥远，所以，有关过去的一切又显得如此具有吸引力。收藏热、国学热、唐装热、昆曲热……这些似乎又在传达出另一层社会文化变化的含义，那就是对过去传统的留恋与向往。

我以为，正是在这样的语境中，怀旧作为一个现代性问题出现了。

照我的看法,怀旧是现代人一种无家可归的主观体验。更具体地说来,它是一种对逝去的东西的向往,一种怀念过去好时光的冲动。辩证地看,恰恰是因为过去在愈来愈快地流逝,所以现代性的主体才涌动出一种要留住过去、重温过去和赞美过去的心向。于是,怀旧(或乡愁)作为一个普遍的文化现象,不但频现于各类文学艺术作品之中,而且也广泛地呈现在从媒体到地方文化重建的表意实践之中。

毫无疑问,现代化及其全球化进程激发了许多复杂的地方性反应,其中之一就是对本真性和家园感丧失的焦虑,由此激发了文化认同重构的冲动。一些社会学家发现,对全球化的激烈反应之一就是对地方性文化传统的重新肯定甚至强化。全球电子媒介文化导致了场所感的丧失,记忆中那种对温馨家园感和过去好时光的依恋便油然而生。所以,乡愁成为一种无家可归感的反应,怀旧则是对传统失落的忆念。晚近各地出现的本土文化重建热就是一个明证,诸如传统风俗、节庆、民俗、老街、戏曲、老作坊、民居、土话、叫卖吆喝、传统饮食等等,不妨视为这种重温家园感的表现。这是一种无可避免的"刻意乡愁"。

当怀旧作为一种文化表意实践进入日常生活时,作为一个理论问题的怀旧也就进入了学者视野。晚近一些年来,国内学界出现了不少关于怀旧的讨论。赵静蓉博士的这本书就是在这样的语境中应运而生的。虽然小赵属于"70后",但敏锐的体验能力和良好的理论思维,使她把握到怀旧作为一个文化问题的重要性和理论价值。经过博士论文撰写,以及后续国家社科基金青年项目的进一步打磨,现在这本专题讨论怀旧的理论著作终于面世了。就我的阅读面来说，这也许是国内第一部系统讨论怀旧这一文化现代性问题的专著。

在我的印象中，小赵属于那种颇有学术灵气的那类人。在她攻读博士学位时期，不仅勤奋好学，而且善于发现和解决问题。有些问题她一点就通，一说便得其要领。所以，当她决定把怀旧作为学位论文选题时，作为导师，我的主要任务就是帮助她找寻各种有关文献。记得那会儿在美国、新加坡等地的朋友都被我发动起来了，的确收集到一些不错的文献，现在它们被作者精雕细刻地镶嵌在本书的各章节之中了。作为一个中国学人，作为一个亲历现代化深刻转变的青年人，赵静蓉在细读这些文献的基础上，努力作出自己的解释和思考。特别难能可贵的是，在怀旧的专题研究中，作者结合中国的社会文化现实发展，深入剖析怀旧作为一个问题在中国语境中所呈现出来的复杂意义。我想，这些探索一定给人以某种启发。

尽管怀旧的表层意义是指向过去，但细细想来又不尽然。记得有社会学家说过，我们对现在的认知在相当程度上取决于我们有关过去的知识，换言之，我们是在一个与过去的事件和事物有因果联系的脉络中来体验现在世界的。这么来看，怀旧绝不只是怀想过去，而且有立足现在并指向未来的导向参照功能。我想，小赵的这本书考量怀旧问题的意义正在于此。

2008 年 11 月 30 日于南京大学

序二

赵宪章

收到静蓉博士关于怀旧问题的研究，立马使我想起发生在20世纪90年代的一件往事：那是我刚刚主持中文系工作不久，接待多伦多大学的来访教授，请他为研究生作一次学术演讲。他当时演讲的主题是什么，我现在已经淡忘，只是最后的答问，留下印象至深。我问他诺思罗普·弗莱为什么在加拿大产生了那么大的影响，试图了解一下同一族群对于自己的这位大学者的看法。没想到教授先生居然不假思索的、以毋庸置疑的口吻回答说："这理由很简单，加拿大快成了美国的殖民地了！"可谓语出惊人，不仅引起全场惊诧不已，更使我们疑惑不解。他接着解释说："我们的孩子每天打开电视，看到的都是美国的新闻和影视片。美国总统几点接待外宾、几点遛狗，他们都很清楚；但是，你问孩子们加拿大的文化是什么，他们居然一无所知。……于是，加拿大的知识精英们不得不筑起一座座'城堡'，用以防御美国文化的入侵。"——原来如此，他把弗莱的"原型"理论喻为加拿大防御文化殖民的"城堡"了。尽管当时我出于礼貌也为他的幽默击掌，但是总觉得味道不对，事后越想越觉得这个比喻多有不妥：且不说其中包含着教授先生对于弗莱的多少误读，也不说它所赋予弗莱的这座"城堡"是否存在和有效，单就其将原型理论的价值归结为“文化防御”这一点而言，我就很不赞成。

毫无疑问，弗莱在加拿大乃至世界范围内的走红并非偶然，文化殖民确是它的重要背景之一。问题不在这里，而在于弱势文化究竟应以怎样的心态和姿态予以面对。建造“文化城堡”以严防“夷寇外侵”是一种健康的心态和有效的姿态吗？就历史而言，无论是西方的罗马帝国对于希腊文化，还是中国的汉唐王朝对于西域文化，都没有听说过构筑什么“城堡”用以防御文化入侵；相反，罗马文化恰恰是“希腊化”和“化希腊”的结果，汉唐盛世恰恰有中西文化交流的助兴，从而使他们在政治、经济、语言、文学和艺术等方面获得繁荣和新生。至于弗莱的“城堡”究竟在多大程度上抵御了美国文化的入侵，从而有效地保护了加拿大文化的纯洁性，多伦多大学的这位“爱国教授”也难说得清，恐怕只有天知道！

静蓉博士的怀旧研究之所以使我联想到这件往事，就在于无论是弗莱的“原型”还是现代的“怀旧”理论，也可以追溯到柏拉图的“理式”、庄子的“白驹过隙”，甚或当代的“诗意栖居”、中国的“老照片”等，在哲学层面上可以说一脉相通，那就是人类对于时间和记忆的追寻。就像笛福笔下的鲁滨孙，当他只身一人被海浪抛到荒岛之后，为什么在生存恐惧稍微缓解之后便遭遇更大、更痛苦的失忆恐惧？他担心自己“忘记计算日期，甚至连安息日和工作日都会忘记”，于是就用小刀在木柱上自造了一个“日历”，并为抗拒失忆而开始写日记。从此，每天刻画“日历”和书写日记几近成了鲁滨孙精神生活的唯一，成了他沟通外界和感应上帝的唯一。可见，人类对于时间和记忆，就像自己那鲜活的肉身一样不可须臾分离，概出于人的本能。鲁滨孙说自己写日记并不是为了留给后人看,只是“减轻一点心中的苦闷罢了”。这也是康德将时间和空间作为“感性先验形式”的学理依据:时间将人类的精神世界格式化,从而使记忆赖以存储万物;现实的“苦闷”造就了人类追忆往昔的本能,从而使奔波劳顿的灵魂得以安息。如此而已。教授先生赋予原型理论之“防御”功能,完全是对它的过度阐释,并非弗莱或者其他怀旧理论的根本。

诺贝尔奖获得者史蒂芬·霍金在他的《时间简史》中提出一个近似荒唐的问题:人类为什么希望而且只能记忆过去而不是未来?就像我们看到一个茶杯从桌子上掉下来摔成碎片,我们会在事后记住它原本的样子,而不可能在杯子完好无损的时候“记住”它未来被摔碎的样子,后者只能在倒放录像时才能看到,而宇宙的时间不可能倒流。也就是说,前者的“有序”和“唯一”使事后记忆成为可能,所谓记忆其实是对“美好”和“稀缺”的留存。陆文夫在谈到小说创作时也表达过类似的观点,他说人的回忆就像筛子,将草籽、瘪籽漏下,留下来的颗颗饱满、闪光发亮。就此而言,人类的怀旧并不是要回到过去,事实上也不可能回到过去,更没有人愿意回到刀耕火种、饮血茹毛的生活;所谓回忆和怀旧只能是一种精神寄托,在现实中不过充任了心情的“临时托管所”,和所谓的“文化城堡”扯不到一块。

我们之所以批评“文化城堡”说,就在于这一观念在我们的语境中也颇为流行。例如所谓“失语症”,之所以被翻炒得如此之热,至今仍有人为此津津乐道,便是当下中国的“文化城堡”论。如果说在闭关自守的年代,我们面对外部世界不知所措和无以言对,那确实是一种“失语”的话;那么,改革开放多年之后,我们已经和世界有了广泛而深入的交流,而且这种交流越来越广泛和深入，面对这样的形势提出所谓失语问题，无疑是企图人为地筑造中国的“文化城堡”。换言之，“失语症”的鼓吹者们在我们真正失语之际失语，而在失语症迅速消解的今天反而制造出“失语”话题。这显然是一个无中生有的伪命题，如果得逞，那将是重新关闭敞开的国门。这种貌似“爱国主义”的“文化安全”论，实际上是将文化交流的“活水”视为“祸水”，终会止息文化的吐故纳新，是当下主张“回到过去”而不是“回忆过去”的文化逆流。

还是鲁迅说得好：“明哲之士，必洞达世界大势，权衡较量，去其偏颇，得其神明，施之国中，翕合无间。外之既不后于世界之思潮，内之仍弗之固有之血脉，取今复古，别立新宗……”只有彻底摒弃狭隘的心胸，才能远离文化交流的恐惧，以坚定、自信、勇猛之气概，在风浪中而不是在“城堡”中走向成熟。静蓉博士怀旧理论研究的意义也在这里，首先“拿来”，条分缕析，为我所获，多有启发，是我看到的迄今为止最系统和最深入的同类研究。

静蓉博士的怀旧理论研究是她在自己的博士论文的基础上完善起来的，周宪教授是他的导师。由于我们南京大学文艺学团队有一个好传统，叫做“导师负责，集体培养”，任何学生和任何导师之间的交流都没有任何壁垒，所以，静蓉在读期间和我多有交往。她执著、可爱、灵性，以及完美主义的行事风格，至今给我留下深刻印象。相信她会做得很好，越来越好。

是为序。

2008年10月30日

于南京草场门寓所

目 录

导论：当怀旧成为一个现代社会问题

单就怀旧作为人类的一种心理机制和情绪功能来说，怀旧本质上是没有“古代”和“现代”之别的，而在经验事实和美学实践的层面上，怀旧实际古已有之。比如，从最宽泛的角度来看，回忆是一种怀旧，远古时代先人们的祭祖活动是一种怀旧，历史的记载和传承是一种怀旧，大量以过去为母题的文学艺术创作更是怀旧。从某种意义上说，怀旧几乎是无时不在和无处不在的。但问题恰恰在此。事实上，在怀旧尚未以一种问题意识和问题结构的方式呈现在人类生活视野中之前，怀旧现象的在场同时也意味着怀旧问题的缺无。

怀旧真正作为一个理论议题被提到研究者的议事日程上来，是19世纪晚期乃至20世纪中后期才发生的事。至此，不论是人们的日常生活理念，如对绿色食品的需求、服饰返古、家居装饰自然化、休闲娱乐田园化等，还是艺术家的艺术追求，如摄影界的“黑白艺术”、音乐界的老歌翻唱、建筑界的“老房子”系列、文学界的“怀旧系列丛书”、影视界的历史剧创作等，甚至是科学界的考古热、民俗学神话学的复兴、出版业对冠以“记忆”之名的杂志的商业炒作等等，这种种社会及艺术现象都证明了怀旧已不再局限于某个个体成长中的心路历程，也不单单是一种私密性的生命体验,而是超越了个体化的、情感性的、心理范畴的层面,生成为一件社会化的、全民性的集体事件,一个极其普遍的社会文化景观。这一事实无可置疑地推动了怀旧理论的明朗化,暗示出怀旧话语在人类现代时期发生了一个本质上的拓展,使怀旧问题的突显首先和主要地表征为现代社会或现代性视域下的怀旧。换个说法,怀旧理论的明朗化几乎与现代化进程的渐趋推进以及人类对现代文化的转型和现代性理论研究的渐趋成熟同步进行。不仅如此,在此基础上,在怀旧的个体性与集体性、怀旧的心理意义与文化功能、怀旧的审美形态与生活形态等多重层面的交织共生的状态中,现代怀旧最通常地又是从各种现代艺术形态中得以表现的,它充分展现为艺术及审美领域内的新风尚,体现了对传统艺术及美学的革新精神,从根本上说又是一个艺术史或美学史上的"事件"。正是从社会文化及审美艺术这两个方面,怀旧深远地影响到了现代人的日常生活。

笼统地说,怀旧正是现代文化的转型带给人类社会的一个不可忽视的后果。怀旧问题在现代性语境下的生成不仅充分展现出艺术及审美领域内的新风尚,而且也体现了现代人的精神归属及现代生活的重大变革。我们知道,现代性的标志是个体的生成,现代性关涉到个体对安身立命之基础的重新设定,研究者有必要从人的角度来思考现代性。所以说,怀旧既是我们进入现代性问题情境的一个极佳切入点,也是我们探讨现代文化转型的切身路径。我们有必要追问"怀旧的现实必然性和审美可能性何在?""怀旧的价值目的是什么以及这一目的是否能够实现?""怀旧所蕴涵和折射出来的文学艺术理念是什么?""当我们穿越感性的和审美的文学形象去探视现代历史这个庞杂而暧昧的存在时，现代性及现代文化精神究竟以怎样的方式浸染和改变了人们的日常生活?”而“中国文学进程又在这一精神的统照下发生了怎样的变化?”等一系列问题。以问题为契机，我们不仅可以深究现代人的心路历程，探寻中国文学在现代文化语境中的嬗变机制，还可以妥善处理文学与文化之间相互生成、彼此游离的互动关系，从而对人类的精神史研究提供多种视角和可能性。

实际上，从历史发展的背景来看怀旧在现代社会的崛起，我们可以肯定地说，怀旧并不是社会现代化进程中的一个突发事件。毋宁说，怀旧的冲动就像弗洛伊德所说的“生命本能”或荣格所说的“集体无意识”一样，是始终潜伏在人类的心灵深处的，而现代性只不过起到了一个“催化剂”的作用。尤其是 18 世纪以来的启蒙运动及其所带来的启蒙现代性，因其对理性的片面张扬和工具化运用愈演愈烈，由此在特定的历史时期激化了人的个体生命与社会的整体文化诉求之间的矛盾，加剧了人类对理性和科技曾经承诺要给人类创造幸福、实现理想的不信任感。社会变成了“风险社会”，而人类生活的自在感和安全指数降低，就像吉登斯所宣称的：

> 现代性以前所未有的方式，把我们抛离了所有类型的社会秩序的轨道，从而形成了其生活形态。在外延和内涵两方面，现代性卷入的变革比过往时代的绝大多数变迁特性都更加意义深远。在外延方面，它们确立了跨越全球的社会联系方式；在内涵方面，它们正在改变我们日常生活中

最熟悉和最带个人色彩的领域。①

正是这种“抛离”掀起了现代人“生活世界”的狂波巨澜,造成了传统社会与现代社会、传统精神与现代精神、传统思维方式与现代思维方式的根本“断裂”,使传统社会、传统精神和传统思维方式在现代性的推动下渐趋失落。这是现代性的后果,而怀旧就是以感性体验的方式(审美的方式)应对、反思、对抗乃至批判这一后果的产物。加之现代性本身就是一种“双重现象”,“现代性的特征并不是为新事物而接受新事物,而是对整个反思性的认定,这当然也包括对反思性自身的反思。……现代性,是在人们反思性地运用知识的过程中(并通过这一过程)被建构起来的,而所谓必然性知识实际上只不过是一种误解罢了。”②因此,作为一种本身就是反观自身的姿态,怀旧只有随着现代性的出现,当反思成为建构世界的本体思路时,它才有可能得到时代主体精神的认同,成为一种与主流意识同等重要的、“和而不同”的人类生存方式。

当19世纪中后期以来的启蒙现代性所赋予人类对进步的信仰占据整个时代的意识形态的主流地位时,怀旧正是遵循了审美现代性的理路表达了对现代化的反思和批判,与历史进步论的主流话语形成一种对峙和冲突的紧张状态。这种情绪贯穿了整个现代艺术的发展史,通过艺术家的艺术理念和艺术活动

---

① 安东尼·吉登斯:《现代性的后果》,田禾译,译林出版社,2000,第4页。

② 同上书,第34页。

得到了张扬:从浪漫主义运动提倡“回归自然”开始;到“颓废派”和象征主义试图脱离现代社会,通过抨击现代社会或与现代社会保持距离来寻找另一个“诗的世界”,如瓦莱里所说的:“除了他们自己选择或树立起来的真理,绝不逢迎其他真理,摒弃他们那个时代的偶像及其维护者,为此不惜牺牲迎合大众趣味可能得到的一切好处,这一决心导致产生了一种全新和独特的精神状态”,象征主义“所代表的精神状态以及有关精神的一切,与今天所盛行的,甚至占统治地位的东西完全对立”;[①]再到后期印象派和野兽派在自然和生命的原始热情中寻找创作灵感,最后在超现实主义的返古暗流那里达到高潮。[②] 显然,怀旧不仅是现代性的产物,而且是审美现代性的理念在艺术和文化领域内的具体表现和延伸。

怀旧最基本的导向是人类与美好过去的联系,而在现代性的视域下,这一过去不仅指称时间维度上的旧日时光、失落了的传统或遥远的历史,还指称空间维度上被疏远的家园、故土以及民族性;而从哲学的高度来看,怀旧最重要的还包括人类个体及群体对连续性、同一性、完整性发展的认同关系。在这个由时

---

① 瓦莱里:《文艺杂谈》,段映虹译,百花文艺出版社,2002,第216、229页。

② 超现实主义是一种双重现象:激进先锋和返古同时并存,或者说用激进的方式来表达他们对古代文化的崇拜。瓦岱分析了超现实主义在三个方面的返古性:一、重视类比思维,轻视排中逻辑思维(它是科学思维的基础)。这为我们开辟了一条发现主宰古代神话创作的思想活动的道路。二、诗歌与魔法之间的认同,这种认同导致超现实主义者去参与一些巫术活动。三、对秘术和神秘学很感兴趣。详见瓦岱:《文学与现代性》,田庆生译,北京大学出版社,2001,第81页以下。

间、空间和认同所构成的三维世界中,怀旧始终保持着对过去的基本诉求。因为每个人都来自过去的岁月,“我们曾经是谁”决定了“我们是谁”以及“我们将会成为谁”,永恒消逝的时间除了证明我们曾经切切实实地拥有过,也展示出我们成长的痕迹、始终支撑着我们的传统和每个个体历史的根源。过去是我们唯一把握得到、也永恒存在的东西。倘若谁想通过抓住每个瞬息即逝的瞬间而获得在无始无终的历史长河中的确定感,那无疑等于痴人说梦、水中捞月,真正的获救之道只能源自过去、源自久已失落的传统、源自历史本身。不难证明,怀旧最基本的是一种时间意识,不仅产生怀旧的前提之一必须是人类对线性时间观的经历,而且怀旧的终极目的也是要重新体验时间,在现实与过去的碰撞、缓冲和协调之中找回自我发展的同一性(identity,英语中同时具有同一性、认同和身份的意思,此处可兼指)、连续感。

在现代科技的推动下,现代社会加速度地前进,人们越来越向往对自然世界的开发和占有,也越来越崇尚速度和欲望带来的生活激情。然而,承担和存留人类群体文化信念的传统却在这一必然的发展趋势中被遗忘了,现代人徒有快活却不感到幸福,不仅情感无处依托、灵魂毫无遮蔽,而且再也无法像过去那样把握连续的历史和完整的生命状态,人们唯一能做的,就是浮上生活的表层,在当下的时间体验中感受这种文化的“断裂感”(丹尼尔·贝尔语)。怀旧于是成为一种合情合理的“救赎”。重温旧日的梦想,“遁入”过去生活的单纯安逸,怀旧主体就是要借助这种精神上的“回返”排除现实世界对自身的异己感。这是一种维持心灵平衡的契机,怀旧主体通过回想历史而再次拥有了历史，使紧张疲惫的灵魂游移于过去和现在之间，形成对自身的缓冲。由此可见，怀旧的时间意识与认同功能在现代理性的催逼下被进一步深化了，更深入地思考生存与他人、与世界、与时代、与历史的复杂关系等哲学使命也变得越来越紧迫，这不仅预示了现代怀旧发展的抽象化趋向，而且也使怀旧研究者对怀旧的社会学、美学研究必须以哲学研究为根底。

就目前学界的研究现状来看，现代性研究仍然是热点和焦点，也是开展其他学术研究不能忽略和跨越的背景。在这一方面已有相当丰硕的研究成果，比如基本理论的译介和基础概念的辨析，或者从现代性的发生、展开、实质、范畴等角度切入，对现代性的理性精神、现代性的张力、人类社会的现代化过程、现代化与全球化等问题的研究等等。然而有所欠缺的是，在侧重于从经济、政治和社会发展的角度探讨现代性问题的同时，学界对现代性的后果，尤其对现代人的精神危机和生存困境却较少考察，而对作为现代性产物之一的怀旧研究就更加寥落。基于我们对怀旧于现代文化转型研究的重要性的理解，这种种情况不能不说是一个重大的忽略。

按照美国社会学家罗伯森的说法，研究怀旧问题可以有两条路径：一是考查“关于乡愁的理论”（the theory of nostalgia），“关注的是对怀旧的理解”；一是探究“怀乡理论”（nostalgic theory），“与受怀旧限定的理论（和研究）有关”。[①] 罗伯森本人的研究是沿袭第一条思路的，事实上目前英语学界对怀旧的研究

① 罗兰·罗伯森：《全球化：社会理论和全球文化》，梁光严译，上海人民出版社，2000，第209页。

大多都沿袭前者,它关注怀旧的发生机制、社会效应及其对人类生存方式的塑造和影响,还包括了怀旧的心理学研究、社会学研究、历史学研究和哲学研究等。相对于把理论焦点放在怀旧的词源学考证、意义沿革,怀旧的本质学和形态学探讨的"怀乡理论"而言,"关于乡愁的理论"研究显然要发达得多。这两种研究理路相互弥补、相互支撑,其优势是非常明显的:第一,它的现实感很强,理论探讨有鲜明的针对性;第二,所涉范围相当广泛,甚至涵括了修辞学、语用学、女性主义等多种看似毫不相干的学科;第三,对怀旧的外围研究比较充分,尤其在社会学研究方面已建构了一个系统化的问题情境。但它的不足之处也是显而易见的:首先,由于研究者生活时代的限制,现有理论较少突出关注现代性的视域,对怀旧在现代社会的新发展新气象缺乏观照;其次,外围研究并不能取代内部因素及本质属性的探讨,而这种研究模式较多关注怀旧的外部因素,而忽略了对怀旧的内部因素、本质属性、文学表现形态、审美心理、审美功能等问题的开拓。其中审美作为怀旧最不可忽视的特征恰恰成了怀旧研究中最为滞后和欠缺的环节;第三,对怀旧的社会学关注也极易使怀旧研究蜕变为肤浅的现象解读,而忽略怀旧景观所蕴涵的哲学深意,造成怀旧理论的单薄和武断。国外的研究尚且如此,国内的研究势头更为薄弱。不仅研究者非常少(大致只有戴锦华、包亚明、王德威、张旭东、汪丁丁、周宪、吴炫等人稍有涉及),而且至今尚未出版任何怀旧研究专著,有限的研究成果也多以单篇文章的形式出现,而且多侧重于从文学创作、影视艺术评论、摄影艺术评论、城市文化批评、大众文化批判或经济生活批评等角度对怀旧做经验层面上的简单介绍和分析,学理性不足,感悟化有余。

除此之外,还有一个重大的研究盲点,那就是在中国现代文化转型的特殊语境下的怀旧研究。中国的现代化进程与西方尤其是欧洲各国的现代化进程有着本质的不同,中国关于现代文化的转型的讨论是与"民族化"、"西化"、"工业化"等概念紧密联系在一起的。像众多其他的发展中国家一样,中国的现代化也属于一种"诱发型"或"被迫型",它不是一个原生态的、内在的自发过程,而是一种在内忧外患的刺激下所发生的社会激变。因此尽管现代化的现实首先是在西方发达国家得到了实现,现代化理论也首先为西方学界所关注,但现代化的实际问题却更多地出现在二战后的第三世界国家,也就是那些摆脱了殖民统治的非西方国家。这一点是我们在讨论中国的现代性问题时不可或缺的重大背景。基于现代化进程的不同,中西方的现代性精神及其对民众社会生活的影响也有很大的差异。怀旧作为现代性的后果之一,它在不同的文化语境下所呈现出来的状态及其实质,就是一个很好的明证。

怀旧是个人皆可谈的话题,也异常复杂和丰富,由于前者,怀旧研究极易流于浅显,由于后者,怀旧研究又极易陷入片面和简单化的误区。而要在既相对独立又与怀旧主题因果包含的"现代文化的转型"这一复杂背景下来谈怀旧,就更有相当的难度和挑战性。基于这些考虑,本文将以怀旧的哲学理念为依托,以现代文化的转型及文化情结为根本立足点,在一个多学科、学科交叉和学科比较的视野中,从文学、哲学、心理学、美学、社会学、历史学等多种学科视角和问题视角切入,对怀旧进行理论构建和文本解读。本书的基本思路是:首先,通过对怀旧的理论谱系的梳理(也即这一问题的历史观),整理出怀旧在现代西方思想史上的意义沿革;其次,分析作为问题情境的现代文化转型和现代性冲突,基于问题意识和本土意识两个方面来探讨怀旧情结被激活的社会心理学依据,理清现代性对怀旧情结的冲击和塑造;第三,归纳区分现代性视域下的怀旧情结在文学文化中的不同表现形态,借助文本分析和艺术现象解读来考察怀旧情结的艺术形态;最后,通过剖析怀旧情结与现代人的日常生活和精神世界之间的关系,展现出现代人的文化体验。通过史论结合、世界视野与本土意识结合、传统精神与现实情境结合、文化职能与表现形态结合的方法,本书着力于考察现代文化转型过程中的现实问题,发掘文学与文化的互动性。

第一章　何为怀旧

在大多数人的心中，怀旧总被想象成一种不言而喻的感觉，也许正是因为它的“不言而喻”或本然性，理论界一直忽略了对怀旧问题的深入探讨，而总是习惯于在日常经验的层面上描述怀旧，注重那些触发我们怀旧情思的生活细节，沉迷于那种略带惆怅的“甜蜜的忧伤感”，比如一张古旧的唱片，一朵干枯了的玫瑰花，一间挂满了老照片的咖啡厅，一段久远的故事，一个仿佛属于过去的人等等。在其中，不仅怀旧本身的意义被避而不谈，而且这一意义的能指也被当做一个既成前提，以至于我们常常跨越对怀旧本质的界定，直接在类型学的意义上使用这个词，如怀旧文学、怀旧艺术、怀旧哲学等等，不一而足。然而，最值得我们追问下去的恰恰却是：怀旧真的是“不言而喻”的吗？或者换个问法来问，怀旧本身是可定义的吗？是什么导致怀旧被区分为众多的不同指涉？在它的众多指涉之间是否存在着一个统一连贯的语用标准？怀旧的不同意义和所涉领域还有哪些？这些不同的用法之间又是如何相互重叠、相互联系进而相互转化的呢？最后，怀旧与这些指涉是什么关系？它是它们的总和吗？我们要对怀旧形成一个怎样的共识才能进入怀旧的问题情境？

一、词源考证

在西方的古典思想史中,“怀旧”(nostalgia)这个概念是与忧郁症(melancholy)以及四种体液说(胆汁质、多血质、抑郁质、黏液质)相联系的。也就是说,学者们往往借助于对忧郁症的研究来理解怀旧的症候。而忧郁症,最初则纯粹是一个医学上的概念。比如说,在古希腊的医学中,忧郁症被认为是由人的体内缺少黑色胆汁所引起的,它表现为一种过度的焦虑和沮丧,导致人的身体失衡,人的情绪也极端不稳定,甚至有可能发生病理上的痉挛反应。比较早地,在柏拉图的著作中就曾出现过有关忧郁症的论述。柏拉图认为,忧郁症从本质上讲是不合常情的、非理智的,因此患忧郁症就与性欲(尤其是过度的性行为)和酗酒有很密切的关系;而在阿拉伯人的意识中,患忧郁症则与缺乏激情密切相关。细细揣摩,不难看出这两种认识在方向上恰好是相反的:一个是行为过度,另一个则是情绪不足。认识到这个不同很有意思,这恰恰说明古代学者在界定忧郁症时其实存在着根本性的争议,而这一争议对后来确定怀旧的内涵也产生了重要的影响。除了对忧郁症在学科上进行界定之外,西方古典思想还从忧郁症患者的特殊身份研究过这个问题。比如说,斯多葛学派就认为忧郁症是独属于知识分子的或有识之士阶层的一种职业性的状态,就像一种职业病;而在中世纪的文学、宗教和占星术中,忧郁症则与知识分子和修道士有关。这些人有着强烈的求知欲,但在生活上却比较孤立,他们从社会常规中退隐出来,与社会保持一定的距离,往往不够活跃,缺少能动性,从而在精神上和肉体上都有一种枯竭的、无活力的感觉。①

西方的古典思想往往是在一个否定的或负面的意义上来谈论"忧郁症",把它首先和基本的当做一种病,而"忧郁症"这个概念能和"怀旧"的概念联系起来,大概主要的都基于二者对人的肉体或精神上的某种"病态"的描述,并且这种"病态"还具有相当程度的相似性。当然,忧郁症也并非没有积极的一面。换个角度来看,它恰恰暗示出人对现实的敏感以及人的道德价值观念的多样性。而这一点,又正是怀旧的关键特点。这样看来,"忧郁症"与"怀旧"两个概念在其形成历史中的关联就是自然而然的了。

从西文词源学的角度来看,怀旧(nostalgia)一词,源于两个希腊词根 *nostos* 和 *algia*,*nostos*,是回家、返乡的意思,*algia* 则指一种痛苦的状态,即思慕回家的焦灼感。17 世纪晚期(1688 年),瑞士医生 J. 霍弗尔把这两个词根连接起来,首次铸造和使用了 nostalgia 一词,专指一种众所熟悉的、痛苦而强烈的思乡病。它是一种臆想症,主要发生在那些服务于欧洲统治者军团的、为自己祖国而战的瑞士雇佣兵身上,这种病症诱使患者产生幻想,形成错误的表征,继之分不清楚现实与幻想、过去与现在的关系,唯一的念头就是梦想回归祖国。怀旧又是一种偏执症,一方面使患者回忆过去(尤其是回忆细节)的能力大大增强;另一方面又引起患者身体上的不适反应,比如厌食、高烧、心脏不

---

① See Bryan S. Turner, "A Note on Nostalgia", *Theory, Culture & Society*. SAGE, London, Newbury Park, Beverly Hills and New Delhi, Vol. 4(1987), p. 47—56.

好、意志消沉、忧郁、情绪化、经常失声痛哭、普遍的颓废感等,甚至还会引发轻生的念头。霍弗尔医生进一步探究了怀旧病形成的生理机制,认为其最根本的原因就在于“轻快精神经由中脑纤维的持续运动。而中脑中仍然黏附着关于祖国思想的印痕”①。

至此,怀旧在词源学的意义上独立出来,在意义使用上也摆脱了与忧郁症的纠缠,作为一种既与忧郁相关又不同于忧郁症的疾病确立了它在人类历史上的地位。同期乃至更晚一直到18世纪的启蒙运动时期,其他种类的语言也出现了与nostalgia相似意思的专用词,如德语中的heimweh,英语中的homesickness,以及法语中的maladie du pays,都取其作为疾病的意思。

1731年,另一个德籍瑞士医生J. 史奥尔希才又在怀旧病理学的研究中提出了新的思路。他认为,怀旧病的产生应该归因于患者正在经历一场大气压力的巨大落差,这一落差导致患者的身体被过度加压,驱使血液从心脏流向大脑,最终造成我们所能见到的患者感情上的痛苦。这种说法虽然显得有些荒谬,但却从物理学的角度揭示出怀旧病产生的诱因,即空间间隔对人的生理和心理的影响,这为后来我们从社会学的意义上理解怀旧的空间乃至时间问题奠定了基础。当时有些军医把这种说法发挥得很远,他们甚至认为怀旧病之所以发生在瑞士,就是因为在稀薄的阿尔卑斯山脉的大气下,响个不停的牛铃声损坏了瑞士士兵的耳膜神经和大脑细胞神经,引起了他们生理上的不适反应。这种看法曾一度盛行,只是随着后来大规模军队的形

---

① See Fred Davis, *Yearning for Yesterday: A Sociology of Nostalgia*. New York: The Free Press, 1979, p. 2.

成发展和欧洲政府大范围的普遍征兵，自18世纪晚期和19世纪以来，怀旧病也才在其他远离家乡或国土的军队里找到了证明。[①] 当然也有不同意见，1779年的卢梭分析牛铃效应，就认为牛铃声激起了瑞士雇佣兵对他们已然失落的美好生活和青春时代的追忆，因此才引起他们的伤感和生理不适感。他还提到，在这种情境下的牛铃声已“不再准确地作为音乐行使其功能，而是作为一种记忆符号发挥作用”。[②] 对照史奥尔希才的理论来看，卢梭的说法显然更科学、更具可信性，他已经开始发掘怀旧病理的心理反应，并初步涉及了这一反应的语境差异和功能差异的问题。

从17世纪晚期的霍弗尔医生到18世纪中期的史奥尔希才，再到18世纪晚期的卢梭，怀旧都被理解为一种疾病，但却是一种有着良好情感倾向的疾病，它传达出患病士兵们对自由和故土的热爱，并完全可以通过医学手段得到治疗。而到了19世纪之后，美国的一位军医卡尔豪却对怀旧有了完全相反的认识。他认为怀旧是一种缺乏男子气概及进步观念的标志，是由于对时间的无效使用和孤独感所造成的，因此要想治愈，必须通过公众嘲笑、同事欺侮、增加战事或强迫休假等较为极端的手段来完成。在他看来，怀旧不仅只是个人的健康问题，还与一个人的个性强度和他所处的社会背景有密切联系。[③] 虽然卡尔豪提出的

① See Fred Davis, *Yearning for Yesterday: A Sociology of Nostalgia*. New York: The Free Press, 1979, pp. 1—2.

② See Svetlana Boym, *The Future of Nostalgia*. New York: Basic Books, 2001, p. 6.

③ 同上。

治疗建议有些残酷无情,但这恰恰说明现实生活中处处都隐藏着激发怀旧的诱因,而且他的研究开始关注怀旧主体的个体心理和时代背景问题,也把对怀旧的空间研究拓展到了时间方面,这暗示出时空问题将是怀旧研究中的关键问题。由此可见,怀旧问题的提出可能比较晚近,但怀旧本身却早已与人类生活有了千丝万缕的联系。

与怀旧在西语中的形成发展相比,中国的古代汉语略有不同。比如汉代班固在他的《西都赋》中有过这样的诗句:"愿宾摅怀旧之蓄念,发思古之幽情。"这里的"怀旧"一词,其意义既指"怀念往昔",又指"怀念故友",它的内涵已与我们今天所理解的"怀旧"内涵完全相同了,不仅不存在病理学上的意义,而且可以适用于描述所有人类的生命体验,具有心理学层面上的普适性。与"怀旧"概念相似的,还有"怀土"和"怀古"两个比较传统的概念。"怀土"包括两个意思:第一,即安土重迁,如《论语·里仁》中有"小人怀土",朱熹注:"怀土,谓溺其所处之安。"第二,即怀念故乡,如班彪在《王命论》里有"断怀土之情"。"怀古"就是追念古昔的意思,如张衡在《东京赋》里写道:"望先帝之旧墟,慨长思而怀古。"《魏书·常景传》里也有:"景径涉山水,怅然怀古。"

比较西语中的 nostalgia 和古汉语中的"怀旧",单从词源学的角度来看,nostalgia 最初其实只有一个空间层面上的意义,nostalgia 即思乡。这点与古汉语中的"怀旧"有很大不同。照字面意思来讲,后者最初强调的恰恰是时间层面上的意义。只是随着社会的发展和怀旧理论的不断成熟,nostalgia 才逐渐扩展到时间的层面上,古汉语中的"怀旧"也发展了"怀土"的意思。两者的内涵都慢慢扩充成熟,直至演变为现代意义上的"怀旧"。

这其中的微妙差异，以及怀旧内涵的演变，恰恰是我们讨论中西方现代性精神之不同的一个入口，是本书立论的逻辑线索。

二、意义沿革

19 世纪末 20 世纪初，有许多精神分析学家开始关注怀旧问题，怀旧被赋予精神脱离常轨或大脑失控的含义，它着重体现为一种精神病态，并越来越与忧郁症、疑病症、强迫症或幽闭症类似。怀旧愈益成为一个心理学上的重要概念。而自 20 世纪 50 年代以来，随着西方社会的经济与科技高速发展，产生了“可能是有史以来规模最大的社会及文化变迁”，①怀旧的心理学内涵在这个变迁的大背景下又渐渐被淡化，社会学意义一跃而起，成了它的主导意义。

总体上看，自 17 世纪晚期到 21 世纪初，怀旧经历了一个由生理病症转变为心理情绪再变为文化情怀的过程，怀旧研究的领域也从病理学拓展到心理学、社会学、历史学乃至哲学、人类学等多种学科，至今，怀旧一词已完全突破了医学和军队的框定，在以美国为代表的现代社会广泛流行，并被列入牛津英语字典，成了人类日常生活的常用语之一。如今的怀旧已不再表现霍弗尔医生时代的极端痛苦状态，它转而指向一种较为温和的不适感，就像诗里所言，是一种“甜蜜的忧愁”；现代学者对怀旧的研究也日趋成熟。美国学者茨威格曼就以霍弗尔的持续运动

---

① 埃里克·霍布斯鲍姆：《史学家——历史神话的终结者》，马俊亚、郭英剑译，上海人民出版社，2002，第 76 页。

观和史奥尔希才的大气落差论为基础,把怀旧的病理学基础和现代社会的特殊背景结合起来,得出一个关于"生活的不连续性"的结论。即人类必须曾经经历过或正在经历某种突然中断、剧烈分裂或显著变动的生活经验,才有可能生长出怀旧的情绪,而怀旧就是现代人思乡恋旧的情感表征,它以现实不满为直接驱动,以寻求自我的统一连续为矢的,它正是现代人为弥补生活的不连续性而自行采取的一种自我防御机制。至此,怀旧已不可避免地与现代性及现代社会的问题紧密地缠绕在了一起。

如果我们关注一下怀旧从发源到兴盛的历史,大致可看到如下三条演变的脉络:第一,怀旧症候的地点从瑞士转移到了美国。这一位移是否含有什么深意?现代美国为什么能成为"怀旧病"的集散地?它具有哪些十七八世纪的瑞士所缺乏的东西?现代美国象征了什么?与现代人的日常生活及其生命意识有何关系?第二,怀旧从一种生理病症转变为心理情绪甚至文化情怀。怀旧为什么、又是如何深入到人类的内心生活中的?现代生活解决了怀旧原有的哪些问题、又引发了什么样的新问题?怀旧是否成为现代人的生存宿命?第三,怀旧研究从病理学拓展到社会学。这是否意味着怀旧已成为一种普遍的社会现象?它在笼罩现代社会的同时又给现代人的思维带来了什么新东西?是什么导致怀旧内涵的增加、这一增加是否改变或加深了我们对现代性的认识?

这些问题得以成立,其根本原因在于怀旧词义从传统向现代的转变;而解答这些问题得以可能,最关键的则是要找到这一转变的核心所在。从上述梳理可以看出,怀旧的本义只有"思乡"的意思,"乡"即指客观存在的一个地方,诸如一所房子、一个家庭、一个村落、一个民族或一个国家等，而现代怀旧的含义却包容极广，在保持"思念"这一基本情绪和行为的前提下，思念的对象——也即"家"的内涵——与以往有了很大的不同。这一意义沿革暗示出现代怀旧的中心概念不是别的，正是"乡"或"家"的变迁。德国诗人荷尔德林在他的诗作《帕特莫斯》中写道："神近在咫尺又难以把握。/但哪里有危险，/哪里也生拯救……让我们以最忠诚的情感/穿行其中，返回故园。"①他一语道破了现代人在离弃神灵后无家可归的情境，因此现代生活的重要主题之一就是返乡，就是满怀虔敬地重返与神灵亲近的近旁，返回人原本的诗意栖居地。那么，在现代性的背景下，人类失落的"家"、"家乡"或"家园"究竟起了怎样的变化呢？它还是一个单纯的物理意义上的空间居所吗？或者增加了时间维度上人类由之所来的过去？是什么摧毁了现代人原本完好无缺的家？人又要怎样才能回去呢？

我们知道，现代生活最表象的标志就是物质生活极其完满。随着人类对自然界的开发和掌握日益增强，交通通讯手段的渐趋发达，人类的活动空间也越来越大。小到私人交往、家庭交际、工作关系，大到国家之间、洲际交往以至全世界的往来交通和宇宙的无限开放，加之赛博空间赋予人在三维时空中的平等的沟通权利，现代人几乎没有不能到达的地方。生活空间的开放性决定了生存方式的运动特征和不确定性，不论是在什么程度上，现代人的生活都是漂泊不定的，现代人没有传统意义上的

---

①　转引自海德格尔：《荷尔德林诗的阐释》，孙周兴译，商务印书馆，2000，第21—22页。

固定的家。

换句话说,"家"或"家园"是一个经典的现代性的命题,只有当现代人在一定程度上疏离了家或者失落了家园时,谈论家的意义才是十分必要和紧迫的。利奥塔曾经用一个希腊词 Domus 来表示传统意义上的家,也即居所,它象征着与自然、与神、与诗意的亲密接触。宾德在评价荷尔德林的"故乡"时也提到:

> 故乡本身并不直接就是——而由于那个在其中获得家园感的人才是——一个空间。……只有处于我与世界的具体的交互关涉中,故乡才能获得其本真含义。因此,归乡者的安全感在诗中呈现为一种被环绕和被拥抱感,一种亲切的联系和信赖。①

> 故乡是个空间,是荷尔德林的"原空间",但并不像物理空间那样无限、开敞,而是封闭的,是一个内心空间、一座房子,但同样也是一个故乡。②

> 家园是一个庇护性空间,亦即一个直观形态,一个神话性的力量场,而且也是一种心灵上的现实。③

美国学者玛丽·道格拉斯在《家的观念:一种空间》一文中也持

① 宾德:《荷尔德林诗中"故乡"的含义与形态》,载于刘小枫、陈少明主编:《荷尔德林的新神话》,华夏出版社,2004,第130页。

② 同上书,第129页。

③ 同上书,第131页。

此观点，认为它是空间的一种特殊形式，与“居所”(household)重合，而它的本质特征则是其时间结构，是把时间划分为不变的家庭事件的模式，其最大的功能就是“记忆”。[1] 而现代社会中的家却以“大都会”(Megalopolis)为代表，它不再拘泥于自然地理环境，或者说至多只是现代生活场景中的一个“流动的帐篷”，它已随着城市的扩张而逐渐演化为一个“户籍”、一份“档案”，甚至是一种“电子编码”。利奥塔认为，从家园向大都会的转变，意味着人类的生活从诗意化的田园场景蜕变为理性化的技术场景，

> 它将压缩、抑制人们复归家庭，将人们推向旅游和度假。它只认识住宅，它压制家长，它把家长权压制成平等的公民权，压制成受雇佣者，压制成一份债单和文字的、机械的和电子的公用档案。它丈量登记各种领地，打乱它们的秩序。它打碎自然之神，破坏它的归途，不给它接纳祭品和享受优待的时间。另样的时空调谐占领了自然之神的位置。[2]

从此

> “实用主义的”忙碌驱散了古老的家庭单子，细心地进

① 参见汪丁丁：《回家的路：经济学家的思想轨迹》，中国社会科学出版社，1998，第5页。

② 利奥塔：《非人——时间漫谈》，罗国祥译，商务印书馆，2001，第210页。

行匿名记忆或存档。非任何个人的,无传承的、无叙述的、无节奏的记忆。记忆受理性原则控制。理性原则蔑视传统;在理性记忆中,每人都尽量寻找并将发现足够的信息以便能够生活,一种毫无意义的生活。①

斯宾格勒也宣称,“家”这个词仅仅是在人类从野蛮进入开化时才获得了重要意义,然而它也马上就随着人的文明化而失去了这一意义。

丧失家园的忧郁症,贯穿了西方世界的整个文明史。柏拉图把人的躯体视作灵魂的坟墓,认为灵魂虽然被“钉”在了躯体上,但并不住“在自己家中”,而是远离了它的本源,就像世界是它的洞穴一样。而到了海德格尔,更是宣称“研究哲学的我们处处都不在家里”,人作为永恒的异乡者,早已不再懂得居住的含义。因此,我们所要讨论的、经由怀旧所能建构的家,就是精神的冀望所在,它必须能给人一种扎根在内心深底、人生有所依附和归宿的感觉。在此意义上,现代人所向往的家几乎是与物质存在不相干的,怀旧的对象因而也是一个愈益抽象的、精神上的东西。所谓“家只存在于想象中……怀旧意指童年的家和童年的丧失……怀旧是成年人的生存状况”。② 正是因为这样,西方民歌当中才有“啊,飞逝的时光,倒回来吧,倒回来;让我再做一

---

① 利奥塔:《非人——时间漫谈》,罗国祥译,商务印书馆,2001,第211页。

② Roberta Rubenstein, *Home Matters: Longing and Belonging, Nostalgia and Mourning in Women's Fiction* (New York: Palgrave, 2001), pp. 3—5.

次孩子，只在今宵”的感伤的吟唱。

从物质实体性到精神抽象性，“家”的现代转型恰恰指示出怀旧作为一个美学活动的基本特征，即意向性，而这一点又与现代艺术强调人的心灵、理想、价值等抽象的东西、并渐趋远离传统艺术写实风格的精神不谋而合。这就为下文把怀旧作为一个美学艺术问题来谈提供了可能性。

在怀旧的理论史上，涉及的“家”的表现形态是多样的，大致上包括以下几个内容：1. 自然——自然环境与自然属性，与“人为”的环境和属性相对；2. 以古希腊社会为代表的本真存在，其特点是精神与对象的圆融统一，人与时空的和谐相处，人的未受文明玷污的纯真本性，未遭科技改造加工过的古朴自然的生活环境等；3. 以艺术为代表的感性世界和美，与注重计算、估量和理智的科技理性相对，也与被现代理性精神浸染和遮蔽了的哲学相对；4. 以童年为代表、身心统一的人本身的本原状态，与被现代文明所压抑的人的异化生存相对。这几组二元对立所展现的实际上正是启蒙现代性与审美现代性二者之间的对立冲突，后者是重计算、重理性、相信历史进步、追求文明发展的，而前者则重直觉、重感性、崇尚人与世界的和谐同一、奉艺术与美为至高无上的真理。前者是对后者的反拨与调整，也是我们将要在下文中详细论述的怀旧的几个重要范畴。在这些形态各异的“家”中，始终贯穿着一条主线，即如上文所述，它们都是人类精神的根柢，都曾经以某种方式在人类历史中显现过、存在过。而现代人的问题正在于从“有家”和“在家”的生活状态中脱离了出来。家已失去，人已在外，这是导致现代人普遍感觉到焦虑和惶恐的最关键的原因，也是怀旧日益占据现代人精神生活的主导地位的原因所在。

根据对家园形态变更的大致浏览,我们不难发现,正是现代科技导致了传统意义上的家的彻底丧失。在现代生活中,技术不单单是人类获取生产资料的手段或工具,技术已经成为一切生活现象的代名词,它是具有本体地位的现代生活哲学之一。在技术的直接或间接干预下,现代人的生活已经没有自然的色彩了,即使想要获取精神上的愉悦,也不得不按照技术标准来操作。食物是营养学家按照科学配方进行无数实验之后的结果,据说对人体需要具有最大的合理性;住房也要经过建筑师的分析和策划,采光、通风、水气供应等等都要预先考虑到,人不被允许像从前一样随遇而安;娱乐设施更是技术的展览馆,并且越来越模仿人脑的功能;人对自身的保养呵护更不必说,减肥计划、舍宾运动、美容策略、定期检查,没有一样不经过周密的科学规划;而一旦这一切都得到了,人还要凭借行业专家制定出来的种种规章制度为自己争取本领域内的"文化资本",可量化的精神享受大概是科学最得意的成就之一。雅斯贝斯宣称,"现代技术越来越明显地成为人类的命运",①而在此命运中,人类的最大代价大概就是永恒地失去了家园。

然而,现代科技本身并不是造成现代社会生活恶果的罪魁祸首。事实上,现代科技是一把双刃剑,一方面,它成为现代人类的命运是历史发展的必然,无可避免;另一方面,恰恰又是人类对科技的滥用和误用使其在哲学、艺术、宗教等学科范围内和

① 卡尔·雅斯贝斯:《历史的起源与目标》,魏楚雄、俞新天译,华夏出版社,1989,第113页。

在信仰、道德、精神、价值等层面上深深地伤害了许多对人的本性和生活的本真存在怀抱希望的人。伤害是必然的，也已成为现实，因此现代人的当务之急不是探讨伤害是否可能或者程度有多深的问题，而是面对现实，追究受伤的根源，继之学会如何疗伤的问题。现代人自我安慰和自我救赎的手段有许多种，怀旧只是其中之一，但比照在现实生活中的极端体验，日常生活的审美化，或者超越世俗、进入高高在上的信仰层面等方式而言，怀旧却是最容易平复现代人的流浪之心、安抚现代科技对人类的伤害的一种方式，因为它最切近"返乡"的主题。

三、不言而喻的"倾向性"

我们知道，怀旧问题之所以能从众多的社会文化现象中突显出来，其根本原因就在于随着现代社会的飞速发展，现代人的"家园"日渐失落，那种由"居家"带来的稳定性、确定性、安全感和温暖感愈益消逝。因此，简单地说，怀旧就是一个在精神层面上"重返家园"的过程。这个"家园"，常常依托为自然、自由、童年、过去、故乡等等，而在现代文化语境中，它还包含了异域风情、女性写作和艺术化生存等更为复杂也更为广泛的含义。不难看到，在现代西文的词汇学中，怀旧是一个所指异常丰富的概念。这些所指相互依存，彼此间具有"家族相似"的特征，没有一种要素足以单独宣称怀旧是什么，就怀旧一词的意义和可用性而言，不确定性和开放性无疑是它的最大特点。然而，怀旧的能指却相对集中，它必定是稳定、和谐、统一、圆满、安全、完整、有机的，它必然具备了现实所缺乏的及主体所需要的一切特性。

可以说,这些能指本来也就是为了弥补现实的不足、支撑主体的精神依托才在主体的意识中“再生”的,因此,在怀旧主体的创造与想象中它们被赋予了原本没有的价值,变得完美无缺。也唯其如此,怀旧才能够真正承担和发挥它的功效。

我们先来参考部分怀旧的既有定义。

1764年,康德把怀旧定义为一种价值,因为怀旧是一种使我们意识到我们自身的道德性的现象。

美国心理学家丹尼尔·夏克特指出,“许多人在进入晚年之后,都强烈地感到比年轻时更关注于自己的自传回忆。但是,西方社会大多通过各种投射性的说法来贬低对往事的回忆,如‘怀旧’等,并认为怀旧是老年人的一种病理特征。……近几十年来的研究工作业已证实,它代表着关于老年人记忆的一种被误导的观点。……现代的研究者不再贬低老年人对往事的沉湎,而将它看做是对人生的回顾——这是一个与人生达成某种协议的、以回忆为基础的过程,它能帮助老年人理解并整合他的自我,甚至能为死亡做好心理准备”①。

英国评论家尼古拉斯·丹姆(Nicholas Dames)认为,“怀旧是一种缺席,它所缺乏的正是以其最纯粹形式呈现的记忆”。“怀旧和记忆一样是自我定义的,它由关于一个人过去的故事所构成,这些故事解释和巩固了记忆而不是把记忆分散到一系列生动的、被放弃了的时刻,而且这些故事只有通过根除掉‘纯粹记忆’(也即威胁到前者的关于消失的细节的巨大领域)才能被

① 丹尼尔·夏克特:《找寻逝去的自我:大脑、心灵和往事的记忆》,高申春译,吉林人民出版社,1998,第345页。

保存下来。”“怀旧的时刻是一种脱离过去、脱离一切结局和回响的文化标志，为将来的尽善尽美做准备。”“很大程度上，怀旧是一种使之断裂和为之命名的功能。”①

詹尼斯·唐娜(Janice Doane)认为，“怀旧不仅是一种感伤情绪，还是一种修辞实践”。“在怀旧的表达模式中，所指扮演了一个关键的角色：它是一个本真的起源或中心，轻视堕落的现在，它还是一种在陈旧的性别对立背后的‘真实’。”②

罗伯特·卢奔斯坦(Roberta Rubenstein)认为，“渴望回家的念头被认为是一种退化的表现，即希望退回到历史上一个较少复杂的时刻和个人经验”。“怀旧实际上代表了‘被压迫者的回归’。”“家只存在于想象中……怀旧意指童年的家和童年的丧失……怀旧是成年人的生存状况。”“怀旧指心理体验和文化体验之间的一种关系。”③

对伯曼而言，怀旧类似于一种我们对现代化冲动的集体性的文化不信任，他认为当代文化的规划之一就是希望使“一个人有在家”的感觉。唯一的确定性就是不确定。因此，怀旧就是企图与过去被指称的确定性相关联，而无视这样一个事实，即我们

---

① Nicholas Dames, *Amnesiac Selves: Nostalgia, Forgetting, and Gritish Fiction, 1810—1870*. London: Oxford University Press, 2001, pp. 4—15.

② Janice Doane, *Nostalgia and Sexual Difference: The Resistance to Contemporary Feminism*. New York & London: Methuen, 1987, pp. 3—15.

③ Roberta Rubenstein, *Home Matters: Longing and Belonging, Nostalgia and Mourning in Women's Fiction*. New York: Palgrave, 2001, pp. 3—5.

生活中唯一的连续性就是变化。

凯斯·泰斯特(Keith Tester)认为,“怀旧和反思都意味着一种对存在和现在(被认同为一具体化的和有限的形式)的超越,不同的是,反思倾向于推进/延伸并创造未来,而怀旧则倾向于推进并创造过去”。“怀旧不是一种反历史的永恒不变的事物,不是这样一种对任何时间的任何人的潜在的感情,而是只在某些特定的时间和地点才有可能。”“怀旧是现代性的一个特征,它同时为确定性和解构提供了丰富的基础,它是在现代性下对文化冲突的一种反应。”“怀旧意味着对某种缺席事物的双重渴望:首先,怀旧意味着一种思乡病(没有运动和变换,怀旧是不可能的);其次,怀旧意味着对从前或远离现在的事物的渴望。”“怀旧不是对我处身之处的离奇和否定,或者说,怀旧至少不必然地仅仅是一种否定。它也是一种和我现在的处境达成一致(妥协)的方式,并且给我信心和生活在此的确定性。怀旧不必然地与形式的超越性对立冲突,恰恰相反,它有可能是一种使对具体化的无情斗争更为坚决的手段,就像未来性一样,怀旧也以一种不同但自明的方式为求知欲赋予了一种在家感和确定性。……怀旧不一定要意味着一种历史性的回返,它也可能是一种对形式超验冒险的基础。”①

英国文化学派代表人物威廉斯(Raymond Williams)在《乡村和城市》(*The Country and the city*)一书中提出:怀旧是对都市体验的一种神秘回应。未来性的感觉联系于城市,而怀旧的

---

① Keith Tester, *The Life and Times of Post-modernity*. London & New York: Routledge, 1993, pp. 64—66.

感觉联系于乡村。怀旧是普遍和持久的。①

法国社会学家鲍德里亚(Baudrillard)说："当真实不再是以前的样子，怀旧便展现出充分的意义。关于现实的起源和符号的神话以及关于二手真理、客观性和确切性的神话大量繁殖。"②

马克·沃林(Mark Woolley)认为，怀旧是一种采用了特殊的历史性事件并有选择性地重构这些历史事件的现象。③

克瑞奇(Gerald F. Kreyche)认为，对很多人来说怀旧意味着很多方面，但基本上怀旧是指一种认为过去最好和对过去的渴望，它还可以指一种对过去的病理学沉迷，几乎建立在要取消现在的意义上，或单纯是一种对逝去事物的短暂而美好的回忆。它使我们从急速奔驰的和未来导向的世界中得以缓解，也能为我们今天位于何处提供一个急需定位的视角。④

斯科特·拉什和乌尔瑞(Scott Lash & John Urry)认为，"怀旧是对一个理想化了的过去的怀想，是对一个被净化了的传统而非历史的叙述"⑤。

---

① 转引自 Keith Tester, *The Life and Times of Post-modernity*. London & New York: Routledge, 1993, p. 64。

② Mark Poster, ed., *Jean Baudrillard: Selected Writings*. Stanford: Stanford University Press, 1988, p. 171.

③ Mark Woolley, 'Beyond Simulation: Production and the Nostalgia Industry', in http://gadfly1974.nease.net/articles/foreign23.htm.

④ Gerald F. Kreyche, "Basking in the Glow of Nostalgia", in *USA Today* (Jan, 1998), in http://findarticles.com/p/atricles/mi_m1272/is_n2632_v126/ai_20301243.

⑤ Scott Lash & John Urry, *Economies of Signs and Space*. London: Sage Publications, 1996, p. 247.

安哥拉·麦若比(Angela Merobbie)认为,“怀旧指示了一种忠实地再创过去的,以及沉迷于这类神话表征的欲望。怀旧也暗示了一种在某个特定时期、在某种装饰过的戏剧性情境下的企图”①。

迈克·费瑟斯通(Mike Featherstone)认为,“怀旧通常是指在物理位置的意义上家的丧失(Davis,1974)。但除了这种‘思乡病’之外,它还常常被用来指一种更为宽泛的统一性,道德确定性,真实的社会关系、自发性和表现性的丧失(Turner,1987)”②。

托尼·贝克(Tony Baker)认为,辨析现代主义和后现代主义之间联系的一个概念就是怀旧,怀旧是又苦又甜的,对理想化的过去选择性的渴求。怀旧是后现代主义中的一个显著的思想模式,后现代常常依据失落感和怀旧来定义。

……

有关怀旧的描述性定义还有很多,它们的侧重点也各有不同,针对不同学科、不同视野的差异性,德国学者韦尔施提倡对差异的敏感性和对盲点文化的关注,认为“观看任何某种东西总是会对另外的东西视而不见,没有盲点的视域是不存在的”。③

---

① Angela Merobbie, *Postmodernism and Popular Culture*. London & New York: Routledge, 1994, p. 147.

② Mike Featherstone, *Undoing Culture: Globalization, Postmodernism and Identity*. London, Thousand Oaks & New Delhi: Sage Publications, 1995, p. 93.

③ 沃尔夫冈·韦尔施:《重构美学》,陆扬、张岩冰译,上海译文出版社,2002,第42页。

具体到怀旧的研究中来，我们只能凭借怀旧所涉领域的相互重叠以及这些相关概念的相互印证来获取对于怀旧本身的知识，从中归纳出对怀旧的五点界定。

第一，怀旧必定是一种人的意识行为或心理现象，也即体验活动。

这既与触发怀旧行为的具体事物无关，也与它可能会引起的主体的某些生理反应无关，前者是怀旧产生的直接刺激源，而后者是怀旧意识的次生物。也就是说，怀旧活动只能出现在人类的精神领域而非物质领域。比如看到书页当中夹杂着一朵干枯了的玫瑰花，由此产生联想、开始回忆，想到逝去的岁月，想到岁月中两个曾经相爱的人，想到一段曾经惊心动魄的爱情，因而生发出对岁月无情、爱情不再的伤感情怀。这里的联想和回忆是怀旧行为，伤感是怀旧情绪，而玫瑰花、岁月、人、爱情则是触发怀旧的媒介。怀旧本质的精神性与怀旧实体的物质性并行不悖，但绝不能混为一体。或许可以这么说，怀旧感是一种人文精神，而非自然科学精神。它的发生是难以预料的，几乎总以不经意的方式“突袭”某个人；它是无须证实也无法计算的，就像一团雾一样潜伏在人类意识的深层，等待着被各种可能性激活；它也不能用物质材料所建造，作为一种意识活动或想象活动，它可以是完全抽象的。怀旧感与自然科学求精确、求严谨、求客观的精神完全不同。

第二，怀旧主体必定把过去当做向未来挺进的原料。

正如杰拉尔德·克瑞奇（Gerald F. Kreyche）所认为的那样，对很多人来说怀旧意味着很多方面，但基本上怀旧是指一种认为过去最好和对过去的渴望，它还可以指一种对过去的病理学沉迷,几乎建立在要取消现在的意义上,或单纯是一种对逝去事物的短暂而美好的回忆。[①] 在怀旧主体的思想意识中,过去是基本要素和核心要素,过去不但远离了现在,而且根本就是缺席的。

尽管按照事物的本质不可能有完全适用和正确的过去,但怀旧主体总是可以根据现在的需要捏造和编排过去,作为历史,过去在任何时候都可以为人类提供现实的模型。按照英国史学家霍布斯鲍姆的说法就是,"过去总会被合法化",[②]"过去的日子以前被视为——今天依然如此——逝去的好时光,它也就成为社会的当然归宿"。[③] 过去为什么会具有如此魅力呢?英国历史学家保尔·汤普逊认为:"所记住的过去的历史价值基于三种力量。第一,……它能够并且确实提供了来自过去的有意义的、并且有时独一无二的信息。其次,它同样能够传达个人和集体的意识,这恰恰是过去的重要组成部分。更有甚者,口头资料来源的活人属性赋予它们以独一无二的第三种力量。……它正是'这种允许我们对于历史的长期意义作出论断的历史眼光'。""我们正在与活的资料来源打交道,恰恰因为他们是活的,不像经过铭刻的石头或者一捆捆纸张,所以他们拥有在双向过程中与我们一起工作的能力。迄今为止我们

---

① Gerald F. Kreyche, "Basking in the Glow of Nostalgia", *USA Today* (Jan, 1998), in http://findarticles.com/p/atricles/mi_m1272/is_n2632_v126/ai_20301243.

② 埃里克·霍布斯鲍姆:《史学家——历史神话的终结者》,马俊亚、郭英剑译,上海人民出版社,2002,第6页。

③ 同上书,第30页。

集中注意的是我们能够从他们那里学到的东西。"[①]法国心理学家哈布瓦赫认为："当我们长大了以后，即使我们可能觉得自身拥有足够应付的有机资源，但来自社会生活的利益也会以多种方式驱使着我们，以至于我们要被迫限制自己。于是，在我们强加于自身的那些约束中，又增添了这些源自外界的约束。我们的印象具有了社会生活加诸的形式，但却以丧失部分实质作为代价。成年人在社会中对自然的渴望，在本质上就是对童年的渴望……"[②]

简单地说，在真实而准确的过去与我们对过去的印象之间存在着一道不可跨越的鸿沟，过去可能只为我们留下了"主体的一般观念、一些多少有些特点的象征符号、一些特别生动感人或者风趣诙谐的事件小插曲，有时是对一幅版画的形象记忆，甚至是一页书或几行字"，我们的印象企图填平这道鸿沟，但事实上我们却发现，"我们无法在内心中从细节上再现所有这些事件，无法再现出与整个故事相对应的不同部分，无法再现出一整套的特征、迹象、描述、命题和反思"。[③] 与之相反，我们只能以另一种较为现实的方式重新塑造过去，即以对当时情境、事态轮廓或参与人物的构想来弥补时间的流逝对生活细节的消损，通过主观的想象来重新经历当时的生活。即使过去是一去不复返

---

① 保尔·汤普逊：《过去的声音——口述史》，渠东等译，辽宁教育出版社和牛津大学出版社，2000，第182、183页。

② 莫里斯·哈布瓦赫：《论集体记忆》，毕然、郭金华译，上海人民出版社，2002，第86—87页。

③ 同上书，第81页。

的、已然不存在的,即使过去充满了苦难,但隔着无法消弭的时空距离遥望过去,过去仍然散发着不可思议的魅力。这也是文学家历来关注的主题,就像韩少功在他的散文集里曾深情诉说过的:

> 我们无须夸张故乡的意义,无须对文化的地域性积累过分地固定。我们在不可逆的时间里远行,正在卷入越来越范围广阔的文化融汇,但我们无论走出多么远,故乡也在我们血液里悄悄潜流,直到有一天突然涌上我们的心头,使我们忍不住回头眺望。回望故乡,是每一个人自我辨认的需要,也是远行的证明。

> 记忆是不断变化的,生长的,被后来的思想和情绪悄悄删节增添,永远没有定稿,没有最标准版本,我没法校对。用大师一点的话来说,记忆只是冒充过去,假冒品。我知道,一种儿时好吃的东西,成年时再吃也许觉得不好吃。一种儿时有趣的图书,成年后也许觉得很乏味。其实呢,不是吃的和看的变了,是我们这些人变了,是回忆过去的现在变了。……我相信决不是过去的油条更好吃过去的官僚就不贪污,而是因为人非往昔,比如说已经远远离开了过去,不再亲临其境而只是远远的看客。①

---

① 韩少功:《灵魂的声音》,吉林人民出版社,1997,第78、145页。

从本质上讲，这也说明怀旧就是对过去的重构和对历史的再创造，怀旧的真实性不是基于时间、地点以及人物的现实吻合，而是怀旧主体在经历了一定的岁月沧桑之后所能达到的、对过去和现实在意识层面上的心理真实。

总向过去汲取勇气和帮助，怀旧主体的情感倾向是自不待言的，通常我们总认为怀旧有一定的保守性，但绝不能依此断言怀旧就等于保守主义。[①] 保守主义的鼻祖是18世纪英国著名的政治家和保守主义政治理论家埃德蒙·柏克，1790年其著作《法国大革命反思录》的问世标志着保守主义的正式诞生。[②] 20世纪中后期，由于人类文明受到了以法国大革命为代表的近现代极权主义的挑战，保守主义在美国得到了第一次大的发展。20世纪70年代末，出于对国际极权主义和国内新左派所形成的新挑战的回应，新保守主义在英美欧陆出现，构成了保守主义的第二次发展高潮。二战结束后，保守主义思潮主要

---

① 保守主义指的是一种"可以从历史上和社会学上加以把握的连续性，它在一定的社会历史状态下产生，并在与生活史的直接联系中发展"。作为一种意识形态，"保守主义虽然反对剧烈的社会变迁，但却不排斥自由民主，亦不无原则地'维持现状'。……而是致力于用它的信条和标准来批评、改进现状"。保守主义有六点基本信条：超越性的道德秩序；社会连续性的原则；传统的原则；审慎的原则；多样性的原则；不完善的原则。详见卡尔·曼海姆：《保守主义》，李朝晖、牟建君译，译林出版社，2002；刘军宁：《保守主义》，中国社会科学出版社，1998。

② 需要注意的是，"保守主义"一词真正被英国社会认可却是在1835年。首次给予"保守主义"一词以明确意义的是法国的夏多布里昂，他把自己旨在宣传僧侣与政治复辟观念的期刊取名为《保守主义》。参见卡尔·曼海姆：《保守主义》，李朝晖、牟建君译，译林出版社，2002，第61页。

分化为两部分:一是新古典自由主义,它“反国家主义的自由主义,它强调个人主义、受到严厉限制的政府和自由市场经济,强调不断扩展的国家对自由、对私营企业、对自由市场经济和个人的私人空间所形成的威胁”,以奥地利经济学家冯·米瑟斯和哈耶克为代表;二是传统的保守主义,它“关心的是社会的整体,关心社会的道德生活和道德面貌”,“害怕的是极权主义,总体战争和世俗的、没有传统文化根基的大众社会的膨胀。他们怀念传统的宗教和伦理,拒绝他们认为正在瓦解西方文明的左派相对主义和左派激进主义”。以柯克、尼斯比特、伏格林等人为代表。①

保守主义指的是一种“可以从历史上和社会学上加以把握的连续性,它在一定的社会历史状态下产生,并在与生活史的直接联系中发展”。② 作为一种意识形态,“保守主义虽然反对剧烈的社会变迁,但却不排斥自由民主,亦不无原则地‘维持现状’。……而是致力于用它的信条和标准来批评、改进现状”。③保守主义有六点基本信条:超越性的道德秩序;社会连续性的原则;传统的原则;审慎的原则;多样性的原则;不完善的原则。假如以保守主义的两种类型为标准,怀旧更接近传统的保守主义;假如以六点基本信条为标准,怀旧也较符合其中的社会连续性、传统和审慎的原则。毋庸置疑,怀旧与保守主义是有很多相似

---

① 刘军宁:《保守主义》,中国社会科学出版社,1998,第17—18页。

② 卡尔·曼海姆:《保守主义》,李朝晖、牟建君译,译林出版社,2002,第61页。

③ 刘军宁:《保守主义》,中国社会科学出版社,1998,第23页。

之处的。①

尽管如此，两者的本质还是绝对不同的。怀旧属于一种个体的情感体验，且要辅以想象的帮助，它的本质是审美的；而保守主义属于一种意识形态，有内在的逻辑和原则，它的本质是政治经济的。衡量保守主义的基本准绳是超越性的道德原则和人性面前人人平等，而构成怀旧体验的关键则是主体对待现实与过去的立场，是传统的永恒美好。保守主义大致可以解释为传统主义与自由主义的结合，它所积极针对着的是理性主义与极权主义，而怀旧则是传统与认同的统一，它所暗含的是对已然失落的价值体系的追念与对现实状况的不满。保守主义认为人性

---

① 曼海姆是通过区分传统主义和保守主义的方式来界定保守主义的。“传统主义”是韦伯的表达方式，在曼海姆那里就是“自然保守主义”，是指人们通常所具有的固守旧方式、不愿意接受新发明的一种心理倾向和心理属性，而保守主义则是指一种思想方式和行为倾向。传统主义行为大多只是反应性行为，而保守主义行为则具有意义取向。就心理属性和行为倾向这一本质的区别而言，怀旧反而与传统主义有更多的相似之处，因为怀旧首先和基本地也是一种心理倾向，怀旧行为的发生必然是在怀旧心理的引导和支配下才有可能的。这更说明怀旧与保守主义二者的绝对不同。曼海姆概括保守主义思想的理论核心是“反对资产阶级的革命思想风格、反对自然法的思想模式”，自然法思想的特征主要有：理性主义；演绎原则；设定一种约束所有个体的普遍有效性；宣布一种所有法则对所有历史实体的普遍适用性；原子论与机械论；静态思想，将正确的思想设想成一个超越历史的“应该”的自我包容的自主领域。与之相反，保守主义思想的特征是：拒绝在理性的基础上确定一切研究的结果的方法；用现实的非理性来反对演绎原则；得以极端地表达的个性问题与普遍有效性相对；社会有机体思想；从总体性出发的思想模式；动态的理性概念。参见卡尔·曼海姆：《保守主义》，李朝晖、牟建君译，译林出版社，2002，第二部分“保守主义：概念与本质”。

是不完善的,但乌托邦冲动不仅不能弥合这一缺陷,反而会造成种种灾难,因此保守主义只期待一个可以容忍的、虽有弊端但保证秩序的、自由的社会,而怀旧所要面对的问题却是人格的不连续不完整不统一,虽然其乌托邦最终也是指向未来的,但未来却是以完美的过去为典范的。保守主义的深意是自由,而怀旧的深意则是时间。大体上说,保守主义的基点在过去,它的理论原则可谓"对传统的尊崇";而怀旧的基点在现在,它的直接动机多为"对现实的不满"。尽管"尊崇传统"与"不满现实"实质上是一枚硬币的两面,但它们的侧重点还是不同的,而且这也会导致二者在理解一些共同的主题上采取两种完全相异的方式。怀旧与保守主义的重合之处是必然的,也是显而易见的,但即便如此,二者也还是两个不同的概念。

第三,怀旧不单单是一种历史感,还是一种价值论。

作为历史感,怀旧有三个基本特点:是一种"向内转"或"向后看"的意识活动方式,以"过去"为其最主要的客体;通过重新唤起过去在现实生活中的活力,承担起了一定的记载传统、延续历史的文化功能;在构建我们的日常生活的过程中,体现了追寻生命源头、发掘意识根基的动机。在这三个方面,怀旧与回忆的功能是相同的。它们都是极具个性化的行为,对于每个主体而言,它们的意义实质上都在于占有时间,维系个体的历史感,以抵御时间的流逝对个体所造成的放逐感和恐慌感。然而,并不是所有对过去的回忆都可以称为怀旧,从总体上看,怀旧意识所指涉的范围比起回忆和记忆来要小得多:回忆是在记忆背景中的一种可能性,是对记忆的鉴别和挑选,并不一定会涉及所有的过去;而怀旧则又是对回忆的遴选,它必须在回忆的基础上辅以一定的价值取向，因此只涵盖到过去的领域中真正美好的和被想象成美好的那一部分。如果说回忆还有可能按照过去的原样再现历史，那么怀旧根本就是把过去作为历史的一部分在现时中重新现实化。怀旧的“看”不是无目的的，其“看到的过去”也并非完整，甚至未必真实，怀旧必定是一种有选择的、意向性很强的、构造性的回忆。所谓“怀旧是一种采用了特殊的历史性事件并有选择性地重构这些历史事件的现象”，[①]怀旧是对过去选择性的渴求，“是对一个被净化了的传统而非历史的叙述”。[②]回忆是无所谓美与不美的，而怀旧则必定是美的，必定建基于对现实的否定和对过去的肯定之上，怀旧的亲和性也恰恰在于怀旧主体对某种情调、感受、氛围和价值观的认同。

第四，怀旧必定是在特定情境中才能发生的。

“怀旧不是一种反历史的永恒不变的事物，不是这样一种对任何时间的任何人的潜在的感情，而是只在某些特定的时间和地点才有可能。”[③]这在某种程度上也决定了怀旧主体的特殊性。怀旧感的袭来常常是在某个瞬间，但具备“突然陷入”怀旧情调中的可能性和资质，以及享有承受怀旧感的能力，却要经过一个无意识酝酿的过程。所谓激发怀旧感的特殊情境就是这一酝酿过程的产物。特定情境的基本特征是“对照”，时间间隔、空

---

① Mark Woolley, “Beyond simulation: production and the nostalgia industry”, in http://gadfly1974. nease. net/articles/foreign23. htm.

② Scott Lash & John Urry, *Economies of Signs and Space*. London: Sage Publications, 1996, p. 247.

③ Keith Tester, *The Life and Times of Post-modernity*. London: Rouledge, 1993, p. 64.

间差距、价值优劣、利益得失等都包含在其中,但时间、空间、价值和利益的条件是不需要同时具备的,只要满足了其中之一就有可能促成怀旧。或者怀旧所指向的年代与怀旧主体所处身的年代之间存在着一个时间差,或者怀旧主体本身发生了物理空间的位移,这都会拉大怀旧主体在对待过去和对待现实的态度上的心理距离。

从前面的论述中我们得知,按照怀旧在词源学上的意义沿革,心理时空正是产生怀旧的根本原因。它不仅导致了怀旧主体的现实心态的失衡,还直接影响到他们对过去与现实的价值评判,诱使其想当然地认为过去比现在要好得多,正是在现实生活中他们失去了曾经在往昔岁月中拥有的好东西。然而,怀旧之"旧"与现实之"新"是永恒相对的,就像失落总要与收获相辅相成一样,一个人只有在经历了从旧发展到新的复杂历程、并且切身体会到成功与失败的双重滋味之后,才会抱持一种正常的怀旧心态,才会将失落视为收获的必然代价、进而对遥远的过去产生渴念和幻想。没有运动和变化,怀旧不可能产生;现代怀旧的形成最有力地证明了现代性的特殊情境(包括社会激变、传统失落等)的影响。安吉拉·麦克罗比(Angela Mcrobbie)也形容道,"怀旧指示了一种忠实地再创过去的,以及沉迷于这类神话表征的欲望。怀旧也暗示了一种在某个特定时期、在某种装饰过的戏剧性情境下的企图"①。

另外,过去与现实、旧与新、收获与失落等对照是以对照双

---

① Angela Mcrobbie, *Postmodernism and Popular Culture*. London: Routledge, 1994, p. 147.

方同时存在为前提的，如果在一个人的心里过去的分量极端超出现实的分量，甚至过去的形态完全掩盖了现实的面目，怀旧是根本无从发生的，它也许反会演变成具有广泛影响的革新的力量，以政治和经济领域的“暴力”作用对社会制度层面上的变迁施加影响。英国哲学家和政治思想家伯林在分析 18 世纪中后期的反启蒙思潮时就曾提到：“在十八世纪下半叶，这种对非理性因素的强调，不管它是否与特殊的宗教信仰有关，对个体、特殊性和不可触知因素的价值的强调，以及求助于古老的历史根源和悠久的习俗，求助于未被机智的‘理性人’的智巧所败坏的纯朴而强健的农民的智慧，这些做法都有着强烈的保守和反动的意义。”①

由此可见，虽然怀旧是人类社会的一种普遍现象，但并非每个人都能感受到怀旧所带来的“甜蜜的忧伤感”。怀旧由之生成的特定情境限定了怀旧主体必须是有过一定生活阅历的人：或者是经历过岁月的沧桑，或者是承担过背井离乡的苦楚，或者是在现实生活中感到紧张和疲惫，或者是遭遇到理想的受挫与幻灭等等。天真无邪的儿童不可能怀旧；从未离家半步，一直在温室中成长起来的人不可能怀旧；生活状态始终如一且也安于现状的人也较少怀旧，怀旧总是发生在那些成熟的然而却不乏焦虑感的成年人身上。这大概可以证明怀旧不仅仅是人们转向过去寻求逃避的无意识冲动，更是成年人的一种理性化的意识行为，是生命经验的一种历时比较，是人类个体生命成熟时的精神

① 伯林：《反潮流：观念史论文集》，冯克利译，译林出版社，2002，第 15—16 页。

冲动。

第五,怀旧带有审美体验的性质。

这与我们对怀旧主体的情感体验的定位有关。因为怀旧总是基于现实与往昔生活的对比而产生的,倾向于过去就意味着对现实不满,意味着在现实生活中受到了一定的心理“伤害”。鲁宾斯坦就认为,人类在成长过程中总是要受到各种各样的伤害,比如婴儿期和童年的分离,妇女时期必须重估过去的经验和重新协调青春的失落和进步的关系,以及成年以后由于语言的错置而导致的文化的错置或放逐。对此,主体所能感受到的痛的程度往往与所经受的伤害程度有关,或者只是一种情绪上的失落或忧伤感,或者扩大发展成一种“文化悲痛”,也即“一个个体对失去某种集体或共同联系的东西的反应:一种生活方式,一个文化家园,与一个更大的文化集团相联系的地方,相关历史”①等等。

关键的是,无论怀旧主体要经受怎样不同程度的伤害和痛感,他们都无一例外地笃信这种“伤害”只有在过去的修复下才能重新获得完满,残损或被破坏了的个体生活才能恢复健康的状态。这就导致怀旧作为一种心理体验和文化体验,它所指向并始终受其引导和支配的是一种完满的、理想化的、美的状态,而怀旧行为本身在趋向这种完满状态的过程中,又是建基于对现实痛感的有节制、有限度的审美表现。不仅如此,怀旧作为一

① Roberta Rubenstein, *Home Matters: Longing and Belonging, Nostalgia and Mourning in Women's Fiction*. New York: Palgrave, 2001, p. 6.

种精神活动或意识活动，它对现实创伤的修复只能是以想象过去或构想完美的方式来完成，整个怀旧活动的展开必须以想象、联想、情感体验或心理观照等审美活动为奠基。与平庸的、凡俗的、琐碎的现实生活相比，它带有浓烈的诗意化的倾向；与真实发生的、面面俱到的现实生活相比，它又经过了主体的选择和过滤，带有虚构和创造的意味。从另一个角度来看，尽管怀旧行为也包含了一定的反思意识，但怀旧中的反思与理性的计算、估量或统计无关，它也是在某种情绪、感悟或心理体验的过程中以审美的方式展开，从而实现对现实、过去、自我及他人的认识和理解的，即便它在本质上属于理性行为，但它的运作方式却是完全感性化的，而恰恰是这种感性化的运作方式规定了怀旧的审美属性。可以断言，怀旧就是人类基于对现实痛感的弥补和调节，而最终指向和谐统一的美感体验。

这五点就是怀旧的主要内涵。我们之所以能够对怀旧的各色诠释形成一种心照不宣的感觉，大概正是因为它们都不同程度地体现了这些内涵。并且与其相关的诸多事物（也即外延）已然构成了一个无限深广的生活世界，它与我们的生命体验息息相关，对任何一个经历过岁月荏苒的人来说都不陌生。显然，怀旧已经成了我们生命中的一部分。从这个意义上讲，怀旧也必定是一种普遍的或普适的、无时代无阶级的人类现象。

四、集体记忆与社会怀旧

需要辨析的一个问题是，从主体的类型来看，记忆可分私人记忆和公众记忆，怀旧也有个体怀旧与社会怀旧的差异。私人记忆也即个体记忆,最常见的表达方式就是传记,而集体记忆的种类则比较多。相对于前者主要作用于自我身份的认同和个体历史的维护而言,后者的功能则是保证整个社会系统的完整和连贯,使集体的传统和历史不被时间的流逝所侵蚀,并为未来提供可资参照和借鉴的文化遗产。在某种程度上讲,后者比前者更值得我们研究。社会怀旧和集体记忆的相同之处是比较明显的,主要表现在功能和意义方面,接下去要做的就是看看它们本身是否包含了一样的内容,是否采取了类似的表达手段。

法国心理学家莫里斯·哈布瓦赫在他的名著《论集体记忆》里提到,个体只能在社会中才能获得记忆,才能进行回忆、识别和对记忆加以定位。记忆的唤起并无神秘可言,“我之所以回忆,正是因为别人刺激了我;他们的记忆帮助了我的记忆,我的记忆借助了他们的记忆。……无论何时,我生活的群体都能提供给我重建记忆的方法”。也正是在这个意义上,哈布瓦赫才说:“存在着一个所谓的集体记忆和记忆的社会框架;从而,我们的个体思想将自身置于这些框架内,并汇入到能够进行回忆的记忆中去。”[①]换句话说,哈布瓦赫承认集体框架不过是一些承载个体记忆的工具,但集体记忆并不就是种种个体记忆的总和,假如我们可以对一个框架内的各种个体记忆进行分类的话,那也是因为记忆的相似性,而“记忆的相似性只是兴趣与思想共同体的一个外在表现”,[②]这恰恰证明集体框架对个体记忆的“合

---

① 莫里斯·哈布瓦赫:《论集体记忆》,毕然、郭金华译,上海人民出版社,2002,第69页。

② 同上书,第93页。

力式”的统摄作用。个体是通过把自身置于群体的位置来进行回忆的，而群体的记忆又是通过个体记忆来实现的，在这种重重交叉的关系网中，哈布瓦赫确证了三种主要的集体记忆形式：家庭、宗教和社会阶级及其传统。在每一种特定的形式中，除了整个社会共同的规则之外，肯定还存在着一些思考的习俗和模式独属于这个特定的形式，并以更为强制的方式灌输给群体每个成员的观念和情感，从而实现集体记忆的协和性和一个群体传统的巩固与流传。

美国社会心理学家保罗·康纳顿对哈布瓦赫的观点进行了补充。康纳顿关注的是群体的记忆如何传播和保持，及其如何导致社会记忆实施政治权力的功效的问题。他这样说道：“至于社会记忆本身，我们会注意到，过去的形象一般会使现在的社会秩序合法化。这是一条暗示的规则：任何社会秩序下的参与者必须具有一个共同的记忆。对于过去社会的记忆在何种程度上有分歧，其成员就在何种程度上不能共享经验或者设想。”①因为康纳顿把社会记忆与过去的形象在当下现实活动中的重建紧密联系在一起，因此他所勘察到的最能体现社会记忆之共同性的就是代际交流，即不同辈分的人在精神情感上的共通性或隔阂感。以此为基点，他提出两种社会记忆的传播方式：社会仪式和身体实践，这两种方式都要涉及对记忆的操演和语言表达，康纳顿称之为特殊的“体化实践”。因为它们的形式化较社会刻写体系更为直接也更为保险，并且较少在所有的话语实践里必然

---

① 保罗·康纳顿：《社会如何记忆》，纳日碧力戈译，上海人民出版社，2000，第3页。

存在的积累和解读影响,所以对社会记忆的保持和传播而言,它们是极为有效的。康纳顿宣称:“每个群体都对身体自动化委以他们最急需保持的价值和范畴。他们将明白,沉淀在身体上的习惯记忆,可以多么好地保存过去。”①

对这个问题,夏克特也有非常精辟的论述。他认为,“将记忆在代际之间进行传递和保存,是人类的一项基本的迫切任务”,而导致目前所谓“记忆危机”的重要原因之一就是“随着记忆外部保存设备的不断进步,具有重大社会意义的知识和时间的代际传递,对老年人的自传性回忆的依赖性越来越小”的缘故。②“现代文化演进的一个重要步骤,是它越来越依赖于‘外部的符号贮存系统’来完成人类记忆的代际传递过程。随着书写系统的产生,特别是印刷技术的不断更新,现代社会主要依赖于印刷媒体来保存人类的记忆。”③而随着电子媒介在当代社会的巨大发展,重要的社会记忆都是由电子档案加以贮存的,体现在老年叙事者中的代际记忆就越发地衰微了。

从哈布瓦赫和康纳顿的不同论述中我们可以看到,二者都深受柏格森所言的“习惯式记忆”和“回忆式记忆”的影响,都承认社会记忆或集体记忆在某种程度上就是一个习惯或习俗的不断传承和巩固发扬的过程。当集体记忆被用作一个名词时,它

---

① 保罗·康纳顿:《社会如何记忆》,纳日碧力戈译,上海人民出版社,2000,第125页。

② 丹尼尔·夏克特:《找寻逝去的自我:大脑、心灵和往事的记忆》,高申春译,吉林人民出版社,1998,第353页。

③ 转引自丹尼尔·夏克特:《找寻逝去的自我:大脑、心灵和往事的记忆》,高申春译,吉林人民出版社,1998,第353页。

也可以被理解为集体的记忆，通常状况下，它总是与社会的主导思想保持一致，因此控制这一记忆在很大程度上就决定了一个社会的权力等级。而当集体记忆被用作一个动词时，问题就转化成了集体如何记忆，无论是以什么方式，家庭、宗教、仪式或身体，它都要求群体里的每个成员必须具有一种相似的记忆规则，而且即使个体记忆表面上各不相同，在意识深处也要保持某种对这个群体的共通的认识。无论是"集体的记忆"还是"集体如何记忆"，都可以说明一个问题，即记忆是一种意识形态，记忆可以被转化为政治的武器。

我们可以举例说明。中国传统的说书或西方的讲故事就是保持和传播社会记忆的一种极其典型的方式，这与传统生活的"乡村化"或"社会化"有密切关系。试想一下，在茶馆里，在市场上，在农田中，或在随便一个有人群聚集的地方，说书人或讲故事的人开始"操演"，他们把所闻所见所亲历过的各种奇闻逸事搬到这个小群体中来，不仅要忠实地描绘事情的经过本身，还要时时发表意见、表明态度，甚至有可能为增强故事的吸引力而"添油加醋"。在这个说和讲的过程中，口头语言和身体语言同时并用，故事以及故事所蕴涵着的世态风情、人情世故、民俗礼仪等种种传统就通过这种双重"表演"被展示出来。说书人和讲故事的人就是社会的权威，他象征了博学、智慧和阅历丰富，他的号召性就在于他主宰了社会记忆的内容，潜移默化地巩固和增强了以此记忆为共同知识的群体的凝固性，使信仰成为可能。而现代社会却打破了传统生活凭借习俗和宗教构建起来的安宁感，而代之以紧张的、快节奏的城市生活，这就导致人们对传统事物的依恋也渐趋松弛，反而"对创造的乐趣占了优势"，"在同一种情况下，同造型艺术相比，讲演的艺术正在变得逊色；或者讲演艺术与造型相结合，为造型艺术所同化。”①

除了特定的说书人和讲故事的人以外，老年人的讲故事能力也具有重要的社会意义和文化传递意义。就如夏克特的调查所发现的那样：“在很多社会里，老年人的一项基本社会职能，就是将他们的个人的及文化的知识传递给下一代。由老年人的自传性记忆及社会的集体记忆，大多起源于遥远的过去，因此，老年人可以随意地利用这些高度精细编码且结构化了的记忆，并充分利用他们的叙事能力将这些记忆一代一代地传下去。……在美洲的本土氏族社会中，老年人在传统上都被当做文化记忆的资源加以敬仰，正是这些文化记忆为氏族社会生活的不同方面提供了指导。这些代际间的记忆传递，通常都采取这样一种方式，即创造一些故事。由氏族老人代代相传。”②也许正是因此，到处寻求智慧传播知识的苏格拉底和宣讲上帝之声的耶稣才会被当作统治阶级的头号大敌处以死罪，这两种现象之间倒是有很惊人的相似性。

因为所有的人听到的都是同一个故事，所以集体记忆中必定潜藏着对传统的某种共同或共通的认识，这既是集体记忆得以可能的前提条件，也更加深了集体记忆对于传统和历史的影响程度。随着围聚起来听讲的人越来越多，随着他们再以个体的方式把故事讲给另一个群体或以后的人听，传统和历史就被

---

① 斐迪南·滕尼斯：《共同体与社会——纯粹社会学的基本概念》，林荣远译，商务印书馆，1999，第 92 页。

② 丹尼尔·夏克特：《找寻逝去的自我：大脑、心灵和往事的记忆》，高申春译，吉林人民出版社，1998，第 348—349 页。

深刻地裹挟在集体记忆里。按照康纳顿的说法,集体记忆正是口传文化的主要内容,从一个讲述的人到一群听讲的人,再到更多的一个人和更多的群体,集体记忆之所以具有强大的稳固性,其主要原因就在于记忆主体的亲证性。换句话说,每个讲故事的人都可以自称自己是这个故事的源头,因为每个人都是凭借这种听和讲的方式拥有了故事本身。所谓亲证性,并不等于亲历性,只要记忆主体能够在这个不断延续的整体的听讲过程中有一次"在场"就可以了。显然,集体记忆保证的是历史的纯粹事实部分,它与历史学家依照种种文献资料或历史遗迹进行历史著作的编撰或历史学的构建是完全不同的,康纳顿称后者为"历史的重构",在这一重构过程中,权威不再是会讲故事会说书的单个的人,而是形诸文字的书面记载和具体真实的历史遗产,"历史学家远非依赖他们在思想上必须保持一致的自我以外的权威的陈述,他们是自己的权威;他们是思想相对于他们的证据是自主的,就是说,他们有用来批评证据的标准"。[①] 这一点必须区分清楚。

从上面的论述中我们可以看得出来,集体记忆是一种有着双重属性的记忆,套用德国社会学家滕尼斯的一对概念——共同体和社会,这一双重性就体现为"作为共同体的集体记忆"和"作为社会的集体记忆"。怎么理解呢?共同体和社会的概念是滕尼斯在《共同体与社会——纯粹社会学的基本概念》一书中提出来的,他认为:"共同体的类型主要是在建立在自然的基础之

① 保罗·康纳顿:《社会如何记忆》,纳日碧力戈译,上海人民出版社,2000,第10页。

上的群体(家庭、宗族)里实现的,……也可能在小的、历史形成的联合体(村庄、城市)以及在思想的联合体(友谊、师徒关系等)里实现。……共同体是建立在有关人员的本能的中意或者习惯制约的适应或者与思想有关的共同的记忆之上的。血缘共同体、地缘共同体和宗教共同体等作为共同体的基本形式,它们不仅仅是它们的各个组成部分加起来的总和,而是有机地浑然生长在一起的整体。'共同体是一种持久的和真正的共同生活',是'一种原始的或者天然状态的人的意志的完善的统一体'。在人类的发展史上,共同体这种结合的类型早于有的放矢建立的、人的结合的'社会'类型。"①

共同体建立在一种与本能、习惯、思想有关的共同记忆之上,建立在一切亲密的、私密的、单纯的共同生活中。在共同体中的人与人之间是休戚与共、同甘共苦的。在共同体中,语言的、习俗的、信仰的一致性与共享性保证了共同体作为单个人的总和、作为一个唯一而完整的整体是交互渗透和影响的。②

共同体是可以通过自身、通过依靠记忆来滋养自身的,共同的敬畏与情感维系着和平的共同劳作。尽管相距万里,但都能感到或想象到彼此近在咫尺,在一起活动。它的基本精神是艺术性的,是默认一致的、有约束力的思想信念和意志,是一种和睦的家庭精神。作为共同体的集体记忆是在历时层面进行的,是代代相关,是口传文化的载体。

---

① 《译者前言》,见斐迪南·滕尼斯:《共同体与社会》,林荣远译,商务印书馆,1999。

② 参见斐迪南·滕尼斯:《共同体与社会》,林荣远译,商务印书馆,1999,第52—53页。

而社会不同。“社会产生于众多的个人的思想和行为的有计划的协调，个人预计从共同实现某一种特定的目的会于己有利，因而聚合在一起共同行动。社会是一种目的的联合体。社会也是一种‘人的群体，他们像在共同体里一样，以和平的方式相互共处地生活和居住在一起，但是基本上不是结合在一起，而是基本上分离的’。‘社会应该被理解为一种机械的聚合和人工制品。适合的基础是个人、个人的思想和意志’。”[①]

每个个体身上都有独立的意志和精神，人与人之间处于一种紧张状态中，人与人之间的界限也是分明的。社会的统一建立在法（自然法和社会法）的基础上，是以理性为纽带的。[②] 在此基础上，集体记忆就是共时层面上的，是不能被沿袭，而必须不断地被想象、被复原、被创造、被重构的，以社会为记忆主体的集体记忆，所能产生和记忆的记忆对象只能是本尼迪克特·安德森意义上的“想象的共同体”。

无论是哪种类型的集体记忆，都是以过去为内容的。这一点与社会怀旧相同。因此宏观地看，上述对集体记忆的论述同样适用于社会怀旧。但社会怀旧明显区别于集体记忆的是：后者始终是与占主导地位的阶级的思想相一致的，也只有这样，才能更好地解释集体记忆所延留的过去的形象何以使现实合法化的问题。如韩少功所在他的中篇小说《昨天再会》中所戏言的那样，集体记忆大多体现在“前人留下来的纪念碑、小说、电影、回

---

① 《译者前言》，见斐迪南·滕尼斯：《共同体与社会》，林荣远译，商务印书馆，1999。

② 参见斐迪南·滕尼斯：《共同体与社会》，林荣远译，商务印书馆，1999，第95—110页。

忆录、历史著作、游记、服装乃至成语和风习”,它“差不多就是胜利者的记忆。有胜利人种的记忆,也有胜利组织的回忆”①;而前者却处在社会“边缘”的位置,它对过去的道德倾向使其自身与现实之间始终保持着一个距离。从某种角度来看,它是“反现实”和“去合法化”的,或者说是“反思现实”和“去主流文化的合法化”的,它绝无可能也断然不会将自身置于社会的中心。假如说它也在一定意义上缓和了现实的某种紧张状态及主流文化与边缘文化之间的某种冲突的话,那也是因为它对特定阶段的现实的反思让位于更严肃、更紧迫也更永恒的对个体自我及人类历史的思索,而这种思索的最终目的正是实现人类社会的和谐、统一和自由的缘故。与认知式的集体记忆相比,社会怀旧更感性化一些,它不具备共同的记忆模式或规则,更不存在这些模式或规则对主体的强制执行性。社会怀旧是一种情感的自觉,是对某种过去的形象“不约而同”的认同和亲和。

一种社会性的怀旧是不会无缘由地发生的,从表现渠道和生成动机来看,这一点与集体记忆很不相同:后者可以存在于任何社会环境中,远到一个原始部落,近到当代的信息技术对人类记忆的整体控制。只要记忆作为人的意识机能不蜕化不丧失,只要血缘、家庭、习惯等联结人类的社会纽带不断裂,集体记忆就是必然存在的。但怀旧不同。个体怀旧尚且需要一个特殊的情境,社会怀旧就更要借助社会的激发。也正是因此,在现代性的情境中,当信息技术高度发展、当商业手段大肆盛行的时候,怀旧工业或怀旧商业作为一种“有计划的”、“有组织的”社会怀

---

① 韩少功:《灵魂的声音》,吉林人民出版社,1997,第146页。

旧才能大肆兴起，而这正是现代怀旧的独特性。不过，需要注意的是，在怀旧工业得以激发起人们的情绪之前，一定已经潜藏着某种共同的社会心理，或者社会机制本身和时代精神已经悄然地掀起了怀旧的风暴，这样，当文化商推出怀旧商品时，潜伏已久的现代人的心理需求才能与之一拍即合。罗伯森所言的“存心的怀旧”其实正是此意。

五、怀旧情结的审美内核

对于身处现代社会中的每个人类个体而言，社会学最切近也最首当其冲地体现为社会心理学。具体到怀旧来说，对怀旧的社会学界定最终也要建基于对怀旧的心理学研究，尤其是审美心理学研究。这是因为审美是怀旧最核心也最内在的本质，回归审美的内核就是回归怀旧自身。

大体上看，怀旧在艺术活动及审美活动中对其审美本质的体现大致有四点：

第一，怀旧是一种艺术创造或审美创造。

最早对怀旧的审美确证可以追溯到柏拉图的“回忆说”。在柏拉图对世界构成的认识中，理念是世界的本原、永恒的原型，是人类必须凝神观照的力量。理念所对应的是绝对的真、善、美，是真、善、美的本体，是一切知识的极致，因为它是先在于人类的个体经验而存在的，因此一切追寻理念的行为，诸如求知、向善、审美，根本就是一种回忆的过程。如《美诺篇》中苏格拉底对柏拉图的“美诺悖论”的解答所揭示的，

> 人的灵魂不朽,灵魂在某些时候会死亡,在某些时候会再生,但决不会彻底灭绝。由于这个原因,人今生今世必须尽可能正义地生活。……既然灵魂是不朽的,重生过多次,已经在这里和世界各地见过所有事物,那么它已经学会了这些事物。如果灵魂能把关于美德的知识,以及其他曾经拥有过的知识回忆起来,那么我们没有必要对此感到惊讶。一切自然物都是同类的,灵魂已经学会一切事物,所以当人回忆起某种知识的时候,用日常语言说,他学会了一种知识的时候,那么没有理由说他不能发现其他所有知识,只要他持之以恒地探索,从不懈怠,因为探索和学习实际上不是别的,而只不过是回忆罢了。①

回忆就是对理念的回忆,也是一个人类从黑暗蒙昧的无知状态中被解救出来上升到理性世界、从而认识到最高理念的求知过程。这个过程就是我们所熟知的柏拉图著名的洞穴比喻。

美的本体存在于记忆中,审美因而成了一种回忆的经历,以此推论,美的创造不可能不是"重新记起"那个为灵魂在先世曾经经验过的"求知"过程。这一点在柏拉图的"灵感说"里得到了最充分的证明:

> 凡高明的诗人,无论在史诗或抒情诗方面,都不是凭技艺来做成他们的诗歌,而是因为他们得到灵感,有神力凭附

---

① 《柏拉图全集·美诺篇》(第一卷),王晓朝译,人民出版社,2002,第506—507页。

> 着。……诗人是一种轻飘的长着羽翼的神明的东西，不得到灵感，不失去平常理智而陷入迷狂，就没有能力创造，就不能做诗或代神说话。①

> 我觉得一种神思焕发，如果有必要，我也能做出一篇文章，……这些思致无论如何决不能由我自己的头脑里涌出来，因为我很明白，我是蒙昧无知的。所以我只能推想：这是从外面的来源灌到我耳里，就像水灌到瓶里去一样。可是由于脑筋的迟钝，我竟记不起在那里听到的，或是从谁听到的。②

可见，作诗实质上是代神说话，因而必须凭附神所赐予的灵感，灵感不是来源于诗人自身，而被先在地储存于灵魂的记忆之中，经由诗人的"记起"和回忆才能发挥作用。诗人在创作过程中是完全被动的，不过是一种借助灵感回忆美的本体的"迷狂"的体验。

求知、向善、审美都是一种回忆，而回忆的对象即为至高无上的、绝对的理念，这一过程与怀旧的体验非常相似。假如说在柏拉图这里回忆说还是比较抽象，更适用于哲学领域，那么到了海德格尔的后期，也即他开始把目光从纯粹的、形而上的存在问题转向形象的、切实关系到人类生存的技术和艺术问题时，怀旧

---

① 《柏拉图文艺对话集·伊安篇》，朱光潜译，人民文学出版社，2000，第8页。

② 《柏拉图文艺对话集·裴德诺篇》，朱光潜译，人民文学出版社，2000，第102—103页。

与审美的关联就彻底地显露出来了。在海德格尔那里,怀旧源于神性的消失和上帝的缺席,源于由此导致的世界的贫乏和黯淡,而怀旧所指向的即为神,是一种与柏拉图的理念有异曲同工之妙的先在存在,是一种被人类遗忘了的但又可以凭借一定的方式重新获得和体验到的东西。柏拉图求助于学习和探索,求助于诗神赐予诗人们的灵感,而海德格尔则完全摒弃了通过形而上的思索来解放形而上的束缚的途径,彻底转向了艺术的救赎之路,把诗和思作为一种通达神性光辉的可能。如其所言:"诗歌始终是作为曾经现身的存在。在来到中出现的东西,将自身聚集返回进入这种命运。以这种方式用不陷入消亡的流逝中者,它从开始便超过了所有的消亡者。那仅仅死亡者甚至在他死亡之前就没有命运。那曾经现身之物相反参与了这种命运。那假定的永恒者只是遮蔽了悬置的无常性,它悬挂在现在无常的虚空之中。"①正是因此,伽达默尔才把"艺术的本性是诗"这一提法誉为"哲学史上的轰动事件"。

艺术创造的原理是相通的,我们不仅在以柏拉图为代表的西方文化的源头中可以找到对这个问题的相关论证,而且也可以从中国古代的诗学理论中得到支持。中国文学史上最早的诗学概念就是"诗言志",朱自清先生把它称为中国诗学的"开山的纲领",对"志"历来有很多解释。而闻一多先生从词源学和诗歌发生学的角度来论"志",认为"志有三个意义:一记忆,二记录,三怀抱":

---

① 海德格尔:《诗·语言·思》,彭富春译,文化艺术出版社,1991,第130页。

> “志”从“止”从“心”，本义是停止在心上。停止在心上亦可说藏在心里。诗序疏曰“蕴藏在心谓之为志”，最为确诂。藏在心即记忆，故志又训记。

> 诗之产生，本在有文字以前，当时专凭记忆以口耳相传。诗之有韵及整齐的句法，不都是为着便于记诵吗？……无文字时专凭记忆，文字产生以后，则用文字记载以代记忆，故记忆之记又孳乳为记载之记。记忆谓之志，记载亦谓之志。古时几乎一切文字记载皆曰志。①

“志”的本义为记忆，那么“诗言志”就意味着诗歌创作首先是一种精神活动或心智活动，或者说是基于记忆的、“心动”的过程。这与后现代艺术主要表现为“心静”而“眼动”的视觉化体验有本质的不同，它也体现出中国古典诗词“缘情而绮靡”、以情制胜的经典特征。

有论者认为“创作者都是怀旧的”，其实这个观点确实有一定的道理。因为艺术创造本身就是一种回忆。就如史成芳通过对中西诗学理论或诗学观念的梳理所得出的结论一样：

> 时间观念制约着文学观念的形成。中西诗学史上，不同的诗学理论或诗学概念，常常表现为时间观念的不同。然而在这不同的时间观念背后，却又有着一种占支配性地位的观念，那就是过去时间在古典诗学中的特殊作用和地

① 《闻一多全集》(第一卷)，三联书店，1982，第185—187页。

> 位。这一特殊地位和作用表现为,无论中国还是西方,"回忆说"总是最古老的诗学观念。无论庄子的"心斋说",柏拉图的"灵感说",亚里士多德的"摹仿说",还是"诗言志",或刘勰的"载道",这些表面极不相同的诗学形态,实际上是"回忆说"的不同表现形式。在"回忆"的背后,隐含的是过去时间方向的主导作用。回忆,无论个人往日经验的记忆,还是集体民族历史的回忆,总是一种指向过去时间的精神活动。作为艺术的文学,常常被理解为这种指向过去时间精神活动的表现形式。①

怀旧最基本的就是一种回忆,正如威尔森所言:"怀旧是一种自传性的记忆。"②"创作者都是怀旧的",意味着创作者以作品的形式为我们揭示出一段过去的历史,一份积淀着个体记忆和集体记忆的对这段历史的记载,而我们——通常意义上的接受者,也必须采用回溯的方式,才能一层层地揭开裹挟在作品之上的、不同时代的接受者的记忆,从而复活那个隐藏在厚重的时间内核之中的原初相貌。怀旧不仅需要借助于隐喻、转喻和拟人化来完成其诗学实践,而且更关键的是,这一实践与时间和记忆紧密地联系在一起。或许可以说,怀旧就是一种"时间修辞学"或"记忆修辞学"。如德里达在总结德曼的观点时所陈述的那样,"记忆不再仅仅是用于命名作为某种植根于在场、同当下在场相

---

① 史成芳:《诗学中的时间概念》,湖南教育出版社,2001,第103页。

② Janelle L. Wilson, *Nostalgia: Sanctuary of Meaning*. Bucknell University Press, 2005, p. 23.

关的过去在场、未来在场三种模式之一的精神‘能力’。记忆把自己抛向未来，它也构成当下的在场。‘时间修辞学’就是这种记忆修辞学。”①在艺术创造的本质上，在时间—记忆—怀旧的关联中，三者是极其相似的。

除了因与“回忆”、“记忆”(memory, reminiscence)的“家族相似”性而表现出的艺术创造的特性之外，作为一种审美创造行为，怀旧还是一种建基在回忆之上的想象性建构或虚构。怀旧对象因其与主体的当下情境拉开了时空距离和心理差距，它就不再是我们当下处身的那个世界，而变成了借助想象以“再现”“过去的形象”的方式存在着的另一种现实。当下现实是真切的，而“另一种现实”却是虚幻的；切身经历过的现实是美丑和善恶并存的，被虚构幻想出来的现实却是无瑕疵的、理想化的，“丑”被有意识地遮蔽和忽略了，不仅原本就美的一面被主体的构想所发扬光大，即便原来没有的美也因主体的需要而被附加在上面。真正的过去在我们极力想要挽留和重现的努力中渐离渐远了，过去的就是过去了，真相再也不可复得，能够挽留下来的只是那瞬间的感觉以及对此感觉的想象，而我们所拥有的也只是回忆中的过去或想象中的过去。怀旧不再是对现实客体(过去、家园、传统等)原封不动地复制或反映，经过想象对它有意识地粉饰和美化，怀旧客体变成了审美对象，充溢着取之不竭的完美价值。也正因此，它才能反复地召唤或唤起人们的依恋

---

① 雅克·德里达：《多义的记忆——为保罗·德曼而作》，蒋梓骅译，中央编译出版社，1999，第67页。此处引用史成芳的译文，见史成芳：《诗学中的时间概念》，湖南教育出版社，2001，第98页。

感,成为怀旧主体的精神乐园。

丹尼尔·夏克特说:“我们的回忆虽然在通常情况下是统一的,但在它的连续的表层之下,却隐含着诸多的结构和复杂性。我们所经验到的对往事的自传式回忆,实际上是从我们对各生活阶段、各一般事件及特殊事件的知识中建构出来的。当我们将所有这些信息组织到一起时,我们便拥有了过去。”[1]法国文学大师波德莱尔也认识到,“从哲学观点考虑,真正的记忆只在于极敏锐而易受感动的想象中,因此,想象依靠每种感受能够展现过去的情景,并将之表现为生活的奇观。”[2]在连带着想象的回忆中,想象几乎僭越了纯粹事实性的回忆,上升到创造和建构的境界。巴什拉在谈论梦想的诗学时把充盈着想象的回忆称为“宇宙的记忆”而非“历史的记忆”,他说:

人越走向过去,记忆与想象在心理上的混合就越显得不可分解。假若希望加入诗的存在主义,则必须加强想象与记忆的结合。为此,必须摆脱那种概念特权强加于人的历史性记忆。那在日期的尺度上流动的记忆,没有在回忆的景物中足够停留的记忆,并不是充满活力的记忆。记忆与想象的结合使我们在摆脱了偶然事故的诗的存在主义中,体验到非事件性的情景。更确切地说:我们体验到一种诗的本质主义。在我们同时想象并回忆的梦想中,我们的

① 丹尼尔·夏克特:《找寻逝去的自我:大脑、心灵和往事的记忆》,高申春译,吉林人民出版社,1998,第88页。

② 转引自加斯东·巴什拉:《梦想的诗学》,刘自强译,三联书店,1996,第152页。

过去又获得了实体。人类的心灵在秀丽山川之外与世界结成有力的联系。那时,活跃在我们身心中的不是历史的记忆而是宇宙的记忆。[①]

想象造成了“另一个现实”的虚幻,萨特由此把想象体现非现实的功能当成了想象的全部功能。而杜夫海纳却认为,想象之所以能够造成虚幻恰恰是因为想象与当下现实紧密相连、同现实结成了一个难解难分的混合体,因而肯定非现实并否定现实只是想象的部分功能。事实上,想象在本质上还是转向当下现实的。怀旧就是这样,作为一种精神体验,怀旧所依据的想象就是建立在对当下现实的否定的基础上的,但也只有借助想象的力量,怀旧才能“向我们保证隐蔽而遥远的事物的存在”,[②]才能使我们重新获得源自过去的生命动力,从而在当下现实中更自由地存在。

想象使怀旧主体处于一种既静观又参与的境地:表面上看,主体似乎是在拉开了一定时空距离的前提下远观遥远的过去或家园,所谓想象:“几乎只是一种隐含的记忆。这种记忆牢记过去,把过去现实化,但又不把过去强加于我们;它不需要预感未来,只用片言只字便能使我们明白。这是因为再现对象根本没有未来,有的只是对自己的理解的未来。……一切需要连续感

① 加斯东·巴什拉:《梦想的诗学》,刘自强译,三联书店,1996,第150—151页。

② 米·杜夫海纳:《审美经验现象学》(下),韩树站译,文化艺术出版社,1996,第393页。

知的艺术都需要这种想象即记忆的协作。”[①]但实际上,就如同审美地接受艺术作品必须通过想象把自身放置到作品完成当时的那个环境中去一样,想象也把怀旧主体投放到了他的审美对象之中,在主体与对象间的“同谋”或“同一”关系的基础上促成了主体对对象的创建。就如杜夫海纳在分析审美对象时所提到的,

> 我们一定要与对象相当同一才能在我们身上重新找到对象据以成为自身的那种运动。因此,把他人当作他人来理解时便需要:(一)我与他在某种程度上共同存在,而绝非像物质对象那样与我全然无关;(二)我感到自己与这种认识有关,我与他的关系要密切到足以使我能感到我与他的亲缘关系。像黑格尔在《精神现象学》中和孔德在《社会动力》中所说,理解历史就是在我身上重新找到历史的同声,即完全成为历史的或有生命力的东西:我必须与历史协调,历史必须与我有某种直接关系,我至少要间接地体验过历史。一句话,我必须概括人性,自身具有人性。理解就是回忆起曾经存在,就是在重新发现对象时听从对象。而这种发现的保证则在于它在我身上遇到的一种同谋关系。[②]

正是由于主体与对象之间的“同一”,怀旧客体才能唤起主体的

---

① 米·杜夫海纳:《审美经验现象学》(下),韩树站译,文化艺术出版社,1996,第403页。

② 同上书,第433—434页。

一种比“真实感”更能震撼人心的“美”的感情，而有些怀旧客体才能具有恒久不变的魅力，时常引起主体的遐思和怀想；也正因为想象使主体得以“重新发现对象”并“听从对象”，主体的审美经验才不断地增加，客体的“深度”才被不断地挖掘，从而怀旧本身才历久弥新。

比如王安忆的长篇小说《长恨歌》里的女主人公王琦瑶。王琦瑶曾是 20 世纪 40 年代的“上海小姐”，做过“金丝雀”，当过“弄潮儿”，着实在她的那个时代风流过一阵。可在上海解放后，王琦瑶却成了普通百姓，在与几个男人的情感纠葛中渐渐衰老，也无可逃避地退出了历史的舞台。当她的女儿慢慢长大，又以新一轮的青春和爱情炫示自己的生命时，王琦瑶开始嫉妒，开始不由自主地与女儿保持一种既相亲相爱又钩心斗角的复杂关系。随着日渐衰老，王琦瑶开始意识到生命已越来越真切地远离了自己，而现实生活变得像幻觉一样越来越不能信靠，她只能通过想象旧日的盛景来抚慰自己的失落感。她的怀旧最典型地表现在她时常翻晒自己的衣箱这个细节上。每当服饰界开始繁荣、出现新款式的时候，王琦瑶就会哀悼起她的衣箱来。她不停地唠唠叨叨，“细致地描绘每一件衣服的质地款式，以及出席的场合，晒霉的日子又到了眼前”。①

这城市里的女人，衣服就是她们的蝉蜕。她们的年纪是从衣服上体现的，衣服里边的心，有时倒是长不大的。王

---

① 王安忆：《长恨歌》，作家出版社，1999。有关王琦瑶的引文均出自此书。

琦瑶细心地翻检着这些衣服,看有没有生霉斑。……样式就是那么几种,依次担纲时尚而已。她只是觉着有时循环的周期过长了,纵然有心等,年纪却不能等了。她想起那件粉红色的缎旗袍,当年是如何千颗心万颗心地用上去,穿在身上,又是如何的千娇百媚。这多年来压在箱底,她等着穿它的日子到来,如今这日子眼看着就近了,可她怎么再能穿呢?……过的时候不觉得,过去了再回头,怎么就已经十年二十年的?晒霉常常叫人惆怅心起,那一件件的旧衣服,都是旧光阴,衣服蛀了,烊了,生霉了,光阴也越推越远了。

从一件件破旧的衣服到破旧的光阴,王琦瑶对整个现实中的上海和上海生活都感到了厌烦和不满,过去是美好的、高贵的、彬彬有礼的、温情脉脉的、整齐有序的、浪漫感伤的、安静和谐的,而现实则丑陋粗俗、又脏又乱、令人感到局促不安。在服饰、饮食、人的谈吐和感情、社会礼俗、治安状况等各个方面的“存心”对比下,王琦瑶构筑了一个没有瑕疵的旧上海,为自己的怀旧找到了一个落脚点。尽管曾经亲历过的往昔早已淡出了王琦瑶的真实生活,越来越成为她的“身外之物”,但通过想象,王琦瑶却可以更牢固地把握到20世纪40年代的旧上海,就像看着另一个人在另一个世界里上演着另一出故事,那些人事是如此熟悉,却又无一相识。王琦瑶的怀旧变得朦胧暧昧,不再是真实的某人某事,而是一个逝去时代的精神风尚、一个没落贵人的旧时风度。并且正因为真实的过去一去不复返了,王琦瑶反而才可以凭借想象的虚构和建构尽情地享用过去的种种好处。

第二,怀旧是审美创造的一个永恒动机,它体现出人类希冀以“立言”的方式求不朽的审美心理。

毋庸置疑，在审美活动的诸多层面中，怀旧总是首要及主要地与人类传统的审美心理密切联系，正如诸多的创作实践和理论所揭示的，这是由时间带给人的种种承诺和诱惑所造成的。“人生代代无穷已，江月年年只相似”，人无法追寻时光飞逝的脚步，只能把握住已然消逝的、停留在过去经验中的时间，以此来理解并征服个体的消逝。在此意义上，怀旧所要达成的主要是人对时间的占有以及通过这种占有对自我现实处境的确证。威廉·福克纳写道：“我到梳妆台前，拿起手表，表面还是朝下。我把表面玻璃向梳妆台角上一敲，把碎玻璃集在手里，投入烟灰缸，把指针全揪下，往缸里丢。手表依旧滴答滴答走着……凡是被小小的齿轮滴答滴答滴掉的时间都是死了的；只有时钟停下，时间才活了……。”[①]法国传记作家安德烈·莫洛亚在为普鲁斯特的长篇巨著《追忆似水年华》作序时也曾指出，《追忆似水年华》的重要主题之一是“回忆”，因为：“世界不是一个，而是成千上万；‘每天清晨有多少双眼睛睁开，有多少人的意识苏醒过来’，便有多少个世界。因此，要紧的不是生活在这些幻觉之中并且为这些幻觉而生活，而是在我们的记忆中寻找失去的乐园，那唯一真实的乐园。‘过去’便是我们每个人身上都存在的某种永恒的东西。我们在生命中某些有利时刻重新把握‘过去’，便会‘油然感到自己本是绝对存在的’。”[②]由此可见，怀旧就是要

① 福克纳：《喧嚣与骚动》，李文俊译，上海译文出版社，1984。

② 安德烈·莫洛亚：《追忆似水年华·序》，施康强译，见普鲁斯特：《追忆似水年华》，李恒基、徐继曾译，译林出版社，1990，第7页。

把时钟停下,复活旧日的时光,重现昔日的美好,通过把过去纳入此在的生活中,为自我确立恒常的生命形式。这一点已成为众多文学艺术家的共识。

斯蒂芬·欧文在那本著名的《追忆》一书里写道:由于时间的诱惑,“中国古典文学渗透了对不朽的期望,它们成了它的核心主题之一;在中国古典文学里,到处都可以看到同往事的千丝万缕的联系。‘后之视今,亦犹今之视昔’,既然我能记得前人,就有理由希望后人会记住我,这种同过去以及将来的居间的联系,为作家提供了信心,从根本上起了规范的作用。就这样,古典文学常常从自身复制出自身,用已有的内容来充实新的期望,从往事中寻找根据,拿前人的行为和作品来印证今日的复现。”[①]他在这里所揭示出的就是中国古代诗词作者普遍具有的审美心理,也即怀旧的审美心理,通过诗词创作填平时间消逝和记忆的鸿沟,以固定下来的文字保存残损的往事和经验。现代学者陈平原在《中国现代学术之建立》一书中也表达过类似的观点,他认为“‘追忆逝水年华’,此乃古往今来无数圣君明相、文人哲士所无法回避的诱惑。不管是出于‘自我不朽’的祈求、‘文明延续’的领悟,还是功利主义的‘以史为鉴’,‘追忆’总是人类著书立说时的一大动力”。[②]

从根本上讲,这也是一种以有限求无限、以瞬间求永恒、以消逝求不朽的心理,同时也是一种以求助于过去的生活经验来

---

① 斯蒂芬·欧文:《追忆——中国古典文学中的往事再现》,郑学勤译,上海古籍出版社,1990,第1页。

② 陈平原:《中国现代学术之建立——以章太炎、胡适之为中心》,北京大学出版社,1998,第404页。

度过现实难关的本能。记住过去总是受益无穷的，当过去远离了现在，过去也作为被观审的审美对象而具有了无穷的魅力。怀旧情结得以维系的前提就是主体和对象之间的必然距离，时空距离促成了心理距离，也成就了审美的心态，铸成了审美对象的魅力。尽管我们都很清楚，被回忆者与回忆者之间永远有一条鸿沟无法填平，时间横在两者之间使被回忆者总是暧昧朦胧，为回忆者的想象留下了余地，但这反而更加激发了回忆者回溯往事、无限靠近过去的冲动。过去愈益暧昧朦胧，艺术家的想象力就愈益发达，欧文认为，这是作家惧怕湮灭和销蚀的心理与渴望名垂千古、使永恒的自我流传不衰的心理相互碰撞的结果，也是构成中国古典文学乃至中国古代传统生生不息的主要动力。在对往昔不断追忆的过程中，回忆者渐渐地变成了被回忆者，“传递自身变成了传递的对象；借以生存的形式变成了生存物的内容”；[①]又经由回忆的叠加，过去的历史被慢慢地复现。“复现的冲动是一台引擎，它是人类文明发展的核心：为了从古老的情节中创造出新的生命来，面容、细节和环境都发生了变化”，[②]正是在一次次地回忆和复现中，我们克服了过去的不完善，而“发现了关于文明史性质的一个藏而不露的真理，这就是，文明所以能永远延续发展下去，最重要的是因为它的结构来自它自身。”[③]欧文告诉我们：“要真正领悟过去，就不能不对文明的延续性有所反思，思考一下什么能够传递

① 斯蒂芬·欧文：《追忆——中国古典文学中的往事再现》，郑学勤译，上海古籍出版社，1990，第24页。

② 同上书，第118页。

③ 同上书，第24—25页。

给后人,什么不能传递给后人,以及在传递过程中,什么是能够为人所知的。只有在世俗的传统里,人的行动才会具有永久的价值和意义。"①沈从文曾说过回忆是有毒的,大概也是指回忆所必然导致的对传统和过去的传递问题不容忽视,回忆所激活的人类祈求永恒的心理与现实的暂时性的冲突难以调解,回忆所呈现出来的历史盛衰变迁及人事浮沉的复杂性难以把握这些特点吧。

第三,怀旧是一种情绪(或情感)状态,是审美感性的另一种描述,是一种独立的文化风格或审美风格。

怀旧主体对过去的价值肯定不是通过抽象的理性思辨或道德评估来完成的,而是一种感觉、直观上的倾向性,这说明怀旧本身也是无功利、无目的的。虽然从前面的分析中我们已经对怀旧产生了这样一个印象,即它的发生必须基于某种时空落差或心理距离,以及形成于此基础之上的人的实在感、充实感或自在感的"跌落",但怀旧主体并不是预先窥查到了这些感觉、设定某种目的或旨意,为着解决这些现实问题而去有意怀旧的。怀旧并不能弥合两个世界间的隔阂,怀旧也不是为了承担起掩盖或缩短这一隔阂的任务而被主体付诸实施的。毋宁说,怀旧是一种自在的存在,它不表现为现实行为,只是一种由人的趋乐避苦的天性而生发的感情倾向,而这种模糊的感情也只是"无意识"地抚慰了主体的心灵,具有康德所说的"无目的的合目的性"而已。杜夫海纳认为,"客观世界只有通过再现先验才变成世

① 斯蒂芬·欧文:《追忆——中国古典文学中的往事再现》,郑学勤译,上海古籍出版社,1990,第19页。

界，如同审美世界只有通过情感先验才变成世界一样”，[1]怀旧正是如此，它的美感就体现在主体的情感或情绪当中。

怀旧的情绪或情感是一种复合的情绪或情感，包括惆怅、感伤、依恋、思慕等等，因为怀旧的基本指向总是美的、和谐完满的，因此它的主调也是积极的、肯定的、优美的，但其中也不乏噫嘘、惋惜、失落、忧郁、愁苦等消极的成分。更恰切地说，它是一种“甜蜜的忧愁”，具有波德莱尔在浩渺的气氛中所体验到的那种“微笑的懊恼”，在其中，懊恼与安慰奇特地综合在一起，伤感与优美也完美地达成统一。巴什拉一语道破这之中的奥秘，即“一首优美的诗使我们原谅那特别古老的忧愁”。[2] 汪曾祺、沈从文和萧红的小说都有这个特点，但相比之下，汪曾祺的小说体现得更为鲜明。假如说沈从文和萧红的小说情调更倾向于忧伤的、感伤的，是以“古老的忧愁”为基调，由此那种怀旧的氛围更显得沉重一些，那么汪曾祺的作品则恰有不同。他的基调是恬淡的、悠远的，往往是把深刻重大的事件及意义融汇在细腻的笔触里，带着些许幽默和嘲讽、以日常化的视角进入怀旧。汪曾祺小说的感情主调是积极和优美的，是多种情绪的混合状态中以感伤与慰藉的和谐统一为主导的，是在抒情和沉思之间的一种平衡。

情感是永恒的，但在不同时代表现情感的怀旧媒介却不同：古典时代它多倾向于抒情艺术，如诗歌；而现代时期它又转移到叙事风格的艺术上来，如小说。前者如瑞士理论家施塔格尔，在

---

① 米·杜夫海纳：《审美经验现象学》（下），韩树站译，文化艺术出版社，1996，第570页。

② 加斯东·巴什拉：《梦想的诗学》，刘自强译，三联书店，1996，第146页。

他的著作《诗学的基本概念》里,施塔格尔就认为,诗可以分为抒情式的、叙事式的和戏剧式的三类,抒情式的诗的本质就是"回忆"。[①] 德曼也说:"属概念如抒情诗(或其不同种概念:颂歌、牧歌,或挽歌),以及准历史阶段概念如浪漫主义或古典主义,总是属于抗拒和怀旧的概念,极大地疏离真实历史的物性。"[②]德里达也认为对他人的怀念类似于抒情诗的比喻结构。后者如当代学者詹尼斯·道安。在谈到怀旧对失落感的抚慰功能时,道安已经把重心放在了叙事的上面,他认为:"修复某物就是在想象中拯救它,或者更正和改正它,怀旧可以通过一种叙事的术语来达到这种对失落感的修复。"[③]从抒情媒介到叙事媒介,这个转变当然和社会现实的发展有很大的关系,更与由此所导致的主导艺术形态的变迁有密切联系。其实,仅就表现怀旧这一点而言,即便是小说,也早已呈现出了衰微的势头,随着社会对速度和视觉的要求越来越高,影视艺术已经明显取代小说和诗歌占据了表现人类情感的众多艺术形态的优势。从朗诵诗歌到阅读小说,再到观看电影电视,这本身也构成了一种诱发怀旧的潜力。

不管怎样,虽然表现怀旧的艺术风格有一个从抒情性向叙事性转变的过程,怀旧的情感性都要求即便是叙事性的艺术作

---

① 参见埃米尔·施塔格尔:《诗学的基本概念》,胡其鼎译,中国社会科学出版社,1992。

② 转引自史成芳:《诗学中的时间概念》,湖南教育出版社,2001,第98页。

③ Roberta Rubenstein, *Home Matters: Longing and Belonging, Nostalgia and Mourning in Women's Fiction*. New York: Palgrave, 2001, p. 6.

品中也必须存有一种抒情性的动机，简单地说，就是要有一种情调，有一个主导情绪上的格局。就如德里达所说的，在这种文学样式中，“存在一种怀乡的、哀婉的抒情性动机，以图保留或者说编码，简言之即去复现无论可解的还是不可解的东西”。[①] 正是这种抒情性动机才能驱使主体去回忆和探索过去的时间经验，去追忆已逝的历史。这种抒情性动机使传统的抒情艺术和现代的叙事艺术都带上了浓郁的自传色彩，使两种艺术类型都以回忆或怀旧为基本动机，从卢梭的自传体小说到浪漫主义的抒情体，再到普鲁斯特的回忆式巨著，直至以萨特的充满哲学意味的自叙式小说为代表的存在主义作品；从以抒发个体情怀为主线的中国古典诗词到晚清以《红楼梦》为代表的以“情”贯穿始终的自传式小说，再到张爱玲、萧红、王安忆等人的带有浓厚“诗史”味道的小说，直至今天以情调和氛围取胜的怀旧电影，莫不如此。当然，怀旧富有抒情性并不意味着抒情必然产生怀旧，只有那些带有怀乡动机的、以“甜蜜的忧愁”为情感基调的、托尼·贝克所谓“既苦又甜”的情感体验才是构成怀旧的必要因素。也正因为这些感情的参与，怀旧才显得更为个性化一些。作为一种情感化、感性化、体验式、想象式的审美活动，怀旧的亲和性就在于对某种情调、感受、氛围和价值观的认同，它不能通过某种智性的认识来整合各个个体的感觉，也无法采用书面或口传的方式传达以及灌输某种精神层面的感知，更不可能有计划有步骤地组织或规划一场对过去的凭吊或伤感。怀旧的获得是“不由

---

① 转引自史成芳：《诗学中的时间概念》，湖南教育出版社，2001，第161页。

自主”的,是在受到时代社会的影响下产生的“情感的气团”,是局部的暧昧朦胧和整体轮廓的一致明了相结合的,而其中每个个体都是切身感受到整体的氛围、又以各自的形式浸润到整体当中乃至成为整体的一部分的。

第四,怀旧作为一个创作主题或母题,已然是一个永恒的审美意象。它以感性的形式或形象为依托而展开,它的载体总是富有诗意的形象或意象,它是指向和谐统一的美感体验。

这一点在我们梳理怀旧理论的哲学谱系时就已经涉及了,无论是自然、艺术,还是人类的感性生命,怀旧所指向的都是包含了一定的韵味、能够托付人类情感的审美形象。怀旧既是主体对对象的情感投射,也是对象的“意味”对主体的召唤,正是在主客体的情感互动的过程中,怀旧兑现了它的审美功效。比如里尔克写过这么一段话:

> 对我们的祖父而言,一所“房子”,一口“井”,一座熟悉的塔,甚至他们自己的衣服和他们的大衣,都还具有无穷的意味,无限的亲切——几乎每一事物,都是他们在其中发现人性的东西与加进人性的东西的容器。现在处处蜂拥而至的美国货,空泛而无味,是似是而非的东西,是生命的冒牌货……一所美国的人理解的房子,一个美国苹果或者一棵美国葡萄树,都与我们先辈的希望与沉思所寄的房子、果树、葡萄树毫无共同之处。①

---

① 转引自海德格尔:《诗·语言·思》,彭富春译,文化艺术出版社,1991,第102页。

这段话中承载怀旧感的就是一个个具体生动的感性形象，如古老的欧洲所拥有的“房子”、“井”、“塔”、“葡萄树”、“苹果”等。它们本身本来是没有意味的，但主体把自身的感情投射到了这些物体当中，对其寄予某种希望和理想，由此它们才变得生动形象，才和现代美国的“房子”、“果树”、“葡萄树”有所不同。前者象征了逝去的黄金岁月和安宁温馨的传统家园，具有神性的意味，令人感到无限亲切，而后者只是冷冰冰的、没有生命的实体，表面上看来两者没有区别，但在人们的情感体验中，它们却截然不同。借助回顾这些事物来回顾神性，重新体验人与自然的和谐，而不是求助于严厉的理性谴责、沉重的道德说教或艰深的信仰磨练，怀旧于此呈现出一种感性的美，比其他几种方式更易贴近人的心灵。

正因为主体是借助感性形象来体验美的，因此怀旧的发生往往是“突袭式的”，而感性形象也并不就是怀旧感的终结，怀旧主体往往是在这些感性形象身上找到一个感情的依托点后，又会穿越形象本身，体会到隐藏在形象背后的更为深广的感情。这一点是显而易见的，所以说在怀旧过程中，形象的含义要远远大于形象本身。这就好像王琦瑶的旧衣服不只是旧衣服，还代表了一个时代和一种风尚；里尔克的房子也不只是房子，还蕴涵了神性的光辉一样。

再比如普鲁斯特的“追忆”。1896 年，普鲁斯特在他的处女作《悠游卒岁录》的序言中写道：“在我孩提时代，我以为圣经里没有一个人物的命运像挪亚那样悲惨，因为洪水使他被囚禁于方舟达 40 天之久。后来，我经常患病，在漫长的时间里，我不得不待在‘方舟’上。于是，我懂得了挪亚曾经只能从方舟上才如此清楚地观察世界,尽管方舟是封闭的,大地一片漆黑。”①当时只有25岁的普鲁斯特并没有想到,这种“方舟”上的生活也将成为他一生的命运。在卧病在床的漫长岁月里,普鲁斯特最终为自己找到了摆脱这种被囚禁的命运的途径:回忆。通过回忆,普鲁斯特与悄然消逝的时间抗衡、与日益强烈的遗忘抗衡、与渐趋逼近的死亡抗衡;通过回忆,普鲁斯特使自我免于解体,使生活重新被连贯和构建起来。普鲁斯特教给我们的回忆方式是“不由自主的回忆”,在对“小玛德莱娜”的点心的细节描写中表现出来。在品尝那块点心的那天,天色阴沉,而普鲁斯特本人的心情也很压抑,但就在浸泡着“小玛德莱娜”点心的茶水碰到他的上腭时,他却“浑身一震”,“身上发生了非同小可的变化”,

> 一种舒坦的快感传遍全身,我感到超尘脱俗,却不知出自何因。我只觉得人生一世,荣辱得失都清淡如水,背时遭劫亦无甚大碍,所谓人生短促,不过是一时幻觉;那情形好比恋爱发生的作用,它以一种可贵的精神充实了我。也许,这感觉并非来自外界,它本来就是我自己。……它从何而来?又意味着什么?哪里才能领受到它?我喝第二口时感觉比第一口要淡薄,第三口比第二口更微乎其微。……显然我所追求的真实并不在于茶水之中,而在于我的内心。茶味唤醒了我心中的真实,但并不认识它,所以只能泛泛地重复几次,而且其力道一次比一次减弱。……我放下茶杯,转向我的内心。只有我的心才能发现事实真相。可是如何

① 转引自吴晓东:《记忆的神话》,新世界出版社,2002,第4页。

> 寻找？我毫无把握，总觉得心力不逮；这颗心既是探索者，又是它应该探索的场地，而它使尽全身解数都将无济于事。探索吗？又不仅仅是探索：还得创造。这颗心灵面临着某些还不存在的东西，只有它才能使这些东西成为现实，并把它们引进光明中来。①

毫无由来的回忆撞击到普鲁斯特的现实意识中，猛然间洞开了通向另一个世界的大门，在一块“小玛德莱娜”点心的诱发下，那全部的、似乎久已被遗忘的贡布雷的生活一瞬间就都从一杯茶中涌现出来。这就是怀旧的特点。

虽然我们并不能通过怀旧返回、唤醒、再现或恢复那个原初的和纯粹的过去，而且事实上也不存在那样一个完好如初的过去等待我们去发掘，但往事却会在突然间袭击我们，附着在某个微小的细节上面把整个过去的世界全部带到我们面前。往往当过去距离我们足够遥远，以至一定的限度时，过去的形象就会在我们的心中成型和固定下来，在对它的怀想中，过去常常表现为一个暧昧的轮廓、一种朦胧的气味、一件微小的物品、一种淡淡的却持久存在的感觉，或者别的什么微不足道的东西。我们借助它们来想象和复活其所代表的所有历史生活，因为这些东西“虽说更脆弱却更有生命力；虽说更虚幻却更经久不散，更忠贞不矢，它们依然对依稀往事寄托着回忆、期待和希望，它们以几乎无从辨认的蛛丝马迹，坚强不屈地支撑起

---

① 普鲁斯特：《追忆似水年华》，李恒基、徐继曾译，译林出版社，1990，第47页。

整座回忆的巨厦。”[①]英国心理学家巴特莱特将此称为“意象”,认为它“是从图式中捡出部分的一种手段,是在重建过去的刺激和情境中增加多样化机会的一种手段,也是克服按年月顺序的编排来呈现的一种手段”,它对回忆的最大帮助就是增强我们处理距离情境的能力,“有利于往事在与目前变化了的条件相联系的情况下运作”。[②] 丹尼尔·夏克特也认为,“记忆活动的主观感受,几乎毫无例外地包含了对所记忆的事件的某种视觉重现。……想象一个视觉意象可以导致我们相信是在回忆一个事件,即使这个事件从未发生过。”[③]

总而言之,怀旧是神秘的,也是美妙的,怀旧主体把过去、家园等具有一定象征意味的客体想象成完美的、理想化的情境,在对此情境的感性体验中寄托某种稳定感、安全感或归宿感,以此来弥合在当下现实中感受到的精神失落或人性分裂,或与令人失望的现实处境形成抗衡。在现代人的精神生活中,怀旧具有强大的乌托邦功能。

---

① 普鲁斯特:《追忆似水年华·在斯万家那边》,李恒基译,译林出版社,1990,第 49 页。

② 弗雷德里克·C·巴特莱特:《记忆:一个实验的与社会的心理学研究》,黎炜译,浙江教育出版社,2000,第 287 页。

③ 丹尼尔·夏克特:《找寻逝去的自我:大脑、心灵和往事的记忆》,高申春译,吉林人民出版社,1998,第 11 页。

第二章 现代怀旧的理论谱系

沿着离弃——追寻——返乡这条思路梳理下来，现代怀旧的问题就变得昭然若揭了，怀旧理论的谱系也初现雏形。从 18 世纪中前期的法国思想家卢梭开始，他以对现代科技和工业文明的批判拉开了现代性张扬理性与审美救赎相对抗的序幕，使人类对原初自然和本真存在的追忆第一次显明地被表露出来，从而为现代的怀旧心理和怀旧行为埋下了伏笔。之后，席勒又通过分析科技导致人类"断片"式生存的恶果发扬了卢梭的精神，并且提出以"素朴的诗"与"感伤的诗"对比，以"游戏冲动"弥补和纠正"感性冲动"和"形式冲动"的具体方案，使怀旧不仅保留了作为卢梭意义上的心理体验和情绪导向的特征，还开启了在文学艺术中表达怀旧母题的风气。同时，德国哲学家黑格尔也开始关注现代文化的现状，从他与荷尔德林的通信中就可以看出他对现代性的问题也同样敏锐和敏感。不同于卢梭和席勒的是，他从纯粹思辨和理性的角度观照了传统在现代社会中的失落以及现代文明的历史意义问题，并且无论是在其美学、精神现象学还是历史哲学的论述中，都或隐或显地流露出他对古典型文化的向往与热爱。

受到这些人的理论指导和人格影响，18 世纪末 19 世纪初以来，浪漫主义运动开始酝酿形成。运动从德国开始，后来波及到法国、英国,浪漫主义者们高举着“热爱自然”和“崇尚感情”的大旗,在几乎整个欧洲范围内掀起了回返本真状态的热潮,就其旨在把人从社会习俗和社会道德的束缚中解救出来,恢复人的本真天性,从而重新与大自然建立亲密感情的鹄的来看,浪漫主义运动在某种意义上也是一场现代怀旧运动,也充满了返乡的激情。威尔默把审美现代性表述为“浪漫的现代性”,亦即作为一种意识形态的力量,浪漫主义的社会意义就在于浪漫精神遵循审美现代性的思路,对自启蒙运动以来的知性倾向和唯理论的对峙和反拨,因此自 19 世纪前半期以来,随着理性主义以及同期浪漫主义运动的高涨,以浪漫主义为主要表现形式的保守主义也得到了日渐长足的发展。保守主义主要通过哲学得到了表现,在英、美、法、德都有所体现,而尤以德国为主(这也可以从一个方面解释为什么怀旧理论在德国哲学家的学术生活中尤其发达)。它在很多地方与怀旧的精神都有契合之处,因此也可看作是发端于浪漫主义、但声势范围及其深广程度又远较浪漫主义高远的怀旧大潮。

就像保守主义的思想在社会生活中的地位一样,怀旧也从来就不是时代生活的主流,相对激进思潮的前瞻性姿态而言,怀旧主体总是把对未来的希望寄托在过去的某种理论或者实践中,这就使得怀旧始终只能处在一个社会精神的边缘位置或潜藏在它的深层结构中。然而这并不意味着怀旧只有一个保守的维度,怀旧亦有激进的维度,而且历史上种种激进思潮并不总是以割断过去传统的面目出现的,这一点恰恰反映出怀旧的内在矛盾性和暧昧性。就像基思·泰斯特所说的那样:“怀旧是现代性的一个特征,它同时为确定性和解构提供了丰富的基础,它是在现代性下对文化冲突的一种反应。""怀旧并非必然地与形式的超越性对立冲突,恰恰相反,它有可能是一种使对具体化的无情斗争更为坚决的手段,就像未来性一样,怀旧也以一种不同但自明的方式为求知欲赋予了一种在家感和确定性……怀旧不一定要意味着一种历史性的回返,它也可能是一种对形式超越冒险的基础。"①

同样不可否定的是,因为怀旧总是与历史、传统、记忆等联系在一起,怀旧无疑也具备某种对社会现实的质疑潜能,即使它不能以显明的理论形式或观念形态展现出来,也会以反思和批判的方式发挥作用。当怀旧是发生在对社会具有深广影响的哲学家、思想家或艺术家等人物的生命中时,这一点就尤其突出。这当然不是发生在人物生存体验中的直接怀旧行为,而是一种经由更广阔的思想意识所体现出来的怀旧情结,但它往往能起到比直接的行为更有力、也更深刻的作用。19 世纪末 20 世纪初,整个西方世界都处在危机潜伏、社会矛盾日益激化的状态中,战争的创伤、经济危机的威胁、政局的混乱、人类精神的委靡和道德的沦丧等等,这一切都动摇了现代西方人一直以来自觉完满和运转正常的生活世界,使整个社会——从人类日常生活的表层到内心世界的深层——变得不可靠。有识之士开始怀疑他们对现实的信仰,并从哲学、政治学、经济学、艺术、历史学等各个角度反思现状,清洗传统的积垢,乃至重新建立和创造学科思想。

---

① Keith Tester, *The Life and Times of Post-modernity*. London: Routledge, 1993, pp. 64—66.

1918年,德国历史哲学家斯宾格勒出版了《西方的没落》一书,第一次全面而确切地提出西方文化已经没落、现代文明成为社会发展的新精神的言论,使整个西欧知识界为之一震。斯宾格勒相信文化发展和历史发展的宿命论,认为文明是文化不可避免的归宿,也标志着文化的终结。现代文明的主导精神是金钱,而催生金钱崛起的则是现代科技的高速发展以及现代人对大地之根的自动离弃和对利益的永恒追求。世界的历史就是城市的历史,斯宾格勒深刻地揭示出现代人对大城市的思乡病。这是怀旧理论史上的一大转折,它以对大城市的认同标志出怀旧与现代性的完全联姻,也暗示出现代人(包括怀旧主体)对现代科技的感情发生了本质性的转变。这是一种只有在现代社会才可能存在的怀旧方式,从浪漫主义的返乡到斯宾格勒意义上的返乡,怀旧的意义和形式与以往有了重大的不同。它突出表现在怀旧内涵的现实性因素越来越多,因而对现实和未来的建设性功效也愈益增强,怀旧不只作为一种基于现实不满而产生的情绪,更主要的是,它成了在现代社会中被现代科技所包围的每个个体的自救手段,并且逐渐强化了对个体自我认同的功能。

也许正是因此,20世纪以来的怀旧思想和怀旧行为越来越富有个人性,也越来越与个体身份在现代社会的重构以及历史性的个体与现时性的社会存在和谐相处密切相关,以海德格尔和本雅明为代表的怀旧者就是这一演变的体现。海德格尔是从未来回溯到现在和过去,他的出发点是对整个西方传统哲学和现代形而上学的重新梳理,其最终目的就在于要为全人类找到一个不受现代文明玷污的净土,使其可以诗意地栖居在大地上,臻达澄明和无蔽的佳境。从海德格尔关于本真存在和技术座架的分析来看，他的怀旧体系具有对现存文化相当的颠覆性，且在颠覆的同时强化了怀旧批判现实和构设未来的功能。这一功能在稍晚于他的德国思想家本雅明那里得到了充分的发挥，怀旧成了一种既有人类关怀、又与个人体验圆融一体的博大而精深的文化现象。怀旧完全地个人化了，它实实在在地影响到本雅明的生存哲学和生存方式，但它又恰当而精确地反映出历史与时代的冲突，传达了在现代社会中个体的生命延续必须连续和完整的深层需求。而且，对技术的考察与对个人（和群体）的生存定位也由此结合在一起。海德格尔提出常人，提出日常在此的沉沦，乃至提出"诗意栖居"的方案，都还只是针对技术对人类在现代时期的影响，致力于对人的异化现状及断片式生存的救赎；而本雅明要解决的已不单单是如何与技术共存的问题。他所面临的现代生活境遇与海德格尔所面临的是一样的，但他所采取的生存策略却是通过回返过去面对现实和走向未来。除此之外，本雅明还不得不承受他作为一个犹太人在纳粹暴政下的种种冲突，所以他的怀旧行为是与其个体的身份认同直接联系在一起的，在保持共时性平衡的同时还要争取获得历时性的完整感，也即如何把被现代科技割断的传统重新连缀起来，怎样才能使个体和社会集体的历史记忆不再残缺。这些问题是与本雅明的历史哲学意识互为因果的，因此怀旧不再表现为对一个具体的对象（人、事、物、地点等）的眷恋，而是一种较抽象的、精神层面上的哲思，是不仅在现代社会、还要在历史长河中寻求灵魂归宿感的行为，是最深刻的返回人由之所来的"故乡"的努力。

本章旨在整理怀旧理论在现代时期的哲学谱系,经由对上述各个思想家及其各种命题间的关联、承续、断裂或发展关系的考察,发现怀旧理论何以沿袭、又将沿袭怎样的嬗变轨迹,现代怀旧究竟如何从中孕育而生,它将要为承担种种社会文化功能而具备怎样的前提。

一、卢梭:回归人类的善本性

从文化和人的角度来看,现代性的基本冲突可以被表述为:现代人对生存发展的理性诉求和对生命质态的感性体验之间的冲突。换句话说,人类社会自启蒙运动以来,就不得不面临历史文化的唯理性建构与人类个体的审美调解相抗衡的挑战。对这一冲突和挑战的研究探讨成为当下许多学者进行现代性批判的共同焦点。但问题恰恰在于:研究者过多关注对冲突双方的分别审理,却忽视了对现代性批判本身的反思,也即它作为一个不间断的历史文化现象,从形成初始必然要经过一个各种文化精神相互碰撞、相互交锋、相互吸收和相互传承的过程。而从道德和审美两个方向先后开启这一过程的就是卢梭和席勒。

现代化进程对人类造成的伤害最先在卢梭那里得以显明,席勒将其称为"卢梭式的断裂"。导致这一断裂的根本原因就是现代科技和工业文明对淳朴自然的强暴和掠夺,而执行这一暴行的正是欲壑难填的人类自己。所谓文明,"第一个圈起一块土地的人,他又想说出'这是我的'这句话,并且找到头脑非常简单的人相信他的所言所行,这个人就是文明社会的奠基人”①,在卢梭看来,现代文明奠基于财产的私有关系,其本质就是承认私有财富和私有权利的合法化。在《论人类不平等的起源和基础》中,卢梭揭开了文明的老底,把自然与文明的对峙一下子从暗处摆到了亮处。

按照卢梭的理解,现代文明实施强力的最大工具就是教育。成功的教育应该是自然教育,教育手段应该是生活和实践,即遵循儿童的天性,让儿童在与大自然的亲密相处中认识自身与外物,而不是用书本教条来规训他们的身心发展,这样才能达到最终的教育成效,既培养了儿童的心智,也造就了儿童的体格,还要挖掘儿童向善、爱美和追求本真的潜能。与此相反,空洞教条、僵化虚伪的教育不仅不能发扬人类天性中积极美好的一面,反而极易形成种种“偏见、权威、需要、先例”,和一切压制人类创造力的社会制度一起扼杀人类的纯真天性,导致人类自主性和判断力的丧失,使人类变成没有爱心和责任感、只知道跟随社会惯例亦步亦趋的奴隶。在这样的教育引导下,人类不可能有真正的智慧,更没有真正的幸福,反倒是培养了人的惰性和奴性,还滋生了整个社会风尚的腐化堕落。在卢梭看来,没有什么比人的这种被捆绑的生存处境更让人痛苦和绝望的了,“我们的种种智慧都是奴隶的偏见,我们的一切习惯都在奴役、折磨和遏制我们。文明人在奴隶状态中生,在奴隶状态中活,在奴隶状态中死:他一生下来就被人捆在襁褓里;他一死就被人钉在棺材里;

① 卢梭:《人类中的不平等的起源是什么,它是自然法所承认的吗?》,载于《卢梭的生平和著作》,罗曼·罗兰编选,王子野译,三联书店,1993,第41页。

只要他还保持着人的样子,他就要受到我们的制度的束缚”。[①]欲望——奴性——社会基础,现代社会以文明为幌子维系着这个生存怪圈。

现代文明损害的是人的自然本性,因之卢梭提出回返自然的观点以抵制现代文明的消极影响,通过对失落了的自然的回顾和再创造来维护人类在文明社会中的健康生存。在倡导“回归自然”这一点上,卢梭可谓浪漫主义思潮的理论先锋。“自然”一词在卢梭的著作中频繁出现,是表达卢梭怀旧思想最关键的一个概念,尤其在《爱弥儿》一书中,自然的所指更是丰富多端。一、在最平常的意义上使用,指自然环境或自然风光;二、人类的种种自然条件,包含生理器官、本能、天性;三、人类社会的自然秩序或自然属性,如天赋平等;四、人类生存或建构社会的原始手段或技能,如手工劳动。尽管自然的诸多概念所指各异,但它们都共同围绕一个能指,即与现代文明冲突的“非文明”或“反文明”状态。自然不是社会性、教化性、文明化、制度化的,它是原始的、本真的、纯粹的和自发的,它是人类童年时期的最大特征。

回返自然显然不是彻底离弃已有的现代文明、回到蛮荒原始的太古,因为把关于客观世界的信念的依据放在内心情感上这种做法本身就有缺陷,“一点是:没有任何理由设想这种信念会是真实的;另一点是:结果产生的信念就会是私人信念,因为

---

① 卢梭:《爱弥儿》,李平沤译,商务印书馆,1978,第15页。

心对不同的人诉说不同的事情”①；并且这样设定的自然人实际上会变得非常抽象，“被赋予所有自然自由的人身是自主的、抽象的、自私的人。这种人从根本上疏远和排斥共存、在社会中生活或社会性这种生存方式”②，它变成了一种先验存在的东西，超出于任何现实限定之外，因而毫无实在感和现实意义。卢梭的回返自然与此不同。从他的人性观来看，卢梭既不承认原罪论，也不倾向于纯粹的性善论，他认为人性中有善有恶，自然状态切合人的善，而非自然状态（即现代社会）又会激发恶，所以人被区分为“自然人”和“人所造成的人”，这是人与社会、进而与人自身永恒不灭的冲突。因此，回到自然状态不过是回归人类的善本性而已。

可以这么说，这是卢梭在上帝和社会之间的一种思想妥协和自圆其说，卡西尔正是在此意义上肯定了卢梭理论的历史意义和体系价值，认为就在于创造了一个新的“承罪”主体——社会。③ 上帝被忽略被宽恕了，人只能经过改造社会来改善人性，重返善的自然。就像爱弥儿一样，他必须首先学会在社会中生存，知道该如何承担各种责任义务，他不仅不能断绝和社会他人的交往，还要能够在各种社会关系中保持自己的头脑，运用自己的理性。自然不是野蛮、本能的代名词，自然也不意

---

① 罗素：《西方哲学史》（下卷），马元得译，商务印书馆，1997，第235页。

② 德拉·沃尔佩：《卢梭和马克思》，赵培杰译，重庆出版社，1996，第24页。

③ 卡西尔：《启蒙哲学》，顾伟铭等译，山东人民出版社，1996，第153页。

味着完全取消理性作用,它只是倾向于感性、并坚决守卫感性在理性包围中的独立地位罢了。自然就是善的本性,就是不隶属于任何物或任何他人,在任何时候或环境下都能保持道德评判及意志决断的自主性和独立性,就是能于腐化堕落的社会群众中特立独出的可能性。泰勒对卢梭的评价是非常公允的,他说:

> 卢梭深化的观点……并不提倡回到前文化或前社会的阶段。毋宁说,这种恢复与自然的联系的观点更应该被看作是,通过一种使理性与自然结盟或融合的方式,或换种说法,通过文化或社会为一方,与自然的真正生命力为另一方的结盟与融合,来逃脱精明的、依附他物的状态,逃脱舆论的压力和由它带来的野心。良心是显现在人身上的自然之声,尽管他已进入社会并被赋予语言和理性。①

如此说来,怀旧在卢梭那里首先是在道德伦理的意义上发挥效应的。

谈及文明和社会造成的自然状态与非自然状态之间的对立冲突的,并非卢梭一人。类似的范畴还比如弗洛伊德的"野蛮人"和"文明人"、"本我"和"自我"、"无意识"和"意识"、"原初的过程"和"继发的过程"、"快乐原则"和"现实原则",马尔库塞的"爱洛斯"(爱欲)和"逻各斯"(文明),或者明代李贽的"童心"和

---

①　查尔斯·泰勒:《自我的根源:现代认同的形成》,韩震等译,译林出版社,2001,第552页。

“假人”、“假言”、“假事”、“假文”等。这些对峙范畴的共同点都在于认可前者的自然性，突出从前者到后者的发展过程中人类幸福感的失落，都暗含着世界、社会或道德教化等外部因素对人性的捆缚和扭曲。有所不同的是，弗洛伊德的“野蛮人”和马尔库塞的“爱洛斯”强调的是人的本能，他们提出通过被压抑的对过去的记忆抗衡文明的破坏性、重建失去的天堂，也主要是从生物学的角度阐释了文明的原动力和怀旧的心理驱动机制，其中并不包含卢梭在他的自然人性中所灌输的道德意味，这一点要明确区分。而李贽“童心”说的要义则在真诚，与其说它具有一定的道德影射，毋宁说它的艺术性和审美意味更浓厚些。1974年，美国人类学家斯坦利·戴蒙德出版了题为《寻找原始人》的专著，沿袭卢梭的思路再一次提出了以“原始人”对抗和拯救现代文明危机的观点，在此书的序言中，戴蒙德写道：

> 西方世界的危机也是人类的危机，它不仅限于社会的、经济的和技术的问题。它关涉到我们对人的定义和真正的理解。我们生活在一个我们自豪地称为“文明”的社会中，但是我们的法律和机器却都享有了它们自己的生命，它们同我们的精神的和生理的生存相对立。用来解放我们的科学，把我们关进了抽象的牢房。职业学者之手把概念变成了痴迷的对象，消磨掉了激情。人类学者试图通过抽象的模式去捕捉快速流动着的人类现实。人类变成了政策科学，即控制人的学问，完全背离了人的本性。由于不断增长的技术体系所产生的错误意识广泛流行，对人性构成了否

定,因此本书作者要唱出反调,以警醒世人。①

戴蒙德呼吁建立一种全新的人类学,通过向原始人学习来改善文明的困境。这种学习包括三个方面:通过与过去的和现存的原始人交流,并且还同我们自身的原始能力交流,像原始人那样去理解原始世界,创造一种景观或生活观;用原始人的观点反思我们自己的世界;把这两种视界联系起来思考我们未曾洞悉的人类的本质。戴蒙德的观点拓宽了卢梭理论的范围,但他对自然人性的界定不像卢梭,倒与席勒有更多相似之处,都是指恢复人性的形象化,以感性的圆融统一与现代文明的抽象、分裂相对抗。自18世纪中后期以来,文明和人性的冲突问题始终悬而未决,戴蒙德希望通过在现实生存中磨合"原始人"和文明人或"原始思维"和现代思维之间的差距来改变困境,且不论他的思路在今天能否行得通,单看他为救赎现代性危机所设计的这种模式,我们就不能不承认卢梭以后的人并没有超出卢梭所提出的问题范围。

卢梭于前人的超越之处不仅仅是这种开先河的力量,还在于他不仅敏锐地感受到了现代文明与人类本性间的紧张关系,首次把这种对立提升到现代人的日常生活表层上来,而且还把罪恶的根源归结于社会这种现实力量,使人能够在经验性的现实存在中获得自救的可能。从这一点来看,也正是在卢梭这里,

---

① 叶舒宪:《西方文化寻根的"原始情结"——从〈作为哲学家的原始人〉到〈原始人的挑战〉》,载于《文艺理论与批评》,2002年第5期,第102页。

社会群体性的怀旧才成为可能。这既为后来的浪漫主义运动奠定了理论基础，也使怀旧这一感性化的议题获得了一个理性的、普适性的和多方位的研究视野。正因此，赫尔岑才会这样评论卢梭，"当伏尔泰还在为了文明而同愚昧无知作斗争的时候，卢梭已经把这种最人为的文明痛斥为耻辱了"[①]，而伯曼也才会提出，卢梭是在今天意义上使用"现代性"概念的第一人。[②] 对这个问题，德国政治哲学家施特劳斯还有不完全相同的看法。在他看来，"现代性的第一次危机出现在卢梭的思想中"[③]更恰切地不在于卢梭始终抗拒与批判启蒙思想中的进步信念，而在于他"作为以自然状态为基础的现代自然权利学说的集大成者"，其学说却"揭示了现代自然权利学说的不可能"，"为了他的道德与政治哲学，卢梭需要人的自然，但对他而言，人的自然便成为了一个问题，这一事实可以被确切地理解为现代性的第一次危机"。[④] 从施特劳斯的说法中我们可以再一次体会到卢梭怀旧思想的复杂性。

根据卢梭的理论，善是存在于原初的自然状态中的，但重新找回失落的善却只能向未来索取，唯有改造社会才能担当得起完善人性的重任。因此他提出社会"自由"的概念与粗糙的自然

---

① 转引自李奇志：《自然人格——卢梭》，长江文艺出版社，2000，第10页。

② See Marshall Berman, *All That Is Solid Melts into Air: The Experience of Modernity*. New York: Penguin Books, 1988, p. 17.

③ 转引自吉尔丁：《现代性的第一次危机——施特劳斯论卢梭》，载于《施特劳斯与古典政治哲学》，刘小枫主编，上海三联书店，2002，第479页。

④ 同上书，第487—489页。

相对:

> 人类由于社会契约而丧失的,乃是他的天然的自由以及对于他所企图的和所能得到的一切东西的那种无限权利;而他所获得的,乃是社会的自由以及对于他所享有的一切东西的所有权。①

由此可见,卢梭所提倡和追求的自由不是无限拥有自然或“滥用”社会处境的自由,而是维护社会整体和个人所有的自由,个人所有不是个人的财富私有,也不是个人的欲望冲动,而是个人作为主体的独立性和道德自由,是自我裁断、自我服从和自我拒绝的主动性。自然的本质不是原始的单纯和独立,恰恰是社会状态下人与人之间的道德和谐及自律,而自然人不但不是社会的边缘角色和社会倒退的象征,反而是现代文明最终求索的人类形象,是卢梭那个时代以至以后相当长时期与所谓的文明人分庭抗礼、从而证明社会健全和社会进步的人格精神。对这个问题,也即以道德自由为名义,针对人的对象化而生发的对现实的反动,康德是代表。康德也曾认为在道德意志能够做自我决定的前提下,道德生命即等于自由,也即自律。因而,卢梭所向往的自由不是文明的反义词,而是不平等的对立者,如其所言,“没有交换,任何社会都不能存在;没有共同的尺度,任何交换都不能进行;没有平等,就不能使用共同的尺度。所以,整个社会的第一个法则就是:在人和人或物和物之间要有某种协

---

① 卢梭:《社会契约论》(《卢梭文集》2),何兆武译,红旗出版社,1997,第42页。

定的平等”。[1] 难怪罗素会说,“自由是卢梭思想的名义目标,但实际上他所重视的、他甚至牺牲自由以力求的是平等”。[2]

牺牲自由指的是牺牲个体的自由,所力求的平等指的是全社会的平等,细细推究,这一点实质上已经与卢梭在前期提到过的个人的自主性和独立性相冲突。如果按照卢梭一贯坚持的个性化和个人自由的标准来看,在这里,卢梭明显违背了自己的初衷,而讲求全社会的平等也潜在地抹杀了每个个体的个性。该怎么理解他的这一点自我矛盾呢?卢梭有这么一段著名的话:“好的社会制度是这样的制度:它知道如何才能够最好地使人改变他的天性,如何才能够剥夺他绝对的存在,而给他以相对的存在,并且把‘我’转移到共同体中去,以便使各个人不再把自己看作一个独立的人,而只看作共同体的一部分。”[3]实际上,当卢梭为了追求全社会的平等而把个人意志让渡给以社会契约为代言的“总意志”时,自由已变成了全民意志统一下的自由,而此全民意志又源于每个个别意志的集中统一,它完全不同于君主专制下的强制性“同化”,它是政治上的一大进步。恩格斯认为这种平等已经上升到一种文明的高度(在卢梭那里是民主政治对集权暴政的反动):

> 文明每前进一步,不平等也同时前进一步。……这样,不平等又重新转变为平等,但不是转变为没有语言的原始

---

① 卢梭:《爱弥儿》,李平沤译,商务印书馆,1978,第252页。

② 罗素:《西方哲学史》(下卷),马元得译,商务印书馆,1997,第237页。

③ 卢梭:《爱弥儿》,李平沤译,商务印书馆,1978,第10页。

人所拥有的旧的自发的平等,而是转变为更高级的社会契约的平等。压迫者被压迫。这是否定的否定。

因此,我们在卢梭那里不仅已经可以看到那种和马克思《资本论》中所遵循的完全相同的思想进程,而且还在他的详细叙述中可以看到马克思所使用的整整一系列辨证的说法:按本性说是对抗的、包含着矛盾的过程,每个极端向它的反面的转化,最后,作为整个过程的核心的否定的否定。①

自然不是纯粹的原始自然,自由也不是反文明之道而行之的绝对自由,相反,它们的内涵都建立在一个向前发展的基础上,是人类文明以及进步的一个阶段。获得未来的自由就是回归自然的善,这是卢梭怀旧思想的最核心所在。在这里,过去(自然本性)、现实(文明)与未来(自由)之间达成了一个统一,就像马尔库塞在阐释弗洛伊德的理论时所提到的,"面向过去的结果将是面向未来","过去仍在对未来提出要求,因为它使人产生了以文明成就为基础重建天堂的愿望"。② 作为被文明遮蔽和侵害的客体,向自然的回归实际上从未间断过,它贯穿于整个文明史,或如马尔库塞所言"被压抑的这种回归构成了文明的禁忌史和隐蔽史"。③ 发生在文明进程中的回归注定要与文明产生

① 《马克思恩格斯选集》(第3卷),中共中央马克思、恩格斯、列宁、斯大林著作编译局编,人民出版社,1977,第179—180页。

② 马尔库塞:《爱欲与文明》,费勇、薛民译,上海译文出版社,1987,第8—9页。

③ 同上书,第6页。

千丝万缕的联系。

所以我们可以断定，回归人类的善本性绝不能简单地被视为倒退或对历史潮流的违逆。在卢梭处身的时代，这一回归实际上也相当具有前瞻性，它甚至超出了卢梭本人所能对付的范围，使卢梭一生都陷入在一种孤独的状态中。第一，这表明卢梭的怀旧理论充满了各种对立因素，这既与怀旧本身的暧昧性有关，也与卢梭对自然和自由的理解密不可分。第二，这也显示出怀旧本身强大的批判力量和反思功能，它实施着对人类历史的调节作用，而这恰与康德所表述的美对人类现象界的调节功能（真与善遵循构成性原理）不谋而合。如卡西尔对康德的分析所揭示的那样，"卢梭的理论不是关于既存事物的理论，而是关于应有事物的理论，不是对现成事物的描述，而是对适当出现事物的刻画，不是怀旧的哀歌，而是未来的预言。康德认为，这种表面上的怀旧观点理应有助于人们对未来的准备，并使他们能胜任于建设未来。当然不应该让人们与改造他们文明的使命相脱离，但却应该向他们说明，他们在文明中所引为荣耀的价值里，究竟有多少是赝品和虚饰。"①第三，对卢梭而言，回归到人类原初的善良本性是臻达道德完善的捷径，回归同时也意味着向前。这使他的整个人格及所有生命行为都烙下了怀旧的印痕，做人、行文甚至文学创作，在他的身上，怀旧被转化成一个广义的美学问题，它不只拘囿于鲍姆加通意义上的"感性"，还是一种人生信念的体验、一种艺术化的生存、一种崇尚自由的人文精神。卢梭一生不仅与社会始终保持距离，而且也常常从自身抽身出来，他

---

① 卡西尔：《卢梭·康德·歌德》，刘东译，三联书店，2002，第12页。

正是通过这一双重身份的逃离实践着他对社会理想的承诺。这一点使康德认定了卢梭的怀旧绝非要令人们疏远文明或返回蛮荒,“而只认为人们应该从他们目前所达到的水准去回顾它”,[①]并“要人借助于回首跂望来省察传统社会的偏差与缺陷”[②]。

卢梭始终不曾放弃的就是在现代文明的畸变和遮蔽下宣扬对自然状态的追崇,探索自由的“本真的人”,而这里的“自然”和“本真”又都与“情感”、“感性”、“美”及“自由”有关,所以卢梭的怀旧思想中已然蕴涵了从哲学、政治学向美学过渡的深意,尤其其怀旧理论的关键概念是“自然”,并且是在现代性条件下突显出来的、与现代文明针锋相对的“自然”,强调怀旧研究的美学意义就尤为重要。因为把怀旧作为一个美学问题来谈,正是以科技为导向的现代怀旧区别于以情感为导向的传统怀旧最显著的特征,传统的美学要素不但由于现代科技的参与而本质性地改变了现代怀旧的发生动机,而且也对传统美学本身构成了不可忽视的挑战(下文将进一步详细论述这个问题)。就此,卢梭的怀旧理论贡献功不可没。

二、席勒:游戏与审美

从表面上看,席勒和卢梭的思想存在着许多相似之处:其一,几近相同的自然观以及对自然的向往眷恋之情。其二,同样

---

① 康德:《人类学》,转引自卡西尔:《卢梭·康德·歌德》,刘东译,三联书店,2002,第 12 页。

① 卡西尔:《卢梭·康德·歌德》,刘东译,三联书店,2002,第 30 页。

② 卢梭:《爱弥儿》,李平沤译,商务印书馆,1978,第 406 页。

把自由视为最高的理想。其三，都对现代文明持有尖锐的批判倾向。然而，由于二人所处的时代不同，所经历的社会生活事件也有很大差异，所以细究下去，二人的怀旧思想还是有深层的分歧。还以这三点说明。

首先，席勒认为，值得人们景仰的自然必须具备两种条件，或者本身就是自然，或者被我们认为是自然，前者就是“自然景物”，是“自由自在的存在”，与人造物相对；而后者则是“自然性格”，是“事物凭借自身的存在，遵循自己恒常法则的存在”，[①]与文明相对，两者都是美的。之所以会对自然产生这种感情，最根本的原因在于自然所代表的观念（而不单单是自然本身）正是我们（文明人）达到性格圆满所缺乏的东西，即“默默创造的生命，自发的平静创造，遵循自己法则的存在，内在的必然性，自身的永恒统一”。[②] 在席勒看来，我们失落了这种圆满统一就像我们失落了童年一样，

> 它们是我们曾经是的东西，它们是我们应该重新成为的东西。我们曾经是自然，就像它们一样，而且我们的文化应该使我们在理性和自由的道路上复归于自然。因此，它们同时是我们失去的童年的表现，这种童年永远是我们最珍贵的东西；因而它们使我们内心充满着某种忧伤。同时，它们是我们理想之最圆满的表现，因而它们使我们得到高

① 席勒：《论素朴的诗与感伤的诗·秀美与尊严》，张玉能译，文化艺术出版社，1996，第 262 页。（注：以下未特殊说明的席勒的引文均引自此书。）

② 同上书，第 263 页。

尚的感动。①

> 儿童对我们来说是理想之清晰回想,尽管这种理想并不实现,但是它被提出来了,因此它就绝不是他的贫乏和局限的观念,正相反它是他的纯粹而自由的力量的观念,他的完整性的观念,他的无限性的观念,是感动我们的东西。②

一言以蔽之,这就是人性的统一。虽然这种统一被认为曾在我们的儿童时代存在过,但它随着人类文明进化的过程已然消失了,现代人的内在精神是矫揉造作的。对于不得不从一开始就经受文化烦扰的现代人来说,我们在异乡的漂泊状态是永恒的,也是注定的,在文明中获得自由必然要以丧失幸福为代价。正因此,我们对自然的渴望才是双重的,“一重渴望它的内在幸福,一重渴望它的完美无缺”,③只有获得了这双重幸福,我们才能重新成为“单纯的自然之子”。重寻失落的世界关涉到我们的思维方式,席勒由此提出“素朴”的概念,要求我们在惊异的素朴和信念的素朴中保持对自然的忠诚之情。与卢梭自然的“善”相比,席勒的自然体现为“素朴”。

席勒本属于感伤诗人,但他却向往素朴的诗,而感伤诗之所以会出现,就是因为素朴的境界在现代社会的剧变下已然失落,现代诗人已无法再像素朴的诗人那样基于必然性作诗,拘囿于

---

① 席勒:《论素朴的诗与感伤的诗·秀美与尊严》,张玉能译,文化艺术出版社,1996,第263页。

② 同上书,第265页。

③ 同上书,第275页。

摹仿现实的狭隘领域;他们必须像感伤的诗人那样基于理想性作诗,在观念中寻找天性的和谐,把现实提升到理想的高度。相对于素朴的诗人凭借自然臻达目标的方式,感伤的诗人只能寄望于文化的努力、通过理想去恢复那个原初的统一体。时代要求感伤诗人的要远远甚于要求素朴的诗人。在这样的时代精神的浸润下,席勒对素朴境界的向往必然是怀旧。

席勒把怀旧的源头直指到古希腊时代,在他看来,希腊人的想象方式、感受方式和思维习惯都是极其自然而单纯的,他们彼此信任、交互融合。希腊人的人性是圆满统一的,他们无须追寻自然,因为他们本身就是自然,而且自我统一和幸福地栖息在自然的感情之中,“他们社会生活的整个结构建立在感觉之上,而不是建立在艺术的拙劣制品之上;他们的神学甚至是一种素朴感情的灵感,是一种兴奋的想象力的产物,不像现代民族的教会教义是苦思冥想的理性的产物”,[①]自然是希腊人的家园,而现代人的环境、状态和习惯却是反自然的,自然已在人性之外,现代人只能在无生命的世界中以意志自由和道德完满的方式重新求得它。“古代人自然地感受,而我们感受自然”。[②]

“感觉”、“灵感”、“想象力”——这些字眼无不透露出美学的气息,回到自然就是回到这样一种想象方式、感受方式和思维习惯,那么怀旧当然就是一条审美之途。在卢梭那里道德意味浓重的自然在席勒这里充满了审美的意味,而卢梭的向善回归也

---

① 席勒:《论素朴的诗与感伤的诗·秀美与尊严》,张玉能译,文化艺术出版社,1996,第278页。

② 同上书,第278页。

变成了席勒的向美回归,从伦理学意义上的自然和善发展到美学意义上的自然和美,这大概是卢梭的自然观与席勒的自然观之间最微妙也最重大的差异。卢梭的怀旧还只倾向于臻达一种善良的人性,注重自觉自立的道德责任感和人性在没有受到压抑扭曲之前的本真性,因此,他所提到并崇尚的感性、情感和感觉等因素更恰切地是道德完善的一种辅助手段,道德体验才是最本质的东西。而到了席勒这里,怀旧成了心理体验和文化体验之间的一种关系,它所向往的是和谐完整的人性,是感性专制和理性专制的彼此消解与相得益彰。这种状态只有通过将传统的生活方式内在化与审美化才能获得,审美体验取代了道德体验成为回归自然的唯一途径。审美必将抛弃不自由的、不道德的和不真实的人,在审美的状态中,人的力量被恢复为人性,成为"完全意义"上的人,席勒后来提出以游戏冲动来弥补感性冲动和形式冲动的缺陷与不足最终证明了他对审美力量的极度张扬。

从卢梭到席勒,文明与自然之间的紧张对立已逐渐缓和为两者间的互补:我们缺少的东西在自然身上可以找到,但同时我们也有自然本身所不具备的优势,自然是必然的,而只有人类才能追寻并获得自由。席勒所看重的自由不是原始本能的冲动,而是意志自觉遵循必然性的规律、想象被理性的法则规束时的神圣的道德愉悦和个性超脱,这是文明生活中最高的自由,也是人类在失去儿童时代的天真纯洁后唯一可循的自由。这一自由也是向善的,至少它使获得自由的主体不得不具备道德自律和意志从善的条件。但与卢梭在针对不平等的意义上使用自由这个概念而言,席勒的自由显然是审美的。卢梭意义上的政治意味，即强调在社会契约下的个体完善和自我控制已被意志、想象和个性的超脱所代替，想象在此获得了与理性法则的和谐统一，由此带来道德层面上必然的愉悦感，更传达出席勒所谓的自由的意味，和他对自然的期望一样，席勒也为其自由观赋予了深刻的审美的感觉。

席勒所处身的时代正是法国大革命惨遭失败的时代，德国资产阶级像全世界的资产阶级一样，丧失了对革命的信念和激情。虽然对现实的批判和斗争还要继续进行下去，但后者先天的软弱性已经不足以支撑他们继续以激进革命的方式反抗封建统治。在那个时代，从社会政治的领域逃向文艺和哲学美学领域，似乎是资产阶级知识分子可选择的退路，恩格斯称此为“把一切都归结为从现实逃向观念的领域”，无疑是一语中的。这一逃跑的姿态宣告了狂飙突进的原初精神已然隐退，取而代之的是浪漫主义文学艺术家的浓厚的幻想精神和自我情感的宣泄劲头，席勒的热情也随之冷却，他开始与现实妥协，开始思考在文艺领域内安置自己的遁途。一方面，对资本主义社会阶级矛盾的分析变成了对人性分裂的分析；另一方面，由此为出发点，他也把对当前现状的反抗斗争转向了对理想人格的精神追求，主张通过对人的审美教育来实现人格的健全自由。就像有论者所谈到的那样：

理性的最高行动是审美的，真与善在美之中结成姊妹，这无疑是承传了席勒。席勒在《审美教育书简》中接受了卢梭的政治意图，创建一种新的普遍本质，以实现理性国家的目标，他所走的道路是通过审美教育塑造和谐的人格。在卢梭那里,美的心灵本身就负有政治使命;席勒不在心灵的主题中把握政治目的,而是将之融入教育的使命中,由艺术家来承担。①

或许我们可以说,在席勒这里,怀旧思想不过是他的理想人性论的代名词,怀旧本身也更像是他逃避社会现实和历史使命、寻求精神慰藉的一种方式,是他对革命失望的一种美学救赎,即把审美自由当成了通向政治自由的必经之路,把道德一致当成了臻达这一自由的必要手段,把人性的统一当成了革命成功的大前提。

人性究竟是怎样分裂的呢?席勒把罪过归为近代资本主义的片面发展,因为资本主义的发展使劳动分工越来越细密化,人类对知识和技能的掌握也越来越专业化,人不再完整,而变得破碎,每个人只据以片断和部分展开自我的生活,人性也不再是活生生的了,他成了专业知识和技能的体现者,成了完全抽象的人。在《美育书简》的第六封信里,席勒对此已经讲得非常清楚:

> 正是教养本身给现代人性造成了这种创伤。只要一方面积累起来的经验和更明晰的思维使科学更明确的划分成为必然;另一方面国家的越来越复杂的机构使等级和职业更严格的区别成为必然,那么人的本性的内在纽带也就断裂了,致命的冲突使人性的和谐力量分裂开来。直观的知

---

① 戴晖:《译者前言》,见荷尔德林:《荷尔德林文集》,戴晖译,商务印书馆,2000,第6—7页。

性和思辨的知性现在敌对地占据着各自不同的领地，互相猜忌地守卫着各自的领域。人们的活动局限在某一个领域，这样人们就等于把自己交给了一个支配者……

由艺术和学术在人的内心所开始造成的这种混乱失调，又由近代统治的精神贯彻下去并普遍化了。当然，不能期望早期共和制的那种简单组织会随着早期的道德习俗及社会关系的消亡而继续存在，然而它没有提高成高级动物的生命，却下降到一种平庸而笨拙的机构。……现在，国家与教会、法律与习俗都分裂开来，享受与劳动脱节、手段与目的脱节、努力和报酬脱节。永远束缚在整体中一个孤零零的断片上，人也就把自己变成一个断片了。耳朵里所听到的永远是由他推动的机器轮盘的那种单调乏味的嘈杂声，人就无法发展他生存的和谐，他不是把人性印刻到他的自然（本性）中去，而是把自己仅仅变成他的职业和科学知识的一种标志。①

席勒的分析已与19世纪后期以来的社会学大师马克斯·韦伯对“铁笼”、官僚机制与专家时代的诊断相当类似。后者认为资本主义的基石是机械，而

抛弃人类具有的浮士德式的面面俱到性，使自己限于一项专门工作，是在现代世界从事任何有价值的工作的条

① 席勒：《美育书简》，徐恒醇译，中国文联出版公司，1984，第50—51页。

件,因此在今天,行动与放弃必然是互为条件的。[①]

清教徒曾渴望从事一项职业工作,我们则被迫这样做。因为当禁欲主义从修道院的密室中出来并且开始支配世俗的道德观念时,它便在建设现代经济秩序的巨大宇宙中发挥着它的作用。现在,这个秩序与机器生产的各种技术、经济条件结合在一起,以其不可抗拒的经济力量决定着今天所有生而处于这种机制之中的个人的生活,而不仅仅是那些直接参加经济获取活动的人的生活。大概在最后一吨化石煤炭燃尽之前,它将一直这样决定着他们的生活。按照巴克斯特的观点,对于外在物的关心应当"像一件轻轻披在圣者肩上的薄外衣,可以随时扔到一边"。可是命运的裁决却使那件轻裘变成了铁笼。[②]

对置身铁笼中的社会进行合法统治最纯粹的类型就是借助官僚体制进行专家统治,这不仅要求统治者必须具备一定的专业知识,还造成了他们自身理论上的自由与对事务的服从之间的悖论。韦伯对理性带来的文化从宗教—形而上学的分化是赞赏的,在他看来,世界的"去魅"标志着人类的解放,更令人欢欣鼓舞。然而,现代化的进程同时也造成了知识的分裂和人的抽象化,这又是启蒙走向自身的反面的后果。对此悲剧性的后果,韦

① 马克斯·韦伯:《新教伦理与资本主义精神》,黄晓京、彭强译,四川人民出版社,1986,第171页。

② 同上书,第171—172页。

伯怀着一种矛盾的心态，在激赏理性力量的同时又缅怀逝去的古老的宗教精神。而席勒则义无反顾地"回到"古希腊寻求人性的拯救。

事实上，这个问题也已成了困扰当时整个德国文化界的大问题，不同的人有不同的解决思路。与席勒同时代的歌德走了一条与席勒截然不同的路。在他的巨著《浮士德》里，歌德塑造了一个拿自己的灵魂与魔鬼打赌的形象，这个形象与常规的道德观念完全针锋相对，最终浮士德不得不通过与魔鬼合作来实现他自我发展的梦想，他变得比魔鬼更魔鬼。这个形象的成长趋势是完全向上向前的，以致到了后来的历史学家斯宾格勒那里，浮士德已经摇身一变，他先前为魔鬼所奴役而后来又奴役魔鬼的灵魂成了为实现理想而拼搏进取的象征，"浮士德式的文化"也成了整个西方世界在现代社会征服自然、勇于开拓的文化性格的代名词。而尼采却和席勒一样转向了对古希腊的怀旧之途。

对尼采来说，文化是人的原病，因为人的（文化）"本性"是不自然地确立下来的，它建立在人的本能（肉体）和思想或表达的分离基础上，"人自己的肉体并不直接呈现为人，而是必须在文化经济的环境下，借助象征性语言——意识或'精神'——来表达自己（即自言自语）"，[①]由此人变得无比虚弱和失败。而早在人的本能受科学和基督教戕害之前的古希腊时代，人却是健康和完满的。尼采树立起了酒神狄奥尼索斯的形象，认为在后者

① 布隆代尔：《尼采的生命作为隐喻》，载于《尼采在西方——解读尼采》，刘小枫、倪为国选编，上海三联书店，2002，第 363 页。

身上文化的精华和本能的真谛奇迹般地得到了统一调和,人成为真正的个人而不是像现代人一样的抽象的人。尼采指出,在狄奥尼索斯的种种神秘中,"希腊人本能的'根本事实'——他们的'生命意志'——才获得了表达。希腊人用这种秘仪担保什么?永恒的生命,生命的永恒回归;被允诺和贡献在过去之中的未来;超越于死亡和变化之上的胜利的生命之肯定;真正的生命即通过生殖、通过性的神秘而延续的总体生命。"[1]实际上,对18世纪后期许多德国人而言,古希腊都是完美的人的典范,这也许不仅可以帮助我们理解为什么继文克尔曼之后,德国会对古希腊发生浓厚的狂热之情,也最有力地证明了"根柢"的心理在人类的文化史长河中的意义和影响,以及怀旧的"集体无意识性"。

如果从回到希腊人的先例来寻求现代文化困境的拯救之途这个意义上讲,尼采和席勒一样,都是怀旧的。所不同的是,席勒的怀旧根源于一种对时代风潮的退避,因此他在古希腊人那里看到亮点首先是应对于现实的黑暗和阴郁的;而尼采对狄奥尼索斯神的崇拜却等同于对某种生命意志和强力意志的崇拜,狄奥尼索斯恰恰是作为一种久已存在的"超人"形象的前身而赋予尼采力量的。正如尼采在解释他本人和瓦格纳之间的本质差异时所说的:"一个哲学家对自己的第一要求和最终要求是什么呢?征服自身的时代性,成为'永恒'。那么哲学家用什么来作此最大的斗争呢?用他身上使他成为时代孩子的一切。……我和瓦格纳一样是时代的孩子——即我是一名颓废者。唯一的区

---

① 尼采:《悲剧的诞生·偶像的黄昏》,熊希伟译,华龄出版社,1996,第217页。

别在于我正视这个事实，并与之相抗争。我体内的哲学家与之相抗争。而他则不是。”①

回到我们原先的思路上来。现代文明和人性之间的冲突是现代思想界中的一个永恒的主题，在这个问题上，席勒比卢梭有所前进和发展的有三点：第一，他为这个主题的深入开掘提供了技术批判的视角，从而使现代科技作为一个中心议题被突显出来。科技是现代人的命运，因此在现代社会里科技与人性间的对立冲突势必要比文明与人性间的对立冲突更激烈更尖锐，席勒通过分析人的断片式生存来分析现代科技的优劣得失不啻开启了一种全新的文化批判理路。比如后来黑格尔论述技术与时代的关系，马克思分析技术造成人的劳动的对象化和人自身的异化，韦伯把社会的“合理化”同科技进步的制度化联系在一起，马尔库塞从政治角度剖析技术，胡塞尔论述欧洲的科学危机，海德格尔的技术“座架”，法兰克福学派的技术批判，哈贝马斯的作为“意识形态”的技术与科学等等，几乎每位大思想家都发表过对技术的见解。对于人类精神生活的过去和将来，席勒曾说过这样一句意义深远的话：“自然像这样逐渐开始从作为经验和作为（行为和对象）的主体的人类生活中消失了，那么我们就全力以赴地争取在作为观念和对象的诗人世界中发现它。”②这句话充分说明席勒并不寄望于经由科技的更高发展来解救科技的危害，相反，他在“作为观念和对象的诗人世界中”看到了未来的希

① 尼采：《尼采反对瓦格纳》，陈燕茹、赵秀芬译，山东画报出版社，2002，第15页。

② 席勒：《论素朴的诗与感伤的诗·秀美与尊严》，张玉能译，文化艺术出版社，1996，第279页。

望,正如他在诗中所吟诵的,

就像经过绝望的怀思,
经过长期分别的苦痛,
挥着悔恨之泪的儿子,
重新投入慈母的怀中。
诗歌会领着漂泊的人,
脱离殊风异俗的他乡,
恢复幸福的纯洁天真,
回到青年时代的茅屋,
不受冷酷的法规羁绊,
而在自然怀中取暖。①

自然是人类的家园,诗歌是游子的故乡,席勒放弃了在现实大地上寻求回归之路的努力,把全部希望投注在由观念所构建的理想世界中。毋庸置疑,这正是审美救赎的思路。

第二,席勒推进了卢梭主要放在道德领域内的人性批判,使艺术上的努力成为一种具有强大的现实感和可操作性的救赎之途,张扬了近代社会以来的人文精神。这主要体现在席勒对哀歌和牧歌有关怀旧的思想中。席勒认为牧歌描写的主要是天真而幸福的人性,它总是把场景放在远离城市生活的牧人环境,或者是"文化开始以前的人类童年时代",尽管这种场面是人所极

① 席勒:《诗歌的力量·席勒诗选》,钱春绮译,人民文学出版社,1984,第27页。

力追求的,但它毕竟与真实发生的生活完全不一样,因此人为地消除了现实与理想的矛盾和自我内部的冲突。牧歌就其本质而言是与文化必然对立的,它只能使诗人沉溺于想象和虚构中,通过"否认一切艺术和使人性简单化"[①]而达到观念上的虚假的满足。因此,席勒对牧歌是绝不看好的。比较而言,哀歌更受席勒的欣赏。哀歌诗人追寻从未实际存在过的理想或理想化的自然,其哀叹和歌咏便像是对理想的召唤和幻想,它必定要超出普通的日常生活世界,上升到一个较抽象或形而上的高度,正如席勒对莪相的分析所展示出来的那样,"当莪相向我们歌唱一去不复返的岁月和完全消逝了的英雄的时候,他的想象力早已把那些过去的景象变成了理想,并且把那些英雄变成了天神。对一定损失的感受扩大成了万物无常的观念,而深受感动的诗人密切注视着当前世界废墟的形象,高高地飞翔到天上,在太阳的行程中看到永恒的象征"。[②] 从这里可以看出,席勒或许是想通过怀旧实现一种观念的逃避,但这绝不意味着他主张和赞赏精神的倒退。在席勒看来,卢梭的怀旧恰恰就是一种逃避自我斗争的努力,"他为了尽快地结束他内心里所进行的斗争,而宁愿把人性带回到枯燥和单调的原始状态中去,却不想通过彻底完成的文化的和谐来结束这一斗争;他宁肯完全不让艺术萌生,而不愿等待艺术的完成;他宁肯把目标放低一些,并且降低理想,以

① 席勒:《论素朴的诗与感伤的诗·秀美与尊严》,张玉能译,文化艺术出版社,1996,第316页。

② 同上书,第298页。

便更加迅速、更加安全地达到目标和理想。”①

所不同的是,席勒的怀旧思想最终是为未来服务的,且已包含了大量的创造性因素,在他那里,怀旧客体不是曾经真实存在过的过去,而是经过现实淘洗和理想提升之后的一种“艺术真实”,它不存在于任何真实发生的年代里,而只在人的想象和心理中占有一席之地,他的怀旧因此具有非常强大的批判现实的效应和构建未来的功能。过去被完全放在了未来的起点上,未来其实就是文明社会里的昔日重现,这一点值得我们高度注意。它向我们揭示出两个极其“现代”的问题:一、怀旧或许是“保守”的,但怀旧仍有理想化的功能,在被现代文明浸染的世俗生活中感受过去,尤其不能忽略怀旧对现实建设的积极意义。也就是说,怀旧是对某种逝去的东西的理想化,是对过去的现实升华,是把对过去的真实记忆加工改造过后、想象成完全美好的和理想的“创造活动”,这体现了怀旧的多面性。二、怀旧甚至可以是怀“子虚乌有”之旧,这既证明了怀旧与审美活动的天然姻亲,又暗含了怀旧发生在现代社会中的本质性变化,也为现代社会的怀旧工业和怀旧文化奠定了理论基础,从这两个“现代意义”来看,席勒的怀旧思想蕴涵极深也极广。

第三,通过怀旧思想的细化,席勒把卢梭的困惑拓展到审美的领域。席勒通过感伤表达被时代冷落了的理想,经由观念的和谐平衡现实的冲突,以及借助体验重温那种与自然、与自身融合统一的感觉,尤其是把找寻自由的历史重任赋予诗人及其创

---

① 席勒:《论素朴的诗与感伤的诗·秀美与尊严》,张玉能译,文化艺术出版社,1996,第299页。

作，恰恰是审美的要义。在席勒看来，美是介于粗糙的感性和崇高的理性之间的一个过渡阶段，在审美的状态中，感性冲动的严肃的决定和形式冲动的专制的力量被审美地调节并成功地消解了彼此的压力，使主体得以进入“自由的确定性”状态。“由于它（指游戏冲动——引者注）夺去了感觉和热情的那种强有力的影响，就使它们同理性观念相一致；由于它消除了理性法则的精神强制，就使它同感官的兴趣相调和。”①席勒认为，美就产生形成于感性的自然强制和理性的精神强制的相互抵消和相互统一中，而这样的统一又使人性得以圆满完成。所以，人同美只是游戏，人只同美游戏；只有当人是完全意义上的人时，他才游戏，只有当人游戏时，他才完全是人。②

对此，伊格尔顿认为，席勒使审美成了“可能性的崇高的无限性”，③审美几乎变成了人类存在的终极目的而不是这种目的的过渡阶段，因为真正的自由可以被转化为审美，因此审美成为一种普遍起作用的能力。按照我们常识性的理解，审美在社会上是毫无实用价值的，因此审美成为普遍起作用的能力反而使其自身变得极端抽象，但在伊格尔顿看来，正是这种无价值性恰恰是审美的至高无上的荣耀：“它绝对地漠然于单一化的真理、目的或实践，它象征着全部人性的无限性，一旦被认识也就被毁

---

① 席勒：《审美教育书简》，冯至、范大灿译，上海人民出版社，2003，第115页。

② 参见席勒：《审美教育书简·第十五封信》，冯至、范大灿译，上海人民出版社，2003。

③ 特里·伊格尔顿：《审美意识形态》，王杰等译，广西师范大学出版社，2001，第100页。

灭了。文化似乎也具有一种无限的开放性”。①

席勒对现实倾注了大量的热情,但最终他还是选择了站在一个较抽象的层面上,从理想的高度远距离地观照现实生活,这一姿态中充满了知识分子的浪漫情怀和有些自恋的敏感的美。当然,这也是现代怀旧的重要姿态。在整个现代性的大背景下,特别是在自启蒙运动以来,在以张扬理性精神和科学风范著称的启蒙现代性的映照下,这种怀旧构成了审美现代性的一个主要表现形态,以其温和的感伤的格调与前者的乐观性格对峙,以精神的富足与前者对物质的极端要求对峙,以细腻感性的体验式生存与前者以力量为美的理性进取对峙,以边缘化的自由姿态与前者的主流形态相抗衡。从怀旧到浪漫再到审美现代性,作为现代社会不同于从激进到理性再到启蒙现代性的另类的文化理路,从席勒这里正式开始奠定和彰显出来。从他之后,德国思想界对现代性问题的讨论和解决就逐渐沿袭了这种以审美对抗启蒙理性的思路,无论是下文将要谈到的黑格尔、海德格尔,还是马克思,以至尼采、本雅明等,其理论无一不具有这一自我对峙和自我反思的特点。大概正是因为席勒的理论在整个哲学史、美学史和思想史上的重要位置,哈贝马斯才把席勒当作第一个把握到现代性的人,他高度评价后者的《美育书简》是历史上第一部系统的、纲领性的、对现代性进行审美批判的著作,席勒通过“勾勒出一副审美乌托邦的蓝图,把艺术放置在一个真正的社会革命的地位上。艺术取代宗教变成了一种有效的统一力

① 特里·伊格尔顿:《审美意识形态》,王杰等译,广西师范大学出版社,2001,第102页。

量,因为艺术于此被理解成一种可以进入到人们的交互主体关系中的'交往形式'。席勒把艺术视作一种交往理性,它将在未来的审美状态中加以实现"。①

三、浪漫主义:为着过去爱上过去

现代文明与人的自然本性的冲突是构成现代性批判的原始动因,现代文明是现代理性的产物,自然是人类感性力量的发源地,二者之间的冲突实际上就是人类自身失衡及畸变的表征。而批判的视角从道德转向审美,则不仅确证了现代性批判的审美心理及审美品格具有不可忽视的巨大力量,而且暗示出通向诗意化、感性化和审美化的"精神家园"有可能成为现代人在理性社会里的自我救赎之途。以此"救赎"为己任的,同样也是18世纪末浪漫主义者的主要目标,包括费希特、谢林、施莱格尔兄弟、荷尔德林、诺瓦利斯、施莱尔马赫以及下文将要论述到的黑格尔。席勒虽然不在浪漫主义之列,但他的努力方向与此是一致的。②

作为一种创作方法,浪漫主义古已有之;但作为一个思潮流派,浪漫主义运动则发生于18世纪晚期。17世纪是新古典主义的世纪,18世纪是启蒙运动的世纪,当浪漫主义运动形成兴起的时候,理性和秩序正是占据人类社会生活主流的意识形态。

---

① Jürgen Habermas, *The Philosophical Discourse of Modernity*. Cambridge: The MIT Press, 1987, p. 45.

② 参见查尔斯·泰勒:《黑格尔与现代社会》,徐文瑞译,台北联经出版事业公司,1989,第10页。

所以,假如从历史的视野来看,浪漫主义运动的基本诉求其实就是反理性主义。当然,反理性主义并不意味着浪漫主义就与理性截然对立,或者甚至说浪漫主义是理性的彻底的反题。事实上,浪漫主义所要对抗的并不是全部的理性,而只是理性的危机。理性是启蒙运动的武器,而理性的危机却是启蒙运动运用这一武器发展自身所不可避免的产物,所以,实质上,这一危机恰恰是启蒙运动自身构成的一部分,它具有"自反"的特性,不可能经由自身的努力来解决。18世纪晚期,理性的危机已昭然若揭。

在这个时候应运而生的浪漫主义是作为启蒙运动的对立面而出现的,是理性及其危机的"外在之物"或"他者",但不可否认的是,浪漫主义恰恰也据此承袭了启蒙运动,并通过致力于批判启蒙运动的危机和解决启蒙运动的难题来发展后者。因此,我们或许可以断言,反理性主义的浪漫主义其实与启蒙运动有着既连续、传承又对抗的、异常复杂的关系。用拜泽尔的话来说就是:"如果说浪漫主义者就是启蒙运动的批评者,那么可以说他们也是启蒙运动的信徒。"①拜泽尔还说:"浪漫主义……通常被划分为三个时期:早期浪漫主义,从1797年到1802年;浪漫主义高潮,从1802年到1805年;晚期浪漫主义,从1805年到1830年。一般来说,浪漫主义变得越来越保守、越来越具有集体主义和反理性主义色彩,因此越来越敌视启蒙运

---

① 弗雷德里克·C. 拜泽尔:《早期浪漫主义和启蒙运动》,载于詹姆斯·施密特编:《启蒙运动与现代性:18世纪与20世纪的对话》,徐向荣、卢华萍译,上海人民出版社,2005,第329页。

动的某些价值。”[①]他的这段话非常有深意。从字面上来理解，它至少包含了两层意思：第一，在不同时期，浪漫主义的理论诉求不同，其整体的道德观、价值观和信仰倾向也不同；第二，早期浪漫主义与启蒙运动有公共的价值追求。那么，沿着拜泽尔的思路继续下去，我们非常有必要弄清楚这样几个问题：启蒙运动的理想究竟是什么？早期浪漫主义与启蒙运动又有哪些相同的价值追求？为什么浪漫主义断然拒绝了启蒙的思路？浪漫主义实现其目标的途径是什么？

有关启蒙运动形成、发展的具体情况，下文还要详细论述。我们有必要在这里搞清楚的是，启蒙运动产生了一套启蒙话语，这套话语在个人的道德伦理、社会的政治纲领、社会构成、社会关系、公共教育、历史进程等多方面都发挥了并且一直在发挥着重大而绝对的作用。概括地说，启蒙话语就是关于进步和自由的话语，即相信人类可以自主成熟地运用理性原则来处理各种事务，从而“把自己从自然约束和传统的权威中解放出来，使自己成为自然的主人，成为自己的历史的塑造者”，[②]并且消除各种社会不公正和专断统治，“消除管理上的愚昧和无能”，[③]使历史能够在理性的控制下不断进步，“随之产生能够根据人类精神

---

① 弗雷德里克·C. 拜泽尔：《早期浪漫主义和启蒙运动》，载于詹姆斯·施密特编：《启蒙运动与现代性：18 世纪与 20 世纪的对话》，徐向荣、卢华萍译，上海人民出版社，2005，第 328 页。

② 鲁道夫·菲尔豪斯：《进步：观念、怀疑论和批判——启蒙运动的遗产》，载于詹姆斯·施密特编：《启蒙运动与现代性：18 世纪与 20 世纪的对话》，徐向荣、卢华萍译，上海人民出版社，2005，第 344 页。

③ 同上书，第 346 页。

的进步而获得的'幸福'。"①鲁道夫·菲尔豪斯的一段精辟的概括可以帮助我们理解这一点。他这样谈到启蒙的信条,

> 一个新的时代已经来临,一个新的社会政治秩序已经被创造出来,在那个秩序中,至高无上的人民进行统治,人权和公民权被保证是不可违反的,政府的权威被人民代表划分和控制。在那个秩序中,基于出身的特权和有产阶级的特权已经被废除,只有卓越的品质才是决定性的。在世界历史进步的一刹那间,这个不可分离的民主国家的公意已经使自由、平等和博爱的原则成为国家的基础。②

这就是启蒙运动的理想,也是启蒙运动的希望。就这些信条所涉及的变革、进步、社会公义等问题,或者是其中蕴涵着的人类对于未来幸福的正当愿望,未始不同样也是浪漫主义的理想和目标。但在浪漫主义者看来,物质世界的进步并不等同于道德世界的进步,在理性原则的支配下,现实世界其实是非常糟糕的。因为一切存在都不得不被理性审视、分析,进而被侵占,理性不仅抽取了社会存在传统的、古老的秩序,而且剥夺了自然原始的神秘和魅力,理性导致了无生命、无感情,使得人不仅远离了自己的内心,变得越来越抽象;而且也远离了上帝,变得越来越不虔敬。生活在现实世界中,浪漫主义者根本无法维系"居

① 鲁道夫·菲尔豪斯:《进步:观念、怀疑论和批判——启蒙运动的遗产》,载于詹姆斯·施密特编:《启蒙运动与现代性:18世纪与20世纪的对话》,徐向荣、卢华萍译,上海人民出版社,2005,第345页。

② 同上书,第345页。

家”的感觉。假如沿着启蒙运动的思路往前再走一步，那就是更加激进的批评或者革命。然而，“如果批评必须彻底和一致，看来批评就会以怀疑论的深渊而告终。……激进批评的最成问题的结果是：现代人已经丧失了他对共同体的感觉——他对属于一个群体的感觉。……激进批评似乎削弱了在共同体中来实现自我的可能性。……激进批评似乎不仅仅是导致了怀疑论，而且也导致了无政府主义”[1]。在早期浪漫主义者那里，激进批评虽然极有诱惑力，但似乎行不通。再看革命。法国革命以理性和人性的名义取得了它的合法性，但最后却以杀戮结束，变成了一场政治恐怖运动。法国革命正义的预设及其悖论性的后果使法国和其他国家的浪漫主义者丧失了对革命的信心，他们可以认可革命的观念，但却无法亲身参与革命的实践，在经历了革命性质的极端化转变后，浪漫主义者们更加愿意坚持稍微温和一些的观点，即社会的变革应该更为“有机”，而作为那个特殊时代的知识分子，“他们的任务就是要规定道德、鉴赏和宗教的标准”，[2]为当时的社会确立文化理想和道德规范。而这，只是一种智识层面或精神领域里的努力。

那么，这个困境该怎么解决呢？

我们知道，浪漫主义从两个方面推进了启蒙运动。首先，浪漫主义敏锐和及时地察觉到了理性在启蒙运动开展、深入的过程中所起到的复杂作用，尤其是对理性的日益僵化、机械化、工

---

① 弗雷德里克·C. 拜泽尔：《早期浪漫主义和启蒙运动》，载于詹姆斯·施密特编：《启蒙运动与现代性：18世纪与20世纪的对话》，徐向荣、卢华萍译，上海人民出版社，2005，第334—335页。

② 同上书，第332页。

具化和专制化非常警醒。正如浪漫主义思想家马丁·亨克尔所说的那样:

> 浪漫派那一代人实在无法忍受不断加剧的整个世界对神的亵渎,无法忍受越来越多的机械式的说明,无法忍受生活的诗的丧失。……所以,我们可以把浪漫主义概括为"现代性"的第一次自我批判。①

其次,浪漫主义不仅超越了启蒙运动所倡导的经济自由和政治自由,深层次地提出了道德自由,而且把"美"设定为最终的目的和最高的理想,"美"成为协调人的感官、道德和理性并使之达到平衡同一的最完美的表现。从这里我们也可以看到席勒的美学思想、康德和谢林的哲学思想对浪漫主义的深刻影响。谢林就这样说过:

> 最后便是统摄一切(即一切理念,理论的以及实践的)的理念,即美的理念,它是在高级的柏拉图意义上使用的一个词。我坚信,由于理性包含着一切理念,所以理性的最高级行为是审美行为,真和善只有在美中才能密切联系在一起——因此,哲学家必然具有与诗人同样的审美能力。……精神哲学是一种审美哲学。人如果没有审美意识,那么在任何方面都不能有思想,甚至对历史也不可能作出有思想的推断……

---

① 转引自刘小枫:《诗化哲学》,山东文艺出版社,1986,第6页。

> 因此，诗便获得了高尚的尊严，它最终将回到初始的地方——即人类（历史）的导师，因为到那时不再有哲学，不再有历史了，只有诗将超越其他一切科学和艺术而长久存在。①

可以这样说，正是从对理性的警觉、批判和对美的最高设定这两个方面出发，浪漫主义采取了一条与启蒙运动完全不同的路径，即恢复人类对艺术的信仰，重新释放人类的想象力，借助于情感的力量来体验历史、认识世界，开掘人的内心世界的丰富性，寻求人类在精神上、在灵魂上与自然和他人的和谐。不仅如此，也正是基于对浪漫主义不选择激进革命的方式来实现其理想的考虑，我们认为，浪漫主义的“艺术救赎”、“解放情感”、“回归自然”等等宣扬是一条比较保守的，或者说是“向后看”的解决路径。而恰恰是这些被施莱格尔称之为“唯心论”的东西才正是浪漫主义的要义，罗素之所以尊称卢梭为“浪漫主义运动之父”，也正是基于对卢梭“是从人的情感来推断人类范围以外的事实这派思想体系的创始者，还是那种与传统君主专制相反的伪民主独裁的政治哲学的发明人”②的认识。我们仍可摘选拜泽尔的一段话来说明这个问题：

> 那么，浪漫主义者有什么办法逃出这个困境呢？那个

① 转引于曼弗雷德·弗兰克：《德国早期浪漫主义美学导论》，聂军等译，吉林人民出版社，2006，第99—100页。

② 罗素：《西方哲学史》（下册），商务印书馆，1986，第213页。

办法就在于他们对艺术的信仰。他们相信,正是艺术,而且只有艺术才能恢复人的信念,才能使人与自然统一起来。只有艺术才能填补批评的致命力量所留下的真空。当理性本质上是一种否定性的、毁灭性的力量时,艺术是一种肯定性的、创造性的理论。它有能力通过想象来创造一个完整的世界。在一个朴实的层次上已经被赋予早期的人的东西——道德和宗教信念,与自然和社会的统一——已经被批评的腐蚀性的力量摧毁了;现在的任务是要通过艺术的力量把它重新创造出来。通过创造一种新的神话,艺术就可以恢复人的道德和宗教信念。通过把自然加以"浪漫化",也就是说,通过恢复它的古老的神秘、魅力和美丽,艺术就可以重新产生我们与自然的统一。爱的感情是每一个真正的共同体的基础,是在一切自由和平等的人之间所发现的一种感情,因此,通过表示和激发这种感情,艺术就可以重新建立人与社会的统一。①

在浪漫主义者的激进愿望遭到现实的阻碍之后,他们把目光投向了过去和远方,选择了在时空上相隔久远的东西作为客体。我们可以以自然、神话、民间文学、历史、中世纪等概念为例来说明这个问题。

比如说自然。越原始越蛮荒的自然就越受到浪漫主义者的

---

① 弗雷德里克·C. 拜泽尔:《早期浪漫主义和启蒙运动》,载于詹姆斯·施密特编:《启蒙运动与现代性:18世纪与20世纪的对话》,徐向荣、卢华萍译,上海人民出版社,2005,第336页。

喜欢。因为那样的自然代表了某种未被现代理性玷污的、富有诗意或神秘色彩的、像儿童一样充满多种多样的可能性的、干净而纯洁的东西。对原始自然的喜好也刺激了展现异国情调的趋势的流行，异国情调同样也被置换为一种有生命力的、非机械化的、意义无限深远的状态。这一趋势在当时英国的浪漫主义文学创作中尤其明显。像“湖畔派”诗人华兹华斯和柯勒律治的《抒情歌谣集》，尤其是华兹华斯的诗歌《丁登寺》，就是自然在诗人自我成长的历程中对诗人心灵的诱导主题的表现。丁登寺的废墟位于威尔士的一个河畔，丁登寺周围的一切，河水、树林、山崖、民居等等，都让诗人感受到了纯真自然的魅力。华兹华斯被世人誉为“自然诗人”，就在于自然不仅赋予诗人飞扬的创作灵感、丰富的创作素材，而且还赐予诗人平静超脱的镇定心态，使其得以在大自然中领悟万物和人生。又比如夏多布里昂的中篇小说《阿达拉》，它的副标题是《两个野蛮人在荒原中的爱情》，它向读者展示了酋长的女儿阿达拉与崇拜偶像的异教徒俘虏夏克达斯之间的爱情悲剧。爱情悲剧是两种文明冲突的结果，小说一扫田园牧歌式的柔媚，以一种粗犷原始的力量展现了大自然的蛮荒之美，而阿达拉这个印第安少女的身上又洋溢着神秘的异国情调，这使《阿达拉》获得了极大的成功，并与夏多布里昂的另外一部小说《勒内》一起开启了法国的“浪漫主义世纪”。

浪漫主义者认为，人与自然的和谐关系应该建立在人对自然的敬畏和崇拜的基础之上，理性分析不仅不能认识自然，还会对自然造成侵越关系。神秘的自然只能靠神秘的人类情感去亲近，正所谓对自然予以“神话式的观照”，而这种神秘的情感也正是自然法则与神灵意志相联系、相沟通的中介，是艺术得以产生的本源。浪漫主义者把艺术创造界定为主观性的、充满想象和幻想的、神秘化和天才化的行为,所谓浪漫的艺术"不受任何物质利益和理想风尚的约束,能乘着诗的遐想的翅膀,游荡于表现对象与表现者中间,并不断激励着思绪,像镜子的一连串无限发射一样,让思绪无限地延伸……惟有它是无限的,正如惟有它是自由的一样;它认定的第一条法则,就是诗人的为所欲为、不受任何约束的法则"。[①] 浪漫主义诗人只遵从自己内心的声音,因为在他们看来,精神的本质就是自我决定,而神话兼有认识和审美的能力,是沟通人与无限之间的桥梁,"古代神话里到处是青春想象初放的花朵,古代神话与感性世界中最直接、最生动的事物联系在一起,依照它们来塑造形象。而现代神话则相反,它必须产生于精神最内在的深处;现代神话必须是所有艺术作品中最人为的,因为它要包容其他一切艺术作品。它将成为载负诗的古老而又永恒的源泉的容器,它本身就是那首揭示所有其他诗的起因的无限的诗"[②]。正是基于这样的认识,浪漫主义者才把神话视为人类最淳朴也最原始的艺术,对神话大力推崇。

对神话的推崇往往与对民间文学和历史传奇的推崇联系在一起,后者还包括大量的民歌、民谣、童话、口传故事等,当时的格林兄弟、赫尔德、阿尔尼姆、布伦塔诺等都在这方面卓有建树。

---

① 施莱格尔:《雅典娜神殿断片集》,李伯杰译,三联书店,1996,第72—73页。译文参照聂军译文,见聂军:《译序》,载于曼弗雷德·弗兰克:《德国早期浪漫主义美学导论》,聂军等译,吉林人民出版社,2006,第5页。

② 施莱格尔:《雅典娜神殿断片集》,李伯杰译,三联书店,1996,第230—231页。

浪漫主义的历史观是与其民族观、宗教观和审美观密切联系在一起的，历史是一个民族自我意识的体现，但只有当历史是“审美与情感的对象，是能让浪漫派热血沸腾的东西”时，或者说，“就浪漫派的成果而言，只有当外在的世界和历史现实能够充当——用诺瓦利斯的话说——小说的起点时”，[①]它们才是有意义的。也就是说，对于任何既定事实，浪漫派都不主张从某种外在的或务实的角度去思考，比如政治的、历史的、法学的或道德的背景，而是强调这一事实所能体现出来的人的生命意义和精神因素。这样一来，在浪漫主义这里，历史就变成了精神史或民族自我的心灵史，它“完全依赖于主观的领域，依赖于浪漫派的自我所补充的东西”[②]。历史尚且如此，那作为本来就建基于信仰、心灵和情感的宗教就更是如此。据此推论，我们不难想象中世纪在浪漫主义者那里大受欢迎的原因。

浪漫主义者，尤其是德国的浪漫主义者，极端向往中世纪。在他们看来，中世纪社会中的人与自然是一种和谐的关系，人与上帝之间也维系着一种理想化的秩序。人虔诚地崇拜上帝、信奉上帝，人的意志恰切地体现了上帝的意志，而人类的生命意义就在于实现上帝的意志。在这样一种尊卑有序的社会生活中，人的道德观念和价值体系都是围绕着对上帝的忠诚而建立的，比如人要友爱、要宽容、要注重荣誉等，而社会也要以宗教秩序为准则建立“世俗秩序”，实施所谓的“公平统治”。宗教的力量

---

① 卡尔·施米特:《政治的浪漫派》，冯克利、刘锋译，上海人民出版社，2004，第85页。

② 同上。

是强大的,统一的信仰虽然束缚了人的心智,却也在相当程度上规范了人的社会行为。早期的浪漫主义者根据自己的需要对中世纪进行了一种"筛选"或"淘洗",他们不去领会中世纪的经济倒退、政治反动、残酷的宗教压迫和蒙昧主义,他们只是基于对现存世界中启蒙理性的反对,基于"对工业革命以及民族国家的官僚体制"的抵触态度,"在中世纪哥特文化中看到……理想主义、英雄主义,对精神的崇尚和对妇女的崇拜和赞颂"。[①] 他们戴着有色眼镜片面地观望中世纪,回避那些对他们没有用处的事实,看到自己想看到的,获取自己所需要的文化支持。

我们常常说,浪漫主义是怀旧的浪漫主义,这是因为在面临现实困境时,浪漫主义把求救的希望寄托在了遥远的过去。他们从 18 世纪末 19 世纪初回转到中世纪,从外在世界回转到自我的内心,从严酷的现实生活转向梦幻般的大自然,从当下的反思转向历史的回顾。这些转向无一例外地与现实越来越远,而与过去越来越近,因此无可否认的是,浪漫主义确实是怀旧的,甚至是保守的浪漫主义。在浪漫主义这里,怀旧实际上是某种朦胧暧昧的、有关过去和家园的审美情愫,它饱含了浪漫主义者的某种情感需求和精神冲动。而且,因为浪漫主义的怀旧其基本立足点仍然是对社会现实的不满,因此,它对现实的抵触就隐含了一个以过去唯美或视过去为价值本质和评判标准的前提,这就使浪漫主义的怀旧本身出现了一个"内容上的过去性"与"形式上的现代性"之间的分裂和不平衡。弗兰克说"从浪漫主

① 李赋宁等编:《欧洲文学史:古代至十八世纪欧洲文学》(第 1 卷),商务印书馆,2002,第 80 页。

义到最年轻的现代派只有一步之遥”,[1]这确实是一个非常精确和到位的论断。

从历史的视野来看,显而易见的是,浪漫主义把过去理想化了。但事实上,任何人都知道真实的过去要远比被理想化了的过去复杂得多。怀旧的浪漫主义恰恰是在开启过去美好一面的同时也遮蔽了过去丑陋的一面,他们使得过去变得不再完整了,而且充满了各种各样被人为构造出来的因素。然而,浪漫主义对过去的肯定或美化并不意味着他们就要在现实层面上回到过去,准确地说,那只是一种精神上的向往或思想意识上的“回眸”。浪漫主义最需要的实际上是用这个被构造的过去来否定现在,以之作为从现实逃逸的遁途。也许可以这样说,过去究竟怎么样并不是浪漫主义要关心的问题,重要的是,浪漫主义认定过去的合法性,把它不仅设定成现实的基础,而且标志为未来的理想。过去是遥远的,但过去并不虚幻,它被浪漫主义者设想成一种可以变成实在性的东西,也正是因此,浪漫派的世界并不是乌托邦。倒不如说,浪漫主义的怀旧是“存心怀旧”或“有意怀旧”,他们是为着过去本身而热爱着过去,就像诺瓦利斯所说的那样,“把普遍的东西赋予更高的意义,使落俗套的东西披上神秘的外衣,使熟知的东西恢复未知的尊严,使有限的东西重归无限”,[2]这种感情或态度本身就是一种浪漫主义。

最后,让我们用施特劳斯对浪漫主义所作的一个界定来结

---

① 曼弗雷德·弗兰克:《德国早期浪漫主义美学导论》,聂军等译,吉林人民出版社,2006,第105页。

② 转引自刘小枫:《诗化哲学》,山东文艺出版社,1986,第33页。

束本节关于浪漫主义的论述:

浪漫主义和浪漫派能够出现的历史条件,是古老文化遭遇新文化的时代。……在世界史的这种转折时期,感情与想象胜过清晰思想的人、更热情而不是更理性的灵魂,总是会走回头路,回到古老的过去。看到自己周围正在蔓延的无信仰和散乱,他们渴望那个古老的信仰与习俗的世界,那个令人愉快的、形式丰富的世界,他们试图尽可能恢复这个世界,甚至有过之而无不及。可是就像当时的孩子一样,他们也不自觉地受着他们所讨厌的新原则的支配。这就是他们所恢复的旧事物已不再是其纯粹原始面貌的原因。相反,它们在许多方面掺杂着新事物,所以也预示着新的东西。支配臣民的不再是强行规定的信仰,而是臣民自愿坚持的信仰。善意的自觉性掩盖着其中的矛盾和虚伪,因为隐晦的奇思怪想包裹着它们:浪漫主义本质上是神秘主义,只有神秘主义精神能够成为浪漫精神。……意识的最深层肯定能够感受到专制主义信仰的虚伪性,这就是自欺和内心不诚实是浪漫主义本质的原因。①

四、黑格尔:对现代性的自识与反思

重整分裂的人性,既是卢梭和席勒致力实现的理想,也是黑

---

① 转引自卡尔·施米特:《政治的浪漫派》,上海人民出版社,2004,第144页。

格尔毕生思考的问题。所不同的是，卢梭寄望于人在当下现实中的道德自由和政治平等，席勒像所有18世纪后期的浪漫主义者一样借助于审美体验和艺术感知，而黑格尔却以哲学思辨的方式寻求解答。黑格尔之所以对哲学如此有信心，最基本的一个原因就是：分裂是哲学的前提条件之一，而与之对立的另一个前提条件恰恰就是"作为预先设定的目标的统一"的实存。在黑格尔的视域中，哲学的本质和理想其实就是一种统一，"在整体上就是基督教通过上帝的化身为人所实现的那种与现实的和解"。①

对于黑格尔来说，"哲学的世界历史"和"历史哲学"在某种意义上是可以等同对待的，"历史哲学"又可细分为"世界历史的哲学"和"精神历史的哲学"，而黑格尔认为，"世界历史在一般上说来，便是'精神'在时间里的发展，这好比'自然'便是'观念'在空间里发展一样"，②因此，我们研究黑格尔的哲学观念非常关键的就是要了解他的"精神"概念或"精神现象学"。精神被黑格尔理解为一种活动的或者运动的因素，它的目标就是"绝对知识"或"绝对精神"，而它的本质就是"它自己活动的结果：它的活动便是要超越那种直接的、简单的、不反省的生存——否定那种生存，并且回归到它自己"。③ 也就是说，精神是一种自我理解、自我发展和自我回归，"是一种只有通过生成才存在的存在。作

① 卡尔·洛维特：《从黑格尔到尼采》，李秋零译，三联书店，2006，第62页。

② 黑格尔：《历史哲学》，王造时译，上海书店出版社，1999，第75页。

③ 同上书，第82页。

为一种以前进的方式自我外化和内化的精神,它自身就是历史的",[①]精神只有从外化返回到自身,把握自身并与自身同在,精神的历史才能说是完成了的。

在黑格尔的历史哲学中,精神的自我发展和自我完成的脉络是从东方世界(主要是古代中国、印度、波斯这些东方的大帝国)开始,中间经过希腊和罗马世界的发展延续,最后在西方的基督教——日耳曼帝国那里终结的,就像洛维特所归纳的那样:"世界的普遍精神就是在东方升起、在西方落下的太阳。在这一运动中,精神在冷酷的斗争中获得自由。……东方的历史是世界历史的童年,希腊人和罗马人的历史是青年和成年,而黑格尔自己——处在基督教—日耳曼世界的完满终点——则是在'精神的老年'中思维的。"[②]对于黑格尔来说,精神的历史是已然实现的,他站在"精神的老年",沿着时间的脉络"回忆"所有已经经过的精神发展阶段,"从最后一步回溯到先行的必然导向这一步的步骤",[③]以此充分印证精神在其终点完成开端的完满性。宏观地看,这种哲学思路是"回退式"的,所以我们或许可以断言,黑格尔的哲学在本质上充满了怀旧的意味。然而,黑格尔式的怀旧不像浪漫主义者的怀旧,没有后者的感伤忧郁,反而是极其严肃的。事实上,黑格尔对浪漫主义者是颇有保留的,如其所言:"艺术家不可以急于以自己的心灵进入纯粹的事物,为自己的灵魂拯救操心;他的伟大的、自由的灵魂必须本来就……知道

---

① 卡尔·洛维特:《从黑格尔到尼采》,李秋零译,三联书店,2006,第40页。

② 同上书,第41页。

③ 同上书,第294页。

和拥有灵魂的安顿之处，信赖它，在自身中充满信心。”[①]像他一贯所宣扬的精神历史一样，黑格尔钟情于自我发展和自我完满，这一点，在他关于“现代”的理解及其精神现象学里也可得以体现。

黑格尔用以框定“现代”的根本标志是“启蒙运动”，是标志着现代性之苏醒的、认识理性法则的合法性的形成：“启蒙运动从法兰西输入到日耳曼，创造了一个新思想、新观念的世界。‘精神’自己的内容在自由的现实中被理解，便是绝对的标准——代替了宗教信仰和‘权利’（特别是政治‘权利’）的积极法则的一切权威。”[②]黑格尔把人类精神史的发展分为东方王国、希腊王国、罗马王国和日耳曼王国四个时期，日耳曼王国又可细分为宗教改革、宗教改革后历史变化、自18世纪末开始的启蒙和法国大革命之后三个附属时期。在黑格尔看来，人类只是从日耳曼王国开始才真正进入历史的理想境界，而从日尔曼王国的第三个时期才开始进入被他称为“历史的最后阶段，就是我们的世界、我们的时代”，[③]也即“现代”时期。这个时期，道德和传统的惯例丧失了它们的合法性，理性规定着一切，它不仅是“世界的主宰”，而且它就是“实体”，就是宇宙“无限的权力”。[④] 在理性的作用下，人愈益关注现实生活和人自身的力量，人的主体

① 转引自卡尔·洛维特：《从黑格尔到尼采》，李秋零译，三联书店，2006，第47页。

② 黑格尔：《历史哲学》，王造时译，上海书店出版社，2001，第453页。

③ 同上书，第454页。

④ 同上书，第9页。

性得到增强、变得成熟,个性成为占据人类主体的最重要的因素。物质世界的丰富同时带来了观念和精神的抽象性,也使人类本身对自然的控制愈益增进,理智取代直觉、感性、想象和观照成为人类最主要的认识方式。

与他的历史哲学相对应,在黑格尔的精神现象学中,精神的发展必须在遵照自身规律的基础上经过三个环节,即从精神自己将自己理解为主观的意识,到精神自己将自己理解为独立自为的自我,最后精神自己将自己理解为绝对精神(倪梁康)。作为自身意识,精神产生于自我的主观性,它必将"伴随我的一切表象的'我思'"从主观性过渡到一个普遍的客观性,继而在同自我对应的其他主体身上重新发现自己,之后才能返回自身,与作为精神的它在的自然达成和解,实现辩证的"纯粹的、同自身相关的统一"。[①] 这种统一首先是在意识的自我反思经验中形成的,也即只有当自我作为自我意识是精神时,自我才能得到理解。在这样一种哲学思辨中,黑格尔最终把存在的逻辑扬弃为本体论,又把本体论的实质规定为反思,由此使以"自身意识"和

---

① 哈贝马斯:《作为"意识形态"的技术与科学》,李黎、郭官义译,学林出版社,1999,第5页以下。这一点沿袭了浪漫主义的自我哲学。米德认为,法国大革命的失败带来了一个平庸和沉寂的时代,而对新秩序的希望破灭导致人们回到过去,试图在使自身与之同一的努力中消除革命崩溃的恐惧,重新恢复旧时代的安全感。在整个过程中,他们不能不带着自己的立场,由此他们所建立和发现是一个不同于真实的过去,这个过去给予他们一种崭新的经验,使他们意识到了他们自身。也就是说,浪漫主义是一种崭新的自我意识的重新发掘,人们不仅开始意识到人们自身,而且还通过扮演其他人的角色成为自我。自我成了一种完成。参见米德:《十九世纪的思想运动》,陈虎平、刘芳念译,中国城市出版社,2003。

“反思”为主要特征的主体性精神成为现代性的确切标志。按照黑格尔的话来说就是：“精神开始知道它是自由的，这就是说，它以真的永恒的东西为意志——以在自己和为自己的普遍的东西为意志。”①

在说明精神自我发展和自我完满的同时，这也指明黑格尔的自我概念不是一个静态的实体，而是一个不断演化和完成的过程。基于此，黑格尔十分推崇历史进步的观点，他“坚信人类有一种臻于完善的本能，坚信人类可以认识真理，坚信人类可以通过自己的力量实现自由，他用世界精神本身的规律论证自己的这种信念。……在他看来，理想的社会不是可望而不可即的彼岸世界，历史的最终和最高的阶段是可以实现的，并且已经开始实现了”②。

> 我们这个时代是一个新时期的降生和过渡的时代。人的精神已经跟他旧日的生活与观念世界决裂，正使旧日的一切葬入于过去而着手进行他的自我改造。事实上，精神从来没有停止不动，它永远是在前进运动着。但是，犹如在母亲长期怀胎之后，第一次呼吸才把过去仅仅是逐渐增长的那种渐变性打断——一个质的飞跃——从而生出一个小孩来那样，成长着的精神也是慢慢地静悄悄地向着它新的形态发展，一块一块地拆除了它旧有的世界结构。只有通

① 黑格尔：《历史哲学》，王造时译，上海书店出版社，1999，第424页。

② 薛华：《黑格尔对历史终点的理解》，中国社会科学出版社，1983，第20页。

过个别的征象才预示着旧世界行将倒塌。现存世界里充满了的那种粗率和无聊,以及对某种未知的东西的那种模模糊糊若有所感,都预示着有什么别的东西正在到来。可是这种逐渐的、并未改变整个面貌的颓毁败坏,突然为日出所中断,升起的太阳就如闪电般一下子建立起了新世界的形相。但这个新世界也正如一个初生儿那样还不是一个完全的现实。这一点十分要紧,必须牢牢记住。①

黑格尔的学说证实了他自身是启蒙现代性的虔诚信徒,因此利奥塔才宣称启蒙的叙事实质上就是黑格尔的精神现象学。

黑格尔对自己所处身的时代的剧变和过渡特点了解得如此透彻,因此可以断定,他对时代的态度必然是一种非常理性和成熟的态度。实际上,黑格尔与他的时代、与当时的现实世界之间,经历了一个由分裂到和解的转变过程。简单地说,分裂就是"精神王国"与"实存的现实"之间、"旧的基督教的上帝"与"新的世俗的世界"之间、"神圣的存在"与"世俗的存在"之间的分裂,或者说就是一种"内在的主体性"与"外在的客体性"之间、黑格尔自身与"存在的东西"之间的一种分裂。而和解就是黑格尔与现实世界、与他的时代达成和解。在许多黑格尔研究专家看来,"黑格尔的危机并没有表现在对自己的反思中,而是表现在对一个过渡时期的'世界危机'的分析中",因为"已经坚定了的与时代统一的倾向首先表现在对现存事物的批判中,因为这一批判

---

① 黑格尔:《精神现象学·序言》(上册),贺麟、王玖兴译,商务印书馆,1997,第6—7页。

是与存在的东西的一种可能的统一的前提条件”。[①]

黑格尔对时代的批判最集中地表现在他对时代艺术的看法上面。从历史的角度来看，黑格尔认为“现代”时期是不利于艺术发展的，因为对理性的张扬必然要造成对艺术感性本质的侵袭和排挤，工业化的发展必然会加剧劳动分工和日常活动的机械性，使“每个人都失去了他的独立自足性而对其他人物发生无数的依存关系。……他的每种活动并不是活的，不是各人有各人的方式，而是日渐采取按照一般常规的机械方式。在这种工业文化里，人与人互相利用，互相排挤，这就一方面产生最酷毒状态的贫穷；一方面就产生一批富人。”[②]贫富分化造成了人与人之间的分立，而这种分立不仅改变了人的社会职责和功能，还人为地制定出许多新的生活标准，使有限的人性逐渐上升到了神性的地位，从某些单纯的主体对自己的肯定开始，再到把这种受到肯定的主体所崇尚的道德规章推崇为整个时代社会应该遵循的准则，传统的神性至此就被世俗化，人的神性的统一就被世俗化的人性的规约所代替。这使近代时期变成了“散文的时代”，与古典时代作为“诗的时代”相对照；或为“市民时代”，与牧歌时代和英雄时代相对照。诗、牧歌或英雄，都是灵性飞扬的象征，是人与自然、人的个体性与社会的普遍性、人的个性与其整体和谐融洽的标志，也是直接、单纯和自由的神性普照与人性舒展完美渗透的体现，而散文、市民，则暗含了一股平庸气，缺乏冒

① 参见卡尔·洛维特：《从黑格尔到尼采》，李秋零译，三联书店，2006，第220页。

② 黑格尔：《美学》（第1卷），朱光潜译，商务印书馆，1997，第331页。

险和刺激,缺乏独立性、个性和完整性,缺乏自由,人的世俗气过分完满以致溢出人自身,甚至遮蔽了神性。个体不再是一个可以完满表现整体的统一体,而成了整体中一个无足轻重的环节。

看黑格尔的艺术史观,我们知道,黑格尔是认为以希腊艺术为主的古典型艺术是最完美的艺术,艺术在希腊是绝对精神的最高表现方式,因为希腊艺术对理念的感性显现是适当的,它介于完全丧失个性和把个性确定为纯粹确实的"无限的主观性"之间,既不盲从对神和宗教的信仰、服从,不在这种信仰和服从中完全丧失个性主体,也不把自身作为取得一切实际生存的依据,不在这种实际的自我生存中消弭所有的神性。希腊艺术从自然出发,赋予自然以单纯客观的形式,精神显现为人的形象,显现为"自由的个别的心灵性",而精神性和自然性之间又互为形成,这使得古典美及其在内容意蕴、材料和形式方面都具有无限广阔的领域。希腊艺术充斥着浓厚的游戏精神,它代表艺术的成熟阶段,体现了美的理想;希腊精神则象征着道德与理想、个性与普遍性的和谐美好,洋溢着青春的生命力,充满着诗情。然而,在"市民社会"或"散文时代"里,以古希腊艺术为代表的美的理想却已不复存在了,艺术也已然终结,这点与席勒对古希腊人性及艺术的理解是一致的,当时如荷尔德林、诺瓦利斯等浪漫主义诗哲也持这种观点。在《美学》第一卷中,黑格尔就宣称,"希腊艺术的辉煌时代以及中世纪晚期的黄金时代都已一去不复返了",①"我们尽管可以希望艺术还会蒸蒸日上,日趋于完善,但是艺术的形式已不复是心灵的最高需要了。我们尽管觉得希腊

① 黑格尔:《美学》(第1卷),朱光潜译,商务印书馆,1997,第14页。

神像还很优美，天父，基督和玛利亚在艺术里也表现得庄严完善，但是这都是徒然的，我们不再屈膝膜拜了”。[①] 古希腊艺术永久地过去了，也即古希腊艺术所产生的时代状况和精神永久地过去了，艺术元素要重新变化以组成新的艺术形式，艺术主体也将赋予艺术活动和艺术品不同的内涵，使其担当新的功能和职位。

艺术的终结是指艺术最高职能的丧失，是指作为最高需要和最高表现的艺术的完结。这也有助于说明为什么黑格尔在分析近代工业发展和市民社会时，把贫富对立，劳动分工，宗教衰落和世俗化等因素视为艺术发展的重大障碍。因为他只把古希腊艺术视为艺术的最高典范，而古希腊艺术与现代艺术这两种艺术的意义又截然不同，所以尽管上述因素对现代艺术的发展有其积极的一面（艺术的自主正是在这样的前提下得以实现的），但若从古希腊艺术的意义层面来分析，它们却不仅对人们形成艺术的认识方式和生存方式构成障碍，还使得个性和主体性的真正自由变得困难，艺术家的境遇更糟糕。如黑格尔所言：

实践的艺术家本身，不仅由于感染了他周围盛行的思考风气，就是爱对艺术进行思考判断的那种普遍的习惯，而被引入歧途，自己也把更多的抽象思想放入作品里，而且当代整个精神文化的性质使得他既处在这样偏重理智的世界和生活情境里，就无法通过意志和决心把自己解脱出来，或是借助于特殊的教育，或是脱离日常生活情境，去获得另一

---

① 黑格尔：《美学》（第 1 卷），朱光潜译，商务印书馆，1997，第 132 页。

种生活情境,一种可以弥补损失的孤独。①

黑格尔所说的“理智”与韦伯所说的“工具理性”是非常接近的,或者说“工具理性”正是黑格尔时代的“理智”发展到资本主义成熟阶段的极端表现形态。正是在理性的巨大作用下,黑格尔时代的生活彻底地经济化,由此导致表现为艺术形态的“精神”成为极端的。也正因为看到了并充分信任理性在社会生活中的巨大作用,黑格尔才提出了艺术的过去性,也即“就它的最高的职能来说,艺术对于我们现代人已是过去的事了。因此,它也已丧失了真正的真实和生命,已不复能维持它从前的在现实中的必需和崇高地位,毋宁说,它已转移到我们的观念世界里去了。现在艺术品在我们心里所激发起来的,除了直接享受以外,还有我们的判断……所以艺术的科学在今日比往日更加需要,往日单是艺术本身就完全可以使人满足。今日艺术却邀请我们对它进行思考,目的不在把它再现出来,而在用科学的方式去认识它究竟是什么”②。重建艺术的科学而不是艺术本身在黑格尔的时代变得如此迫切,恰恰反映出艺术的审美功能已不再是“精神的最高需要”,而所谓“特殊的教育”,“脱离日常生活情境,去获得另一种生活情境,一种可以弥补损失的孤独”,也正是指称那种被理智所淹没了的审美情趣,以及形象化、感性化的艺术体验。对黑格尔来说,“科学”同时意味着作为绝对的本体论的

① 黑格尔:《美学》(第1卷),朱光潜译,商务印书馆,1997,第14—15页。

② 同上书,第15页。

哲学，而这正是理性发展最极端的表现，艺术终结论虽然构成了对市民社会理性现实的反拨和质疑，但也恰恰折射出启蒙精神对于时代的巨大力量。这样，黑格尔站在拥戴理性的立场上再一次反证了“审美带有令人解放的性质”这一真理(与席勒的怀旧思路不谋而合)。伽达默尔将此称为“按照历史本身之外的标准来思考历史的方式”，亦即“把未来设想为原始时代某种已失落的完美性的重新建立”，他认为：“黑格尔把希腊人的艺术宗教描述为精神的一种已被克服的形式，并宣告在自由的普遍自我意识中历史在现代得以完美的实现，从而以现代的自我意识来调和古典文化在审美上的典范性。”①

黑格尔的美学在宣告艺术终结的同时也提出了重建艺术科学的必要性，结合黑格尔的哲学观来看，这实际上也是艺术的一种自我超越和自我规定，也即在现存的社会中，站在艺术之外来观察、思考和表达艺术的情感。这其中同样也蕴涵着精神——这一人类的普遍本质——在某一阶段对“自己的存在与异己的存在之间的一种调和”。或许这也还是一种和解，因为艺术的终结恰恰意味着宗教和哲学的开端。

最根本的，黑格尔与时代现实的分裂与和解其实都建基于他的时间观。在黑格尔看来，时间就是现在，只有现在是至高无上的、最真实的存在。在循环往复的时间整体中，持久的现在是内在于时间的永恒，是最有价值的。所以，和解绝不是中庸和软弱的表现，真正有意义的和解都是具有建设性的，都是要在一个

---

① 伽达默尔：《真理与方法——哲学诠释学的基本特征》(上卷)，洪汉鼎译，上海译文出版社，1999，第 259—260 页。

积极的层面上对现实予以批判,并“重建一种富有精神的、并属人的统一”①。正是基于对现在的绝对肯定,黑格尔扬弃了荷尔德林和浪漫派,因为他们往往过于投入地在自我的内心世界寻求安慰,注重自我由之所来的过去生活,从而不能恰如其分地适应“现在的世界”,不仅无法找到在“现在的世界”中的家园感,甚至无法弥合自身与时代的分裂,给自己的个人命运带来了毁灭。而这一切,都是黑格尔所批判的。洛维特这样评价黑格尔的现实感的独特性:

> 在黑格尔看来,自我存在和异己存在的这样一种决裂也并不是想让自己保持是自己的所是的,因为它自身已经是某种原初统一并且还想重新统一的东西的分裂。人必须能够在他者或者异者那里有家园感,以免在现存世界的异在中对自己成为异己的。黑格尔把希腊的此在解释成为这样一种“实存的家园感”的伟大榜样,——即便在对存在的东西的坚强承认禁止对一个过去了的状态有一种渴望的情况下亦是如此。使有教养的欧洲人在希腊人那里有一种家园感的东西,就是他们把自己的世界变成家园,他们并没有“走出”或者“越过”。他们如此精心地处理、改编和转换自己的宗教教养和社会教养的异己的、实体性的开端,使它们在本质上成为他们自己的。就连哲学也是如此:“在自己家里——人在自己的精神中在家,在自身在家。”

---

① 卡尔·洛维特:《从黑格尔到尼采》,李秋零译,三联书店,2006,第232页。

世界对马克思和基尔克果[1]来说变成异己的，而黑格尔却在它里面“安家”；他们越过并走出了，或者如歌德称未来的世纪精神那样，是“荒唐的”和“超越的”。此外，尼采在任何地方都不再在家，而是一种“过渡”和一种“沉没”，以致他甚至在希腊的此在中也不再承认实存的家园感和可塑的意义，而是仅仅承认悲剧的激情和由瓦格纳的现代性所启迪的音乐的精神。[2]

显而易见，以这样的基础来讨论黑格尔的怀旧感，显然是不同于卢梭、席勒和浪漫主义者的。与后者相比，黑格尔的怀旧感表现出以下两点独特性：

第一，卢梭、席勒和浪漫主义对现实（文明与科技）的基本价值评判是否定的，而黑格尔则予以坚决的肯定，在保持文明与自然的基本冲突的前提下，卢梭式的紧张发展为席勒式的缓冲，而黑格尔又将其置于主体性的多样表现形态的同一层面上。前者从否定现实回溯到失落了的理想，怀旧之情是朴素的，而后者因对现实的复杂态度则要深刻得多，怀旧行为也变得更自觉。就像英国学者泰勒曾指出的，在18世纪后期许多德国人的观念中，“古代希腊完成了自然与人类最高表现形式间最完美的统一。换言之，在当时，人之成为人，是自然而然的。不过，这美丽的统一已死了；而且，它必须死掉，因为，我们要实现为彻底自由

---

① 此处是引文原文，其他译为“克尔凯郭尔”。

② 卡尔·洛维特：《从黑格尔到尼采》，李秋零译，三联书店，2006，第233—234页。

的存有者,就必须使理性发展到的自我澄明的更高境界,而使理性发展到那个阶段,所付出的代价是这统一必须死亡……为了成长,人必须在自己内在方面加以区分。尤其理性的成长,以及彻底自由的成长,更要求与自然的东西和感性的东西决裂。现代人必须与他自己的自我交战。因此,丧失原始的统一,是无法避免的;而回归亦复不可能”。[①] 席勒并非不认同这一点,在《审美教育书简》中的第六封信里,他也明确提到:“希腊人已经达到了这样的程度,如果他们要向更高的教化前进,他们就必须像我们一样放弃他们本质的完整性,在分离的道路上去穷究真理。要发展人身上的各种内力,除了使这些内力彼此对立以外,没有任何别的办法。”[②]但席勒最终还是求助于审美的救赎,而黑格尔却将“与自己的交战”完全置放在现实情境中并进行到理性的高度上,这就有力地增强了怀旧理论的现实性。

由此,第二点就是,黑格尔发展了怀旧作为一种反思意识的功能。倪梁康先生认为在黑格尔所设定的精神发展的逻辑过程中,反思包括两种特殊的含义:一种是“内向的反思”,即第二个阶段(精神作为独立自为的自我)的精神对第一个阶段(精神作为主观的意识)的“直接性”或“外化”、“异化”的扬弃;另一种是“反思的反思”,即第三个阶段(精神作为绝对精神)的精神对第二个阶段的“同一性”,“如果精神在第一阶段意识到的是‘自在的存在’,在第二阶段意识到‘自为的存在’,那么在第三阶段上,

---

① 查尔斯·泰勒:《黑格尔与现代社会》,徐文瑞译,台北联经出版事业公司,1989,第11—12页。

② 席勒:《审美教育书简》,冯至、范大灿译,上海人民出版社,2003,第52页。

它把握到的是‘自身的同一性’。这个意义上的‘反思’，就是指‘理性’在每一个正反合完成时的自身实现”。① 正是在这两种反思含义的基础上，黑格尔完成了对现代性的批判，也深化了他的怀旧思想。

综观黑格尔的思想体系，我们不难发现，在黑格尔为已然消逝的艺术理想感到伤感和怅然的同时，他也放弃了艺术，认为近代市民社会的现实必将导致艺术从真理的最高实存的圣坛上退位，被宗教和哲学取而代之。因为在体现绝对精神或理念的各个阶段和层次中，艺术以感性表现的方式来认识真理，是最低级的形式。而宗教胜之，有了观念和虔敬情绪的参与，使客体感性开始转向主体性。哲学则为最高和最完美的形式，它克服了艺术和宗教的片面性，使主客体、感性和理性重又结合在一起，人的心灵最接近真理。由此可知，黑格尔之所以为其怀旧思想加入了深刻的反思意识，其目的就在于借助启蒙自身的力量来克服启蒙带来的现代性的分裂，这时一种发展的观点，也是一种积极的努力，如其所言，“精神的历史永远是它的解放，把它所是的东西作为对象，认识它所是的东西，从而使自己摆脱这种东西，以此达到一个更高的阶段。历史就是自我意识的这种必然前进的发展”，而“把历史上曾经存在过的形式重新召回是愚蠢的”。② 因此他毅然截断了审美的遁途，把被理性伤害的现代人类再次引向形而上的宗教和哲学。在黑格尔这里，怀旧的主导

① 参见倪梁康：《自识与反思——近现代西方哲学的基本问题》，商务印书馆，2002，第268—279页。

② 转引自薛华：《黑格尔对历史终点的理解》，中国社会科学出版社，1983，第3页。

倾向发生了位移,即不再仅仅局限于对“旧”或“过去”的价值取向和情感趋势,而与黑格尔对现代性的现实思考密切相关,它延展为一种哲学化的思维方式,或者说是一种全面认识现代性的审美策略。怀旧也不再只是一种(对现实)“破”的力量,而已上升到一种“立”的精神,“反思倾向于推进/延伸并创造未来,而怀旧则倾向于推进并创造过去”,[①]怀旧与反思一样都“意味着对存在和现在(被认同为一具体化的和有限的形式)的超越”,都是为将来的尽善尽美作准备。

然而,对古典型艺术的张扬基于对现代理性的否定,这其实更有力地证明了前者必然消亡的趋势和后者的日渐强大。从某种意义上讲,黑格尔的怀旧思想与反思意识既是相互证明的,又是彼此牵制的。洛维特认为,黑格尔所构想的精神在经过一切演变发展之后,结果只能是将自身客体化,也即精神彻底认识了自身,世界成为“理智的世界”。“而这种‘老年’的、在本质上是‘回忆’的哲学对未来就无话可说了。精神的一系列形象,‘概念’的历史因此就被‘终止’和‘结束’了。……现实在‘精神上’和‘原则’是已被完成了。”[②]这意味着黑格尔为精神设想的终极阶段(也即哲学阶段)也将不可避免地走向终结。黑格尔在与席勒反向的道路上走到了极致,但这种走法不但不能弥合现代性带来的人性分裂,反而会导致世界被彻底地“理智化”,人与自然、与社会、与他人,甚至与自我的冲突更加尖锐,而黑格尔本人

---

① Keith Tester, *The Life and Times of Post-modernity*. London: Routledge, 1993, p. 64.

② 洛维特:《克尔凯郭尔与尼采》,载于《尼采在西方——解读尼采》,刘小枫、倪为国选编,上海三联书店,2002,第493页。

也由此成为疏远人类的存在本源最远的人，为日后克尔凯郭尔、马克思、尼采、海德格尔等人的理论研究打开了缺口。

这使黑格尔的思想呈现为强烈的矛盾性，哈贝马斯也由此评价黑格尔“虽然不是现代时期第一位哲学家，但却是第一个使现代性成为问题的人。在他的理论中，现代性的星丛、时间意识和理性这些概念第一次成为明显可见的问题。”①事实上，不仅仅是黑格尔，这种矛盾冲突似乎在每位涉身于现代性中的思想家身上都清晰可见，前面我们已经论述过的卢梭和席勒是这样，后面即将讲到的斯宾格勒、海德格尔及本雅明也不例外。这说明了什么问题？第一，这与现代性自身的冲突和张力相关。现代性本身就存在一种“自反”性的特征，任何思想家对现代性的接受、排斥或批判都要以这种张力为首要前提。第二，思想家本身的观念体系、情感倾向和价值评判也构成了一个丰富而复杂的“场”，它必然要过滤掉为主体本身所不能包容的内容，而对客观存在的现代性进行个性化的消化。第三，这也证明了怀旧本身的复杂性。黑格尔的怀旧思想是在他对现代性的批判性认可中得以深化的，而从艺术角度出发所表达的对古希腊精神的怀

① Jürgen Habermas, *The Philosophical Discourse of Modernity*. Cambridge: The MIT Press, 1987, p.43. 哈贝马斯根据科瑟莱克(R. Koselleck)的研究将“现代”的概念一直追溯到黑格尔，他认为是黑格尔第一次清晰地提出了一个“现代”的概念：在《世界历史的哲学》中，黑格尔认为，“近代”，即“新时代”就是“现代”。黑格尔认为标志近代形成的三件大事是：发现新大陆、文艺复兴和宗教改革，在时间上大致相当于16—18世纪，而直到18世纪，这个“近代”或“现代”的概念才得以明确，因此它的开端可追溯到16世纪初。因此，哈贝马斯所认同的“现代”概念，是自16世纪起，但直到18世纪才被清晰地自身意识到的“新时代”。详见此书第4—7页。

旧毋宁说是他对哲学及精神历史的深刻反思。反思意识加入到怀旧行为中,不仅是作为内容的一部分,或者体现为一种方法,它还是怀旧的功能。而只有怀旧的感性本质融入它的理性功能中时,怀旧才可能真正深刻起来。

五、海德格尔:诗意栖居的本真性

海德格尔绝不是一位浪漫主义哲学家,但如果我们用怀旧来形容他对生命的感觉和他的学术情绪,大概并不为过。无论是他早期对存在与时间的严谨分析,还是后期转向对现代技术的诗性批判以及对人类诗意栖居的憧憬,他的著作始终弥漫着一股浓厚的怀想本源、追问本真和寻求灵魂栖居之所的气息。在海德格尔评论瑞士诗人特拉克尔的诗句“灵魂,大地上的异乡者”时,他曾这样命名过“异乡者”:

> 何谓“异乡的”?人们通常把异乡理解为不熟悉的东西,不吸引我们的东西,更多地令我们烦恼不安的东西。但“异乡的”……根本上意味着,往别处去,在去某地的途中,与土生土长的东西背道而驰。异乡者在漫游中寻索一个它能够作为漫游者安居于其中的位置。“异乡者”自己几乎不知道,它已经在通向其本己家园的道路上追随着那种召唤着它的呼声了。①

① 海德格尔:《在通向语言的途中》,孙周兴译,商务印书馆,1999,第28页。

从海德格尔的理解来理解海德格尔本人，尤其是这段直接阐释却仍然暗含深意的话，我们大体上能够体会到一种焦灼和艰难的感觉，这种感觉也是海德格尔一直在经受着的。那么，他究竟为什么而焦灼？异乡者要寻索的是怎样一个家园？这个家园能被最终回返吗？回乡的途中必须经历怎样的磨难？海德格尔寄托在特拉克尔诗句中的期望到底是什么？是否还有别的归途？

反思黑格尔的反思，海德格尔发现，人类主体性的确立虽然是现代之本质具有决定意义的一大进程，但因其允诺了人类中心论以及人类宰制和开发自然的合理性，它也成为西方现代哲学终结的标志和形而上学最极端的表现，使人类根本地远离了存在之根。而重新"唤醒"人类被遮蔽的本真存在，真正实现人与自然的完满和谐，却是海德格尔毕生的努力。因此，海德格尔的返乡之途必定要建立在对黑格尔的超越上。然而，尽管黑格尔是形而上学的巅峰，形而上学发展到黑格尔这里却并未完成，作为最后及最主要的形而上学者，海德格尔认为尼采才是最终必须克服的人。

形而上学始终思考的是作为存在者的人而非人的存在，而忘记对存在意义的研究又是虚无主义的本质及核心，所以说形而上学是虚无主义的，这是海德格尔对整个西方现代形而上学最犀利的断定。据此，追问人的本真存在就必须颠倒整个形而上学、从虚无主义的牢笼里解脱出来。海德格尔本着对莱布尼茨的提问——"什么存在者在而无却不在"——的尊重，询问了整个存在者的整体，把存在的本源一直回溯到了前苏格拉底时代。在海德格尔看来，前苏格拉底时代的希腊思想是西方思想最纯正最源始的本源,它在本质上诗化地表达了人在存在呈现前的敬畏与惊异,保持着存在的本真状态。而从苏格拉底开始,哲学蜕变为一种知识,遮蔽了存在,继之随着希腊语被翻译成拉丁语乃至拉丁语在西方世界的广泛传播,原初的希腊思想则彻底失去了意义。

在海德格尔的思想体系中,"恰恰是由柏拉图和亚里士多德开始的对存在的'形而上学'解释,才使得现代性最彻底的表达成为可能"①。因为海德格尔认为,人是通过语言将自身呈现为"是其自身所是"的,人的存在由此是一种"在场",而柏拉图却致命地偏离了这一源始存在,不是将存在的真理置于存在自身的去蔽,而是置于存在者的"理念"当中,"在场"变成了"理念",而"对理念的正确意识与知觉,或关于理念之表象的陈述与断言的正确性,从此成了所有继起的西方理智、思维与理性的标准尺度"。② 以致西方所有的人道主义、人类学、主观主义、个人主义和世界图像化等概念都可以在柏拉图那里找到根源。因此,假如反现代性的回溯只止于复活柏拉图和亚里士多德,则根本不可能逃脱现代性的宿命,而只能回到现代性的源头。按照海德格尔的回溯,黑格尔显然也属于被困在现代性历史中的一员,他的哲学基石就是主体性,是现代性分裂的必然承罪者,因此他根本不可能完成由卢梭、席勒以及浪漫主义者所明确化了的任务。

存在问题的正式提出者是尼采,他把人的存在从根本上理

---

① 梅耶斯:《施特劳斯与海德格尔——古希腊与现代性的意义》,载于《施特劳斯与古典政治哲学》,刘小枫主编,张新樟、游斌等译,上海三联书店,2002,第493页。

② 同上书,第504页。

解为一种先于任何道德解释而存有的自然本性，因此，尼采对柏拉图主义最大的责难就是柏拉图宣扬了一种虚伪的道德观，这种道德观宣称人的高尚情操，把本能与信仰、艺术和美区分开来，阻隔了自然“力”的发展，标志了希腊精神的衰落，使哲学屈服于基督教。在尼采这里，形而上学的完满就是善，就是道德谎言，而善正是卢梭反现代性的立足点，因此尽管二人修复人性的旨向是一致的，但采取的方式却截然不同。“卢梭使道德与知识分离，回到直观的事实，尼采回到的是本能的权力意志；‘智慧’这个被认识遗忘了的实践范畴在卢梭那里体现为人人都有的情感，在尼采这里则化为等级分明的品格”。①

尼采认为希腊精神的衰落是从苏格拉底就开始的，因此他宣扬回归到前苏格拉底的时代，从酒神狄奥尼索斯的神秘的醉酒中感受生命的本质。按照黑格尔的看法，与狄奥尼索斯同时的人还缺乏自我意识，没有将自己视为自在自为的人，因而是不自由的；但尼采却认为正是狄奥尼索斯原始的、本能的生命冲动使希腊人形成和壮大了对理性及道德奴役的反动，在对神的崇敬中获得安慰和光荣，在生命的永恒回归中，生与死、过去与未来、灵魂与肉体都得到了圆满的统一。“希腊人的酒神宴乐中含有一种救世节和神化日的意义。只有在希腊人那里，大自然才达到它的艺术庆典，个体性原理的崩溃才成为一种艺术现象”。②

---

① 《启示与理性——从苏格拉底、尼采到施特劳斯》，萌萌主编，中国社会科学出版社，2001，第169页。

② 尼采：《悲剧的诞生》，熊希伟译，华龄出版社，1996，第9—10页。

正是在“永恒回归”以及通过在后来“超人”所体现出来的“相同事物的无穷循环”的意义上,尼采与海德格尔走到了一起,后者断言:“存在的意义,作为相同事物的无穷循环的意志只是永恒地控制自己而不控制任何别的人。由于进入了存在意义的领域,超人就超越了作为人的他自己。超人朝着相同事物的无穷循环发展,因为那就是他的本质所在。”[①]然而,在海德格尔的意义上,尼采虽然曾使本真的存在在场,但由于他把整个理论体系都建立在“权力意志”这个基础上,而根据海德格尔对存在的界定,权力意志(或意志)仍然还是存在物而非存在,所以尼采犯了最大也最致命的错误,也即“用形而上学的原则——权力意志代替了形而上学的存在”,[②]这恰是尼采被海德格尔认定为形而上学家的主要根据,以致最终海德格尔还是扬弃了尼采。

海德格尔认为,我们必须重新对待人类的存在史以及由之孕育的哲学史,然而,在人类的历史中,存在却一直处于一种沉睡、在黑暗中或是被遮蔽的状态。存在,在海德格尔这里,是一个最普遍的和自明的概念,但正是存在的“最普遍”性和“自明”性蒙蔽了我们的眼睛,使我们一直把存在的事实错当成了存在本身。本质上,存在不是一个具体形象的实体或事物,也即存在不是存在者;存在也不是这个实体或事物的特性,也即存在不是存在性。存在只是必须要靠存在者来体现而已。在海德格尔看来,只有人——此在——才是最完全、最本质的存在者。在存在

① 转引自格尔文:《从尼采到海德格尔——对海德格尔论尼采作品的批评性评论》,载于《尼采在西方——解读尼采》,刘小枫、倪为国选编,上海三联书店,2002,第529页。

② 同上书,第533页。

者的层次上，此在是离它最切近的，事实上，此在离人类思维的方式、可能性以及限度也是最切近的，这仅仅是因为人类本身正现实地、明晰地存在着的缘故。此在最切近的寻常存在方式就是在时间中、在历史中的当下存在，因此，“要追问存在的意义，适当的方式就是从此在的时间性与历史性着眼把此在先行解说清楚”。①

按照我们的一般理解，时间和历史是相互依存的概念。时间有三个维度：过去、现在和将来，我们从过去来，经由现在，还将朝向将来，正是在这个三维一体的绵延和流逝中，我们的存在构成历史，此历史依托时间而存在。但海德格尔不这么看。他提出了时间性和历史性的概念，认为时间和时间性不同，历史和历史性也有相当的差异。首先，时间是一个自然科学概念，是单一同质而可度量的，时间性却是一个历史科学概念，是此在存在的意义，不可度量。时间性的三维分别是将来、曾在和当前，与将来、过去和现在有所不同，前者构成一个立体的统一体，而后者的绵延接续实际上把时间变成了一维的概念。海德格尔说：

> 将来的此在能够是它最本己的“如其一向已曾是”，亦即是它的“曾是”[或在其所“曾在”]。只有当此在如“我是所曾在”那样存在，此在才能以回来的方式从将来来到自己本身。此在本真地从将来而是曾在。先行达乎最极端的最本己的可能性就是有所领会地回到最本己的曾在来。只有

---

① 海德格尔：《存在与时间》（修订本），陈嘉映、王庆节译，三联书店，2000，第25页。

当此在是将来的，它才能本真地是曾在。曾在以某种方式源自将来。[1]

看得出来，海德格尔并不认为当前如现在一样是介于将来和曾在之间的中心点，令我们的常识理解有困难的，倒是将来变成了时间性中最关键的部分。曾在源自将来，而此在则从将来而是曾在，而回到自身，所谓“将来并不晚于曾在状态，而曾在状态并不早于当前，时间性作为曾在的当前化的将来到时。”[2]

怎么理解呢？我们曾在，而这个事实并没有随着时间的推移被否定或被消除，过去还以强大的力量影响着我们，而我们也始终生活在一个由过去所生发出来的当前。但这并不表明我们的一切存在都是基于过去的，因为存在的本质朝向是将来。当前的存在虽然可谓源自我们的曾在，但将来却以其尚未显明的方式决定和控制着当前的存在。这就好像我们经过了岁月的磨难，积累了丰富的经验和阅历，有着过去做根底，认为自己能够在现实生活中游刃有余。而且我们据此一则对过去有把握，因为那是我们曾经真实经历过的，一则现在我们实际上也生活在对往昔的不断回顾和不断反思中，我们渐趋增进的经验值甚至使我们想当然地对将来抱有信心。但实质上，我们对过去的怀想并非基于过去的事实或人物，也不仅仅是现实生活，而更多、更重要地是源自将来。我们对将来有要求，有希望，有想象的

---

① 海德格尔:《存在与时间》(修订本)，陈嘉映、王庆节译，三联书店，2000，第371页。

② 同上书，第398页。

空间，这些都使将来更本质地规定着我们当前的生存方式，并决断着我们对过去的取舍和评判。将来是不在场的，但它无形地左右着在场的曾在和当前，使此在在当前的存在首先以将来为依据，然后才能证明自身曾在，并依然以曾在的方式存在在当前。

按照我对海德格尔的理解，他对将来的强调不但没有削弱或消弭曾在与当前的意义，反而使其得到了深化。这也表明海德格尔分析存在问题的一个根本立场，即不仅要疏通存在的学理问题，最紧迫地是要切身领会到人类存在的本真状态，并在对非本真的存在表象逐渐澄明的过程中把人类引向将来。由此可以想见，虽然海德格尔非常透彻地体悟到人类存在的不真实、不完满，也感受到回归真实、朝向完满的路途非常艰难，但他本质上始终没有落到悲观的地步。用他自己的话来说，他始终是“在路上”的。

再谈历史性。在海德格尔看来，“时间性绽露为此在的历史性”，因此，“此在是历史性的”这一点就是生存论存在论的基础命题。[①] 海德格尔从四个方面界定了历史：一、“‘历史’这个词有时既不意指关于历史的科学也不意指历史学的对象，而是意指未必对象化了的这个存在者本身。在这一类含义中，把历史领会为过去之事可算得一种具有优先地位的用法”。二、历史主要不是意指过去之事这一意义上的“过去”，而是指出自这过去的渊源。三、历史还意味着“在时间中”演变的存在者整体。四、

---

① 海德格尔：《存在与时间》（修订本），陈嘉映、王庆节译，三联书店，2000，第379页。

流传下来的事物本身也被当作“历史的”。① 不难发现,在海德格尔对历史的阐释中,过去的作用是被特别地加以强调的,一个事物必须在已经过去的世界里曾在,才有可能具有历史性,而此在也首先只有在曾在的意义上才是实际存在的此在。陈嘉映对此曾这样解释过:“已经过去逝去消逝了的东西为何可能对当前敞开呢? 只因为此在实际存在着就已经包含着它的曾在,只因为此在从不是一个现在的时间点而其本身就是延展。此在的曾在是与其当前一齐到时的。”②

海德格尔始终认为历史是一种时间性地生成的东西,但这种东西已经过去了,所以历史只有作为个体的被经验的过去才是最原初的,这一原初才是此在的历史性,是历史最本质的东西。尽管就此看来,此在的历史性以及历史本身是极其不确定的,但他却一直尝试着要把历史学的研究也还原到存在的生存论根基上去,并且去除遮蔽其本真状态的流俗的历史观念,达到对此在之演历的真正敞明。不能不承认,海德格尔的还原是以颠倒人类的日常思维为起点的,所以他的所想所为实质上具有一种对传统历史学强大的颠覆力量。在他的努力下,存在者被揭示为并不因为与过去拉开了时间距离才具有历史性,更不能说离现在越遥远就越本真地具有历史性,甚至此在不仅不在一个既定的时空框架中,也不在由时空所规定的历史范围内存在。此在之所以是历史的,就因为它本身就是历史性,就是一个演历

① 海德格尔:《存在与时间》(修订本),陈嘉映、王庆节译,三联书店,2000,第428—429页。

② 陈嘉映:《海德格尔哲学概论》,三联书店,1995,第159页。

的统一体。海德格尔从时间性理解历史性，正是要从此在的曾在、从此在的演历方面来把捉历史存在的事实，从而确证历史学的全部意义实质上就是确定此在的历史性，也即此在重演此在的种种本真曾在或本真可能性。在此，时间性和历史性概念是互文共义的，二者间的关系证明也是一种循环论证。

从海德格尔的批判立场来看，他提出此在的问题并对此在进行生存论上的分析，最终是为了寻求一种主客未分的圆融统一的境界，或者借此超越和克服主客分裂与对立的近现代哲学倾向，回归此在的本真状态。但值得我们深思的是，此在果真能够本真地存在吗？在海德格尔所预设、所追求的理想化境界中是否还有不可克服的局限？答案是显而易见的。就像《存在与时间》的主旨既反对唯心论又反对实在论，但事实上"海德格尔自己仍陷在主观主义甚至于陷在其极端形式即唯我主义之中"[①]一样，此在的时间性和历史性也只能是对此在之本真状态的一种理想化描述。我们知道，此在的寻常存在才是其最切近的存在方式，对此在的时间性和历史性设想都要靠此在的流俗存在才能成立。换句话说，非本真状态存在正说明本真状态的空无，对本真状态的追求恰恰证明了它的失落。

返乡是必然且必要的，在海德格尔这里，返乡根本上是指回到前苏格拉底时代的本真存在；然而返乡又是异常艰难的，因为即使海德格尔超越了黑格尔、克服了尼采，他还是无法超越或克服西方形而上学最本质的困难。因为，此在以常人的方式非本己地存在是此在最切近的存在方式，是我们所谓的"常态"，而此

① 陈嘉映：《海德格尔哲学概论》，三联书店，1995，第 107 页。

在以"我"的方式独立本真地存在反而无法实现,变成了一种"异常"。它不能从自身出发,没有自主性,不仅一切外在于此在的公众意见主宰着它,甚至此在本身也被分化成了相互牵制的"我"及"我的对象"。而在这种庸庸碌碌的平均状态中,此在似乎穷尽和平整了一切存在的可能性,但实际上此在在其日常存在方式中的存在建构本身就是那个"在最初错失自身和遮蔽自身的东西"。[①] 此在究竟如何以及此在为何都成了掩蔽不露的问题,它只能首先和通常地成为常人,在无所是无所非、无可无不可、无优无劣、无成无败、一切例外与冒险都被磨平和压制的平均状态中展开存在的性质。并且,最关键也最根深蒂固的问题还不是此在沉沦的合法性,而恰恰是此在沉沦的本然性。意思就是说,此在并没有首先生存在本真的状态中然后从中跌落出来,它的跌落没有经历这个被假想的时间过程。沉沦是此在的宿命,也是此在在日常存在中唯一可能显现的方式,此在的存在与沉沦同时发生,后者就是前者的本质规定性。"只要此在作为其所是的东西而存在,它就总处在抛掷状态中而且被卷入常人的非本真状态的旋涡中。"[②]

海德格尔所揭示的生存真相无疑宣判了回返本真的乌托邦化:在日常生活中,一则我们根本无法摆脱受常人牵制的生存状况,一则我们也无力消除自我内部的矛盾冲突和自我主体与世界客体的二元对立,返乡之途变得虚幻无形。这么一来,与其说

① 海德格尔:《存在与时间》(修订本),陈嘉映、王庆节译,三联书店,2000,第151页。

② 同上书,第207页。

海德格尔怀想回返到确定的前苏格拉底时代的古希腊,不如说他只是在执著地朝向某种状态,这个状态不能被最终达到,只能被无限地靠近。也正是在这个意义上,梅耶斯尖锐地批评道:

> 海德格尔以一种稀奇古怪的后黑格尔与后尼采的方式把时间与永恒、命运与自由、思想与行动、理性与启示之间的传统对立融合进一个二元性存在的虚伪统一体中,这只是一种安慰,它除了坦率承认这种恶意的恩典性存在的"源初尊严",并未给出这种思想混合能被接受的理由。①

> 施特劳斯只是推测:西方文明的命运是"人之中的"——而非存在的"基本二元论"的产物。是人类的本性,而不是终极(不可知的)存在必须作为首要的(虽然是不充分的)解释因素。言语与事实、思想与行动之间的二元论构成了人类的本性,因此也构成了我们最基本的"命运"。通过把这种二元论调换为存在的核心,海德格尔就只能将人类自然的命运或"本质"神秘化——而不是"解释"之。对施特劳斯来说,希腊人对"人类自然"的源初发现,使我们能够断言所有人类进步根本上都受制于不变的人类本性;对海德格尔来说,即使对命运性存在的忘却所导致的最大贫乏,仍然产生出一种关于人类本质的"更高"规定性的无限希望。这些希望极明显的不可理喻性,大概就最为清楚地表

① 梅耶斯:《施特劳斯与海德格尔——古希腊与现代性的意义》,载于《施特劳斯与古典政治哲学》,刘小枫主编,上海三联书店,第510页。

明了海德格尔为克服西方命中注定的二元论的独特努力所付出的代价。①

然而尽管如此,但仍值得欣慰的是,海德格尔所始终朝向的状态,其最深层的指向不是原封不动地回到原始的出发点,而是在经过沉沦和被抛之后向前发展,最终达到本真的存在。后者是以将来为维度的。这是海德格尔的一贯立场。尽管他的怀旧姿态逆向于此在的日常存在,但同时这种逆向又是积极的、向着前方的,这里的向着前方不是一种进步意义上的向前,而是"进入那最切近的东西中,我们不断地向它急促地行进,而当我们看到它时,它又总是与我们相疏远"。海德格尔认为这种切近的目的不是别的,反倒是要"把我们带回来","回到开端中去"。② 与沉沦和被抛相对,它使我们在直面虚无时得以体验到畏的情绪,以致虽然我们不能把握存在的本真状态,但至少我们可以在过去和历史中寻找自我存在的根据,回到我们自身,并通过对存在的回顾保持一种本真生存的可能性。

海德格尔意义上的哲学在近代的终结和形而上学的完成反倒正是人类主体性形成的开始,不得不承受现代形而上学之拷问的海德格尔在完成了对"存在与时间"的讨论后,把目光转向了对现代世界的批判。在海德格尔看来,现时代是世界图像的

① 梅耶斯:《施特劳斯与海德格尔——古希腊与现代性的意义》,载于《施特劳斯与古典政治哲学》,刘小枫主编,上海三联书店,第512—513页。

② 海德格尔:《在通向语言的途中》,孙周兴译,商务印书馆,1999,第83页。

时代，现代有五个特殊现象：一、“科学乃是现代的根本现象之一”。二、“机械技术始终是现代技术之本质的迄今为止最为显眼的后代余孽，而现代技术之本质是与现代形而上学之本质相同一的”。三、“艺术进入了美学的视界内。这就是说，艺术成了体验的对象，艺术因此被视为人类生命的表达”。四、“人类活动被当作文化来理解和贯彻。而文化就是通过维护人类的至高财富来实现最高价值。文化本质上必然作为这种维护来照料自身，并因此成为文化政治”。五、“弃神”。“弃神乃是一个双重的过程。一方面，世界图像基督教化了，因为世界根据被设定为无限、无条件、绝对的东西；另一方面，基督教把它的教义重新解释为一种世界观（基督教的世界观），从而使之符合于现代。弃神乃是对于上帝和诸神的无决断状态。”①

在这五个问题中，科学是本质，科学不仅阐释现代真理，而且科学就是现代社会唯一的真理本身，是人类存在的最高手段和最不可或缺的形式。人被迫对存在施行种种“计算”、“计划”和“培育”，成为为一切存在者制定标准和规则的“立法者”。技术是动因，文化政治和弃神是后果，而艺术则是转机。海德格尔对技术的界定不同与“流行”的技术观念，后者认为技术是目的的手段、工具或人类的行为。在海德格尔看来，技术已经根本地参与到了自然、现实和世界的构造中，因此它直接关涉到人与存在者、与存在的关系。

在现代世界中，技术使自身强大为一种技术意志，这种意志

---

① 海德格尔：《林中路》，孙周兴译，上海译文出版社，1997，第72—73页。

在自然界的每一个事物身上都烙下了自己的痕迹,它把事物本身的事实性与事物的价值割离开,使自然变成了“物质”,变成了必须依靠技术为其规定的标准实施功能的东西。这样,存在者被降格为单纯的材料,存在关系被缩减为物质功能间的交换价值,技术在整体性的意义上彻底是自然丧失了其本真的存在性,而成为技术意志侵夺下的巨大能源库。正是在这个意义上,海德格尔断定,现代技术对自然的关系不是平等的伙伴关系,而是一种“强求”或“限定”,不是由存在者自然而然地展现,而是技术的进攻和统治,是技术的“座架”本质对人的“会集”,是“把人‘会集’到技术展现中,即唤起他的限定的方式的全部的思想、追求和努力并使它们只集中在这一方式的展现上”①,此“座架让人和存在只在技术的可用性方面相遇,双方被限定和强求,只在物质化和加工的方式中相互涉及”。②

现代技术彻底地改变了人的本质,毁坏了自然、世界和人类自身,这一过程与人成为第一性的和真正的一般主体同时发生。在人的主体活动中,文化的本质变为文化政治,其中最突出的就是价值说。价值说驱迫文化成为自身的对象,任何事物都要依据维护人类尊严的标准被估量,因此,不论这种估价行为本身被设计得多么客观化,它也都是一种主观行为,并且主客对立也必然因此而形成。一方面,被估价的客体丧失了自身的尊严,被迫与位于存在关系中心的人形成对立;另一方面,人类活动也受到

---

① 冈特·绍伊博尔德:《海德格尔分析新时代的技术》,宋祖良译,中国社会科学出版社,1998,第68页。

② 同上书,第70页。

了根本的影响，从表面看，人类为自然立法，同时也为自身立法，似乎已然获得了绝对的自由。但实际上，这种开发世界和征服世界的活动越深入，客观化过程越繁复，人类距离其根底和源始本真就越远，人类受到外物的束缚和蒙蔽就越深。所以说，在文化政治取代文化本身的现代世界中，人的存在已是被遮蔽的、无根基的和虚无荒谬的，人虽然还是各种存在者的主人，但人早已是自身的奴隶。这是现代的科学技术施加于人类的最大阴谋。

不仅如此，现代科技还使诸神隐退，现代形而上学演变为最彻底的虚无主义。在海德格尔看来，

> "虚无主义"这个名称始终是多义的，极端地看来，这个名称首先始终是两义的，因为，它一方面是指以往的最高价值的单纯废黜，但另一方面又是指对这种废黜过程的绝对反动。这种意义上的两义也就是被尼采引为虚无主义的先行形式的悲观主义。①

西方人认可和接受上帝死亡的事实这一点只能表示上帝作为一种最神圣的价值被取消，但并不意味对最高价值的信仰也随之被摒弃。事实上，科学技术对诸神隐退后的信仰空白的及时填补已然保证了世界的无限性和绝对性，"我们已经看到，操纵性的和技术的科学是如何开始接管了宗教的消极功能，同时使人

---

① 海德格尔：《林中路》，孙周兴译，上海译文出版社，1997，第230页。

类丧失了宗教的积极功能”,[1]技术甚至更加增强了人类主体对无条件控制世界的信心,这一点已被世界日益加速的图像化进程所证明。正如海德格尔所说:

> 上帝和教会圣职的权威消失了。代之而起的是良知的权威,突兀而起的是理性的权威。反抗这种权威而兴起的是社会的本能。向着超感性领域的遁世为历史的进步所取代。一种永恒的幸福的彼岸目标转变为多数人的尘世幸福。对宗教文化的维护被那种对于文化的创造或对于文明的扩张的热情所代替。创造在以前是《圣经》的上帝的事情,而现在则成了人类行为的特性。人类行为的创造最终转变为交易。[2]

但问题就在这里,上帝已死悬搁了原初的信仰实体,使人与神的关联被存而不论,反倒是人类内心深处的宗教体验占据了人神之间的空地,超感性的上帝最终被感性的世俗世界所代替。从某种程度上讲,这不能不使对存在以及存在者整体的解释受到限制和排挤。因为在海德格尔看来,体验必然关涉到主客间的关系,因而相对于物我同一的原初本真来讲,就是非本真的沦落状态。如其所言,“体验始终意味着归溯关系,也即把生命和生命经验归溯于‘我’。体验指的就是表示客体对于主体的归溯

① 阿格妮丝·赫勒:《日常生活》,衣俊卿译,重庆出版社 1993 年版,第 121 页。

② 海德格尔:《林中路》,孙周兴译,上海译文出版社,1997,第 227 页。

关系。就连人们常常讨论的我—你体验,也在形而上学的主体性领域内”。① 这样的话,一旦被信守的最高价值缺席,信仰就有滑落到通过某种行为或实体来表达体验的地步。表面上看,前者似乎取消了人类理解的边界,使世界成为无条件的认识对象,但实际上,后者反而使失去边界的人类理解变得虚无,“诸神遁去,而剩下的空虚则只好由神话研究和心理研究来填充了”。② 不仅如此,随着最高价值的自行废黜,惟独被剩下的世界本身也变成了一种完全世俗性的存在者,它一方面通过科学为自身重新设定最高价值;另一方面也经由技术继续维护人在世界的中心地位,凭靠专家的权威意见来指导公众的行为,为存在设置新的秩序和标准。

这是一个贫困的时代,“不光诸神和上帝逃遁了,而且神性之光辉也已经在世界历史中黯然熄灭”③;这又是一个平庸且充满危险的时代,“技术的制造使世界井然有序。其实恰恰是这种井然有序把任何秩序都拉平为制造的千篇一律,从而自始就把一个可能出现秩序和可能从存在而来的承认的领域破坏了”。④ 技术使世界陷入黑暗之中。

对于技术带来的危险,传统的工具论或人类学都认为是技术产物造成的社会混乱和人类生存的不安全感。比如二战过

---

① 海德格尔:《在通向语言的途中》,孙周兴译,商务印书馆,1999,第106页。

② 陈嘉映:《海德格尔哲学概论》,三联书店,1995,第355页。

③ 海德格尔:《林中路》,孙周兴译,上海译文出版社,1997,第273页。

④ 同上书,第300页。

后,人类开始思考原子弹的杀伤力,并深入到武器对世界和平和生态环境的深刻影响,乃至现代科技的发展是否恰恰顺应和张扬了人对自然的统治欲望,不仅没有延续和增长人的幸福,反而使人类渐趋灭亡。从这种观点出发,克服技术危险的办法被主要设想为技术自救,即以技术的发展来解决技术带来的问题,“从危险所在之处而来”拯救。海德格尔对此并没有完全否定,因为在他这里,技术是一个形而上的概念,假如人的本质被完全归属于对存在者的对象化过程,人类完全遵照自身的主体性和中心地位把对科技的开发引向极致,那么技术未始不可能成为我们获救的唯一希望。就像海德格尔所说的,最终能够庇护我们的不是别的,恰是我们的无保护性。这种思路的实质其实就是通过激进化的启蒙解决启蒙本身的问题。

然而关键的是,在这里,不是科学技术以及由之带来的人的无保护性不能通达人的存在本质,而是人的存在本质已被科学技术所改变,以那种非本真的形式向科学技术敞开。显然,在这一过程中扮演救世主的技术,实际上已偷换了一个概念,它使人的存在本质降格为完全被技术所规定的对象,只能追求和从事被技术展现的东西,并从中得到人类活动的一切尺度。从根本上讲,这是一种被伪装的救赎,它并未表现技术的最高危险,仍还只是把技术的危险限定在一个后果性的现象和症状上,它只是一种控制论,想排除由技术本质带来的派生的和非本源的东西而已,因此也不可能彻底地克服和解救自身。从理论上讲,黑格尔的失败就是明证。

那究竟什么是技术最高的危险呢?“一切都被冲入这种千篇一律的无距离状态中,搅在一起了。那又怎么样呢?难道把一切都推入无距离状态中,不比把一切都搞得支离破碎更可怕吗？人类关注着原子弹的爆炸可能带来的东西。人类没有看到,久已到来并且已经发生的东西,乃是——只还作为它的最后的喷出物——原子弹及其爆炸从自身喷射出来的东西,更不用说氢弹了,因为从最广大的可能性来看,氢弹的引爆可能就足以毁灭地球上的一切生命。如果令人惊恐的东西早已发生了,那么,这种无助的畏惧还在指望着什么呢"①这是海德格尔对真正的技术危险所作的一段较明显的暗示,显然,这是存在本身的危险,就像绍伊博尔德所归纳的那样:"海德格尔认为,人和存在的自身性的损坏、扭曲和丧失是技术时代的真正的危险,根本不是对人不利的技术后果。当人成功地克服了技术的不利后果后,最高的危险还是存在着,甚至正是在这种情况下存在着,因为正是在这种情况下才会处处呈现太平生活的假象,还因为对许多人来说,思考和克服技术的惟一的和最后的推动也就会丧失了。这样,就无障碍地对一切东西进行'功能化',人完全走在由技术展现所产生的通向存在的道路上,而不能觉察到他的本质的损坏和自然的被歪曲。"②危险开始的地方,存在被遗忘,无家可归变成了一种世界的命运。

基于此,海德格尔认为我们必须从本质上真正克服技术的危险,放弃对存在者的对象化和功能化,尊重它们(他们)存在的无蔽状态,面向存在本身且小心看护这种存在。在后期,海德格

① 海德格尔:《物》,孙周兴译,载于《海德格尔选集》(下),孙周兴选编,上海三联书店,1996,第1166页。

② 冈特·绍伊博尔德:《海德格尔分析新时代的技术》,宋祖良译,中国社会科学出版社,1998,第180页。

尔否定了技术自救的思路,否定了一切对克服技术危险的道德努力、知识努力和人类学努力,把重心转向由思、诗、言三者建构的诗意的栖居,希冀在其中为存在去蔽,澄明包括人在内的存在者整体的生存本质,使事物通过本源的在场自立于世界中,"安居"在"家园"的"大地"上。简单地说,诗意的栖居就是遵循早期浪漫派的理论信条,以自我内心的规定性和创造力来抵制现代科技消抹一切个性界限的危险,将现实人生诗意化。通过对浪漫主义诗哲的重要代表之一荷尔德林及其创作的阐释,海德格尔认为这是人类回返本真存在的唯一途径。

在浪漫主义者眼里,自然是个鲜活的有机体,任何经验主义或实证分析的理性思维方式都不能把握自然,但诗人的直觉和想象力却能做到这一点。直觉自然或想象自然也就是理解自然从而规定自然,一方面,人类生命的自发性和精神自由得到了张扬,人被看做一个具有创造性的表现体,人的一切活动都是表达自我个性的形式;另一方面,艺术首度被视为人类最崇高的活动与实现自我的方式,艺术使人的主体性在自我规定的自由(这里是指卢梭的善)范围内与世界和谐相处。

在荷尔德林的诗学体系中,追求人性与自然的统一并保持自我操持的明澈性是其最高的理想,这里的人性是以理性为基础的人性,而理性的最高实现就是至善至美;自然的终极目的不是文化,而是人,是人性的自由及人觉悟到自己是最高目的的人。以人为终极目的,荷尔德林对此是非常明确的,他同时主张消逝的诸神必须在人类的主体性中才能重新觉醒;但受到席勒的影响,荷尔德林又并不认为诸神的觉醒必须以黑格尔的绝对精神为依托,而是可以借助审美的力量,借着诗歌和音乐的力量,“从原始的混沌状态中呈现到韵律和秩序之光中”。自然不是精神的“流出”,“它永远是无穷无尽且深不可测的;对于那使它呈现的创造性活动,它是一种永不歇息的邀请”,泰勒由此认为荷尔德林开创了一个新观念,即“认为人的最自由的表现即在追随自然的招引,并在某种意义上使自然呈现在自由之光中”。[①] 可见,荷尔德林之所以能够成为海德格尔的“近邻”,就是因为荷尔德林思想中的核心经验不是对自然的理性强暴,而是“使自然呈现”,是诗与思的亲近。

返乡包括两个问题:其一,故乡在何处?其二,我们何以返乡?海德格尔认为,荷尔德林的诗向我们昭示出故乡最本己的东西就是命运和历史,就是人类存在的本源,因此“返乡就是返回到本源近旁”。[②] 在荷尔德林的吟咏中,作为本源的故乡也表现为“源出混沌”、“无所不在”、“强大圣美的自然”,它是最古老的时间,但绝非形而上学所说的“超时间”,也不是基督教里的“永恒”;它超越于一切作用和诸神之上,但也不存在于任何特殊的现实领域;它类似于谢林所说的自然与精神的同一,也类似于卢梭和席勒为我们呈现的融道德自由与审美自由于一体的自然状态,海德格尔把这样的自然视为本真存在。这样一来,回返本源也是人与自然的和谐相处,人在自然中的诗意栖居。

“充满劳绩,然而人诗意地栖居在这片大地上”,海德格尔认为“诗意的栖居”是人类唯一能够回返故乡的路。作诗是荷尔德

---

① 参见泰勒:《黑格尔与现代社会》,徐文瑞译,台北联经出版事业公司,1989,第262页注释。

② 海德格尔:《荷尔德林诗的阐释》,孙周兴译,商务印书馆,2000,第24页。

林所谓的“最清白无邪的事业”,因为“作诗显现于游戏的朴素形态之中。作诗自由地创造它的形象世界,并且沉湎于想象领域”,[①]作诗以追忆的方式创建着诗意的持存,而追忆则亲近并保存着本源。诗、思、言三者共同构建并小心地看护着本真的存在,学会看护,就是学会沉思,就是面向事情本身唤醒沉思的思想,就是“借语言创造、毁灭、沉沦,并且向永生之物返回,向主宰和母亲返回,人借语言见证其本质”。[②]“存在之思乃是作诗的原始方式……思是原诗……一切作诗在其根本处都是运思。思的诗性本质保存着存在之真理的运作”[③],而“语言本身就是根本意义上的诗”[④],“语言是存在之家”。[⑤]

海德格尔把解救贫困时代的重任传给了诗人。在他对荷尔德林的诗歌进行阐释的过程中,诗人被赋予至上的使命,即“带着忠诚的感情,返回故乡”。“诗人的天职是返乡,惟通过返乡,故乡才作为达乎本源的切近国度而得到准备。守护那达乎极乐的有所隐匿的切近之神秘,并且在守护之际把这个神秘展开出来,这乃是返乡的忧心”。[⑥] 在对荷尔德林的《返乡——致亲人》

---

① 海德格尔:《荷尔德林诗的阐释》,孙周兴译,商务印书馆,2000,第37页。

② 同上书,第38页。

③ 海德格尔:《林中路》,孙周兴译,上海译文出版社,1997,第336页。

④ 同上书,第58页。

⑤ 海德格尔:《在通向语言的途中》,孙周兴译,商务印书馆,1999,第134页。

⑥ 海德格尔:《荷尔德林诗的阐释》,孙周兴译,商务印书馆,2000,第31页。

一诗的解读中，海德格尔如此界定“家园”的含义：

> “家园”意指这样一个空间，它赋予人一个处所，人唯在其中才能有“在家”之感，因而才能在其命运的本己要素中存在。这一空间乃由完好无损的大地所赠予。大地为民众设置了他们的历史空间。大地朗照着“家园”。如此这般朗照着的大地，乃是第一个“家园”天使。①

显而易见，若从诗学层面上讲，海德格尔最终确认为故乡的绝不是一个可触可摸、可以随时到达并随时离开的具体地方，毋宁说，它是一种被远离、被抛弃的状态，或是一种根柢意识。它要求人类从日常世俗的现世生活中脱身出来，清洗并抛弃时代的常人特征，在将来的引导下回望曾在的历史，保持自身连贯的历史性和统一的本质特性。在精神或意识的方面，海德格尔所创建的返乡之途是最彻底的，假如说卢梭的“人性善”和席勒的“素朴的诗和感伤的诗”还具有一定的可操作性，黑格尔对古典型艺术的眷恋还有迹可循，那么海德格尔的“诗意的栖居”则完全是一种玄思，是一种自由而美好的想象，是一种纯净而澄澈的情怀，是一种只可意会不可言传的东西。可以这么说，海德格尔的“返乡”把怀旧的审美品质表现得淋漓尽致。我们难以用语言描述它，但也许在心灵深处，我们却可以与其“灵犀一点通”，而事实上，这一最难以切近的感觉却也是与我们的日常生活最息

---

① 海德格尔：《荷尔德林诗的阐释》，孙周兴译，商务印书馆，2000，第15页。

息相关的。

然而,假如我们从现实或从哲学的层面上来讲,海德格尔的返乡又必然是无往也无返的,它从根本上注定是一种漫游者的返乡,是已然承受了离家之苦后的回归,是无法再按着原路返回、但又必须承袭出发时的精神的归途,是如此抽象又如此极端的回溯。对于理性精神已透彻骨髓的人类而言,这一返乡不仅痛苦万分,而且毫无希望。因此,我们不得不关注海德格尔怀旧理论的最后一个问题,也即它的悖论性。

确实是这样,在"诗意的栖居"这个命题中确实存在着多个悖论,比如《存在与时间》的主旨既反对唯心论又反对实在论,但陈嘉映认为实际上"海德格尔自己仍陷在主观主义甚至于陷在其极端形式即唯我主义之中"[①]。海德格尔始终执著于解决的并不是具体的生存处境,虽然他的后期工作重点转向了对科学技术的批判,但他关注的仍然是先前的哲学主题,即重返本源,而在施特劳斯看来,海德格尔这一回溯到古希腊的努力恰恰证明他"是受了彻底的现代性精神的支配,即关于人类生存的历史主义情怀"。[②] 海德格尔意图通过诗性的创建和持存臻达存在的圆融化一状态,但梅耶斯又指出这种诗性的创建与持存不过是一种对人类存在命运的虚伪的弥合,而且海德格尔也不得不设立"存在"与"存在者"的二元对立格式来反对二元思维。与怀旧关系最密切的是,"诗意的栖居"建立在一个

---

① 陈嘉映:《海德格尔哲学概论》,三联书店,1995,第107页。

② 梅耶斯:《施特劳斯与海德格尔——古希腊与现代性的意义》,载于《施特劳斯与古典政治哲学》,刘小枫主编,上海三联书店,第493页。

完全现实的基础上，也即人类最寻常、最切近的非本真存在状态，但却由于必须绕开形而上学的惯性思维而被海德格尔提升到了一个“最不寻常”的高度上，对日常生活的诗意化由此也变得哲学意味十足。假如按照梅耶斯的理论来看，海德格尔无异于在做“无用功”。也正是在与此相似的某种意义上，一些哲学家认为海德格尔实际上是从哲学之思的艰辛转向了诗的遁途。

这些看法不是完全没有道理。然而，无用之用乃大用，海德格尔正是要在“思”的层面上为人类设想一种“诗”(意)地本真存在的可能性，在哲学层面上就是主客未分、物我同一的纯粹境界，是原初的存在而非沉沦的存在者，它与前苏格拉底时的古希腊思想有绝对的相似之处，但又不完全拘囿于那个曾被人类真实经历过的古典时代。对于已被西方现代形而上学浸润的西方人来说，甚至对于惯以二元思维的模式来衡量价值优劣的现代中国人而言，至少在理论建设上，这种寻求本真的努力实际上是非常必要而且及时的。换个角度想问题，也许正由于回返的终点是抽象的，是现实层面上不能确定的，海德格尔为人类所设定的归途才显得如此充满温情和诗意，但又如此肯定地是一个乌托邦。

从反现代性的角度来看，海德格尔的返乡之途无疑是彻底而决绝的，他比之前的任何人都更坚决地推进了对现代形而上学的批判。结合本文的怀旧主题来看，这意味着怀旧以某种形态或意义演变到海德格尔，已经到了一个终点。再往后发展，我们不得不追问：怀旧主体的立场是否会改变？也即社会现实和时代精神是否不仅不再作为怀旧主体的对立面出现，而是完全地融入到了后者的生命情绪中？另外，以过去为导向的怀旧客体是否还有继续“过去”的可能？怀旧本身的内涵及可能性是否会扩展？等等。这也预示着在另外的思想理路，怀旧理论将会有质的生成。

六、斯宾格勒：都市之根与现代人的两栖性

我们之所以认为海德格尔在某种意义上使怀旧思想的发展告一段落，是因为在线性时间的维度上，以自然的立场质疑和对抗历史的进步，通过回溯到过去和传统寻求发展的生机，自卢梭开始，到海德格尔已达到了极致。而在海德格尔之前，斯宾格勒已另辟蹊径，开始从空间维度思考和开掘怀旧理论。这一从时间向空间及深度的转折，基于现代人对现代生活的认可，也基于现代人质疑启蒙的策略调整。斯宾格勒处于这个转折的决断口上，他把现代生活的本质称为对大城市的“思乡病”，从而使历来以田园、乡村或自然为表征的怀旧客体转向了城市，也使怀旧开始真正地亲近每一个现代人。

从字面上看，“对大城市的思乡病”似乎是一个矛盾的病句，因为根据我们的惯常理解，“大城市”与“思乡”应该是一组对立的概念。其实不然。在斯宾格勒的语境下，恰恰是因为“大城市”及“思乡”被紧密地捆绑和融合在了一起，才造就了现代人既像游牧民族一样四处漂泊、又受缚于现代文明没有心灵自由的两栖性宿命。我们可以沿着斯宾格勒论述文化没落的思路来认识这个问题。

首先，斯宾格勒认为，我们必须承认和接受在西方现代时期

文化已然没落、文明成为必然归宿的事实。

在斯宾格勒的视界里，文化不是一个宽泛的、用以指称人类所有生产实践及其实践成果的词，它更符合霍尔意义上的界定，即特定民族或集团在特定时期共有的意义和价值方式。如其所言：

> 每一种文化都以原始的力量从它的土生土壤中勃兴起来，都在它的整个生活期中坚实地和那土生土壤联系着；每一种文化都把自己的影像印在它的材料、即它的人类身上；每一种文化各有自己的观念，自己的情欲，自己的生活、愿望和感情，自己的死亡。……每一种文化都有它的自我表现的新的可能，从发生到成熟，再到衰落，永不复返。……这种种文化是纯化了的生活精髓，它们和田野间的花儿一样无终极目的地生长着。它们和动植物一样属于歌德的活生生的自然，而不属于牛顿的死板板的自然。①

文化是可单独成立的，并且历史的发展和文化的兴衰交替都是宿命，全人类的历史是不存在的，只有各种文化的历史，而任何文化都要经历青春、生长、成熟和衰败的阶段，最终走向死亡，因而文化注定是要没落的，历史也终将只能是种种断代史。

---

① 斯宾格勒:《西方的没落:世界历史的透视》(上册)，齐世荣、田农等译，商务印书馆，1995，第 39 页。(注:以下未作特殊说明的斯宾格勒引文均出自这本书)

在斯宾格勒看来,文明就是“文化的不可避免的归宿”。①在这里,斯宾格勒第一次确定了文化和文明的时间间隔,在二者的周期性意义而非伦理学的意义上使用了这两个概念。文明属于文化的晚期阶段,或者说文明的形成就意味着文化的终结,“它们是一种结束,已成的跟随着方成的,死随着生,僵硬跟随着扩展,理智时期和石建的、石化中的世界城市跟随着大地和多立斯时期、哥特时期的精神上的童年。它们是一种终结,不可挽回,但因内在的需要,一再被达到。”②斯宾格勒指出,希腊时期及希腊的心灵是文化的代表,而罗马时期及罗马的才智则属于文明的象征。希腊化是精神性的、经验性的和极性的,希腊世界是一个完整的“独项”,是一个“作为历史的世界”,它排斥智性,讲求直觉、视觉、想象和批判的理解力;而罗马化是实体性的、实践性的和周期性的,罗马世界是一个结构性的“系列”,是一个“作为自然的世界”,思想本身取代直观感知占据了人类认识方式的统治地位,它注重因果鉴定,信任理论和规则,它“把生活变成一种死板的过程,把事实的活生生的内容变成抽象的真理,把张力变成公式”。③ 这两种文化形态发展到现代,就是古典心灵与现代理性。

斯宾格勒认为,罗马、文明、理性和现代都是必然的,是历史真正展开的标志,而希腊、文化、心灵和古典则不得不被作为历史过去,作为“纪念碑”、“传统”或“记忆”留存下来,为我们更好

---

① 斯宾格勒:《西方的没落:世界历史的透视》(上册),齐世荣、田农等译,商务印书馆,1995,第 54 页。

② 同上书,第 54 页。

③ 同上书,第 107 页。

地理解现在提供材料。可见，尽管斯宾格勒仍然沿用了自卢梭以来以审美和启蒙为两极的二元对立思维（希腊—罗马，文化—文明，心灵—理性，古典—现代），但在价值立场上他却更倾向于黑格尔，他所呈现的形象绝非一个甘愿逃避文化没落的现状的悲观主义者，而是一个决意告别甚至遗忘过去、要立足现实为文明的未来效劳的积极分子。

其次，在斯宾格勒看来，文化没落和文明崛起的标志就是"市镇"的消失和"大城市"的诞生，现代人的身份已经从生活在文化世界中的"文化人"转变成了生活在文明世界中的"文明人"。

斯宾格勒认为"世界的历史就是城市的历史"，①文化过渡到文明的重要标志之一就是作为文化居所"市镇"的消失和作为文明居所"大都市"的诞生（这又与滕尼斯对"社团"及"社会"、利奥塔对"居所"与"大都会"的区分不谋而合）。市镇是依附于大地和血缘的，它与居住者之间有一种内在的恒定的联系，它是原始古朴的村落，是贯穿亲情和维护心灵安全的地方，是人类可以依托的"家"，是"感情和生长的产物"，而不是"知识的产物"。在市镇的家屋中，门神、灶神都还存在，人对神灵保持着虔敬之心，人的命运也与家族、种族、自然等统一的集体利益维系在一起。而主宰都市社会的已不再是这种淳化的民风民俗，而是严格遵循等价交换的商业精神和金钱精神。都市里的人是寄生性的，他们没有传统、没有宗教、没有对血缘的敬畏，只注重眼前的事

① 斯宾格勒：《西方的没落：世界历史的透视》（上册），齐世荣、田农等译，商务印书馆，1995，第206页。

实,只以获取利益为首要的生存机智。斯宾格勒对金钱有段精彩的描述:

> 由于人是一种经济的动物,金钱变成了醒觉意识的活动的一种形式,在存在中不再具有任何根源。这就是它对每一种刚开始的文明所具有的巨大力量的基础,文明总是一种无条件的金钱独霸,虽则在不同的文化中所采取的形式不同。①

金钱是无处不在的,它总是以最强大的势头攻入一种文化中,在教会人们掌握私利的同时也膨胀人们无限拥有财富的欲望,继之再满足这种欲望并产生新的欲望,于此无穷无尽。所以说,金钱的势力范围是最广大的,但金钱又是最易动摇、最易导致人类崩溃的东西。作为现代社会的精髓,金钱使"每一个'启蒙时代'都是从一种理性的无限制的乐观主义——它始终与大城市市民的类型相联系——向着一种同样无限制的怀疑主义前进"②。

当然,构成任何时代、社会生活的最基本因素是人,而在文明社会中这种金钱精神的主宰下,斯宾格勒认为,生活的主体只能是文明人,他与文化人的精神面貌的对立象征了不同历史时期的不同时代主题。文化人的形象代表是农民,他们的生存状态比较原始,生存范围也相对固定,大多固着于土地、自然、血

---

① 斯宾格勒:《西方的没落:世界历史的透视》(上册),齐世荣、田农等译,商务印书馆,1995,第211页。

② 同上书,第508页。

缘、人类的自然感情等传统的东西。农民的世界是静止的、整体性的世界，人的流动较少，人与人之间的联系也很紧密，他们就像植物一样依存于大自然的和谐状态中，不断地更新并加强人与土地间的亲密关系。农民靠耕种土地生活，但这种种植不是掠夺自然，而是改变自然；不是获取什么，而是生产什么，因此，人把自己深深地扎根于他所照料的土壤，人的存在本身也成了植物性的生存。文明人则与此迥然不同。文明人的代表是市民，斯宾格勒又戏称其为“智性的游牧民”，他们摆脱了土地的束缚，从定居生存转向了游牧生存。一切传统的东西对他们都不能构成规约和威胁，智性的游牧民不仅在智性上是自由的，而且感觉上也随时可变，所谓“哪儿好，那儿就是家”，他们自觉地拔除了农民生活的根柢，向往着未来的、不可知的、有待开发的一切可能性。他们使自己成为无家可归、也坚决要与土地家园告别的人。

文明人和文化人是历时性的，但在共时性的空间扩展上也有类似的分化，比如古典时期的罗马人和希腊人，或者是现代时期的“公家人”和“后起的浪漫主义者”。这两类人象征了浮士德灵魂中的两种对立：一种是执着尘世享受的，一种是向上提升精神的。前一种人大致包括现代的经济学家、政治家、法学家等，他们对科学的进步持完全肯定态度，并且“厚今薄古”，以今天的标准衡量过去，认为现代“再好不过”。这类人的最大危险就在于“聪明的浅薄”，他们没有任何体验的深度，只有空洞而肤浅的现世感觉。“在他们手里，全部古典文化、全部古典心灵的反映，最后就只剩下一堆社会的、经济的、政治的和生理的事实了，余下的就被看成了'次要的结果'、'反射'、'附带现象'。"[①]后一种人主要包括艺术家、诗人、语言学家和哲学家,他们立足于现实却从过去寻找观点和途径,把古典当成了永恒的典范。[②]

前一种人的思维方式显然是有问题的,因为它太容易使人陷入到实用主义的泥沼里。但与本文主旨密切相关的是,斯宾格勒认为后一种思维方式也同样是虚幻和不切实际的。因为在他看来,金钱主导社会方向的时代显然没有艺术和哲学的领地:

> 艺术和哲学的时代已经过去了;它们已经枯竭了,耗尽了,变成赘疣了,他对生活实际的本能使他知道这一切。[③]

> 一个单纯讲究广泛的效果、排斥巨大的艺术成就和形而上学成就的世纪——我们可以坦率地说,这是一个和世界城市的观念正相吻合的非宗教的时代——乃是一个没落的时代。[④]

---

① 斯宾格勒:《西方的没落:世界历史的透视》(上册),齐世荣、田农等译,商务印书馆,1995,第48页。

② 从某个角度来说,这些人的行为和选择恰恰可以证明怀旧最容易发生在审美的领域里。但斯宾格勒对他们恋旧的态度并不欣赏,而主张应该培养一种扎根于现实的感情,说明了二者本质的不同。但应当注意的是,前者的怀旧是一种时间意义上的倾向,着重于对过去的依恋,而本文所论述的却是斯宾格勒在空间意义上的怀旧,亦即对家园(现代家园)的依恋。所以,正文不拟对前一种意义的怀旧作专门论述。

③ 斯宾格勒:《西方的没落:世界历史的透视》(上册),齐世荣、田农等译,商务印书馆,1995,第72页。

④ 同上书,第73页。

艺术的没落意味着艺术的创造力已然消亡，现代艺术成了一门堆砌材料、复制原本的制造业；哲学的没落则意味着实践精神的丧失，哲学真正成了象牙塔里的学问，成了书斋学者围绕概念和命题互不相让的辩论术，哲学家也成了专业分工下专司哲学理论的专家和工匠，学科与学者都没有了活泼的生命力。这是斯宾格勒意义上的艺术终结论，也是他站在历史的纵向发展过程中所能看到和指出的艺术与哲学的唯一出路，那就是随同文化的没落一起没落，继之变成另外种类的与古典艺术与古典哲学截然不同的东西。既然如此，那么“后起的浪漫主义者”完全把希望寄托在遥远的过去，试图以过去的典范力量来弥补现实的不足，实际上也是一种无济于事且不合时宜的徒劳。由此，斯宾格勒对无论是唯物的、还是观念的历史研究思路都不抱信任。

这样一来，我们就很容易理解斯宾格勒为他本人及其同时代人所想到的最佳解决办法了，也即立足现实，在当下的生存困境中寻求生路。他对文化没落的拯救是遵循时间的线性发展的，因为时间是向前的、单向度的、唯一的，因此斯宾格勒认为我们所能做的也只能是站在“文明的初冬”，远离已消逝的文化景观，远离对过去的无望回首和企盼，实实在在地为文明的未来做些打算。这一点从他对本书读者的冀望中就可以看出来，“我只希望新的一代能被这本书所打动，从而委身于技术而不委身于抒情诗，委身于海洋而不委身于画笔，委身于政治而不委身于认识论。他们所能做到的，仅此而已”。[①] 毫无疑问，斯宾格勒的

① 斯宾格勒:《西方的没落:世界历史的透视》(上册)，齐世荣、田农等译，商务印书馆，1995，第67页。

浓厚的现实感已使他成了一个彻头彻尾的现代人。

理论上讲,立足现实这条道路完全切合现代人的生存实况,因此它应该使包括斯宾格勒在内的所有现代人感到“心安理得”。但为什么斯宾格勒又会在同样的问题上流露出“无可奈何”的感伤情绪来,以至于还会对身居其中的大城市产生“思念”之情呢?这里揭示的究竟是什么问题?

从现代性给人类社会造成的双重后果来分析,斯宾格勒准确地予以揭示但又不能解决更无力跨越的就是现代人在城市生活中的身心分裂的根本问题。这一点早期浪漫派早有揭示。而斯宾格勒的特别之处就在于,面对同样的精神危机,斯宾格勒让人们选择了“向前看”,在接受这一分裂现状的前提下以对文明及象征文明的大城市的热爱和渗透来弥合这种分裂。不再像卢梭那样对现代文明抱持着一种激烈的痛恨之情,也没有像席勒一样的退避心态,而是学习着去承认、去接受,甚至去喜欢上它。假如说浪漫派诗人是为了寻找本真自我而回到过去,以现实的立场在“重新发现”过去的同时又把过去理想化,从而为了过去的缘故而热爱过去的话,那么斯宾格勒所设想的文明人却是以将来的立场认同现实,为了现实的缘故而热爱现实,在这一点上二者有本质的不同。但可以肯定的是,斯宾格勒所描述的这些文明人的形象才是真正意义上的现代人。

从某种意义上说,现代人是自由的,可以在任何地方自由地“游牧”,但现代人却并不幸福。自工业革命以来,随着社会迁移和资本积累的渐趋发达,至 19 世纪末 20 世纪初产生的一代乃至几代人大多都是作为移民的形象居留在城市中的,他们在现实生活中所不得不承受的由现代文明造成的身心分裂最基本的表现为来自对城乡差距的意识分裂。一方面，人们渴望在喧嚣的大城市中找到一个能够安身立命的地方，希望以此为基点越来越多地了解和把握城市，甚至完全投入到其中彻底转变成一个城市人；另一方面，他们的根又在乡村，与自然的血脉相连或许会随着在城市居住的时间越来越长而渐渐淡漠，但并不可能彻头彻尾地消失殆尽，至多也是随着岁月的流逝慢慢沉积下来，作为一种“无意识”影响着他们的日常生活。这就使介于城市和乡村之间的“边缘”状态或两栖性成为这些人的宿命，他们既不可能回到乡村，也无法完全融入城市。

技术暴力所带来的金钱和机器不仅没有给现代人带来幸福，反倒使他们失落在既坚硬又冷冰冰的金属世界里，找不到心灵的返乡之途。“乡愁病”已经扩展成了弥漫和浸透于整个现代人类心灵之中的不治之症，无法“回归山脉”的灵魂只能作为“大地上的异乡者”无声无息、无休止地漫游。

我们知道，对一个城市的真正把握不是单靠住在城市中就能做到的，更重要的是在文化精神上与一个城市的兴衰紧密地融合在一起，与它共呼吸共成长。而这些恰恰是那些“身心分裂”的文明人正在努力去做但远未实现的。不仅如此，在日渐一日与城市亲近的努力中，现代人的存在之根也已在大城市的钢筋水泥中渐渐枯萎了，为变成彻头彻尾的城市人而奋斗的理想使其越来越无法再居住在除城市之外的任何其他地方。他们曾经从乡村走出来，由于各种理由不能回去，而最终再也不愿意回到乡村，这种从“不能”到“不愿”的态度转变使其自为地排斥了乡村以及由乡村所能带来的一切感觉，在思想意识的层面上彻底逃离了过去的根。“他们把城市带到山岭或海洋。他们的内心失去了乡村,而且将永不能在外表重新得到它”。[1] 但在感觉上,这些“边缘人”却更相信自己应该成为城市的一分子。

对他们来说,未来的家不是祖籍所在地,而是大城市中的任何一个属于自己的地方,就是那种把自己全然投放在喧闹的城市中而能获得的迷离感和机械般的温情,是于此中想象出来的对生活的优越性,是对自我把握世界的能力的充分证明和自信,是在人群中享受孤独和自由的私人化空间,是自我在社会上打拼所开辟出来的一块“处女地”。所谓“思乡”,实质上就是对这种感觉的迷恋、渴望和追寻。正是在此意义上,斯宾格勒犀利地洞察到现代生活的本质,将之称为对大城市的“思乡病”。

乔纳森·马修·施瓦茨曾提出过要细致区分“思家的追求和怀乡的渴望”,“后者是,至少很明显地,以过去为导向的,而思家病中的家却像‘将来完成时’中的一条规则,‘它是一种使人熟悉和认可周围环境并归属其中的动力’。思家是一种对归属的向往——对存在的向往,仅此一次,对家园的向往,不仅仅是身处其中。……‘家’在思家病中的价值恰好在于它永远倾向于停留在将来时。[2]”施瓦茨所说的这种“思家的追求”就是斯宾格勒意义上的“思乡病”,它强调的是对现实的渗透和对将来的归属,而绝不甘于从现在遁入往日生活之中。

在西方现代文学艺术史上能够较恰切地体现这一文化情绪的莫过如法国诗人波德莱尔。巴雷特拿他和英国浪漫主义诗人

---

① 斯宾格勒:《西方的没落:世界历史的透视》(上册),齐世荣、田农等译,商务印书馆,1995,第 217 页。

② 齐格蒙·鲍曼:《生活在碎片之中——论后现代道德》,郁建兴、周俊等译,学林出版社,2002,第 106 页。

华兹华斯相比，认为二者的基本差异在于波德莱尔

> 是第一个城市诗人，因为在他之前的其他诗人都是乡村诗人。因此，他唱出了一种新颖的，也是更极端的关于人类异化的曲子。在这点上，华兹华斯是个生活在乡村的人，因此他观察也好，谴责城市也好，总是站在外面描写城市。波德莱尔则是生活在城市的人，那里聚集着蚂蚁般的芸芸众生；杂处在其中，他完全是个异乡人。①

波德莱尔曾说过："任何一位抒情诗人，最终注定要踏上返回失去的乐园的道路。"②这大概不仅因为表达"失去的乐园"是历朝历代诗人的兴趣和使命所在，还因为波德莱尔对现代资本主义文明的罪恶和丑陋现实的洞悉和批判更使他无法不肩负起追寻理想家园的重任。一方面，波德莱尔看到了"现代生活的美和英雄气概"，但同时又洞察到了隐藏在这种"美和英雄气概"背后的畸形和病态，他对现代都市生活"既爱又恨"，被伯曼称为"牧歌式的和反牧歌式的现代主义"③。

波德莱尔区别于他的浪漫主义前辈及象征主义后继者的最大之处就在于，他是一个把自己的存在之根深深扎在现实生活

---

① 威廉·巴雷特：《非理性的人——存在主义哲学研究》，杨照明、艾平译，商务印书馆，1999，第128—129页。

② 转引自郭宏安：《论〈恶之花〉（代译序）》，载于夏尔·波德莱尔：《恶之花》，郭宏安译，漓江出版社，1995，第135页。

③ Marshall Berman, *All That Is Solid Melts into Air: The Experience of Modernity*. New York: Penguin Books, 1988, p. 131.

中的人,他的诗集《恶之花》是第一次向现代资本主义大城市敞开大门的尝试,而其他天才般的杰作也都取材于现实生活,如“巴黎的日常生活——夜生活——街道、咖啡屋、地下室和阁楼”,“甚至他的超验的梦幻也都奠基于具体的时空”。① 波德莱尔深深地、不由自主地热爱他所生活的巴黎,在他的《给资产者》一文中,他怀着单纯的热情赞颂由资产者带来的社会的进步、知识、财富和智慧,“你们在数量上和智力上都是多数,因此,你们就是力量,这是理所当然的。”②但波德莱尔同时更是一个极度敏感和犀利的现代性批判者,他认识到尽管“现代生活有一种独特的和真实的美,但这种美与其与生俱来的悲惨和焦虑、与现代人所不得不支付的账单密不可分”,③所以,尽管《给资产者》一文宣示了物质现代化和精神现代化的自然姻亲,但波德莱尔的狂热及矛盾却经《现代生活的画家》得到了更准确的揭示。保罗·瓦莱里概括到:“波德莱尔的原创性在于,他强有力地也是最早地刻画了一种作为被过度的文明化所精巧地设计出来的现代人,现代人富有敏锐和充满活力的感觉,有痛苦地敏感的精神,他的大脑塞满了烟草,他的血液燃烧着酒精……波德莱尔把这种敏感的个体描绘成一种典范,一种现代生活的英雄。”④

---

① Marshall Berman, *All That Is Solid Melts into Air: The Experience of Modernity*. New York: Penguin Books, 1988, p. 141.

② 波德莱尔:《给资产者》,载于《1846年的沙龙:波德莱尔美学论文选》,郭宏安译,广西师范大学出版社,2002,第187页。

③ Marshall Berman, *All That Is Solid Melts into Air: The Experience of Modernity*. New York: Penguin Books, 1988, p. 141.

④ See Marshall Berman, *All That Is Solid Melts into Air: The Experience of Modernity*. New York: Penguin Books, 1988, p. 132.

这种“现代生活的英雄”往往就是斯宾格勒意义上的“思乡者”，他们对现实首先怀抱着深深的热情，然后才是对现实的憎恶和批判，而憎恶和批判也是其“爱恨交加”的复杂感情的体现。过去虽然美好、令人缅怀，但过去毕竟不复存在了，而未来又是个陌生的、虚幻的概念，因此远离现实生活是靠不住的，像波德莱尔一样，他们只能把自己全身心地投放到残酷的现实社会中，“带着人同风雨搏斗时的突然的狂怒”向大众开火，切身地体验现代文明的矛盾现实。

本雅明这样理解波德莱尔，“一个城市变得越离奇古怪，对人的本性的认识就要越加深刻，才能在其中生存下去”。[①]“波德莱尔喜欢孤独，但他喜欢的是稠人广众中的孤独”，[②]波德莱尔本人的言论也支持了本雅明对他的这一判断所言，正如其所言，现代生活的艺术家只有在广泛的生活和喧闹的人群中才能找到稍纵即逝的美，

> 如天空之于鸟，水之于鱼，人群是他的领域。他的激情和他的事业，就是和群众结为一体。对一个十足的漫游者、热情的观察者来说，生活在芸芸众生之中，生活在反复无常、变动不居、短暂和永恒之中，是一种巨大的快乐。离家外出，却总感到是在自己家里；看看世界，身居世界的中心，却又为世界所不知，这是这些独立、热情、不偏不倚的人的

---

① 本雅明：《发达资本主义时代的抒情诗人》，张旭东、魏文生译，三联书店，1992，第58页。

② 同上书，第68页。

几桩小小的快乐,语言只能笨拙地确定其特点。观察者是一位处处得享微行之便的君王。①

显然,现代生活中的波德莱尔们的"思乡病"已与早期浪漫主义诗人的怀旧完全不同了,前者的浪漫抒怀再不能继续像后者那样充满单纯和明媚的感情,无论是对被工业文明污染了的大自然,还是对传统社会安静祥和的社会秩序,或者是对已被商业精神和世俗生活日渐削减的青春激情,都是为着投入现实生活并"在其中生存下去",而绝非背弃和割舍后者,它是现代人能够想象出来的最实际的浪漫主义,是在现代性的压抑下最佳的个人拯救手段。波希米亚人代表了波德莱尔的情感倾向,他们的目光朝向天上,但心思却始终维系在大地之上,尽管将要在他们面前展开的是黑暗的王国,但他们依然坚决地走下去。这个举动明白无疑地隐喻了诗人本身对道路的抉择。这是现代怀旧史上至关重要的时刻,在对待文明和人类的对立冲突的问题上,它无疑具有承上启下的重大意义。

如此说来,斯宾格勒有所觉察但却无以把握的那种现代人对大城市的依恋感是一种特殊的怀旧,不过这里所谓的"怀旧"主要取其在共时层面上的意义,也即"思乡",而这里"乡"的概念又指称现代社会中的大城市及其所代表的文化精神,我们可以用拼搏进取的工作精神、竞争的氛围、遍布城市生活中的各种机会、种种趣味和情调等词汇来概括这种精神,它所代表的是一种

---

① 波德莱尔:《1846年的沙龙:波德莱尔美学论文选》,郭宏安译,广西师范大学出版社,2002,第421—422页。

被斯宾格勒称为“浮士德式的文化”。另外，与这一文化形态相对应，斯宾格勒意义上的怀旧主体也日渐突显出他们作为现代怀旧主体的一个重要特征——精英化或贵族化。本雅明曾把波德莱尔们称作“现代主义的真正主题”，如其所言：“英雄是现代主义的真正主题。换句话说，它具有一种在现代主义中生存的素质。巴尔扎克也这样认为。出自他们的信条，巴尔扎克和波德莱尔都站在浪漫主义的对立面。他们高扬热情和决心，浪漫主义则美化放弃和妥协。”①事实上，这一描述也非常符合斯宾格勒意义上的怀旧主体，也就是说，不是任何人都能体会到这种感情，整日为生计奔波的人体会不到，不具有一定知识储备的人体会不到，完全没有生存烦恼和生命焦虑的人也体会不到，恰恰是他们的反面——主要是中产阶级——能常常感受到“家园”、“身份”、“归属”等问题带来的焦虑感。

对大城市的“思乡病”主要源于现代人在心理空间和情感认同上的距离，以及生存文化与精神文化的交相融合的未完成性，它已经触及到现代人如何在现实处境中为自己的身份进行定位、或者如何与这一身份认同的问题。作为怀旧在现代性视域下的一个大问题，它充分突显了怀旧本身的丰富性和复杂性，而斯宾格勒的怀旧理论只是展开了一种可能性，因此不仅仅是斯宾格勒提到的城乡身份、而且将有更多的身份困境被带出怀旧的问题语境，比如性别身份、职业身份、阶层身份、民族身份、宗教身份等等。

---

① 本雅明：《发达资本主义时代的抒情诗人》，张旭东、魏文生译，三联书店，1992，第92页。

七、本雅明:碎片化生存中的自我认同

在漫长而艰难的社会转型的进程中,知识分子可能遭遇到的最大的精神危机就是身份或身份认同的危机。这一危机不仅包括知识分子如何在流变的社会历史发展中保持自身的连续性、完整性及一致性的问题,还包括他们如何传承、延续传统及接受、面对现实,乃至能否并如何在现代社会中重新审视自己的身份,对之进行再界定和重塑等问题。斯宾格勒的怀旧理论从空间维度涉及到了这一主题,也开掘了怀旧本身的另一种可能性,以此区别于卢梭、席勒、黑格尔和海德格尔的时间维度。但就怀旧得以形成的哲学前提和怀旧的哲学本质而言,怀旧根本上还是一种时间意识,斯宾格勒所开掘的可能性实际上也仍然建基于线性时间的连续发展。简单地说,正因为时间是呈线性逐渐发展的,所以文化才会演变为文明,文明人才从田园乡村来到都市,才会有从敌对到认可、进而希望扎根于都市之中的情感转变过程。然而,本雅明却与此完全不同。

"本雅明的一生都在执著地阐释一种传统,对传统的阐释可以说贯穿在他的全部著述中,从最早的《青年形而上学》时期直到最后的《历史哲学论纲》,从《讲故事的人》、《论模仿能力》、《论卡夫卡》、《机械复制时代的艺术作品》、《单向街》等文章中的正面论述,到《德国悲剧的起源》中从反面、从'历史的死亡面容'角度所做的阐释,从充满神学色彩的语言论到标志着辩证唯物主义转向的'拱廊计划',无一不是把世俗的历史还原为寓言、索引,以此来阐释传统何以还能够穿越现代性的废墟而复归,并把

这种复归叫做救赎。”①对传统的复归以及由传统而来的救赎是本雅明与前面几位思想家的共同之处，是对后者的学理性继承，但他所依据的时间意识和历史观念却迥异于后者，因此在“如何复归”并“如何救赎”的问题上与后者拉开了距离，形成了自己独特而全新的“返乡”之途。

本雅明对历史的理解与康德、黑格尔和马克思的历史哲学有着本质的不同。正如罗尔夫·蒂德曼所概括的：

> 对于康德来说，这个历史的进程是一项大自然的计划，它永远向着各个类种和平统一的方向运行。对于黑格尔来说，则是理性的自治，在这种理性的统治下，自由被认为已经实现了。而对于马克思主义来说，是“真正的人类”，他们“创造自己的历史”，以便在可以预见的将来，“按照一个集体计划的集体意志”，并且“完全自觉地”把历史完善为一个“自由王国”。但是对于本雅明来说，他在写作论纲时，由传统的历史概念所缔造的东西全部化作烟云，他再也不能相信一个历史事件必然产生于另一个历史事件，且所有的事件共同构成进步的运动。②

在本雅明看来，历史的连续性是不存在的，历史只是一个结构的

---

① 郭军：“序言：本雅明的关怀”，载于《论瓦尔特·本雅明：现代性、寓言和语言的种子》，郭军、曹雷雨编，吉林人民出版社，2003，第4页。

② 罗尔夫·蒂德曼：《历史唯物主义还是政治弥赛亚主义？——阐释〈关于历史概念〉的论点》，载于《论瓦尔特·本雅明：现代性、寓言和语言的种子》，郭军、曹雷雨编，吉林人民出版社，2003，第347页。

主体、一个被不断建构的主体,因此历史所由以奠基的时间概念也不是线性、空虚而均衡的,它不是过去、现在和未来的统一体,而是当下的"瞬时",被现时的存在所充满。历史是断裂的,因此不仅传统并不连贯,而且历史的演进也并非连续的、进化的和有目的性的。由此,我们对历史的叩问必须逆向进行。在本雅明对他最钟爱的一幅画——瑞士画家克利的《新天使》,他的好友格哈德·朔勒姆认为这幅画被本雅明用作他"思考的焦点"——的评述中,本雅明这样写道:

> 在克利的《新天使》这幅画中,画着一个观看着的天使,好像他打算从他凝神注视的什么东西上离开。他的眼睛瞪着,他的嘴巴张着,他的翅膀伸着。这就是人们所画的历史的天使。他的脸对着过去。在一连串事件呈现在我们面前的地方,他看到的只是一场灾难,残骸碎片摞着残骸碎片,抛在他的面前。天使想停下来,唤醒死去的人,把已经撞得粉碎的世界粘到一起。但是一阵狂风正从天堂吹来;这场风如此猛烈地吹开他的翅膀,以致天使再不能合拢他的翅膀。这阵狂风不可抗拒地把他刮向他背对着的未来,而他前面的废墟向上越堆越高。我们称为进步的就是这场风暴。①

天使的意象是多义的,他既指夹杂在过去和未来之间的现

① 本雅明:《本雅明:作品与画像·论历史哲学》,孙冰编,文汇出版社,1999,第141—142页。

代人，也象征了一种历史意识。他的脸对着过去，说明他来自过去，并将从过去汲取挺进未来的动力。天使希望能有所停留，甚至希望唤醒沉睡的记忆，弥合历史发展的裂隙，但过去的历史又是碎片组成的，不仅不能被拯救，而且必须被割舍被离弃。未来就建立在过去的废墟上，进步的风暴象征了革命的激情和破坏力。本雅明在天使的惊讶中看到了现代性无坚不摧的气势，也清楚地意识到历史不仅仅是文明的积累，同时也是野蛮的渐趋增进。基于这种认识，本雅明认为，我们对历史的把握只能是“意象”式的或记忆式的，也即只能通过抓住一闪而过的过去的意象（以及这些意象在我们的脑海里留下的记忆），在这瞬间认出过去的历史并经验到过去的完整性。如其所言：“用史学的方法述说过去并不意味着去辨识它‘本来的模样’；而是当记忆中的某种东西在危急时刻闪现的时候去抓住它。历史唯物主义希望，在危急时刻被历史单另挑选出来的过去的形象突然出现在人面前的时候把它留存下来。”①

瞬时就是时间的片段或碎片，它不是时间的过渡，而是时间的停顿和静止，就是吉尔兰·罗斯在《破碎的中间》一书中讲到的“中间”，它表示“在‘开端’和‘结束’之间延伸的空间和穿梭的时间。‘开端’是一种潜在的可能性；‘结束’是一种存在的策略。……正是在中间，潜在的可能性被整理和凝结成策略”。②在本雅明这里，这一具有无限可能性和存在真理性的“瞬时”或

---

① 《本雅明文选》，陈永国、马海良编，中国社会科学出版社，1999，第406页。

② 齐格蒙·鲍曼：《生活在碎片之中——论后现代道德》，郁建兴、周俊等译，学林出版社，2002，第75页。

"中间"就是"现在",是一个充满张力的构型,也是一个蕴含了过去经验的、独立而丰满的历史的"单子",它不是过去的形象的代表,但它从丰厚而漫长的历史中突显和"爆破"出来,"作为典型的弥赛亚式时间,现在包含着整个人类的历史,是整个人类历史的一个巨大的缩略物。它与人类历史在宇宙中的地位正相仿佛。"①

罗斯认为中间是不能被修补的,鲍曼也认为"任何修补这一裂缝的处方都是不值得信赖的;它们越是彻底,就越值得怀疑。每一种修补的努力只会恶化试图改变的状况。我们注定要生活在破碎的中间。我们无法在其它地方生活;不存在其它的地方,也不可能存在"。② 但本雅明却不这么看。他把这种当下的瞬间称作"弥塞亚式的时间",把历史事件的休止看作"拯救的符号"或"是为被压抑的过去而战斗的革命时机",他认为恰恰只有这种时间才对断裂的历史具有救赎意义。就像哈贝马斯所评价的那样:"对拯救式地介入过去时代的解释就发生了偏转。由于被拯救的现象来源于产生和消灭,回顾性的目光在方式上就应当把这现象纳入观念世界的禁苑:原始事件在踏入这个永恒的领域时,像脱去一件自然历史的外衣一样,脱去了事实上形成的前前后后的历史。这种自然历史和永恒性的状态在后来就屈服于历史的和现时的状态了。"③

---

① 《本雅明文选》,陈永国、马海良编,中国社会科学出版社,1999,第414页。

② 同上书,第79页。

③ 哈贝马斯:《启发性的批判还是拯救性的批判》,载于《人类困境中的审美精神——哲人、诗人论美文选》,刘小枫主编,东方出版中心,1996,第704页。

本雅明的碎片既是时间的碎片、历史的碎片，也是自我的碎片，碎片之中凝固了“被托付给救赎”的过去和“被期待过的”、但尚未到来的将来，主要意指一种时间上的包孕性。它与西美尔意义上的碎片是有差异的。尽管二者都认为碎片化生存是人类生存的真实状态，但西美尔是在不确定及不完整的意义上使用“碎片”一词的。

在西美尔看来，生命中的每一个瞬间同时又都是生命的总体性，碎片主要指社会现实的碎片、文化的碎片或生活的碎片，更突出了特殊性对普遍性的涵盖意义。因此，在西美尔那里，我们至少可以经由对每个碎片的把握和理解来把握现实生活整体，就像戴维·弗里斯比所指出的那样：“偶然性碎片不再只是碎片：‘惟一的’包含着‘典型的’，飞逝的碎片就是‘本质’。在本体论意义上，不存在一个让研究者排列此重彼轻的碎片等级。每一个碎片、每一个社会快照，自身都包含着昭示‘整个世界的总体意义’的可能性。……碎片和表明事物不仅能够成为社会学思考的出发点，而且其重要性就在于它与本质之间的‘关联’，……因此，齐美尔拿不定主意，是断言碎片就是总体，还是断言碎片凭借其与本质之间的联系，提供了通向总体的入口。”①

比如现代艺术，它不仅折射出真实，而且它本身就是真实。所谓“艺术本质上的意义在于它能够从一个现实的偶在碎片（它依赖于同现实的千丝万缕的联系）出发构筑出一个独立自主的统一体，一个无需其他的自足的微观世界。个体存在与超个体

---

① 戴维·弗里斯比：《现代性的碎片：齐美尔、克拉考尔和本雅明作品中的现代性理论》，卢晖临等译，商务印书馆，2003，第77页。

存在之间典型的抵牾,可以被阐释为这两种因素要达到美学上令人满意的表现形象而无法妥协的抗争”。[①] 与之相反的是,在本雅明这里,在碎片的废墟上修复碎片,并不意味着一定能够以此树立起对生活的整体感。本雅明这样说道:“为了在均一的历史过程中炸开一个特别的时代,在时代中炸开一个特别的生活,在毕生事业中炸开一个特别的作品,他审视着这一机会。这种方法的结果就是,毕生事业在这个作品中得以保留,同时又被勾销了;在一生的事业中,时代得以保留,又被勾销;而在时代中,整个历史过程得以保留,同时又被勾销。”[②]也就是说,对碎片的修复过程同时也意味着对碎片的消灭,我们只能一遍遍地挖掘凝固在碎片中的历史,通过记忆与现实达成和解,并从而不断地调整自我与世界、现实与传统、瞬间与历史之间的相互看法。

向传统的复归必须借助于记忆或回忆,由传统而来的救赎也只能经由记忆或回忆来完成,记忆或回忆在本雅明这里成了一种途径、一个工具、一座桥梁、一种武器。正如本雅明所说的:“历史不仅是一种科学,也同样是一种记忆形式。用科学所‘建立’起来的东西可以在记忆中加以修订。记忆可以使未完成的(幸福)完成,使已经结束的(不幸)尚未了结。这就是神学;但是记忆赋予我们一种体验,这种体验禁止我们完全排除神学来考察历史,正如我们也不应该直接以神学的概念形式来记录历史

---

① 西美尔:《货币哲学》,陈戎女等译,华夏出版社,2003,第404页。
② 本雅明:《本雅明:作品与画像·论历史哲学》,孙冰编,文汇出版社,1999,第149—150页。

一样。"[1]本雅明的立场是怀旧的立场，从历史的层面来说，是借助"向后看"而"向前挺进"；从哲学的层面来说，是政治弥赛亚主义与历史唯物主义的结合；从社会现实的层面来说，是在碎片化生存中对记忆与现实的调解，对自我与世界、现实与传统、瞬时与历史之间复杂关系的认同。这种怀旧不是要在现实层面上返回过去，也不是在精神世界里完全依赖或寄望于传统的安抚，而是通过记忆使时间的碎片与现实碰撞，从而在一个个被记忆和现实双重塑造的碎片中找到自身存在的真实感。

这一时间哲学和历史意识主导了本雅明所有的生存体验，也使他的怀旧理论最具个体化和体验色彩。根据他 40 岁时写下的回忆青少年时代生活的《柏林记事》来看(写法上是断想式的，恍惚的意象，残篇断简式的怀想)，他从在柏林的童年开始就试图"在地图上推进自己的生命疆域"。[2] 他认为柏林是其开启记忆之扇的城市，后来生活在巴黎或漫游到莫斯科，都是把自己"抛给"了最初城市生活的记忆湍流，而真实的历史就存在于这种被抛的和被"折叠"的记忆中。记忆是无序的，它随时可能插入到现实生活中来，呈现为一种当下的意象，并重新调整过去与现实的微妙关系。"记忆不是探索历史的工具，而是历史的舞台。记忆是以往经验的媒介，正如土地是埋葬消亡城市的媒介。

---

① 转引自罗尔夫·蒂德曼：《历史唯物主义还是政治弥赛亚主义？——阐释〈关于历史概念〉的论点》，载于《论瓦尔特·本雅明：现代性、寓言和语言的种子》，郭军、曹雷雨编，吉林人民出版社，2003，第 354 页。

② 本雅明：《莫斯科日记 柏林记事》，潘小松译，东方出版社，2001，第 201 页。

试图走近自己被埋葬了的过去的人必须扮演挖掘人的角色……必须不惮于一遍又一遍地回到同一件事情上。将它揉碎就像揉碎土块;将它掀起,就像掀起土壤。因为,那事情本身只是一种储存,一个层次,只服从于最细微的检视,检视土壤中埋藏的真正的宝贝:意象,从较早的联想截取的意象,像收藏家画廊里的珍贵残片或断肢——这些东西就在我们日后理解的平淡空间里。"①

本雅明怀旧思想的个体化与体验性还可以从他对藏书的独特认识中表现出来。他认为藏书的魅力就在于它可以复活一个旧时代,可以"以一本书经历的所有凝缩为落入我手的命运。"②藏书就像历史的碎片,它的基本特点就是琐屑和无用,这不仅暗合了本雅明对历史命运的看法,而且也为他指明了拯救自我的有效途径。

本雅明非常清楚,收藏者收藏的实际上不是具体的事物,而是隐藏在这些事物背后的一个个有着丰富经历和生命的灵魂,灵魂是偶然与收藏者相遇的,二者的生命历程也是偶然发生的,最本原的东西大概只有"任何东西都不是亘古不变的"。在现代性的浸染下,被收藏的东西往往只具有交换价值,只能在交易市场上被掂量来掂量去,而其本身的自明性却荡然无存。东西是漂流的,就像人生活在梦中一样,在它们未被收入到一个固定的场所之前,它们并不是真实的历史存在物。收藏者的使命就在

① 本雅明:《莫斯科日记 柏林记事》,潘小松译,东方出版社,2001,第221页。

② 三岛宪一:《本雅明:破坏·收集·记忆》,贾倞译,河北教育出版社,2001,第247—248页。

于把这些东西从市场上抢回来，还其一种能展示本己价值的可能性。收藏者“梦想自己不仅进入一个遥远或以往的世界，而且同时还进入一个更美好的世界。诚然，在那个世界里，人们还不能得到比他们在日常世界更多的所需东西，但是物品从实用性的单调范围的苦役中解放出来。”①它使被收藏的东西能以一种无用而自在的方式存在，不仅被收藏者观看或欣赏，而且还承担起了延续过去、连接被现代文明截断的时间和历史之流的功用。所以更确切地说，收藏是对传统遗迹的收藏，是在保持对过去的忠诚之心的基础上与断流的历史和世界达成理解，以理解的方式延留过去与现在的内在联系，从而救助破碎的自我，应付破碎的过去。

但从另一个角度来讲，收藏又是极具破坏性的，因为收藏者梦想通过收藏来重新筛选、剔除和配置事物，无疑会将被收藏物拉出其原本的整合统一的状态，削弱其有机性，而现存事物的秩序也将被打乱。收藏的唯一依据是藏品的本真性和独一无二性，而传统则是体系化的、正统的、积极的，因而也是权威和常态的，这与收藏者的兴趣恰好相反，后者是不系统的、情绪化的，甚至是混沌的，所以本雅明才会说：“收藏者的真正的、被极大地误解了的热情总是无政府主义的、破坏性的。因为这就是它的辩证法：与他对被自己精心保护的对象、物件和物品的忠诚同时并存的，是一种对模式性和可分类性的不懈地颠覆性反抗。”②

---

① 转引自汉娜·阿伦特：《〈启迪〉导言》，载于刘北成：《本雅明思想肖像》，上海人民出版社，1998，第263页。

② 同上书，第266页。

在本雅明的身上,对传统的收藏与对传统的破坏不可思议地结合在一起,他的立场毋宁说是弥塞亚主义与历史唯物主义的结合。一方面,这显露了本雅明对待传统的双重方式以及矛盾的文化观,他看重的是被压制的过去以及以片断、非连续性和意象的方式存在于传统记忆中的真实,认为瞬时保证了历史的完整和传承,也把握到了这一真实的状态。传统需要在瞬时中被不断地唤醒和创造,所以即使藏品本身是旧的,但藏品所蕴涵的思想却可以日久弥新。最关键的是,只有当在藏品蜕去包裹自身的过去的外衣,而仅以时间性的持存与当下现实碰撞时,它才可能真正复原过去的历史精神。换句话说,弥塞亚主义和历史唯物主义不能特立独行,二者只有结合起来才能尽可能完满地实现断裂历史的黏合,把人类重新带回到被技术撞碎的生活世界和历史潮流中来。另一方面,收藏传统与破坏传统的结合恰恰也是怀旧所具有的独特性,因为怀旧总是要在“忆起”什么的同时“忘掉”另外的什么,所谓“遗忘过程是选择过程的反面,它随着时间推移而持续”,并且“初始的遗忘是最极端、最猛烈的,而且它影响着任何种类的当代见证”。① 这说明怀旧的“遮蔽”功能与“揭示”功能是同时发挥作用的。

这种辨证的态度同时也体现在本雅明对现代审美经验及现代艺术变迁的思考中。在本雅明看来,传统艺术的本真性和膜拜价值共同构成了艺术品的“灵韵”,这是一种“在一定距离之外

---

① 保尔·汤普逊:《过去的声音——口述史》,渠东等译,辽宁教育出版社和牛津大学出版社,2000,第 137 页。

但感觉上如此贴近之物的独一无二的显现”,①是环绕在传统艺术品的周围,使人产生稳定、安宁、家园感和归宿感的东西,是一种抽象的但却实实在在充满人心灵的光彩。对灵韵,我们可以通过集体的传统和记忆吸收外部事件,使之积淀为一种智慧或整合的经验。而现代艺术带给人的则是震惊。这主要是因为机械技术的发展打破了整个人类生活的平静进程,人或者通过日常训练逐渐适应这种机械强度,从而变得规范化,或者就是毫无防备地陷入震惊。而对震惊,我们只能通过智性顺序来把握它。

从灵韵到震惊,反映出美学经验在现代社会的变迁。按照本雅明对艺术史的理解,经验盛行的标志就是传统社会里讲故事的流行以及讲故事的人的大量存在。在印刷术发明之前,口传文化是人们交流日常经验最普遍的方式。水手从海上来,带来冒险和刺激的故事;农民从大地来,传达自然与人之间的抗争或和谐;工匠从别处来,带来远方的传说。只要生活在进行,就不乏讲故事的人,就能够使经验始终处在流动的状态。在讲故事的过程中,经验是递进的,讲述者讲述自己的亲身经历或转述别人的经历,都要不自觉地加入自己对故事的体会,而故事也会在不同的讲述者中流传下去,每个人的个体体会也渐次增加,故事会变得越来越丰富,经验也将越来越被拓展。而在现代技术的侵袭下,讲故事的人渐趋消亡,经验也被贬值,小说家取而代之成了现代社会中新的“讲故事的人”。

小说的兴盛是与印刷文明的飞速发展密不可分的,小说把

---

① 本雅明:《机械复制时代的艺术作品》,王才勇译,中国城市出版社,2002,第90页。

可言说的经验变成了沉默的“纸上谈兵”，小说本身抛弃了生活，它不必是“真实可信”的，而读者也丧失了对小说的信赖，不再把小说作为采撷经验的主要渠道。小说家的创作和读者的接受都成了私人化的个人体验，经验的闭锁使经验的权威性丧失殆尽，最快最多地获知信息成为新权威的象征。在机器的协助下，任何人(不论是作者还是读者)都有权利获知信息，通过各种手段增加自我的经验值，甚至自我规定信息的真实性。机器不仅代替了人脑的记忆，还剥夺了人们对真实的信念，使本真性成了一个问题。也许正是因为本雅明对现代艺术变迁的核心认识就是关于真实(或本真性)的认识，所以美国社会学家斯蒂芬·贝斯特和道格拉斯·科尔纳才会在研究中得出结论，判定鲍德里亚对拟像和仿真(超真实)的分析实际上就是本雅明机械复制论的延伸和极端化。[①] 简单地说，就是从本真性到摹仿，再到机械复制，最后发展到符号现实或超真实(鲍德里亚所谓的拟像和仿真其实质就“是一个用现实物的符号来取代现实本身的问题”[②])。

我们时刻不能忘记，“经验”是本雅明思想的核心词语，正是“经验”而非“形象”构成了本雅明对过去、传统和历史的一系列认识，因此，在本雅明这里，“经验”于现代社会的丧失无疑代表了历史和传统与社会现实的分裂和疏离。这一分裂和疏离就是现代性的基本事实，它的重要表征即艺术形态的变迁，而修复它

---

① 参见斯蒂芬·贝斯特、道格拉斯·科尔纳:《后现代转向》，陈刚译，南京大学出版社，2002，第129页。

② Mark Poster, ed., *Jean Baudrillard*: *Selected Writings*. Stanford: Stanford University Press, 1988, p. 167.

的重要手段即记忆的神学范式。在此，记忆成为一种政治行为，它同时肩负起了批判与救赎的使命。

因为记忆本身的特征，本雅明的批判与救赎也带上了浪漫与保守的色彩。哈贝马斯从艺术的角度拿本雅明与马尔库塞相比，认为后者肯定了理想与现实的矛盾，用意识形态批判的态度来对待资产阶级艺术，而前者只是记录了资产阶级艺术用来建立其独立性的那个“灵韵”(aura)的实际解体过程，把过程理解为在机械复制艺术中的某种革命的结果，他的态度是描述性的而非批判性的。在哈贝马斯看来，即使有批判，本雅明的批判也是“启发性的批判”而非“拯救性的批判”。[①] 这一点显然有别于卢梭、席勒和海德格尔。

这样看来，本雅明所注重的不单单是过去，还是现在与过去、未来与现在之间的某种一致性和前者对后者的超越性。“怀旧不是对我处身之处的离弃和否定，或者说，怀旧至少不必然地仅仅是一种否定。它也是一种和我现在的处境达成一致(妥协)的方式，并且给我信心和生活在此的确定性”；[②]不是单纯的厚古薄今，而是在当下处境中寻求传统记忆与现实体验之间的最佳契合点。本雅明没有像前面几位思想家那样以激进的态度与现代文明对峙，那是因为在他对现代社会的瞬时性理解中还包含着其他更深重的困扰，而这一困扰以激进的态度来处理是无

---

① 哈贝马斯：《启发性的批判还是拯救性的批判》，载于《人类困境中的审美精神——哲人、诗人论美文选》，刘小枫主编，东方出版中心，1996，第701—702页。

② Keith Tester, *The Life and Times of Post-modernity*. London: Routledge, 1993, pp. 64—65.

效的,像其怀旧思想所传达出来的信息一样,本雅明希冀达到更高的目标。

笼统地说,这个困扰就是一个个体的生存体验不是要保证传统的完整性和连贯性,不是要以传统精神的接续拯救被中断的个体身份,而是要在碎片化生存的既成事实中借助记忆复活历史;而这个更高的目标就是充分呈现个体生命的现实感,找到自我在被现代性撞击下所形成的历史"断裂"中求得连续性的发展,并保持在碎片化现实中得以自由生存的最切身的途径。我们知道,自我的形成与发展不仅仅是一个个人事件,个体不可能不被社会现实和时代精神所愈益渗透,而当后者塑造自我、衡量自我所依照的规定和标准与自我对本己的界定不相吻合时,时代历史必然会成为既包孕自我、又与自我产生冲突的"他者",并对自我产生至关重要的作用。在此情境下,以单纯激烈的对抗来寻求自我在社会发展中的安身立命显然极不可能。自我的形成与发展不仅是理论问题,更是生命实践问题,它要求生命的具体的担当重压的能力和耐性;自我的整合也不单单是一项个人事业,它必然会以个体的方式直接或间接地触及到社会整体。

这个问题涉及到个体对社会的参与及结合,其实从黑格尔开始它就成了一个必须直面并亟待解决的问题。在本质上,它就是斯宾格勒所提到的身份问题(或同一性问题、认同问题)。单就本雅明本人的境遇来看,这一点其实非常明显。比如说,他是一个犹太籍的德国思想家,因此无法回避他的犹太身份在整个社会对犹太人身份认同中的困境;他又是一个现代人,因此又不得不面对传统的迅疾消逝与现代化进程之间的紧张关系;继之他还是一个知识分子,还必须保持某种精神立场,在信仰独立和精神驯化之间作出一个选择，等等，这些两难处境使本雅明的一生一度陷落在忧郁和痛苦的紧张状态中。

对自我的多重身份进行认同，这是本雅明意义上的怀旧，它没有某种思想实体或思想意识而借鉴，充分发展了斯宾格勒意义上的抽象性，也因此要空灵许多。借助记忆复活过去的历史，本雅明把记忆变成了一种虚构，把怀旧变成了一种想象性建构。而通过这种想象性的怀旧行为，身份，在本雅明这里，已不是那种一致的、恒久的、凝重的实体，身份认同也不再是对各种文化冲突和生命矛盾的统一化行为。凭借审美的途径，身份更本质的是一个需要不断重新被建构和重新被界定的问题，它不可能固定不变，而认同行为也由此成了一个流动性的过程。在保持对自我的某种抽象统一性和连续性的意识下，身份主体需要不断地调整对自身的认识，不断地重新建构关于身份的意识。这样一来，认同才能具有强大的乌托邦功能，自我才能保持在历史之中以及在世界面前的独立性。

然而，本雅明死在了惶惶的逃亡途中。从历史事实的角度来看，他的自绝似乎带有更多的偶然性。纳粹上台彻底改变了他的人生，因此与其说他的身份认同危机是现代性的必然后果，不如更集中地将危机的成因归结为民族文化（或种族文化）的冲突。如果说现代性的抽象后果——比如文化冲突、传统失落、知识和价值的紧张对峙等——本雅明可以以艺术的、审美的方式去克服的话，那么种族迫害的现实境况却是他无力应付的，而后者所导致的身份混乱或身份泯灭更是对知识分子的致命打击。本雅明把历史理解为碎片，把时间理解为瞬时，把人类理解为自我，他所冀望的恰恰是借助把握碎片、瞬时和自我来达到对历史、时间和人类的理解，因此本雅明所必须具备的就不只是某种单纯的、经验性的直觉式的判断能力，还要富有承受“深度”的素质。对身份认同而言，这是一种肯定性的能力而非否定性的能力。但在本雅明的逃亡生涯中，这种能力却是渐渐被消泯掉了，因此不仅一种完整同一的身份不可得，而且一个流变、重构的身份史也不可得，本雅明最终是陷入了那种失掉对自我身份的确定性后的恐慌感。正是这种恐慌感使他最终选择了自绝，尽管那种肯定的能力似乎始终就没有远离过他。

“重返家园”的冲动贯穿了整个现代性的发展史。从我们对这一理论发展史的脉络的大致梳理来看，有四个方面的演变特征值得注意：

第一，怀旧内涵的演变:从人类的善本性(自然本性)和人性的圆满统一(自由状态)，到古希腊艺术及古希腊精神，再到人类的本真存在(前苏格拉底时代)，再从对现实生存的认可和渗透，到个体在一定的历史时空内对自我的身份确认及定位。

第二，怀旧视角的转化:从以线性发展的时间维度为主(卢梭、席勒、黑格尔、海德格尔)，到以当下现实生存中的空间维度为主(斯宾格勒)，再到对凝固了历史和现实的瞬时的把握。

第三，怀旧方式的改变:从道德自由与政治自由的结合，到审美教育与游戏冲动的统一，到理性的反思与艺术的回溯，再到诗性的言与思，再到理性与感性相结合、以“异乡人”的身份感受并弥合现实生存的两栖性，最后是从历史哲学、生存体验、审美感知和文化现象剖析等各个层面上铺展多重身份的冲突，寻求切合点及同一性。

第四，怀旧特性的变化：从与现实文明的极端对立，到对二者紧张状态的缓解与互补，到理性的反思和艺术的求解，再到基于对现实的认可寻求与现实的和谐统一。简言之，怀旧经历了一个从破到立、逐渐抽象逐渐深化的过程，这一过程也传达出某种全新的现代精神，即现代人越来越渴望修复自己被文明创伤的心灵，并重新获得"居家在地"的精神依托，从而在此依托中印证自我存在的信心和价值、确立安身立命的幸福感。

在对怀旧的哲学理念进行命题式的分析中，我们不难发现，在所有的命题中，现代文明与人的自然本性的冲突是构成怀旧行为的基本动因。现代文明是现代理性的产物，而自然却是人类感性力量的发源地，二者之间的冲突实际上就是人类自身失衡及畸变的表征。一面是对自然无节制地开发和占有，一面是人的精神田园愈益贫瘠；一面是人的知识对日常生活的宰制，一面是人的感情和想象力日渐枯萎；一面是人在社会空间的广泛交际，一面是人内缩到私人化心灵深处感到的孤独和空虚。这是人类滥用理性的恶果，也是理想在现实面前的自行萎缩，而怀旧作为人类的一种精神行为或意识活动，正是从感性的角度出发，对此现代性的后果予以批判、反思和纠偏。这不是理性分析，也不是道德决断，而是审美的质疑和反思。

毫无疑问，审美现代性是怀旧的主因。这不仅有助于我们理解为什么体现怀旧理念的思想家们大多都有审美化、诗意化或感性化的倾向，而且就怀旧自身来看，这也证明怀旧本质上是一个美学问题。对哲学问题的思考和关注是怀旧的根底，社会现实及社会心理是促成怀旧形成的发生机制和背景，或者也是怀旧最通常的社会表征，而审美心理及审美品格所涵盖的内容才是怀旧最本己的核心问题。本篇探讨了怀旧的哲学理念在现代个体中的传承,整理了怀旧理论的发生发展史,下面我们要解决的问题就是把怀旧从哲学和历史的语境拉到当下的社会现实中来,看看怀旧究竟为何形成,孕育不同个体的集体性社会心理又是什么,是什么力量促成怀旧理念以上述方式在现代个体中的接续,我们该怎样为怀旧定位。

第三章　现代文化的转型

怀旧是人类古老的情结，同时也是一个“现代问题”，因为只有当怀旧情结在现代文化转型的过程中重新被激活以致变得异常鲜活和生动时，谈论“怀旧”这个概念才变得十分必要和紧迫。生成现代怀旧的根源在于现代性，现代怀旧就是现代性的后果和产物，这是现代怀旧最本质、也最朴素的辩证法。这个辩证法要求我们在探究怀旧表象和建构怀旧理论的同时，不得不深入到现代性的语境中切身感受种种怀旧的可能性和必要性，通过体会现代性对现代社会、现代文化和现代精神所造成的切实影响来理解现代怀旧由以形成的必然性、提炼怀旧的精神要素。所以说，作为“怀旧问题”的问题情境，始终保持现代怀旧与现代性之间的张力，厘清和辨析“现代”概念的复杂性，对我们而言，就是一项既必要又重要的工作。

一、作为问题情境的现代性冲突

借用维特根斯坦或本雅明的说法，现代性(modernity)是一个“家族相似”或“星丛”式的概念。从字面上看，现代性的词根是 modo，这是现代(modern)概念的拉丁文，意思是“当前的”、“最近的”。“当前的”、“最近的”与“古代的”、“传统的”相对，标志一种历史分期,因此现代性首先是一个时间概念或历史范畴。比如瓦岱就把现代性界定为一种“时间职能”,认为“现代性的价值表现在它与时间的关系上。它首先是一种新的时间意识,一种新的感受和思考时间价值的方式。”①刘小枫也说:“‘现代’所蕴含的是生存性的时间,带有在体性的意涵,表明生存品质和样式的变化,与过去的生存品质和样式构成紧张关系。”②同时,时间又是在历史进程中展开的,伴随着时间的延续和社会的变迁,人类主体也在不断地反思,适时调整、改变并生成对历史时代的意识,因此现代性还是一个逻辑范畴,兼指现代现象和现代意识。

可以看出,现代性从一开始就是一个包容广阔的“整体性”概念。虽然它自身不具备某种同一的、固定的和核心的内涵,不能“自我论证”,但它的“整体性”特征使其与众多理论紧密联结,引发并挑战了几乎所有的现代问题。比如经济发展、政治体制改革、文化转型、宗教危机、艺术批判等等。英国社会学家德兰蒂在他的重要著作《转型世界中的社会理论:现代性的概念》中有过精辟的概括:

> 自80年代早期以来,现代性的观念已经变成为范围广阔的社会科学家和政治学家所关注的核心问题之一,它构成了一个有关社会、文化和政治理论探索的框架。当然,这并不新鲜,因为现代性是启蒙运动以来在社会和政治思想中最重要的问题之一。换言之,现代性的观念总是为许多思想家

① 伊夫·瓦岱:《文学与现代性》,田庆生译,北京大学出版社,2001,第42—43页。

② 刘小枫:《现代性社会理论绪论》,上海三联书店,1998,第62页。

反思他们时代的文化特性和社会变化方向，提供了一个思想上的或历史性的参照系。这也许表明，现代性的动机既包含了一个文化观念——亦即启蒙的规划，又包含了一个特定的文明复杂结构，是欧洲/西方社会现代化的过程。更具体地看，我们可以说现代性导致了一个文化规划和社会规划。①

晚近一些时期，社会理论中的现代性观念已经从其作为背景概念的位置转向了明确界定的概念，它质疑了迄今为止占据主导地位的工业社会和资本主义这类概念。一般来说，主流的自由派社会科学由于其功能主义和现代化的偏见，倾向于赞成把现代性概念还原为社会现代化的制度的或结构的过程，而马克思主义的社会科学则类似地强调社会—经济过程，尽管是从阶级力量的角度来看。作为一种文化动因的现代性观念很少和社会现代化过程有联系，并常常被看作是和这个过程相冲突的。作为一个政治哲学和文化理论概念的现代性，必然引向自我更新和转变的文化过程（伯曼，卡利奈斯库，弗里斯比，伦格尔）。在先锋派的支撑下，作为现代主义的现代性实际上被视为对现代社会的反抗（比格尔）。与现代社会学中的上述这两种主导模式决裂，有意模糊文化理论和美学理论、政治哲学和社会理论的学科边界，我们现在可以更加清楚地看到，现代性既是一个文化观念，也是一个哲学观念，还是一种有关现代社会

---

① Gerard Delanty, *Social Theory in a Changing World: Conceptions of Modernity*. Cambridge: Polity, 1999, p.1. 译文采用周宪译文，见周宪：《审美现代性批判》，商务印书馆，2005，第4页。

更加宽泛的陈述。现代性的概念看来是把握了社会转变的某种感悟,它不只是纯粹制度的或文化的,而是两者结合在一起。所以,许多作者强调现代性的自反性因素,或者是某种文化批判的、道德学习的和自我转变的倾向(布尔迪厄和瓦昆特,卡尔弘,查可洛采,图尔明,特纳)。①

德兰蒂的观点为我们揭示出现代性概念的诸多层次,也暗示了现代性研究有多种路径。

第一,现代性的概念研究。这种研究重在归纳不同学科的不同研究者对现代性所作的不同界定,通过比较和辨析,寻求各种定义的重合点及差异性,力求给出一个客观、全面、公允的界定。②

---

① Gerard Delanty, *Social Theory in a Changing World: Conceptions of Modernity*. Cambridge: Polity, 1999, pp. 1—2. 译文采用周宪译文,见周宪:《审美现代性批判》,商务印书馆,2005,第 12 页。

② 这一研究方式是随着 1976 年英国文化学派的代表人物威廉斯的《关键词:文化与社会术语》一书的面世而日益发展起来的,在当今的人文科学和社会科学中,关键词研究不仅体现为概念的描述和界定,还越来越充分地注意到词汇使用的不同语境及不同学科对它的影响,因此能够兼顾到各个关键词的"家族相似"的特性,并丰富和深化了词汇本身的意义及其要说明的理论议题。威廉斯认为,关键词就是"在文化意义和社会意义被构建的场所,一种记录、考查和展现意义的方式",而研究关键词之所以可行,就在于语言并不只是单纯地反映出社会和历史的进程,相反,"一些重要的社会和历史进程就发生/体现在语言之中,它表明意义和关系的问题是真正地构成整体所必需的、新的关系类型,以及理解既存关系的新方法以不同的方式显现在语言中:在新术语的发明中、在旧术语的调整和修改中、在延伸和转换中"。参见 Raymond Williams, *KeyWords: A Vocabulary of Culture and Society*. New York: Oxford University Press, 1985, pp. 15—22.

我们可举三个较典型的定义来看一下。

> 现代性指社会生活或组织模式，大约17世纪出现在欧洲，并且在后来的岁月里，程度不同地在世界范围内产生着影响。①
>
> ——英国社会学家吉登斯

> 现代性就是过渡、短暂、偶然，就是艺术的一半，另一半是永恒和不变。②
>
> ——法国诗人波德莱尔

> 对我们来说，现代性是一个具有认知、审美和伦理—政治意义的无法超越的地平线。③
>
> ——德国哲学家威尔默

第二，现代性的发生发展研究。这种研究重在探讨现代性的源头和历史分期，甄别每个时期的现代性主题，是一种背景研究。较有代表性的是美国社会学家伯曼，他把现代性的历史分成了三个时段：第一个阶段是从16世纪到18世纪末。在这个

---

① 安东尼·吉登斯：《现代性的后果》，田禾译，译林出版社，2000，第1页。

② 波德莱尔：《1846年的沙龙：波德莱尔美学论文选》，郭宏安译，广西师范大学出版社，2002，第424页。

③ Albrecht Wellmer, *The Persistence of Modernity: Essays on Aesthetics, Ethics, and Postmodernism*. Cambridge: MIT Press, 1991, vii.

阶段,人们开始感受现代生活,但还不知道这种生活究竟会对他们产生什么影响,他们只是在竭力寻找恰当的词汇来表达这种新生活。第二个阶段是从18世纪末的法国大革命开始到19世纪末。在这个阶段,现代公众开始体验到一种革命时代的激情,个人、社会和政治生活的各个方面都发生了巨大的动荡,产生了许多现代的冲突。第三个阶段是20世纪。在这个阶段,现代化的过程已经席卷全球,现代主义也取得了惊人的胜利,与此同时,现代社会和现代文化日益碎片化。①

第三,现代性的问题史研究。这种研究重在考察历史、时代和人类主体对现代性过程的反思与塑造,通过提炼、分析现代性的重要范畴和问题,确立现代性研究的基本方向。比如美国比较文学家卡林内斯库在《现代性的五副面孔》一书中讨论的五个现代性问题:现代主义、先锋派、颓废、媚俗艺术和后现代主义;席勒的“素朴的诗与感伤的诗”;黑格尔对“艺术终结”、“散文时代”、“市民时代”的研究;本雅明对机械复制时代艺术的“灵韵”理论与“震惊”理论的研究;尼采对“酒神精神”与“日神精神”的研究;韦伯对“工具理性”的研究;法兰克福学派对大众文化的研究等等。

第四,现代性的经验研究。这种研究重在探讨现代性的后果及其对人类现实生活的影响,它与现代性的问题史研究有重合之处,但侧重于对人类精神生活的分析批判。比如卢梭对自然教育的研究;马尔库塞对爱欲的研究;弗洛伊德对无意识的研

---

① Marshall Berman, *All That is Solid Melts into Air*: *The Experience of Modernity*. New York: Penguin Books, 1982, pp. 16—17.

究；赫勒对日常生活的研究；韦伯对新教伦理与“铁笼”境遇的研究；桑巴特对奢侈的研究；鲍曼对“立法者与阐释者”的研究；福柯对疯癫及性史的研究；德里达对记忆的研究等等。

第五，现代性的国别研究。这种研究打破了现代性研究中的“欧洲中心主义”或“西方中心主义”的神话，重在发掘不同国家或不同民族现代化过程及现代性精神的独特性。较典型的有萨义德的“东方学”的研究；日本学者竹内好在《近代的超克》中对中国现代性的研究；俄国思想家别尔嘉耶夫对俄国宗教精神及其现代化过程的研究等。

当然，这五种研究理路并不是绝对独立和对立的，也不能概括现代性的所有研究路径，但它们展示了不同学者对现代性问题的共同关注，揭示出现代性研究的关键概念，诸如现代时段的定位、启蒙运动与现代性、现代性的批判意识与反思意识、现代性的“同一性”与地域差异性的问题等等。而这恰恰是我们展开现代性论述的起点，也将是阐释现代文化转型与现代人的怀旧体验的思想背景。下面，我们就沿着现代性的历史发展、集中于对现代性的逻辑范畴的辨析，来考察一下现代性的历史和现实问题。

关于“现代”时段的起源，学术界较成熟并一致的看法大致有两种：一种认为现代时期开始于15世纪前后的文艺复兴，另一种认为现代时期始于18世纪的启蒙运动。前一种看法主要基于这个时期的宗教改革，它标志着社会统治由神义论变为人义论和世俗论，人摆脱了神的统治，获得了自主性和独立性，人确信为人，而不是神的仆人。后一种看法主要是由于由英国率先发起的工业革命揭开了人类技术化生存和理性化发展的序幕,科学技术的进步丰富了人类的知识,拓展了人类的新视野。人以理性为主宰的主体能动性得到了彰显。在一定程度上,这两种看法都揭示了"现代"对照"过去"的"断裂"或"转向"特性,为现代性在历史层面上形成自身的文化张力设下了伏笔。就像法国诗人兰波曾说过的那样,现代性必须是绝对的现代。但如果我们集中于"现代性的主体是人"这个角度来看问题,或许可以断定,15 世纪是人类"觉醒为人"的世纪,而 18 世纪却是人类"自觉为人"的世纪,相比而言,18 世纪更可谓社会历史的发展或人类的成长历史过程中的重要转折点。因此,本文采用后一种看法,即认为"现代"起源于 18 世纪。

显而易见,现代性的真正出发点是启蒙运动,"现代性的问题史,在某种程度上说,就是启蒙运动的反思史",①启蒙运动是审视现代性结构的关节点,正如德国思想史家特洛尔奇所评价的那样,它是欧洲文化及其历史的真正现代时期的开端和基础。

1783 年 12 月,《柏林月刊》发表了德国神学家和教育改革家约翰·弗里德里希·策尔纳的一篇文章,这篇文章质询了纯粹根据民法来规定的婚姻仪式的可取性。有鉴于"在启蒙的名义下人们的心灵[都太经常地]陷入混乱",策尔纳在一个脚注中问道,"什么是启蒙?这个就像什么是真理一样重要的问题,在一个人开始启蒙之前就应该得到回答!但是我还没有发现它已经被回答!"1784 年 5 月和 9 月,柏林启蒙运动中的重要人物、德国神学家和哲学家摩西·门德尔松与德国著名哲学家伊曼纽尔·康德分别著文对此问题进行了解答。

---

① 周宪:《审美现代性批判》,商务印书馆,2005,第 41 页。

门德尔松认为,“人的命运是我们的一切努力和奋斗的尺度和目标”,而教育则是改进命运的手段。“教育是由文化和启蒙组成的”,文化倾向于实际问题,“(客观上)引向善、文雅以及艺术和社会风俗中的美;(主观上)引向艺术中的灵巧、勤奋和机敏,以及社会风俗中的秉性、倾向和习惯”;启蒙则倾向于理论问题,“按照它们对人的命运的重要性和影响,启蒙关系到(客观的)理性知识,关系到对人类生活进行理性反思的(主观的)能力”。“启蒙与文化相联系,就像理论与实践相联系,知识与伦理相联系,批评与艺术鉴别力相联系。”①在门德尔松尔对“什么是启蒙”这个问题的回答里,我们可以看到启蒙与理性(或理论)的绝对联系,也可以看到一种预设,即启蒙初始就有一个既联系又分立的“他者”:文化。这意味着启蒙不是“同一”的,启蒙为自己设定了盟友或敌手,有一个待开放的、待发展的空间。

相比之下,康德的回答就更集中一些。他说:“启蒙运动就是人类脱离自己所加之于自己的不成熟状态。不成熟状态就是不经别人的引导,就对运用自己的理智无能为力。当其原因不在于缺乏理智,而在于不经别人的引导就缺乏勇气与决心去加以运用时,那么这种不成熟状态就是自己所加之于自己的了。Sapere aude![贺拉斯语]要有勇气运用你自己的理智!这就是启蒙运动的口号。”②在这个界定中,康德突出了两个概念:理

---

① 摩西·门德尔松:《论这个问题:什么是启蒙?》,载于詹姆斯·施密特:《启蒙运动与现代性:18世纪与20世纪的对话》,徐向东、卢华萍译,上海人民出版社,2005,第56—57页。

② 康德:《历史理性批判文集》,何兆武译,商务印书馆,1997,第22页。

智,也即理性;公开运用自己理性的自由,也即人的主体地位或成熟状态。这两个概念被证明是启蒙运动的核心思想。对人类本身的肯定,尤其是对人能够借助对理性的宰制而掌控命运的信心,康德表现出了比门德尔松更坚决也更绝对的支持。大概正是因此,康德对“什么是启蒙?”这个问题的回答成为至今最为经典的定义。

在门德尔松和康德之后,又有其他的理论家和其他的杂志卷入到了这场争论中。美国哲学家詹姆斯·施密特对这场争论的历史进行了梳理,提炼出“理性的公共使用”、“信仰和理性”、“启蒙的政治学”、“理性、权威与传统”、“启蒙、觉醒和支配”、“尼采的新启蒙”等主要议题,并据此划分出启蒙问题史的三个阶段:

> 起先,“什么是启蒙?”这个问题是以如下争端为中心的:对公民的多大的启蒙是可能的或者值得想望的,更具体地说,对检查制度条例的进一步的解放是否可取?在这个争论的第二阶段,这些问题获得了新的迫切性,而那个阶段的起点就是约翰·克利斯多夫·维尔纳(Johann Christoph Woellner)1788年制定的宗教和检查制度法令。对检查制度的辩论现在与启蒙和信仰之间的可能张力的问题密切交织在一起。最后,随着法国革命的爆发,尤其是在1793年1月对路易十六世执行死刑之后,讨论扩展到包括这个问题:启蒙是否会必然削弱公共权威的基础,进而导致政治暴乱?因此,在18世纪结束之际,对“什么是启蒙?”这个问题的回答目的是要探究公共讨论、宗教信仰和政治权威之间

的关系。①

自20世纪以来,启蒙的问题再次成为知识界关注的焦点。或者说,启蒙的问题从来就没有远离知识界。与启蒙密切相关的传统、信仰和理性等概念,时时刻刻在考验着人类的理解力。德国思想家柏林就认为伟大的启蒙传统自文艺复兴至法国大革命、一直延续到了我们的时代,这种传统具有“三个最强大的支柱”:第一,对理性的信仰,亦即对一个由可证明和阐明的规律和普遍性构成的逻辑结构的信仰;第二,对人类本性永世不变的同一性和人类共同目标的可能性的信仰;第三,对通过理性实现人类共同目标的可能性的信仰。②

启蒙运动之后,理性取代上帝成了人们评判一切存在的合理性的标准和法庭,这是现代世界最重要的特征之一,也即韦伯

---

① 关于“什么是启蒙?”这个问题的来源、发展,参见詹姆斯·施密特:《启蒙运动与现代性:18世纪与20世纪的对话》,徐向东、卢华萍译,上海人民出版社,2005,第2—28页。

② 转引自孙周兴:《我们时代的思想姿态》,东方出版社,2001,第119—120页。R.弗莱(Roddy Flynn)在《媒介、现代性和启蒙运动》一文中对启蒙运动有个比较完整的界定,他认为启蒙运动是:一、一种范式或一束思想,一个信仰体系、世界观或指示。二、一个知识分子运动,一个聚集在巴黎、伦敦等地的知识分子群落。三、一个出版工业和为其销量而存在的读者层。四、一个有关人类、社会、自然等思想观念的新构架,这个新构架对扎根于为基督教所支配的传统世界观的既有概念形成挑战。这个界定标示出启蒙运动的核心概念即在某种新世界观的指导下人类思维范式的转型,此处的新世界观也指对理性的信仰。详见R. Flynn,“The Media, Modernity and Enlightenment”, in http://www.comms.dcu.ie/flynnr/The_Enlightenment/sld001.htm.

所说的“去魅”,就是使自身成为合法性的基础,使认知——目的的合理性作为一种科学化的方式取代对传统宗教的信仰的魅力。在韦伯对资本主义精神和宗教社会学进行剖析的过程中,这种理性化(或称合理性)主要表现在经济和技术领域里,并最终导致现代人生活方式的合理化。他说:“技术和经济领域的这个合理化的过程,无疑决定着现代资产阶级社会生活理想的一个重要部分。为使向人类供应物质商品的组织合理化而进行的劳动,无疑一直是资本主义精神的代表,终身事业的一个最主要的目的。”①

在理性的指导下,18 世纪的现代文化在整体上呈现出一种积极乐观的气象。这不仅因为人们开始形成分析的意识,不断地探求精确性、真实性,扩大真理的范围,不断地经验人类的理性认知能力,成为现代性的远大理想;而且通过合法地认识理性法则,制定得以体现理性目的的制度、行为、趋势等,人类主体也越来越成为世界精神的代言人。这种经由对永恒理性的翻新带来的主观性和个体性的开掘,同样也变成了 18 世纪现代文化的重大特征。卡西尔对此评价道:

> 18 世纪在一种不同的、比较朴素的意义上看待理性。理性不再是先于一切经验、揭示了事物的绝对本质的“天赋观念”的总和。……而是一种引导我们去发现真理、建立真理和确定真理的独创性的理智力量。经过这样确定的真

---

① 马克斯·韦伯:《新教伦理与资本主义精神》,黄晓京、彭强译,四川人民出版社,1986,第 49—50 页。

理，是一切真理的确定性的种子和不可缺少的前提。整个18世纪就是在这种意义上理解理性的，即不是把它看作知识、原理和真理的容器，而把它视为一种能力，一种力量，这种能力和力量只有通过它的作用和效力才能充分理解。……理性最重要的功用，是它有结合和分解的能力。它分解一切简单的事实，分解所有简单的经验材料，分解人们根据启示、传统和权威所相信的一切；……分解之后就开始建设。……只有把理性概念描述为这种双重的理智运动，也就是说，把它描述为作用概念，而不是存在概念，才能充分揭示它的特征。①

理性成为一种力量，在霍克海默和阿多诺看来，肇始于古希腊神话。神话是人类试图影响自然、把自身从自然界的神秘力量中解脱出来的努力，但霍克海默和阿多诺认为，神话本身已是人类的主体形象和主观设想在自然界中的投射，启蒙精神想要消除神话，用知识代替想象，但神话本身已是启蒙精神的产物。这里的"启蒙"不是指18世纪西欧的启蒙运动，而是泛指把人类从恐惧和迷信中解放出来以确立其主体地位的"最一般意义上的进步思想"。霍克海默和阿多诺说："神话变成了启蒙，自然界变成了单纯的客观实在。人们以他们与行使权力的对象的异化，换来了自己权力的增大。"②神话作为启蒙，使原始的"同一

---

①　恩斯特·卡西尔：《启蒙哲学》，顾伟铭等译，山东人民出版社，1996，第12页。

②　霍克海默、阿多诺：《启蒙辩证法》，洪佩郁等译，重庆出版社，1996，第7页。

性"解体,人类对自然越来越形成了主客界限分明的、有距离的理性认识,自然成了人类意识客体的集合体,人类从对外在自然的主观支配开始,到通过物化来达到主体的支配,最终支配了人类的内在自然和整个社会。理性的初衷本来是追求一种使人能够统治自然的知识形式,但极端的理性化过程却使理性最终走向了自身的反动——无理性,也即"理性变得不能理解使它自身成为可能的东西,即它所依赖的非理性因素,其结果是作为一种工具理性,它既无能力反思自身被运用的限度,也无能力反思它所运用于其上的特殊对象的性质"。[①] 它只能作为一种绝对的和普遍有效的尺度强硬而机械地发出指令,对此,一切自然客体必须遵照服从,连人自身都要按照理性的指令来规定和处理。

启蒙初期的理性精神发展到它的极端形式工具理性,人对自然的控制最终导致人的自我奴役,社会控制的自然化又加快了人类主体性的丧失,这一切使启蒙衰退为神话。因此所谓"启蒙的辩证法"就是:

> 人为了从被自然奴役的形态中解放出来而必须经受外在命运,这个外在命运同时也是其内在命运,是理性在自己的拨弄下承受的命运。结构,主体导致了自然的被征服、被物化和脱魅,而主体自身又在自己眼里变得如此被压抑、物化和脱魅,以至于他们争取解放的种种努力走向了反面——自己落入了自己设置的圈套。随着泛灵论世界观的倾覆,启蒙的辩证法过程已经开始了,在资本主义工业社会

① 陈嘉明等:《现代性与后现代性》,人民出版社,2001,第262页。

中,这种辩证法被推进到这样一种地步,“甚至人也在人的眼里成为被赋予人形的动物”。①

由此或可断言,启蒙运动的行进不仅是一个社会领域和社会生活不断“去魅”、从而确认自身的合理化的过程,同时还是一个理性自反的过程。这既是为什么启蒙现代性不是彻底的现代性,而哈贝马斯意义上的现代性是“一个未完成的规划”所要揭示的问题②;也是何以现代性从一诞生起就充满了自我斗争的根源。

学界把由启蒙运动带来的现代性称为“启蒙的现代性”,从逻辑层面来看,最能体现启蒙现代性精神的社会实践,当属自18世纪以来始发于欧洲、后又蔓延至世界其他地区的现代化过程。现代化是一个社会学范畴,在国际中文版的《不列颠百科全书》中,现代化被界定为一个起于18世纪产业革命、从传统的乡村农业社会转化成非宗教的城市工业社会的文明发展过程,它的思想动力产生于同过去思想的对抗、抵制和否定,因此现代化是现代性的延展,它尤指社会在政治经济制度层面上的转型,是

① 转引自汪晖:《死火重温》,人民文学出版社,2000,第209页。

② 哈贝马斯认为:“18世纪启蒙哲学家所制定的现代性规划,就存在于他们的如下努力之中,即发展出依据其自身逻辑的客观科学,普遍道德和法律,以及自主的艺术。同时,这项规划意在将这三个领域的每一个的认知潜能从其晦涩难懂的形式中解放出来。启蒙哲学家要利用这种专门化的文化积累来丰富日常生活,即是说,是为了合理地安排日常社会生活。”详见 Jürgen Habermas, “Modernity-An Incomplete Project”, in *Post-modernism: An International Anthology*, ed. Wook-Dong Kim. Seoul: Hanshin, 1991, p. 262.

一个有关个体化、专门化和抽象化过程的总体概念。“第一,现代社会结构将个人作为基本单位,而不是如同农业社会那样将群体或群落作为基本单位。第二,现代机构在一个劳动分工高度发达的社会体系中担负着有限的、专门化的任务。第三,现代机构服从由科学方法和科学发现取得合法性的一般规则,而不是隶属于特定的群体或个人的权力或特权或受制于风俗习惯与传统。”①与此相似,英国社会学家霍尔在为现代性下定义的时候也特别强调了现代性体现在政治、经济、社会和文化四个方面的互动过程。

> 1. 政治层面:在广大复杂的现代民族国家的特定地区边界内运作的政治权力和权威的世俗形式的统治,以及主权和合法化观念。
>
> 2. 经济层面:货币化的交换经济,它建立在大规模的商品生产和消费基础之上,这种生产与消费乃是为了市场、广泛的私有制和系统长期基础上的资本积累。
>
> 3. 社会层面:带有固定的社会等级和一致忠诚的传统社会秩序的衰落,劳动的动态社会的和性别的分工的出现。在现代资本主义社会,这个特征体现为新阶级的形成以及男女之间独特的夫权制关系。
>
> 4. 文化层面:传统社会典型的宗教世界观的衰落,以及世俗的和物质的文化的崛起,它展现了个人化的、理性的和

---

① 《不列颠百科全书》(国际中文版),第11卷,中国大百科全书出版社,1999,第281页。

工具性的冲动。①

根据我们对启蒙现代性在历史层面和逻辑层面上的双重解析，不难发现，事实上，由于启蒙现代性与生俱来的与传统、与社会、与自身之间的紧张张力，它成了后来一切现代性冲突和文化反思的源泉与动力。启蒙现代性，或说现代性，是一个从诞生之初就存在内部冲突的结构。这强有力地证明了对现代性的反思和批判是从现代性自身孕育而成的，并且也正是由于现代性始终抱持"自己反对自己的传统"，它才赢获了无限的动力和生机，这是现代性问题语境中最关键的一点。正如社会学家鲍曼所言：

现代性的历史就是社会存在与其文化的紧张的历史。现代存在使其文化站在自己的对立面。这种不和谐恰恰是现代性所需要的和谐。②

现代思想的他者就是多义性、认知不和谐、多价性界定和偶然性。③

---

① Stuart Hall & Bram Gieben, eds., *Formations of Modernity*. Cambridge: Polity, 1992, p. 6. 译文采用周宪译文，见周宪：《审美现代性批判》，商务印书馆，2005，第 62 页。

② Zygmunt Bauman, *Modernity and Ambivalence*. Cambridge: Polity, 1991, p. 10.

③ Zygmunt Bauman, *Modernity and Ambivalence*. Cambridge: Polity, 1991, p. 7.

英国学者德兰蒂也把现代性定义为“介于自律与碎片化之间的一种紧张状态”,认为现代性的冲突介于两种原则之间,一种是源于启蒙运动和法、美大革命精神的文化冲动,一种是现代社会离奇高尚的理想的绝望感:①

> 一方面,现代性作为一种文化规划是指主体的自律、个体的确证和所有生活范围内创造性、反思性和推论性话语的不断扩张;另一方面,现代性又导致了碎片化的体验,即作为一种社会规划,现代性毁灭其自身的文化根基的感觉。②

哲学家热拉尔·楼莱从历史的角度研究现代性,认为现代性体现了一种“历史意识的变化”。

> “现代性”既是“理性在历史中崭露头角的表现”,同时也是“理智在历史中出现危机的征兆”。现代历史意识不断受到质疑,受到挑战;它既受到“再次落入周而复始的时代低谷的危险”的威胁,又受到永无止尽的变化浪潮的催赶,它在相互矛盾的不同认识论规范之间、在偶然性和规范性之间、在进步和衰落之间左右为难,无所适从;“现代性”自

---

① See Gerard Delanty, *Social Theory in a Changing World: Conceptions of Modernity*. Cambridge: Polity, 1999, p. 6.

② Gerard Delanty, *Social Theory in a Changing World: Conceptions of Modernity*. Cambridge: Polity, 1999, p. 2.

身矛盾重重，令人目迷五色，我们只能透过这些矛盾去领悟它。①

对于现代性自身的冲突这个问题，许多理论家从哲学、社会学、历史学、心理学、美学等多种学科的角度进行了论证，比如马克思把现代性的中心冲突界定为资本和劳动之间的冲突；韦伯的工具理性和价值理性的冲突；滕尼斯的"介于社团的内在世界于社会的异化和个体化世界之间"的、也即通常所说的社团和社会不协调；尼采的现代理性主义和大众之间的冲突；哈贝马斯的工具理性和交往理性间的冲突；图雷纳的主体性（文化和社会的关系）与客体性（政治和经济）之间的冲突；弗洛伊德的现实原则和快乐原则之间的冲突；马尔库塞的逻各斯和爱洛斯之间的冲突等等。这些冲突论都无一例外地印证了德国社会学家西美尔关于现代文化的"分流论"：

> 现代文化之流向两个截然相反的方向奔涌：一方面，通过同样条件将最遥不可及的事物联系在一起，趋向于夷平、平均化，产生包容性越来越广泛的社会阶层。另一方面，却倾向于强调最具个体性的东西，趋向于人的独立性和他们发展的自主性。②

① 参见伊夫·瓦岱：《文学与现代性》，田庆生译，北京大学出版社，2001，第34页。

② 西美尔：《金钱、性别、现代社会风格》，顾仁明译，学林出版社，2000，第6页。

> 生活本身不间断地往前发展,随着它为自己创造出的每一个存在的新形式出现,它的永恒动力就与那种形式的永恒或无限性发生矛盾,生活的动力迟早会腐蚀掉其创造的每一种文化形式。当一种形式获得充分发展后,下一步就是失去形式,并最终以一种或短或长的斗争被取代。①

启蒙现代性正是这样。一方面,它能动、乐观、进步,为社会带来了物质的福音,预示着人类空前的创造力和征服力量;另一方面,它又存在许多问题,造成了日常生活的刻板化、人类的工具化和社会的官僚化等。它像一把双刃剑,把原本安静谐和的社会大体划分为两部分,富足、自由的物质文明与贫穷、沦丧的道德现实相对,农业与工业、乡村与城市、自然与技术、传统与现实、保守与进步、感性与理性、个人与群体、自我与他人、丑与美、残缺与完整相对。总而言之,启蒙现代性的初衷被现实的历史发展扭曲和“误解”了。

1860年(写于1859年,发表于1860年),法国诗人波德莱尔在论康斯坦丁·盖伊的文章《现代生活的画家》里,对“现代性”做了另一种界定:

> 他寻找我们称为现代性的那种东西,……问题在于从

---

① 西美尔:《时尚的哲学》,费勇等译,文化艺术出版社,2001,第153页。

流行的东西中提取出它可能包含着的在历史中富有诗意的东西，从过渡中抽出永恒……

现代性就是过渡、短暂、偶然，就是艺术的一半，另一半是永恒和不变……①

这是一个与启蒙现代性截然不同的现代性定义。在波德莱尔看来，“现代性”一词是连接“现代生活”和“现代艺术”的桥梁，它“不仅仅是在其现时性、短暂特异性和瞬息内在性中被把握的现时，或‘现代生活的画家’的作者带着微妙的悖论所说的‘现时记忆’，在美学上，它还是美（这种美甚至可以在邪恶与恐怖事物中看到）的某种更广泛特性，实际上就是不能从已往大师们那里学到或模仿到的美的本质性的一半，它只能靠人们自己去发现，靠他们感觉的敏锐性，靠他们对新事物的孩子式感受力，靠他们‘持久而快乐’的好奇心——艺术的这一半是真正神奇的，它允许人们从现实中提取‘变幻无常’的东西”。② 这种现代性公然宣告了现代生活的“过渡、短暂、偶然”的本质，从而推翻了启蒙现代性所一直奉若神明的永恒理性，破碎了理性的胜利带给人类的、对未来战无不胜的幻想，把先前对历史宿命的盲信变成了对现实生活的清醒认识。可以这么说，这种被卡林内斯库称之为“审美的现代性”的现代性，既是启蒙现代性的产物，又是启蒙

① 《1846年的沙龙：波德莱尔美学论文选》，郭宏安译，广西师范大学出版社，2002，第424页。

② 卡林内斯库：《现代性的五副面孔·附录》，顾爱彬、李瑞华译，商务印书馆，2002，第338—339页。

现代性的对手。

可以肯定,在19世纪上半叶出现了两种现代性之间无法弥合的分裂。一种是作为西方文明史发展的一个阶段的现代性,它是科学技术进步和工业革命的产物,是资本主义所引发的广泛经济和社会变迁的产物;另一种则是作为一个美学概念的现代性。从那以后,两种现代性之间一直有一种无法缓和的敌对关系,但却在各自要摧毁对方的冲动中认可甚至激发了彼此的影响。

说到第一种现代性,亦即现代性的资产阶级观念,我们可以说,它完全延续了现代观念史较早阶段的未竟传统:进步的信条,确信科学技术带来福祉的诸多可能性,关注时间(一种可测量的时间,它可以买卖,因而像任何其他商品一样,具有某种货币上的可计算的等价),崇拜理性,以及限于抽象人道主义框架的自由理想,还有朝向实用主义以及对行为和成功的崇拜——所有这一切都不同程度地和为了现代之战联系在一起,因而作为核心价值观在中产阶级确立的成功之文明中得以留存,并加以弘扬。

与此相反,另一种现代性,亦即催生了先锋派的现代性,则有其浪漫主义的源头,它倾向于激进的反资产阶级立场,它对整个中产阶级的价值观表示不满,并通过迥然不同的种种方式来表达这种不满:从反叛、无政府主义、末世论,到贵族式的自我放逐等,不一而足。因此,界定文化现代性的不只是其肯定性的热望(它们常常很少有共同之处),还包括它对资产阶级现代性的断然拒绝，是其强烈的否定激情。①

对于这“另一种现代性”，法国学者瓦岱称之为“美学现代性”，德国哲学家威尔默称之为“浪漫的现代性”，都是就其对启蒙现代性所带来的日常生活的平庸化、刻板化及理性的危机而采取的拒斥、反思、批判和救赎等基本态度而言的。也正因为审美现代性这种与生俱来的叛逆性格，所以它基本上也是通过像“传统—现代”这样一组含义对立的范畴来表达的，比如我们在上篇所论述到的卢梭的“自然人与文明人”，席勒的“素朴的诗与感伤的诗”，黑格尔的“诗歌时代和散文时代”，斯宾格勒的“文化与文明”，海德格尔的“存在与此在”，本雅明的“韵味与震惊”；还比如休姆的“古典的和浪漫的”，尼采的“酒神精神与日神精神”等等。

既对立，则表现为两点本质：一是对启蒙现代性产生怀疑，提起抗议，进行“去合理性”、“去魅化”、“边缘化”等一系列疏离表象、还原本真面目的工作。二是明晰启蒙现代性的自我批判意识，对由其带来的社会负面影响有一个精神救赎和审美提升的努力。显而易见，审美现代性是与感性趋同的。这也使个人体验取代集体性的行为决策、制度制定，以及个体化的心性自由取代普遍的现世理想成为实现审美现代性的主要方式。从这个意义上讲，现代怀旧的形成正是审美现代性以个体体验及个性

① Matei Calinescu, *Five Faces of Modernity* (Durham: Duke University Press, 1987), pp. 41—42.

化的心性自由反拨并质疑启蒙现代性的理性激化对人的压抑和束缚的产物,是个体对社会秩序的感性规定,是现代人在迅捷发展的社会现实中稍作停留、以求自我世界平衡统一的努力。这一点最集中地体现在现代主义运动和思潮中。

1856 年,波德莱尔出版了诗集《恶之花》;1857 年,福楼拜完成了小说《包法利夫人》;1863 年,画家马奈在巴黎沙龙里展出了一副题为《奥林匹亚》的画,这三件全部发生在法国的事情分别从诗歌、小说和绘画三个领域宣告了一个全新时代的到来,也即我们所说的现代主义时代。用布雷德伯里和麦克法兰的话来说,现代主义就是"现代化的艺术",它既是"一种无形的社会风格",富有"违反预期连续性的倾向"、"非创造性成分和危机成分",还是"由于现代思想、现代经验而产生的艺术形式"以及"在高度个性意识上对一种风格的探索",具备"抽象化、不连贯性和震动的模式"。①

简单地讲,现代主义是一个现代艺术事件,它不仅表现为19 世纪后半叶以印象派的突起为代表的绘画艺术的现代转型,也表现为同期以唯美主义的率先变革而掀起的文学艺术的现代化过程。前者强调视觉真实的重要性,以对印象的捕捉代替了对理性的雕琢,以直观感受否定了传统的绘画思想,继而引领了表现主义、野兽派、抽象主义、立体主义、未来主义、达达主义和超现实主义等一系列现代艺术的崛起;后者则崇尚"为艺术而艺术"、"非理性"、"无感觉"的"纯艺术"创造,以极端的自我意识和

---

① 《现代主义》,马·布雷德伯里、詹·麦克法兰编,胡家峦等译,上海外语教育出版社,1995,第 12、9、13 页。

艺术自卫来逃避历史使命和社会道德律令，也由此掀起了象征主义、意象派、未来主义、超现实主义、荒诞派等现代文学艺术的高潮。卡林内斯库在《现代性的五副面孔》一书里把这种“为艺术而艺术”的现代艺术理念高度评价为审美现代性反抗庸人现代性的最早产物，在法国它具体化为各种艺术思潮，而在德国则以浪漫主义对庸俗主义的批判开启了现代作家的异化史。[①]

从19世纪中期到20世纪中期整整一个世纪，现代艺术以其独特的品格挑战着传统的艺术理念，它不仅改变了艺术家与艺术对象之间、艺术家与艺术主题之间以及艺术家与观众之间的原有关系，而且还在艺术家自身构成了一种紧张的、不安的对抗情绪，甚至改变了传统艺术的生存方式。这种反叛的、挑战式的快乐曾被叶芝在他的诗歌《十九世纪及其之后》里鲜明地表达出来：“纵然美妙的歌声一去不再复返，/我们现有的东西里却蕴藏着极大的快乐：/在渐渐退去的波涛下面，/卵石在海滩上相撞咯咯作响。”[②]在这一点上，现代主义艺术与审美现代性的根基是完全一致的。不仅如此，现代艺术的一个重要主题就是表现虚无，表现人对世界的陌生感，雅斯贝斯说现代派文学往往是关于“临界境况”的文学，也证明了现代艺术在意识形态边缘状态的意义上与审美现代性的相通之处。由此可说，现代主义是审美现代性的延展。

审美现代性的本质就是“反现代性的现代性”，它之所以使

---

① 卡林内斯库：《现代性的五副面孔》，顾爱彬、李瑞华译，商务印书馆，2002，第50页。

② 转引自约翰·拉塞尔：《现代艺术的意义》，陈世怀、常宁生译，江苏美术出版社，1996，第392页。

启蒙现代性在其形成和发展过程中“自生反骨”,根本原因就在于社会行为的合理化必然带来社会领域的分化和自律化,而正是合理化的“自定义”促成了“合法化的危机”。在韦伯看来,西方文化的现代性是一个不断分化的过程,是从早期的宗教和形而上学之中分离出经济、政治、审美、性爱和知识五个不同的价值领域的过程,而这五个价值领域又表现为三个自律的范畴,即现代科学、自主的艺术及伦理和法律的理性主义。韦伯特别论述了艺术与宗教的关系,他认为艺术取得自身的合法化的过程就是艺术本身摆脱宗教的道德附庸的过程,也是艺术形式与宗教内容渐趋分化、从而由趣味判断取代伦理判断的过程,因此艺术完全是一个现代概念,而艺术的自律也是一个现代事件。尽管艺术发展不能根本性地推动社会的生产发展,但就艺术愈益使自身成为一种“自觉把握的独立价值,这种独立价值建基于它们自身的权利”①而言,艺术却“确实承担了一种世俗的拯救功能。它把人们从日常生活的平庸刻板中拯救出来,特别是从理论的和实践的理性主义那不断增长的压力中拯救出来。”②“这标志着主体通过一种方法化的审美表达从知识和行为的日常习惯中获得自由。……自主的艺术和主体性的审美的自我表达毋宁存在于一种与日常生活合理化的补充关系之中。……审美价值领域和主观主义的发展支撑起了一种与职业劳动的‘物化的

---

① H. H. Gerth & C. W. Mills, eds., *From Max Weber: Essays in Sociology*. New York: Oxford University Press, 1946, p. 342.

② H. H. Gerth & C. W. Mills, eds., *From Max Weber: Essays in Sociology*. New York: Oxford University Press, 1946, p. 342.

世界'相对立的反世界。"①在西方现代性的发展史中，以艺术或审美的理路对抗乃至救赎启蒙理性的偏激化是一个基本趋势，像我们上篇论述到的卢梭、席勒、海德格尔以及狄尔泰、西美尔、阿多诺等等，都是祈求借助于审美感性的途径来接近真理和本真的世界，以审美的乌托邦构想与人的自我奴役的处境做斗争。

早在1942年，现代艺术大师蒙德里安就发现："我们正处在文化史的一个转折点，从一个总的、全面的意义上来说，我们正处在一切旧事物行将灭亡的时刻。新旧事物之间的决裂现在是绝对不可避免的了。"②实质上，审美现代性对启蒙现代性的反叛根源就在于前者认可和承担了这种"新旧事物之间的决裂"，根本打破了由后者所构建的连续的、进化的历史发展观。促成这一文化情势的形成，有两个理论家不得不提。

其一是尼采。从1883年正式写作《查拉图斯特拉如是说》开始，一直到1889年未完成的哲学总结性著作《重估一切价值》，尼采提出了改变整个西方文明史的宣言"上帝死了"，以"权力意志"、"超人"、"同一物的永恒轮回"等宏大论题代替了先前启蒙主义式的怀疑论，并始终不懈地进行着"重估一切价值"的努力。他彻底否定了人类对上帝的依赖和凭靠，使人类对神的一切传统的、坚实的、不可动摇的神圣信念变成了悬空和虚无的东西，人真正地世俗化，由此人类的使命不再是

---

① 汪晖：《死火重温》，人民文学出版社，2000，第206页。

② 转引自约翰·拉塞尔：《现代艺术的意义》，陈世怀、常宁生译，江苏美术出版社，1996，第397页。

“重返伊甸园”,而是在这个被抛弃了的现世中掌有生存的能力。

其二是弗洛伊德。他从分析精神病人的梦开始分析自我,把人类的心理组织划分为三个层次:无意识、前意识和意识,分别对应本我、自我和超我,使人类开始探视自身的混沌地带,并逐渐认识到欲望和本能在人类的自然活动和社会活动中的重要性。在他的重要著作《文明及其不满》中,弗洛伊德提出人类受苦的三大根源在于“自然的强大力量,我们身体的衰老倾向,和我们调节人类在家庭、社会和国家中的关系时方法的不适当”,归根结底就是人的自然本能受到文明压抑和扭曲的结果,而本能的满足才是获取幸福的根本途径。如其所说,“人类种族的命运问题在我看来似乎是,在人类中发展起来的文明过程是否能够和在什么程度上将成功地控制社会生活的混乱,这种混乱是被人类的攻击性本能和自我毁灭本能所引起的”。① 就这样,首先通过把人从神的位置上拉下来恢复人类生存的世俗性、脆弱性和偶然性,继之通过窥探人格的最深层面去除人类对自身的蒙蔽,尼采和弗洛伊德两人一同完成了现代人类与传统人类的彻底决裂,为传统文化向现代文化的转型奠定了思想基础,并决定了现代社会、现代文化与过去的本质性的不同。

按照尼古拉斯·丹姆(NicholasDames)的看法,在很大程

---

① 西格蒙特·弗洛伊德:《一个幻觉的未来》,杨韶钢译,华夏出版社,1999,第21、76页。

度上,“怀旧是一种使之断裂和为之命名的功能”,①断裂既包括传统生活与现代生活之间的不连续性,也指人类生存经验的突变,而怀旧既表征了这种断裂,又体现出现代人弥合这一断裂的努力。启蒙现代性的规划之一是增强现代人的主体性,希望使现代人的生活在理性原则的指导下越来越趋向自由,就像伯曼所说的,当代文化的规划之一就是要使一个人有“在家”的感觉,在作为主体支配世界的过程中感到游刃有余。而审美现代性恰恰揭示出这种感觉的虚幻性。怀旧企图与过去被指称的确定性相关联,但事实上现代生活的实质就是:唯一的确定性就是不确定,唯一的连续性就是变化。所以,在伯曼看来,怀旧正是沿袭了审美现代性的思路,也即表达了现代人对现代化冲动的集体性的文化不信任。我们或许可以这样断言,一方面,审美现代性是怀旧的主因,怀旧的形成根本基于审美现代性的形成;另一方面,怀旧也是审美现代性的延伸,它完满地体现了审美现代性的基本特质。

作为启蒙现代性的产物和对手,审美现代性并不是唯一的概念,换句话说,现代性自身的张力并不意味着启蒙现代性和审美现代性是非此即彼的或僵化的、二元对立的关系。事实上,现代性的张力问题远比我们所能想象到的要复杂得多。对此,卡林内斯库、贝尔、西美尔、韦伯、霍尔、鲍曼和哈贝马斯等人都有论述,他们更愿意用“文化现代性”的概念来说明现代性的暧昧

① Nicholas Dames, *Amnesiac Selves*: *Nostalgia*, *Forgetting*, *and British Fiction*, *1810—1870*. London: Oxford University Press, 2001, p. 15.

与矛盾。[①]

在诸多论述中,哈贝马斯的观点尤其值得我们注意。他把文化现代性看作一个广泛的、宏观的概念,认为现代性只是普遍的文化现代性的一部分,文化现代性遵从自身内在的逻辑发展,关注人类内在自然的成熟程度,而不是社会发展对外部自然世界的依赖程度,对社会现代化取批判的倾向。哈贝马斯还把文化现代性与审美现代性、启蒙现代性区分开来,一方面认为审美现代性是始自波德莱尔的、主要以艺术形式表现的、在达达主义与超现实主义那里达到高潮的一种精神和规则,其特征是在变化了的时间意识中寻找一个共同的焦点,而文化现代性主要是在文化、知识和政治领域内的发展;另一方面又提出文化现代性与社会现代化相对,其最终目的是要批判和弥补社会现代化所带来的种种负面效果,纠正由启蒙现代性的理性、进步等观念带

---

① 在卡林内斯库那里,文化现代性几乎等同于审美现代性,其特征即对资产阶级现代性的断然拒绝及其强烈的否定激情。贝尔则把文化现代性与文化现代化等同起来,强调了文化现代化的过程也是文化合理化的过程,在此过程中,文化"以其现代形式激起了对日常生活的习俗和美德的憎恨",因此社会结构和文化之间有三种类型的断裂:角色与人的断裂,角色与象征的断裂,词汇从隐喻向数学的转变。新保守派把文化现代化与社会现代化置于对抗的局面,认为社会现代化的可喜过程不能掩盖文化的不平衡发展,把"快乐主义、社会确认的缺乏、服从的缺乏、自恋主义、从显要地位和成就竞争中退出都归因于文化的领域"。霍尔也认为文化现代性就是宗教衰落、世俗化兴起、个人化工具理性的冲动形成。参见卡林内斯库:《现代性的五副面孔》,顾爱彬、李瑞华译,商务印书馆,2002。卡尔·曼海姆:《保守主义》,李朝晖、牟建君译,译林出版社,2002。丹尼尔·贝尔:《资本主义文化矛盾》,赵一凡等译,三联书店,1989。

来的社会发展与文化发展的不均衡，并且在这种不均衡的基础上以文化领域的自律实现现代化的总体性，实现现代性的根本宗旨：一元论。文化现代性在哈贝马斯那里因此承担了一个整合的功能。

粗略地看，启蒙现代性、审美现代性和文化现代性三者之间是各有不同又有交叉的。启蒙主要强调理性和进步；审美主要强调对理性、进步的批判和颠覆，侧重文学艺术等人文领域；文化现代性则重在解释传统宗教权威的衰落、世俗化的崛起，既承接了启蒙的宗旨，又主张对自身困境的反思以及对个体个性化和社会确认的肯定。从广义上讲，我们可以把文化现代性界定为一种涵盖政治、经济、社会、艺术等各个领域的、具有普适性的现代性；从狭义上讲，文化现代性就是整个现代性中的一部分，即具有意识形态的、价值判断的、自识性和反思性的多重特性。一言以蔽之，启蒙、审美和文化既是现代性的三个层次，又是现代性的三种展开方式。英国社会学家斯温杰伍德在《文化理论与现代性问题》一书中就曾有过精辟的辨析：

> 首先，作为文学—审美概念的现代性，它以现代社会那种"新颖"、流动、变动不居和动态的特征为其参照的话语，并在此话语中建构起来。在这个意义上，现代性否定了整体的概念，它的分析集中在现实那碎片化的和短暂的特征上，集中在微观世界和微观逻辑上。
>
> 其次，作为社会—历史范畴的现代性，它与科学和人类进步的启蒙规划密切相关。在这个规划中，不断增长的知

识和文化的自主性构成了变化的基础。最初由韦伯加以理论的探讨,现代性这个概念意味着某种阴暗面,亦即(各个领域的)自主性的增长必然导致一种专家文化和专门化的知识,作为启蒙理性和科学的产物,这就威胁着自主原则,以形式理性的胜利而告终。

最后,作为一个涉及整个社会、意识形态、社会结构和文化变迁的结构概念的现代性。现代性确认了科学理性遮蔽非理性力量的承诺,确认了科学理性指向必然的社会变迁的路径。因此,现代性意味着一种历史连续性的意识和过去在现在延续的途径。这一现代性概念强调行动者及其行动,他们造就了历史和社会变迁,也造成了一个通过现代性特殊的主体特性才得以可能的过程——不断增长的目的性、有意识的集体行动和致力于同可能替代方案有关的"反思性监控"的能力。①

概括地说,现代文化的转型主要就是沿着政治经济、文化艺术和宗教信仰这三个方面的思路来进行的,这三个思路又分别大致针对现代化过程、现代主义运动和宗教世俗化的三种现实路径,因此对现代文化的转型的分析可以具体落实到对这三种现实路径的分析上来。

① Alan Swingewood, *Cultural Theory and the Problem of Modernity*. London: Macmillan, 1998, p. 140.

二、现代性问题的本土化

传统文化向现代文化的转型是在现代性精神的浸润下展开的，可以说，现代性就是探讨现代文化转型的“元语境”。英国社会学家鲍曼把现代性称为“流动的现代性”，亦即现代性是一个不断生成、不断变化、具有可塑性的动态属性或动力过程。[①] 从空间意义上讲，现代性的“流向”大体上体现为从西方到东方，它主要是伴随着西方世界对东方国家的军事侵略和经济掠夺而实现的，集中呈现为现代化的过程。当然，不同国家实现现代化的方式是不同的，现代化已被证明并不具有某种单一的或一致的模式。从发生时间来看，西方国家尤其是欧洲国家（这里主要指发达国家，比如英美法等）的现代化要早于亚非拉国家（这里主要指第三世界国家或欠发达国家，比如中国等）的现代化；从发生动机来看，套用美国学者格尔申克隆在表述 19 世纪欧洲工业化类型时的一种说法，欧洲国家的现代化大多源于经济诉求，而亚非拉国家的现代化大多源于政治诉求；[②]从发生实质来看，西方国家的现代化是一个原生态的、内在的自发过程，而晚近亚非拉美等国家的现代化则属于“诱发型”或“被迫型”，多是在内忧

---

① 参见齐格蒙特·鲍曼：《流动的现代性》，欧阳景根译，上海三联书店，2002。

② 参见格尔申克隆：《对现代工业化“前提条件”概念的反思》以及克里斯特·冈纳森：《发展理论与第三世界的工业化——19 世纪的欧洲与第三世界工业化模式的比较》，载于《现代化：理论与历史经验的再探讨》，罗荣渠主编，上海译文出版社，1993。

外患的刺激下而发生的社会激变。因此种种,尽管现代化的现实首先是在西方发达国家得以实现的,现代化理论也先为西方学界所关注,但现代化的实际问题却更多出现在"二战"后的第三世界国家,也就是那些摆脱了殖民统治的非西方国家。这些国家在获得民族独立后最迫切的要求就是改革政治制度,发展生产,提高经济水平,而其所效仿的又都是已经在政治经济层面取得成效的西方国家,主要是欧美国家。所以虽然各个国家的现代化途径不完全相同,现代化模式也复杂多样,但其趋向却有一定的相似性。所以才有一些西方学者断言,现代化不仅是经济学家所说的发展在社会学上的对等物,而且往往就是非西方或反西方国家趋向西方式工业化的一种委婉措辞(卡林内斯库语)。

那么,中国现代性精神的实质,或者说,中国实现现代化过程的实质究竟怎样呢?它与西方国家及其现代化之间又是怎样的联系?中国在现代化的过程中得到了什么又失去了什么?怀旧情结又是缘何产生的呢?

中国的现代化运动是从19世纪60年代初的洋务运动开始的。至于为什么现代化方案的具体实施没有发生在其他时候,而偏偏落定在这样一个历史时刻,其中的缘由大概与古代中国沉重的历史积弊与19世纪中叶以来刻不容缓的内外现实危机息息相关。

中国文明是世界上最具连续性的文明,它的绵延久远首先基于中国在世界地理版图上的特殊位置:"它与人类其他文明世界相隔绝的程度举世无双。地中海将美索不达米亚、埃及、希腊和罗马连接在一起,印度洋使印度能与中东、非洲和东南亚相互影响;然而中国却不具备类似的地理条件。相反,在其有史以来的大部分时间里中国的四面一直被山脉、沙漠以及辽阔的太平洋所隔断。这种隔绝具有重要的意义,因为它使中国人能在较中东或印度诸民族更少面临外来入侵的情况下发展自己的文明。”①除此之外,在政治体制方面,中国自秦汉以来就形成了皇权—官僚阶级大一统的中央集权制度。数千年来,中央政府凭借这种极度完备的制度成功地整合了各种社会资源,有效地制裁了各种分裂割据的地方势力,增进生产,扩大疆土,虽然历经数代王朝的兴衰更替,但“万变不离其宗”,这种稳定的中央集权统治机构始终发挥着巨大和重要的作用。它最大程度地“向为数众多的人提供了比世界上其他任何社会更多的物质保障和心理上的安全感”,②以至于虽然中国也曾遭受过外族的入侵和破坏,也曾有过异域文化的进入,但它最后总能“化险为夷”,并且常常以本土的文化同化了外来文明,继续其政治、经济和文化的连续性与相对稳定。

更重要的是,中国自汉代“罢黜百家,独尊儒术”以来,就一直恪守和奉行儒家思想,儒家思想所提倡的道德伦理观念、社会秩序观念、君臣父子的等级观念等成为巩固个体与家庭及国家之间的关系、保证皇权统治合法性的核心的思想资源。这一切因素合力作用,使古代中国堪称世界文明的中心和典范,就像斯塔夫里阿诺斯所说的那样:“早在汉代,中国就已成功地赶上欧

---

① 斯塔夫里阿诺斯:《全球通史:从史前史到21世纪》(第7版)(下),董书慧等译,北京大学出版社,2005,第359页。

② 同上书,第253页。

亚大陆其他文明,到了中世纪中国更是突飞猛进,成为世界上最富饶、人口最多、在许多方面文化最先进的国家。从6世纪隋朝重新统一中国到16世纪西方人开始由海上侵入中国,这1000年是中国的政治、社会和文化空前稳定的时期。……整整1000年中,中国文明以其顽强的生命力和对人类文明的巨大贡献始终居于世界领先地位。"①

与这种意识形态体系和文化现实相对应的,是古代中国关于"天圆地方"的宇宙观念,以及以"中国—四夷"的结构来认识世界秩序的观念,另外就是以国内的纳贡制度或封贡关系来处理国际事务的外交原则。也正是因为这些因素,所以虽然中国与异域的交往自古就有,但古代中国长期处于"东亚封贡体系"的中心,它与异域的交往就不是一种平等贸易的商业关系,毋宁说,它更像是一种政治关系。并且,由于古代中国对自身拥有极度的文化自信和优越感,这种政治关系也一直没有得到更正。它蒙蔽了中国人的眼睛和心灵,使之把古代中国文化的自给自足当作一种理所当然甚至可以炫为资本的事情。当16世纪生气勃勃的新西方开始崛起,以其在科学技术和现代知识方面的优势在世界格局中渐渐占据上风时,中国不仅没有予以高度重视、反思并且调整自我的文化思路,反而仍然以"中心帝国"的身份自居,认为中国不仅是地理意义上的世界中心,还是文明意义上的世界强国,还一相情愿地幻想能够继续维系受万国膜拜的至尊地位。斯塔夫里阿诺斯一针见血地指出:"有史以来,从未

① 斯塔夫里阿诺斯:《全球通史:从史前史到21世纪》(第7版)(上),董书慧等译,北京大学出版社,2005,第253页。

有过一个民族面对未来竟如此自信,却又对即将面临的风暴如此缺乏了解。”[①]毋庸置疑,中国错失了觉醒的最佳时机。

16世纪晚期,耶稣会传教士罗明坚和利玛窦来到中国并在中国南方定居,他们带来了西方的宗教,也带来了西方关于宇宙、天文、地理、几何、物理、科学技术等多方面的知识,标志着西洋的知识、思想与信仰全面进入中国。这些知识、思想和信仰是西方文明史的缩略,它们从根本上动摇了古代中国的知识体系。正如《利玛窦中国札记》中所提到的:

> 利玛窦神父是用对中国人来说新奇的欧洲科学知识震惊了整个中国哲学界的,以充分的和逻辑的推理证明了它的新颖的真理。经过了这么多的世纪之后,他们才从他那里第一次知道大地是圆的。从前他们坚信一个古老的格言“天圆地方”……他们从来不知道,事实上也从未听说过,天空是由坚固实体构成的,星体是固定的,并不是在无目的地游荡,有十层天轨,一层包着一层,由相反的力量推动运行。[②]

宇宙观念和空间观念的转变只是一个起点,随之而来的,“还有历史观念的变化,而历史观念的变化,也隐含着关于文明的传统观念的崩坏和转型”。[③] 从16世纪到19世纪,这种“崩

---

① 斯塔夫里阿诺斯:《全球通史:从史前史到21世纪》(第7版)(下),董书慧等译,北京大学出版社,2005,第364页。

② 转引自葛兆光:《中国思想史》(第二卷:七世纪至十九世纪中国的知识、思想与信仰),复旦大学出版社,2001,第346页。

③ 同上书,第454页。

坏和转型"伴随着西洋新知识的逐渐渗透愈演愈烈。中国人,尤其是中国的知识分子,开始重新想象世界的图景,重新评价多元文明体系与传统中国的单一文明共存并生的世界文明格局,开始缓慢、艰难同时又无法阻挡地形成另一种与传统思想体系有本质不同的新的思维方式。对近代中国以至现代中国而言,后者的意义就在于:

> 近代中国的自我认识史,实际上与关于"世界"和"亚洲"的观念变迁是一体的,中国在很长的时间里,由于缺乏一个作为对等的"他者"(the other),仿佛缺少一面镜子,无法真正认清自身,在十九世纪,中国是在确立了"世界"与"亚洲"等"他者"的时候,才真正开始认清自己,近代中国关于"世界"的话语,其实就是关于中国的再定位,所以近代话语中的"世界"背面,其实就是"中国",当然关于异域新知的定位背后,也就是对于传统知识的再认识。①

在意识中引入一个"他者"的概念,意味着传统中国由"天下"进入了"万国"。一方面,这为中国架设了一个与世界其他多元文明进行竞争的平台;另一方面,这也潜在地为传统中国的现代转型设置了一个二元对立的逻辑局面,比如传统中国与现代中国、中国与西方、道德伦理与理性知识,又比如价值优劣、文明与保守、进步与落后、强势与弱势、主动与被迫、开门与闭关等

---

① 葛兆光:《中国思想史》(第二卷:七世纪至十九世纪中国的知识、思想与信仰),复旦大学出版社,2001,第458页。

等。假如当时的中国对此状况已有充分的了解和准备，那也许自19世纪中叶以来的中西方较量会是另一番场景。然而，历史不能被假设。自1840年第一次鸦片战争爆发，西方列强凭借先进的坚船利炮打开中国的国门，中国就在一种知识准备和技术准备全然缺席的状态下被迫纳入到国际政治、军事和经济体系中来。在当时，这一国际体系是以西方尤其是以欧洲为中心的，它是西方社会经过漫长的科学革命、工业革命和政治革命之后所形成的相对成熟的知识、思想和信仰体系，它以资本和实力为经济基础，以"国家主权"观念、"国际法"原理和"实力均衡"政策为三大支柱，[①]宣扬自由主义和民族主义。显而易见，这些原则与当时的中国思想是格格不入的，后者以道德观和价值理念为支柱，信奉国家主权与家族伦理的同一性。

中国陷入了一个既尴尬又危险的处境。基于事实上的强弱对比，近代中国在与西方列强竞争和对抗的过程中实际上不得不遵循西方的标准。本来就毫无准备和戒备，仓促应战时还要继续自欺欺人，顾全"大中国"的面子，不肯承认落后的现实，近代中国必然要承担一系列的入侵、破坏、摧毁和打击。黄仁宇在《中国大历史》中指出：

清朝之内向和缺乏对外竞争性尚不及明朝。不过承续着明朝，它也接收了前者很多性格。维持着亿万农民安居就业和上万官僚宁静在职，缘于一种精微的平衡。为保持如此之平衡，清朝也不愿对财政作更大的变革和寻求科技

① 祝东力：《反传统主义与现代化》(未出版)，见"乌有之乡"网站。

发展。自此我们也可以注意,鸦片战争失败之后,清政府并未阻止一调查委员会事后决定事体发生的情形与各人的责任。没有派官员出国考察,也没有在组织上作任何更改。美国官员愿意供给制船造炮之蓝图,被婉言拒绝。南京条约和附约里各种苛刻的待遇,满人汉人的官僚都接受。倒是内中提及今后两方的文书要用平等语气来往,开"夷人"随意置喙之门,反而使他们不安。耆英与英国的璞鼎查(Sir Henry Pottinger)接触谈判,他给道光帝的报告,继续轻视西方的国体组织,将它们缺乏中国式之门面一致即当作无道德品格之证据。对中国多方面的缺陷,一字不提。①

晚清以降,"亚洲之中国"开始慢慢地解体。

1840年,中英鸦片战争爆发。战争以中国的失败而告终,清政府与英国签订合约,向对方割让土地、开放口岸、赔偿金钱,中国的国门被迫打开。十年之后,洪秀全发起太平天国运动,席卷大半个中国,严重困扰清政府十多年之久。虽然最后清政府借助西方列强的帮助镇压了太平天国运动,暂时勉强维持住了清王朝的统治,但清政府这种以外敌为友、与其联手镇压内乱的立场和方式却显示出本已腐朽衰败的清政府对已经到来的危机仍熟视无睹,对自身的真正困境也不自知,并且太平天国十多年间给清王朝统治造成的重创也再难痊愈。19世纪中叶之后,内忧外患的清政府接连遭遇失败,清王朝的统治风雨飘摇。

然而,在经历失败和反思失败的过程中,中国的部分官僚阶

---

① 黄仁宇:《中国大历史》,三联书店,1997,第244—245页。

层越来越清醒地意识到西方科学技术的先进性，尤其是西方的军事装备和造船技术，在鸦片战争以来的数次战争中，清军的惨败都直接缘于在这方面的力量悬殊。很自然地，发展造船业和制炮业、改良中国的军事装备以赶超外敌，这就成为部分官僚阶层的共识，也被他们认为是扭转清军的被动局面、维护清王朝统治的根本要义。

1861年起，洋务运动打着"自强"的旗号正式登上历史的舞台。曾国藩、李鸿章、左宗棠、张之洞等官僚阶级在各处设立机器局和造船厂，雇用外国技师，购买外国器械，学习外国技术，并派中国学童到国外留学，以此拉开了中国现代化运动的序幕。在这个时期，中国的学习对象主要是西方的技术，其目的在于魏源所称的"师夷长技以制夷"，即借西方的技术力量来充实中国的军事实力。"改革者所需要的乃是轮船与枪炮，所以他们设立的是船坞与兵工厂。所有的改革也与其他部门隔离，以免妨碍旧有法制规章。所训练的'洋务'人才，预定为中国旧式官僚手下之技术助手，所以传统教育制度不因之而更变，科举取士的程序也原封不动。"①洋务运动旨在"自强"，这是一种军事需要、政治需要而与经济无关，是被动防御、"救亡图存"而非主动变革，是"保种、保教、保国、保民"而非破旧立新。它的基本精神就是以西学补中学之不足，就是"以近代西方科技和工业文明为传统的皇权一官僚阶级的统治秩序提供新的物质支撑"，②就是所谓"中学为体，西学为用"理论的核心。葛兆光对此评述道：

① 黄仁宇：《中国大历史》，三联书店，1997，第254页。

② 祝东力：《反传统与现代化》（未出版），见"乌有之乡"网站。

> 这就是所谓"现代性的入侵","富强"在"理性"的名义掩护下,以"实用"和"有效"的方式,被当做"文明"的标准,这给中国人提供了一个实际上源自西方的思考方式,一个一元的普遍的价值尺度,它使得急于保存自身文化存在的中国人在西方强势的全球背景中,在坚船利炮的威胁下,放弃文明评价上的独自立场,也放弃文化与价值上的传统观念。①

这其实还是一种"防御性"的现代化思路②,还停留在"器物"的层面上。虽然中国照搬移植了西方的技术,但正如孙广德

---

① 葛兆光:《中国思想史》(第二卷:七世纪至十九世纪中国的知识、思想与信仰),复旦大学出版社,2001,第464—465页。

② 参见罗荣渠:《中国近百年来现代化思潮演变的反思》(代序),载于《从"西化"到现代化——五四以来有关中国的文化趋向和发展道路论争文选》,罗荣渠主编,北京大学出版社,1997,第1—36页。罗荣渠认为中现代化思想的演变经历了一个螺旋式上升的过程:最早是儒学一统天下的天朝传统被打破,提出"中体西用论",在保中"体"的前提下采用西洋的器物,由此形成顽固派(或称正宗儒学派)与体用派(或称儒学修正派,即折中派)的斗争。发展至"五四"前后,新思潮大量涌进,西化派彻底否定中国传统文化,引起"西化"与"孔化"的大辩论。西化派又一分为二,形成"西化"与"俄化"之斗争;从孔化派中也分化出现代化的新儒学。20世纪30年代,从"中体西用"引申出"中国本位",从"西化"发展为"全盘西化",引起新的论争。在这些论争中,初步形成了"现代化"的概念和新的"中国化"的概念,最后达成一种朦胧的中国式的现代化的认识。以图示之为:

国粹论	中西互补论	中国本位论
天朝儒学道统	现代化论	中国式的现代化论
中体西用论	西化论	全盘西化论

所比喻的那样，在“器物”层面上机械模仿西方的近代工业技术，就好比只摘了国外树上的果实而没有注意到果实生长所依赖的根，[①]只能治标但不治本。殷海光认为，清政府之所以如此保守，是因为中国传统知识分子都被“价值之幕”所笼罩，都还寄望于中国传统的价值资源和文化资源可以提供出“救世良方”，因此只知守常而不知通变，造成作茧自缚的尴尬局面。要想改变这种僵局，殷海光认为，只有器物层面的改变还远远不够，还要有制度层面乃至文化层面的整体革新。

从“器”的层面上升到“道”的层面，或者说，从“器物的现代化”深入到“制度的现代化”，开始于1898年的“百日维新”，中间经过1905年废除科举制度并发起立宪运动，到1911年辛亥革命推翻统治中国两千多年的封建帝制达到顶点。辛亥革命是制度变革的高潮，金耀基认为它的意义在于“结束了两千余年的‘朝代国家’的型态，而代之以一‘民族国家’的型态。亦是结束了传统中国以文化为基底的‘天下性’结构，而代之以一以政治性为基底的‘国家性’结构，这是中国传统政治型态的一突破与创新”。[②] 但同时，辛亥革命也是一种断裂，是知识分子在文化转型的过程中对中国传统文明最深刻的否定。“传统的价值系统失去了固有的物质承当，‘天命’无所归依，这意味着旧价值不仅失去了作为理想或信仰的精神感召力，而且失去了世俗生活

---

① 孙广德：《中国传统文化与西化或现代化的关系》，载于《中国现代化历程的探索》，罗荣渠、牛大勇编，北京大学出版社，1992。

② 金耀基：《现代化与中国现代历史：提供一个理解中国百年来现代史的概念架构》，载于《中国现代化历程的探索》，罗荣渠、牛大勇编，北京大学出版社，1992，第13页。

的权力支撑。”①辛亥革命以激烈的方式掘起了中国传统之根,继之又把异域的知识之树连根带果一起移植过来,这必然带出一个重大的问题:异域之树是否能在中国的土壤、阳光、空气和水中扎根生长甚至开花结果?如果不能,中国应当如何处理传统之根被掘起之后留给国人的那个巨大的虚空?

事实上,不只是在辛亥革命时期,从百日维新开始,有关如何处理中国传统与西方近代文明之间关系的问题就潜藏在中国知识分子的心里,百日维新的代表人物康有为后期思想的保守性和梁启超对中国传统与西方科技的双重认识就是最好的证明。它既是一个始终存在的隐患,又是一个时刻都有可能爆发的危机,表现在现实层面上,它就是一个“认同”的问题。对个体而言,它意味着自我如何在流变的社会历史发展中保持连续性、完整性及一致性,如何传承、延续传统及接受、面对现实,乃至能否并如何在现实生活中重新审视自己的身份,对之进行再界定和重塑等问题;对民族、国家而言,它则意味着如何在保持独立的前提下完成重建权威与价值的工作,如何接续文化转型后的历史发展,如何重塑集体凝聚力以及集体认同感等问题。辛亥革命带出了这些问题,但其历史局限性使它没能解决这些问题,在这个漫长而痛苦的历史转型期,中国以及无数的知识分子和普通人都为此付出了沉重的代价。我们可以王国维为缩影,来考察一下这段动荡变迁的历史。

王国维生于1877年,卒于1927年,这50年正是中国接连

---

① 高瑞泉:《中国现代精神传统——中国的现代性观念谱系》(增补本),上海古籍出版社,2005,第26页。

发生中法之役、甲午战争、八国联军侵华战争、百日维新、义和团运动、辛亥革命、袁世凯称帝、张勋复辟、北洋军阀混战等重大事件的年代。同时，西方现代思想也伴随着"坚船利炮"在中国大地上掀起了有史以来第一次大规模的、全方位的"入侵"，激活并催生了中国传统精神的中断，使中国的现实社会不得不面临着礼俗崩坏、道德混乱和理想湮灭的巨大冲击。在这种时候，不仅个人的安身立命成为问题，就是希冀在内心深处保持某种固有信念和平和安宁的愿望也非常难以实现。就像陈寅恪所言：

> 其所殉之道，与所成之仁，均为抽象理想之通性，而非具体之一人一事。夫纲纪本理想抽象之物，然不能不有所依托，以为具体表现之用；其所依托以表现者，实为有形之社会制度，而经济制度尤其最要者。故所依托者不变易，则依托者亦得以保存……近数十年来，自道光之际，迄乎今日，社会经济之制度，以外族之侵迫，致剧疾之变迁；纲纪之说，无所凭依，不待外来学说之掊击，而已消沉沦丧于不知觉之间；虽有人焉，强聒而力持，亦终归于不可救疗之局。①

在王国维的学术体验中，对西方现代性精神的精深领会并不与对中国传统文化的坚定信任有所抵牾，在他看来，传统精神的接续始终是最重要的。王国维希冀的是中国传统的道德文

① 陈寅恪：《王观堂先生挽词并序》，载于《王国维学术经典集》（下卷），干春松、孟彦弘编，江西人民出版社，1997，第497页。

化,所抗争的是只"可信"而不"可爱"的西方科学。经过对西学的思考和对中国现实的反省,他将科学和道德的紧张对峙转化成了中西方文化精神的差异。科学知识对人生世界具有极其有力的影响和进步意义,但科学知识并不能取代道德价值塑造国民素质和文化精神的地位,更不能增进人类的幸福,因此从科学知识转向道德价值,从西学回归中国的传统文化,这是王国维在衡量取舍"可信"与"可爱"两种标准之后必然的选择。正如他在《政学异同书》中所说过的一段话:

> 欧战以后,彼土有识之士,乃转而崇拜东方之学术,非徒研究之,又信奉之。数年以来,欧洲诸大学议设东方讲座者以数十计,德人之奉孔子、老子说者,至各成一团体。盖与民休息之术,而长治久安之道,莫备于周孔,在我国为经验之良方,在彼土尤为对症之新药,是西人固已憧然于彼政治之流弊,而思所变计矣。①

在这段话中,王国维明确表述了对西方文化转向东方文化寻求思想资源的认识和肯定。在他看来,救国的学术之思应该定位在中国传统文化的"周礼之道"这一核心上。"周礼之道"并不等同于一个具体实在的、有历史对应的王朝,而是指渗透在整个中国古代的道德纲常、社会习俗和"使天子诸侯大夫士各奉其制度典礼,以亲亲尊尊贤贤,明男女之别于上,而民风化于下"的社会

---

① 王国维:《观堂集林》,转引自鲁西奇:《论王国维之保守》,载于《近代史研究》1999年第4期。

风气,[①]或指能够治国安民、维持正常秩序的时代精神和民生面貌。由此观之,中国传统文化不仅是解救中国乃至西方现实弊病的良方,还是中国文化未来的发展方向。王国维的学术研究从传播西方哲学、思考并认同西方的政治经济制度开始,后来转向研究中国文学,最后将自己的学术归宿定格在治史,这大概也隐晦地表达了王国维对传统文化的接承、认同以及对西方文明的间接离弃。

王国维把获救的希望寄托在某种已然逝去的道德理念上,从文化精神的角度看,它既是一种渺茫个体对自我完整性和连贯性的认同,也是以个体为代表的人类群体对文化传承的追寻;它既是一种以现实境遇为起点、以传统文化为旨归的精神跋涉,也是历史主体在时空变动中的"同一性"建构,他的一生及其思想大概可以代表那个时代很多人的状况。把王国维比做一名肩负文化使命感的殉道士也许没有什么不妥(陈寅恪解释王国维之死为"殉清",是受到了梁济的影响),因为那些原本抽象的道德、伦理、精神都在王国维的人生经历中幻化成了某种可以依托的、甚至切实可行的东西,这使他的个体生命存在变得异常紧张。所谓"彼之痛苦既深,必求所以慰藉之道",回归传统——或者说某种现代意识的退却——就是王国维所能寻求到的"慰藉之道"。然而,由于王国维为他的退却注入了太多的道德思考,这种"慰藉"不仅没有使他真正释怀,反而成了他生命中最无法承受、却又不得不担当得起的重压。

---

① 王国维:《观堂集林》,转引自鲁西奇:《论王国维之保守》,载于《近代史研究》1999 年第 4 期。

辛亥革命爆发后,王国维以亡清遗臣自居,为避免受到局势的约束,追随罗振玉东渡日本,所谓"赢蹶俄然似土崩,梁亡自古称鱼烂。干戈满眼西风凉,众雏得意稚且狂。人生兵死亦由命,可怜杜口心烦伤。四方蹙蹙终安骋?幡然鼓棹来扶桑";继之辛亥革命推翻清王朝,王国维"纪事则言本朝,革命则言国变,圣讳必缺笔而书,留辫表示满清遗民",始终热切关注张勋复辟;辛亥革命12年后,他又以满腔忠诚到溥仪身边去做"南书房行走"的"五品官";在冯玉祥驱逐溥仪出宫后,王国维视其为奇耻大辱,相约罗振玉等遗老投"御河"自尽以示忠心;最终当北伐军势如破竹向北推进,溥仪远走青岛之际,他于1927年自沉昆明湖。

文化的创伤可以直接影响到学者对自身生存方式的思考,而现实的打击则不仅能够加剧这种对文化创伤的体认,还有可能完全改变他的生命历程。王国维的痛苦就在于他不得不在这样的文化危机时刻寻求出路,为自己一直信仰的中国传统文化找到一个可以继续延续下去的理由,并且发扬之、光大之,不使其在面临西方思想冲撞的情况下完全失落。尽管这是王国维的一生都在躬奉亲行的学术目标,但他又不可能做得那么轻松。因为现代文化思潮不仅是理论问题,更是生命实践问题,它要求生命的具体担当重压的能力和耐性。王国维对西学掌握得越精深,对中国现实就越失望。他不能不怀疑,所谓的"周礼之道"在动荡社会中的真正效用究竟有多少,他以个人的微薄之力又能接续和传承多深多厚的传统文明,名存实亡的传统精神又怎样才能在如此剧烈动荡的社会转型期支撑起他本身的政治理想、学术理想和一切文化思索的重负。

正因为王国维化入传统精神理念的生命太深刻、太厚重,这个过渡和转变的过程就显得尤为艰难。就如陈寅恪所言，“凡一种文化值衰落之时，为此文化所化之人，必感痛苦，其表现此文化之程量愈宏，则其所受之苦痛亦愈甚；迨既达极深之度，殆非出于自杀无以求一己之心安而义尽也。”①“古今中外志士仁人，往往憔悴忧伤，继之以死。其所伤之事，所死之故，不止局于一时间一地域而已。盖别有超越时间地域之理性存焉。而此超越时间地域之理性，必非其同时间地域之众人所能共喻。”②正是这种非同时代人所能共同领悟的、且超越时间和地理概念的文化情怀、这种接续传统精神的文化使命感难以成就，最终导致了王国维的身份认同发生危机，使他于1927年自沉昆明湖，留下了“五十之年，只欠一死。经此世变，义无再辱”的遗言，为后人猜测他的遗老心态和“殉清”气节留下了说不尽的话题。③

王国维的一生是那个时代一段历史的缩影，从一个知识分子个体的角度来看，他以恢复并捍卫中国传统的道德精神为人生大义，这既是他对中国社会转型期文化认同的需要，也是安抚他动荡不安的心灵冲突的手段。他的自沉是对现实的抗争，更是对自我身份的保全，正是通过这一最后的努力，他将自己确认为传统文化的捍卫者和坚守者，由此显示出在中国现代性的推进过程中，他作为悲凉开端的知识分子的深刻性。然而，王国维之死或者他个体的努力并不能中止中国历史和文化的转型，也

---

① 陈寅恪：《王观堂先生挽词并序》，载于《王国维学术经典集》（下卷），干春松、孟彦弘编，江西人民出版社，1997，第497页。

② 同上书，第502页。

③ 有关王国维的生平，均见陈同：《悲情学人王国维》，上海教育出版社，2000。

不能就此解答中国出路的问题。反倒是在王国维对待文化转型的保守立场与其维护传统文化的激进举措之间构成了一个更加强大的张力,或者说,从王国维一个个体的遭遇更可看出两种文明的碰撞、冲突所能带给中国学人的巨大冲击,它也使后来的中国学人在面对中国传统与西方文明的二难选择时争端更为激烈、歧见更为尖锐。

辛亥革命之后,有关中国传统文明与西方现代文明之间的争论继续持续并渐至激烈,到"五四"前后,以陈独秀、胡适等人为代表,思想界掀起了彻底否定中国的传统文化、代之以"全盘西化"的热潮,把这场论战推向巅峰。陈独秀在《新青年》的发刊词中提出塑造新青年之人格的六个标准,所谓"自主的而非奴隶的"、"进步的而非保守的"、"进取的而非退隐的"、"世界的而非锁国的"、"实利的而非虚文的"、"科学的而非想象的",继之又提倡科学、反对孔教、宣扬以科学代孔教;胡适也认为:

> 科学之最精神的处所,是抱定怀疑的态度;对于一切事物,都敢于怀疑,凡无真凭确据的,都不相信。这种态度虽然是消极的,然而有很大的功劳,因为这态度可以使我们不为迷信与威权的奴隶。怀疑的态度是建设,创造的,是寻求真理的惟一途径。怀疑的目的,是要胜过疑惑,而建立一个新的信仰。①

---

① 胡适:《东西文化之比较》,载于《从"西化"到现代化》,罗荣渠编,北京大学出版社,1990,第211页。

在《我们对西洋近代文明的态度》一文中，胡适充分肯定了“西洋近代文明能够满足人类心灵的要求的程度”，提出东方落后民族应以西化方式实现追赶型现代化的观点。①

对于始终在欧洲资本主义的发展语境中讨论现代化之基本规范的中国学者来说，现代化的过程大致上就等同于资本主义化的过程或西化的过程；而在争取民族的生存权利并力求建设“西洋式之新国家”的民族诉求的背景下，“五四运动”又是一场反传统的现代化运动，反传统就是要反对孔教或孔道，打倒孔家店，而现代化则指提倡科学与民主，主张理性主义与自由主义。因此，在某种程度上说，“五四”前后出现的这股以“西化”抗“孔化”的热潮代表了中国现代化进程中的主潮。假如我们可以把康梁的资本主义改良运动视为中国社会的第一个启蒙，一方面它展示出中国的小资产阶级知识分子欲图与封建专制决裂的姿态；另一方面它的失败也充分说明在中国进行速效启蒙或资本主义文化补课的不可能；那么发生在“五四”前后的“西化”与“孔化”间的大论争则可谓中国现代史上第一次真正的思想和文化启蒙，孙中山先生赞誉正是这一启蒙引起了“思想界空前之大变动”。

显而易见，与洋务运动和辛亥革命不同，“五四运动”的特点在于，它不是经济技术的革新，也不是政治体制的改革，而是东西方的文化论战，所有问题都是围绕着东西方文明的特征和价

---

① 胡适：《我们对于西洋近代文明的态度》，载于《从“西化”到现代化——五四以来有关中国的文化趋向和发展道路论争文选》，罗荣渠主编，北京大学出版社，1997，第 158 页。

值优劣展开的。按照当时历史的发展,学术界一般把这场文化论战分为三个阶段:1915—1919 年的东西文明优劣论,1919—1920 年的东西文明能否调和论,1920—1923 年围绕梁启超的《欧游心影录》、梁漱溟的《东西文化及其哲学》而引起的对欧洲现代文化的再评价。① 这一文化论战的问题在于:

第一,西方的现代性进程是以科技的发展为其物质支撑的,西方民主国家的建设是以拥有雄厚资本、先进科技、强大的政治经济特权的资产阶级的主导地位为前提的,资产阶级的政治理想与其经济愿望相互支持。而在 19 世纪末 20 世纪初的中国,则不仅缺乏同时期西方社会的发达经济,也没有一个可以承担民族解放之历史使命的资产阶级。在没有完成对欧洲意义上的资本主义现代化进行经济补课和思想补课的前提下,中国知识分子直接进入到现代化问题的世界情境中来,直接以悖论式的方式展开寻求中国现代性的思想努力和社会实践,与欧洲知识界对现代化危机的自省意识碰撞、交锋,因此不仅导致"反现代性的现代性"成为中国现代性思想的主要特点;另一方面,这也造成了中国现代化语境的"早熟性"和抽象性。

第二,与中国进行思想启蒙的同时,世界上的其他国家和地区(主要是欧洲、日本和俄国)却在爆发第一次世界大战,它不仅使资本主义文明自身的危机和弊病暴露无遗,引发了西方知识分子的信仰危机,而且也使得在"五四"之前"中国知识界的理想

① 参见汪晖:《现代中国思想的兴起》(下卷·第二部:科学话语共同体),三联书店,2004,第 1293 页。

的西洋文明，只是所谓维多利亚时代的西欧文明”[①]沾满了血污，变得令人怀疑。第一次世界大战为中国知识分子反思现代性的目的与途径提供了契机，“问题已经从文化民族主义的范畴转向了对现代性本身的反思。论述的中心不仅是中国寻求现代性的努力是否得当，而且是作为一个世界性现象的现代性是否面临内在的危机”。[②] 也就是说，中国的现代化运动始终是站在文化的立场上来讨论中国的出路问题的，所谓梁漱溟先生所说的“中国的失败自然是文化的失败，西洋的胜利自然亦是文化的胜利”，[③]这种文化决定论的思想导致中国知识分子对于经济发展在现代化进程中的决定作用认识薄弱，以致中国不能不陷入到一种两难的现实处境中，一则要继续完成现代化（尤其是经济领域的现代化）的进程，正如汪晖所总结的：

> 不仅中国的社会主义运动以实现现代化为基本目标，而且它本身就是中国现代性的主要特征。当代中国流行的现代化概念主要指称政治、经济、军事和科技的从落后状态向先进状态的过渡和发展，但这一概念并不仅仅是技术性

---

① 胡适：《建国问题引论》，载于《从“西化”到现代化——五四以来有关中国的文化趋向和发展道路论争文选》，罗荣渠主编，北京大学出版社，1997，第 304 页。

② 汪晖：《现代中国思想的兴起》（下卷·第二部：科学话语共同体），三联书店，2004，第 1308 页。

③ 梁漱溟：《中国民族自救运动之最后觉悟》，载于《从“西化”到现代化——五四以来有关中国的文化趋向和发展道路论争文选》，罗荣渠主编，北京大学出版社，1997，第 30 页。

> 的指标,不仅仅是中国民族国家及现代官僚体制的形成,而且还意味着一种目的论的历史观和世界观,一种把自己的社会实践理解为通达这一终极目标的途径的思维方式,一种将自己存在的意义与自己所属的特定时代相关联的态度。正因为这样,社会主义现代化概念不仅指明了中国现代化的制度形式与资本主义现代化的差别,而且也提供了一整套的价值观。
>
> 中国语境中的现代化概念与现代化理论中的现代化概念有所区别,这是因为中国的现代化概念包含了以社会主义意识形态为内容的价值取向。①

一则还要同时关注到对现代化后果的防范及解救,充分发扬知识分子的现实关怀和价值批判精神。

"五四"时期的文化论战强化了中国现代性思想的"自反性"特征。以此为核心,20 世纪以来,中国借助革命的方式走上了实现现代化的道路。这一百年间,中国经历了前所未有的巨大的变动。美国社会学家吉尔伯特·罗兹曼就把中国的现代化进程分成了四个阶段,并用四个年代来标志这个过程。第一个阶段的标志年代是 1905 年。这一年科举制度被废除。第二个阶段的标志年代是 1930 年。这一年"中国大大改善了向现代化国家平等借鉴的地位,……重新建立起一个具有进一步集中控制潜力的中央政府,…… 现代工业部门 …… 已开始迅速增长。……城市社会组织正在变化,包括商业集团和工会的增加,

---

① 汪晖:《死火重温》,人民文学出版社,2000,第 48—49 页。

家庭结构的变化反映着城市急剧变化的时代已经来临”。第三个阶段的标志年代是 1955 年。这一年“中国已恢复了完全的独立自主权，……强大的国家指导着所有部门中的社会改革，并为扩充共产党控制而继续重新组织社会。……根据现代经济增长的要求，重工业正以极高的速度增长着”。第四个阶段的标志年代是 1980 年。这一年“某些方面的现代化已取得巨大进步”。①

按照罗兹曼的认识，20 世纪 80 年代是中国社会发展非常不平衡的年代，“平衡即指资源的控制和占有关系在中央与地方之间、城市与乡村之间、村庄与家庭或宗族之间以及县级官员与地方经营之间的易手”，②而不平衡主要表现在城市与乡村资源分配不平衡、中央与地方权力分配不平衡、少数知识精英与普通大众接受教育状况的不平衡等。罗兹曼是依据他对当时中国的国际环境、政治结构、经济结构与经济增长、社会整合、知识和教育等因素的综合考察而得出上述结论的，我认为他的结论很有道理。事实上，从 20 世纪 70 年代末中国进入改革开放的历史时期以来，国人的经济生活、政治生活和精神生活就再一次发生了重大的转型。像 20 世纪初“五四”启蒙运动冲击中国社会一样，20 世纪末的中国同样充满了变革与创新，也因此更为波澜壮阔。

20 世纪 80 年代是改革开放的展开时期，有学者认为，改革开放的主要特征就是“经济领域的市场化，它通过中国经济以及

---

①　吉尔伯特·罗兹曼主编：《中国的现代化》，江苏人民出版社，1998，第 605—612 页。

②　同上书，第 618 页。

社会文化与当代资本主义经济体系的接轨,把中国社会纳入全球性的市场社会”。[①] 到了 80 年代末,资本主义生产方式的全球化已经成为一个重要的和不争的世界性事实,中国的经济体制改革已经把中国带入了全球资本主义的生产体系之中。从 80 年代到 90 年代,中国的经济迅速增长,商品和市场的观念全方位地渗透到了社会生活的各个角落,中国的社会结构也发生了剧烈而深刻的分化。孙立平认为:“结构分化作为社会变迁的主要形式之一,其对现代化的影响主要通过两个机制,即由异质性所体现的社会分工和专业化组织对生产效率的促进作用,以及角色多元化和职业等级差异对阶层多元化、社会流动和教育普及的引发及促进作用,这两者都有助于消除封建的‘先赋’特权,增加个人‘自致’地位的比重。……改革以来,中国社会结构最根本的变化是由总体性社会向分化性社会的转变,这一变化的根本动因是体制改革。”[②]改革开放以来,中国社会的分化速度大大加快,分化程度也大大加深,社会越来越流动了,也越来越令人没有安全感。尤其是 20 世纪 90 年代初以后,现代化的众多负面问题开始呈现出来,比如城乡差距越来越拉大,贫富分化越来越明显,官场腐败,拜金主义盛行不衰,生态问题日益严重,自然环境越来越恶劣,等等。这个时候,现代性的精神,或者说现代化的完整性格,才真正全面地展现出来。

---

① 公羊主编:《思潮——中国“新左派”及其影响》,中国社会科学出版社,2003,第 12 页。

② 孙立平:《转型与断裂:改革以来中国社会结构的变迁》,清华大学出版社,2004,第 4—6 页。

第四章 中国情境下的文化保守主义与怀旧思潮

前面我们曾提到过，就一种心理态度或社会态度而言，怀旧总是保守的，但怀旧并不等于保守主义。西方情境下如此，中国情境下也不例外。但在中国情境下谈论怀旧，我们却不能不提保守主义，尤其是文化保守主义。这是因为，无论是在理论层面还是现实层面上，中国的文化保守主义与怀旧思想及实践都相互论证。而通过探讨文化保守主义兴起的缘由、它所反映的社会生活状态及其最终要达到的目的等问题，我们可以比较切近地考察到20世纪以来中国现代性情境下的怀旧发展。

一、19世纪60年代至20世纪二三十年代：古今中西之争

在西方的文化语境中，柏克式的保守主义源于对法国大革命的反思，与自由主义关系密切，是一种政治取向，其“文化保守主义形成的基础是基于理性主义而完成的社会文化的现代化，意义在于从文化的层面对西方文化现代化的反动”[①]。而这种

① 洪晓楠：《文化哲学思潮简论》，上海三联书店，2000，第20页。

保守主义并不适用于20世纪的中国。在中国的文化语境中,保守主义源于民族危机和思想启蒙,与国粹思潮及现代儒学的兴衰有密切联系,是一种文化取向,[①]其"文化保守主义兴起于中国近代文化发展的危难之中,目标是谋求民族文化向近现代的转型","两者的相似之处仅在于对各自传统文化的某种肯认"[②]。

不论是西方的还是中国的文化保守主义,应当说,它都是一个现代问题,因此必然要与现代化发生关系。有学者以此为核心要素区分了世界范围内的两种类型的文化保守主义:"一种发生在现代化是由内在因素催发的国家,其保守主义是针对反传统的激进倾向而言,例如英、法两国的情形。另一种发生在因外

---

① 当然,这并不意味着20世纪的中国不存在政治保守主义。姜义华在《20世纪中国思想史上的政治保守主义》一文中就认为,在20世纪中国思想史上,政治保守主义在不同时期以不同形式出现,至少已经有11次,它们分别是:(一)1906年梁启超提出开明专制论。(二)1915年袁世凯政府的法律顾问美国人古德诺和筹安会发起者杨度提出君主立宪救国论。(三)1925年国家主义者发动的醒狮运动。(四)1928年至1929年由蒋介石使之具体化的训政论及从此时开始的训政实践。(五)1933年至1934年喧闹一时的法西斯主义的鼓噪。(六)1935年丁文江、蒋廷黻提出的"新式独裁论"。(七)1936年前后的新法家运动。(八)40年代初林同济、陈铨、雷海宗等人倡导的"战国策"。(九)毛泽东的全面专政论。(十)1988年至1989年春登场的新权威主义。(十一)1990年12月以来日渐活跃的新政治保守主义。政治保守主义对抗政治民主主义的武器,最常用的是稳定、秩序和效能。参见姜义华:《20世纪中国思想史上的政治保守主义》,载于李世涛主编:《知识分子立场:激进与保守之间的动荡》,时代文艺出版社,2002,第57—73页。

② 洪晓楠:《文化哲学思潮简论》,上海三联书店,2000,第20页。

力而走上现代化道路的国家，其保守足以不仅针对反传统思潮，同时也针对外来文化，如德国、俄国、日本、印度等国的文化保守主义。……前一类保守主义属于传统—现代的矛盾，基本上是一种传统主义。后一类保守主义，还纠缠着本土—外来的问题，即含有传统主义与民族主义双重因素。用中国学界熟悉的术语，前者是古今之争，后者则成东西之争。”①毫无疑问，中国的保守主义属于后一种类型。

理论上，文化的“东西”或“古今”是有所区分的，但在实践活动中，“东西”和“古今”却往往相互并存。对于上述第二种类型的保守主义，因其现代化的进程是由外力施压而被迫展开的，其现代化的目标常常受到外力的决定性影响，“东西”与“古今”之间的纠缠与重叠就尤其明显。中国的情况就是如此。

中国文化保守主义的形成发展几乎是与中国的现代化进程同时并行的，中国的现代化运动始于洋务运动，而中国文化保守主义的开端则是贯穿洋务运动始终的思路和策略——中体西用。这个概念所倡导的精神最早体现在冯桂芬于 1861 年所著的《校邠庐抗议》一书中，②后经王韬、郑观应、沈寿康、孙家鼐等

---

① 高瑞泉主编：《中国近代社会思潮》，上海人民出版社，2007，第 246 页。

② “夫学问难者，经济所从出也。太史公论治曰：‘法后王为其近己而俗变相类，议卑而易行也。’愚以为在今日又宜曰：‘鉴诸国。’诸国同时并域，独能自治富强，岂非相类而易行之尤大彰明较著者？如以中国之伦常名教为原本，辅以诸国富强之术，不更善之善者哉？”见冯桂芬：《校邠庐抗议·采西学议》，转引自何晓明：《返本与开新——近代中国文化保守主义新论》，商务印书馆，2006，第 92 页。

人的阐发,于1898年由张之洞在其《劝学篇》中发扬成熟。张之洞如是说:

> 新旧兼学,四书五经、中国史事、政书、地图为旧学;西政、西艺、西史为新学。旧学为体,新学为用,不使偏废。①

辜鸿铭这样评价张之洞的人格及其理论学说:

> 三公论道,此儒臣事也;计天下之安危,论行政之得失,此大臣事也。国无大臣则无政,国无儒臣则无教。政之有无关国家之兴亡,教之有无关人类之存灭。……文襄之效西法,非慕欧化也;文襄之图强,志不在富强也。盖欲借富强以保中国,保中国即所以保名教。吾谓文襄儒臣者以此。②

可以看出,洋务运动倡导中体西用、保国保教,其本质其实就是一种文化保存或保护,既是一种抵制西方列强的入侵、缓解中华民族文化危机的手段,也暗示出洋务派官僚知识分子的文化自信心和优越感。

中体西用说是近代中国文化保守主义的核心思想,它把两种异质文化的差异明确界定为以道德理想为主体的精神文化与

---

① 张之洞:《劝学篇·设学》。

② 辜鸿铭:《张文襄幕府纪闻·清流党》,转引自何晓明:《返本与开新——近代中国文化保守主义新论》,商务印书馆,2006,第114页。

以技术力量为主体的物质文化之间的差异，所谓“中学为内学，西学为外学；中学治身心，西学应世事”；①并以“体”“用”之称设定了两种文化根本与次生、中心与边缘、决定性与辅助性作用等有优劣、轻重和上下之分的特点。站在今天的立场上反思这一思路，我们或可谨慎地断言：中体西用说所以保守的根据并不在它不够“激进”，事实上，能够由国家和政府组织、策划并领导、创办实用产业，且以模仿西学为要义，这一理念与实践都远远超出了素以“中心帝国”之身份自居的中国在以往任何朝代所做的类似的努力。从这个意义上说，洋务运动在当时的历史语境中实际上是很激进的，它至少标志着中国知识分子已经意识到，在中国之外，泛西方作为一个经济实体和军事实体其不可忽视的重要性。在中国人的思想观念中，这是一个相当深刻的跃进。

更细致地区分一下，中体西用说的保守性也许体现为它还不够“开放”。在对“体”“用”之别的认可和倡导背后，也许仍然潜藏着晚清知识分子的文化优越感和自信心，这种文化优越感和自信心是某种集体潜意识，它来自于对几千年“中国—四夷”的政治结构关系的绝对认可，虽然在近代中国频遭外创的冲击下一而再、再而三地动摇，但出于一种被夸大的民族自尊以及被历史培养出来的民族自信，它始终没有被根本和彻底地否定。所以说，中体西用说其本质还是一种“东西文化关系说”，是在共时性的层面上展开对两种文化的对比和评判，通过辨析两种文化的不同特性，继而区分出它们的高下优劣，并结合现实的需要

---

① 张之洞：《劝学篇·外篇·会通第十三》，转引自何晓明：《返本与开新——近代中国文化保守主义新论》，商务印书馆，2006，第110页。

进行筛选和利用。与其说中体西用说是文化保守主义,毋宁说它更恰切地体现了民族主义和激进主义的巧妙结合。

不仅如此,保守主义者们还发明了“西学中源”说来具体阐发中体西用说,以之解释后者在实际运用过程中出现的诸多矛盾。西学中源说认为,西学不是一种原创性的知识,它的源头都在中国,比如说,西学中的政教部分来自于中国的《周礼》,而西学中的技艺部分则散见于中国如《尧典》、《周髀》、《墨子》等经典中。这样,不论是形而上的内容,还是形而下的内容,都被经过一番加工改造后塞进了“中学”的框架中。何晓明认为它的意义在于:“其一,它通过曲折的方式,表达了社会思潮对于近代西方资本主义技艺、政教的肯定评价和对社会进行全面改革的初步要求;其二,它以有限度的开发态度,在适合民族文化心理承受能力的考虑之下,将仿效西方、变革社会的方案限制在不根本突破中国传统文化本体这样一种温和的、不彻底的基本构想模式之中。”①

中体西用说贯穿在整个近代中国文化保守主义思潮中,在20世纪二三十年代现代新儒学兴起之前,它还在国粹派、“五四”时期东西方文化论战中坚持东方文化本位的“东方文化派”、20世纪20年代的“学衡派”中得到了充分的体现。

国粹派以章太炎为首的日本东京国学讲习会和以刘师培为代表的上海“国学保存会”影响最大。所谓“国粹”,主要就是指能够体现中华民族特性和中国传统文化精神的“国学”。“国学”

---

① 何晓明:《返本与开新——近代中国文化保守主义新论》,商务印书馆,2006,第104页。

并非专指儒学，而是指先秦时代的“诸子之学”；“国学”也并非全部的传统学术，而是基于对现实危机的反思、以能够体现国家、民族和人民的利益为准则，经过筛选、继承和革新的“真国学”或“真儒之学”，“其所学者，上下千载，洞流索源，考郡国之利病，哀生民之憔悴，发愤著书，以救万世，其言不为一时，其学不为一人”。① 与洋务派有所不同的是，国粹派对中国传统文化的信任和希望不是一种固步自封式的、一味为维护封建专制统治的盲目自大，而是注重保存国学对传承历史和发扬民族特性的重大意义。所谓“学存则国存，学亡则国亡”，“国粹者，一国精神之所寄也。其为学，本之历史，因乎政俗，齐乎人心之所同，而实为立国之根本源泉也”。章太炎更是认为国粹应主要通过民族和国家的历史本身去加以领悟和汲取，他说：“为甚么要提倡国粹？不是要人尊信孔教，只是要人爱惜我汉种的历史。这个历史是就广义说的，其中可以分为三项：一是语言文字，二是典章制度，三是人物事迹。”②只有深入了解并弘扬国史，才能正确地把握政治与文化建设的前景，才能有力地激发起人们的民族爱国之心。

可以这样说，无论是从学术思路还是从文化的角度来考虑，国粹派的思路和气象都要比洋务派开阔很多，他们不仅已经注意到了中西沟通的问题，而且能够对中国传统文化中的落后和局限予以批判，并通过吸取新知来改造旧学。国粹派对“国学”

---

① 转引自胡逢祥：《社会变革与文化传统——中国近代文化保守主义思潮研究》，上海人民出版社，2000，第77页。

② 章太炎：《演说录》，《民报》1906年第6期，转引自何晓明：《返本与开新——近代中国文化保守主义新论》，商务印书馆，2006，第158页。

的发掘和研究使之为保留和继承中华民族的文化遗产作出了重大贡献。然而,在对传统文化的认识基础、继承动机和利用方式方面,国粹派还是有与洋务运动一脉相承的地方;而对中西文化本质之差异的认识也仍然没有跳脱精神与形质之差异的窠臼,其本质都还是"中学本位"或"中体西用",都寄望于发掘和光大中国的学术传统,维护民族文化的尊严。所以,在某种程度上(比如在心理方面),国粹派比洋务派更复杂也更尴尬一些。王汎森就这样归纳当时知识分子的"两难心态":"既痛恨西化,却又想从西方取万灵丹,学习西方的科学、进步,因此,可称之为'反西化的西方主义';同时,他们又有一种既批判传统,又向往某种他们认为更纯粹的传统的倾向,可以称之为'反传统的传统主义'。"①

假如套用美国学者凯克斯对保守主义的归类,国粹派大概可以算作"朴素的保守主义者",迈克尔·奥克肖特认为这类保守主义者的动机就是"宁可要熟悉的东西而不是未知的东西,宁可要经过考验的东西而不要未经考验的东西,宁可要事实而不是神话,宁可要现实的而不是可能的,宁可要有限的而不是无限的,宁可要附近的而不是远处的,宁可要足够的而不是过多的,宁可要便利的而不是完美的,宁可要现在的笑声而不是乌托邦的狂喜"。② 参照当时的现实情境来看,国粹思潮的文化保守性表达了一种寻求传统和历史连续发展的愿望,它与我们所说的

---

① 王汎森:《中国近代思想与学术的系谱》,河北教育出版社,2001,第197页。

② 凯克斯:《为保守主义辩护》,应奇、葛水林译,江苏人民出版社,2003,第7—8页。

怀旧还不完全相同。更恰切地说，它是一种政治道德或历史经验。

“东方文化派”的代表人物是杜亚泉、梁漱溟、张君劢等；“学衡派”的代表人物是吴宓、梅光迪、胡先骕、汤用彤等；现代新儒学的发展，迄今经历了三代人的传承。第一代的代表人物为梁漱溟、张君劢、熊十力、马浮、冯友兰、贺麟、钱穆等；第二代为唐君毅、牟宗三、徐复观、方东美等，第三代为杜维明、刘述先等。这些学派思潮的观点主张各有特色，不完全相同，但他们都是坚持中国文化本位，认同和信任中国的传统学术及文化精神，尤以儒家思想及其伦理道德学说为重。在西学大潮汹涌而人的过程中，他们都倾向于“文化回归”，认为中国的现代文化建设必须要在接续和传承传统文化的基础上进行，中西文化不应截然对立、非此即彼，而应寻求文化“调和”，各取所需。何晓明在他的《返本与开新——近代中国文化保守主义新论》一书中对文化保守主义从“体用”派到国粹派再到新儒家这一路发展过来的逻辑线索作了准确而清晰的梳理，现摘录如下：

> “体用”派有感于物质层面的中国传统文化确实落后于西方，冲破重重阻力，引进“奇技淫巧”，从实质上启动了中国传统文化向现代转型的第一步。但是，对于中国传统文化核心部分的伦理纲常，他们却本能捍卫，“圣人所以为圣人，中国所以为中国，实在于此”。“国粹”派摒弃了貌似公允而实质上破绽明显的体用模式，不是直接、浅陋地以伦理纲常作为“中国所以为中国”的文化依据，而是从一般文化或种族特性的视角，充分肯定中国固有之“国粹”，并对之进

行深入的研究,因而显现出更为专精的学术品格和更为厚实的理论力量。现代新儒家则比“国粹”派又前进了一步。他们不是泛泛地褒扬一般意义上的“国粹”,而是具体凸显孔儒之学、尤其是宋明理学的文化核心地位。当“国粹”派力图从中华民族的历史特性中、从包括儒学在内的各家各派思想遗产中解析中国文化的生命基因时,现代新儒家却以更高的本体论文化哲学的眼光,以宋明儒家的心性之学会通西学,从中发掘出中国文化所独具的超越时空局限的普遍意义与恒久价值。近代中国文化保守主义至此登上了前所未达的理论高峰。①

有关这些思想的整理和研究成果,目前学界已是汗牛充栋,本书不拟对此再做赘述。本书所关心的是,这些观点的持有者都是有着广泛的国学和西学双重知识背景的人,他们为什么有如此浓厚的传统文化情结?他们又何以肯定中国的传统文化能够担当起救助民族文化危机、重塑民族尊严的重任?他们的选择和立场究竟怎样体现了国人的历史感或怀旧情结?

回答这些问题,假如仅从知识分子个体的角度来考虑,大概很难有令人满意的答案,因为个体与个体间有千差万别的联系,即使同属一个学派或同奉一种信念,也会因具体的个体经验、知识背景、现实阅历、社会认识等多方面的问题而有微妙的差异。因此,我们不妨从这些理论主张的对立面来寻找答案。我们知

① 何晓明:《返本与开新——近代中国文化保守主义新论》,商务印书馆,2006,第211—212页。

道，无论是“东方文化派”和“学衡派”，还是现代新儒学，他们有一个共同的对手，那就是“全盘西化派”。他们的思想形成最初最直接针对的都是“五四”文化论战中的“全盘西化派”。“全盘西化派”把西方文明和东方文明看成是两种性质相同的文明，二者之间的关系不是共时性层面上的同存并立的关系，而基本地呈现为一种新旧关系和今古关系。它暗含了一个预设，即作为两种性质相同的文明，东方文明是西方文明的过去式和低级阶段，应该被超越，而文明的未来状态和理想化状态则是西方文明，而中国的现代化就等于西化。既然东方文明和西方文明是历史进程中两种不同阶段从而也不同价值的文明，而历史又是必然向前进化的，不能倒退也不能重复，因此，对未来的文化形态而言，东方文化和西方文化两者不能兼有，只能取其一而弃其一，这样才可能有全新的开始和未来。

关于中西文化之差异的实质是“古今”还是“东西”的问题，其实从洋务运动、戊戌变法到辛亥革命再到“五四运动”以来，在近代中国文化保守主义者的问题视域中，也一直是一个基本而极其重要的问题。随着现实危机的日益加深，随着运动的发起者和运动的主体逐渐从上层官僚、知识分子下落到留学生群体，随着运动所依据的思想原理日益远离中国的文化传统，这一“古今中西之争”也在不断地调整、分化和发展。最明显的就是，中体西用论者强调的还是“异质文化”“东西之别”，而现代新儒学兴起之后，现代新儒家的诸多代表人物已经逐步从坚持“东西之别”转变为相信“古今之别”。现代新儒家第一代代表人物冯友兰就是如此。他“认识到这不是一个东西的问题，而是一个古今的问题。一般人所说的东西之分，其实不过是古今之异”；“欧洲的封建时代,跟过去的中国有许多地方是相同的,或者大同小异。至于一般人所说的西洋文化,实际上是近代文化,所谓西化,应该说是近代化”。[①]

可见,坚持中国文化本位的思想家和学人并非不了解中国传统文化的积弊,也并非对近现代西方文明的先进发达视而不见或故意回避,他们也很清楚中国传统文化要想实现现代转型必须要向西方学习。他们当中的许多人,反而都经历过一个从醉心西学、钻研新知到重新回归国学传统、推崇“国粹”的曲折过程。我们前面讲到的王国维就是一个非常典型的例子。

然而,与“全盘西化派”有本质差异的是,后者坚持一种绝对的立场和决绝的态度,认为大破大立才能全面而完整地革除旧文化的积弊、习得新文化的精髓;而前者以两种文化的差异为根本,强调有拿有弃,主张以“拿来”的姿态稳健地实施现代文化的转型。换句话说,文化保守主义者们一样坚决反对固步自封、夜郎自大,一样强调要“西化”才能“现代化”,但对“西化”的程度和分寸应当有所把握,所谓可“西化”而不可“全盘西化”也。这里揭示出“保守”在“不开放”之意之外的第二层含义,即“不激进”。从这个角度看,余英时先生“严格地说,中国没有真正的保守主义者,只有要求不同程度变革的人而已”[②]的认识确有一些道理。

---

① 冯友兰:《冯友兰集》,转引自何晓明:《返本与开新——近代中国文化保守主义新论》,商务印书馆,2006,第236页。

② 余英时:《中国近代思想史上的激进与保守——香港中文大学25周年纪念讲座第四讲(1988年9月)》,载于李世涛主编:《知识分子立场:激进与保守之间的动荡》,时代文艺出版社,2002,第10页。

这种看法表明对峙双方在人类文明的总体演化趋势上有根本的差异,这种价值取向揭示出"全盘西化派"的历史进化论立场,而且把多样化、复杂化的文明发展状态简化为一种标准或一种模式,它必然导致"全盘西化派"对现实改革和文化建设形成一种激进的、剧烈的态度。而这些正是坚持中国文化本位的学人所不能认同的。比如说,梁漱溟就把世界文化划分成并行不悖的三大体系:中国文化、西洋文化、印度文化。西方文化的根本精神是生活意欲向前要求的,它要解决的问题是人与物之间的关系;印度文化是意欲反身向后要求的,它要解决的问题是人与自身的关系;而中国文化则采取意欲转换、调和、折中的路向,要解决人与人之间的关系。不同性质的文明发展面临不同的困境,必当基于国情和实际情况采取不同的解决路径,现代文化建设应以稳健而"中庸"的方式进行。冯友兰也以"社会类型的共相"与"国家或民族的殊相"之间的关系为基本依据,表达了自己对古今中西文化之争的认识。他这样说:

所谓西洋文化之所以是优越的,并不是因为它是西洋底,而是因为它是某种文化底。……我们近百年来所以到处吃亏者,并不是因为我们的文化,是中国底,而是因为它是某种文化底。

照此方向以改变我们的文化,则此改变是全盘底。因为照此方向以改变我们的文化,即是我们的文化自一类转入另一类。就此一类说,此改变是完全底,彻底底,所以亦是全盘底。

此改变又是部分底。因为照此方向以改变我们的文化,我们只是将我们的文化自一类转入另一类,并不是将我们的一个特殊底文化,改变为另一个特殊底文化。我们的文化之与此类有关之诸性,当改变,必改变;但其与此类无关之诸性,则不当改变,或不必改变。所以自中国文化之特殊底文化说,此改变是部分底。此改变又是中国本位底。因为照此方向以改变我们的文化,我们只是将我们的文化,自一类转入另一类,并不是将我们的一个特殊底文化,改变为另一个特殊底文化。①

西方文明讲求科学精神和民主精神,以近代资本主义工业文明的成功为其物质基础,受到资本积累和资本扩张的支持,鼓励并促进了个人主义、自由主义和竞争意识的形成。在自19世纪开始的近代世界文明发展史上,西方文明确实占据绝对的优势。它带给中国最具革命性的观念冲击就是历史进步论,“因为,中国从前现代社会向现代社会的转变,必须实现价值观念的转变,以提供内在的驱力,使得中国文化进入一种类似西方文化的‘普罗米修斯—浮士德’动力式过程。中国传统的循环论和倒退史观,都不能满足历史的这一要求,只有‘进步’的信念,才能给人们从传统走向现代以内在的推动”。② 中国进步论有四层含义:

---

① 冯友兰:《三松堂全集》第四卷,转引自何晓明:《返本与开新——近代中国文化保守主义新论》,商务印书馆,2006,第237—238页。

② 高瑞泉:《中国现代精神传统——中国的现代性观念谱系》(增补本),上海古籍出版社,2005,第67页。

> 第一层含义，是社会向善论的预设，就是相信人类社会将不断地改善，不断地趋向完美的理想境界。其中包括了一个强主题：社会进步将必然进入一个终极状态，那就是康有为描绘的太平世界——大同。同时还潜伏着一个弱主题：我们虽然不能确证社会是否进入完美的道德境界，但是我们相信人类社会将不断提升和进步。
>
> “进步”的第二层含义，它是一个道德性的理念，是指主体德性的提高和完善，所以“进步”必定又预设了人性将不断改善、趋向理想人格。正如莫理斯·金斯伯瑞说的，“贯穿所有时代的进步理论的核心，是相信人类已经前进、正在前进，并且将继续前进，走向满足人类伦理需要的方向。”
>
> 进步论的第三层含义，是相信人的理性、认识能力、知识和科学技术将不断地增长。……“进步”信仰的第四层含义，即对力量的追求，相信人类能够不断扩大自身的权能，以征服自然界，从而不断增进人类的幸福。①

在20世纪初的中国学人心里，“进步论”不仅仅是西方文明的象征，它还是对中国现代文化建设和未来发展方向的信仰。在19世纪末期，当中国的国门被迫打开、传统知识系统趋于崩溃和瓦解的危机时刻，西学曾经“责无旁贷”地担当过指引中国现实出路的思想资源，中国从技术效仿到制度改革再到文化革命，学习西方学习了许多年。但问题恰恰在于，第一，第一次世

① 参见高瑞泉：《中国现代精神传统——中国的现代性观念谱系》（增补本），上海古籍出版社，2005，第63—65页。

界大战暴露了西方文明自身的危机,破灭了中国人的“西化”的梦想;第二,多年的学习西方并没有根本改变中国的现实困境,反而随着新信仰新制度的确立,增生了更多更难解决的新问题。许纪霖先生归纳了要求西化的知识分子在思想激进的过程中所遭遇到的难以逾越的四重屏障:“首先是前程仿效西方与发现西学‘破产’的困惑;第二是全盘实现西化与西学多元取向的困惑;第三是理智接受西方与情感面向本土的困惑;最后是拯救民族危机与文化出现‘真空’的困惑。”①可以说,在主观意志和客观效果两个层面上,中国都被证实不能走“全盘西化”的道路。世纪之交的中国所不得不面临的处境是非常痛苦的,就像唐君毅所说的那样:“中国社会政治、中国文化与中国人之人心,如一园中大树之崩倒,而花果飘零,遂随风吹散;只有在他人园林之夏,托荫避日,以求苟全;或墙角之旁,沾泥分润,冀得滋生。此不能不说是华夏子孙之大悲剧。”而国人所要承受的现实更为凄惶,所谓“上不在天,下不在地,外不在人,内不在己”。②

在这样四顾茫然的时刻,人们总会自觉不自觉地向回看,以回溯本源的方式来反省现实的困境,通过重新思考和发掘传统资源、通过“复活”历史记忆来寻求应对现实困境的方案,那些本来对传统文化就有情结的人更容易如此。这大概既是一种回应方式,也是一种认同手段。事实上,任何一种文化的接续和传承

① 许纪霖:《激进与保守之间的动荡》,载于李世涛主编:《知识分子立场:激进与保守之间的动荡》,时代文艺出版社,2002,第39页。

② 《文化意识与昼的探索——唐君毅新儒学论著辑要》,中国广播电视出版社,1992,第424页。

都不可能以其与传统的决裂为代价，而且传统的延续必须依赖共同生活的地域、共同的语言、共同的信仰和共同的历史记忆等四个因素的共同支撑①，反过来说，只要这四个因素没有被完全割断，传统就不能被“斩草除根”，“寻根”或怀旧就有充分的条件，也是一种取向。它的本质是一种文化认同，是“确认自己处在一个强大的历史空间和族群文化之中，拥有一些可以充分应对变化的传统资源，自己是这一传统中的一分子，凭着凸显和夸张这种文化传统与民族历史的方式，人获得所需要的自信心和凝聚力”②。

二、20世纪80年代末至90年代初：启蒙的两面性

余英时先生认为：“相对于人和文化传统而言，在比较正常的状态下‘保守’和‘激进’都是在紧张之中保持一种动态的平衡。例如在一个要求变革的时代，‘激进’往往成为主导的价值，但是‘保守’则对‘激进’发生一种制约作用，警告人不要为了逞一时之快而毁掉长期积累下来的一切文化业绩。相反的，在一个要求安定的时代，‘保守’常常是思想的主调，而‘激进’则发挥着推动的作用，叫人不能因图一时之安而窒息了文

① 参见葛兆光：《中国思想史》(第二卷：七世纪至十九世纪中国的知识、思想与信仰)，复旦大学出版社，2001，第544页。

② 葛兆光：《中国思想史》(导论：思想史的写法)，复旦大学出版社，2001，第89—90页。

化的创造生机。”[①]在大多时候,保守和激进都是相互纠缠交接在一起,以“合力”的方式共同影响和作用着社会精神和时代风貌。20世纪20年代发生的“科玄论战”就是一个重要的例证。“科玄论战”就是要解决科学(理性、知识)和玄学(知觉、精神)对于人生社会的作用和功能问题的,激进派一方沿袭了自五四以来以追求“进步”为理念的启蒙精神,而保守派一方也并非完全彻底地反科学,只是强调科学对于解决人生问题的可能性及其限度。这说明,激进和保守看似对立,实则是对相同问题的不同思考,并且只有借助于另一方,激进或保守才能完整地表现出各自的特性。激进和保守是相对的,是互文共生的,假如我们认可学界把“五四”新文化运动称作中国文化史上的第一次启蒙运动,那从“科玄论战”中所体现出来的激进与保守之间的辩证关系,就可被认为是“启蒙的两面性”。

启蒙的两面性第二次得以淋漓尽致地展现,是在20世纪80年代末至90年代初。它的直接缘起是20世纪70年代末80年代初“文革”之后的反思及“寻根”热潮。“文革”是中国现代历史上极其重要的一段时期,在精神生活的层面上,无数人对之寄托了革命的理想和激情。然而,一场史无前例的文化运动变成了同样史无前例的文化浩劫。“这是一个时代的黄昏,知识分子经历着醒觉之后的孤独和寂寞,经历着偶像塌毁之际的幻灭和迷惘。他们在政治运动中身心分裂,创痕累累,其中敏锐的先驱

---

① 余英时:《中国近代思想史上的激进与保守——香港中文大学25周年纪念讲座第四讲》(1988年9月),载于李世涛主编:《知识分子立场:激进与保守之间的动荡》,时代文艺出版社,2002,第24页。

者艰难地摸索、开辟着独立的思想空间。这个思想空间在‘文革’后期的意识形态的重压下，在封闭的孤立无援的绝境中，充满矛盾、断裂和扭曲。”①偶像坍塌了，信仰被摧毁了，20 世纪 70 年代末 80 年代初的中国就像是一片文化废墟，绝对偶像的坍塌导致的不仅是人类信仰的毁灭，也把个体抛置到一种无所归属和意义虚无的荒凉境地。就像徐晓在《半生为人》里所表达的困惑：“那曾经的信仰，是因为原本是错误的，所以根本就不值得去信吗？是因为我们压根就没有触到实质，因而不可能彻底吗？还是我们否定它，只因为不能为自己的沉沦寻找到自圆其说的理由？这是对于包括我自己在内的、如今已经‘溃不成军’每一个曾经的反叛者的提问。”②这一提问延续至 20 世纪 80 年代以来，“何去何从”的问题再次压倒了一切，成为知识界普遍关注的焦点问题。

甘阳先生把 20 世纪 80 年代称作“寻找文化的时代”。当时大多数知识分子都痛感在中国没有文化，加之本土政治理想的毁灭以及长期与西方隔绝，因此许多人都把目光转向西方去寻找，用西方文化作对照批判“有问题”的中国文化传统，也由此掀起 20 世纪 80 年代的“文化热”。“80 年代初已开始注意‘文化’问题，因为专业性的学术工作本身也需要发展为文化研究，1985 年 1 月中国文化书院举办了第一次文化讲习班，组织著名学者及海外学人宣讲中国文化与比较文化，一时比较文化或文化比

---

① 祝东力：《精神之旅——新时期以来的美学与知识分子》，中国广播电视出版社，1998，第 30 页。

② 徐晓：《半生为人・自序》，同心出版社，2005。

较成了全国瞩目的课题,掀起了全国范围的文化讲习热。1986年'文化:中国与世界'编委会推出了系统、全面引介西方近代人文学科重要著述的计划,又引发了全国翻译出版西方学术著作的热潮,短短两三年中,以文化引进和文化反思为主要内容的'文化热'在整个神州大陆兴盛一时,'文化'一辞,以它对人,对人生、历史、社会的巨大涵盖力,成了80年代中期以后无孔不入的幽灵,取得了超前的影响力。"①陈来先生认为,"'文化热'的开展及其论点与新文化运动呈现出惊人的相似性",如:

> 两者都经历了一个从中西到古今的文化争论;两者都内在地以激进主义与保守主义的紧张为主要动力,且都以激进主义为主流;两者都含有推进社会改革的现实指向;两者不同程度地都涉及到科学与玄学的争论;最后,与文革不同,两者都是由知识分子所推进的文化运动。②

20世纪80年代的"文化热"因此被普遍认为是中国的"第二次启蒙运动",是继"五四"以来中国最大规模的一次文化反思运动。

反思是直接针对"文革"的,但反思又是对这一"反思"的反思,其最中心的问题还是"古今中西文化之争"。也就是说,中国应当如何继续完成传统文化的现代转型?新时期的知识分子面

---

① 陈来:《20世纪文化运动中的激进主义》,载于李世涛主编:《知识分子立场:激进与保守之间的动荡》,时代文艺出版社,2002,第303页。

② 同上书,第304页。

对传统和西方时又应当如何选择或决定？而在中国现代化的进程中，这些选择或决定又该如何体现知识分子的批判和建构功能？"文化热"的重要人物甘阳这样评论20世纪80年代及以后"中国的文化讨论"的根本任务：

> 一方面，深刻地反省并纠正以往在理解西方文化上的种种不足、偏差和错误，把近几十年来被粗暴地拒绝排斥的近代西方文化的基本价值特别是自由、民主、法制重新下大力气引入中国，并使之立地生根成为中国现代文化的内在组成部分；另一方面，则要深入地思考20世纪以来特别是近几十年来西方文化和学术的发展，以期更深刻地把握现当代西方文化的内在机制和根本矛盾，从而富有远见地思索今后中国文化可能面临的问题。①

在对如此宏大而艰难的文化任务的构想下进行文化讨论，"文化热"的主导倾向表现为激进主义的倾向是丝毫不足为怪的。虽然以甘阳为代表的激进一派并没有完全彻底地否定和抛弃中国文化传统，也没有完全绝对地肯定和拥抱西方的"现代性"，相反，甘阳宣称："我们对于传统文化，不但有否定的、批判的一面，同时也有肯定的、留恋的一面，同样，对于'现代社会'，我们不仅有向往、渴求的一面，同时也有一种深深的疑虑和不安之感。我以为，这种复杂难言的、常常是自相矛盾的感受将会长期地困扰着我们，并将迫使我们这一代知识分子（至少是其中部

① 甘阳：《古今中西之争》，三联书店，2006，第108页。

分人)在今后不得不采取一种'两面作战'的态度:不但对传统文化持批判的态度,而且对现代社会也适中保持一种审视的、批判的眼光。"①然而,由于其深厚和深广的后现代西学背景、讨论中国文化问题敏锐的视角和高的理论起点,及其"反思的反思"和"批判的批判"的思想进路,他们的优势是可想而知的,他们的思想力量也必然是非常巨大的。

甘阳认为,中国传统文化要想实现现代转型,必须解决两个"文化的冲突":其一,中国的传统文化与中国的现代文化之间的冲突。这一冲突的实质是伦理本位的前现代文化和知识本位的现代文化(以"五四"为分界点)之间的冲突,"所谓前现代文化转向现代文化,实际即是要从伦理本位的文化系统转到知识本位的文化系统。这在实践上表现为从人治(圣人治国)转向法治(专家治国),在理论上则表现为从人生哲学转向知识分析。近代西方哲学以'知识论转向'为标志,正是这种'文化转向'的最深刻反映。康德完成这种转向后又力主'扬弃知识为信仰留地盘',则是这种'文化冲突'(二律背反)的最高哲学表述"。② 其二,中国的传统文化与西方文化(包括西方的传统文化和西方的现代文化)之间的冲突。这一冲突的实质是古今文化冲突而非地域文化冲突。两种冲突之根本和主要的冲突乃是第一种冲突,而解决这一冲突,又必须借助对第二种冲突的理解和借鉴。也即"应考察西方文化是如何从传统形态走向现代形态"的,并尽快实现中国传统文化的现代转型,从而在"同一个现代文化形

---

① 甘阳:《古今中西之争》,三联书店,2006,第107页。

② 同上书,第27页。

态范围内”展开中西之间真正的、平等的文化对话和文化比较。这样一来，对中国现代知识分子而言，最紧迫也最首要的任务就是：检验中国的传统文化形态是否需要根本的改造和彻底的重建，或者说，在中国的传统文化形态内，是否已然蕴含着创造现代文化的关键元素。也正因此，在甘阳看来，百年来文化讨论的核心问题和理论焦点实际就是传统问题。

传统不等于过去，传统是被制造、被创造的，是无限生成的。而在以儒家文化为中心的中国传统文化形态中，并没有包含能够生成现代文化的“新的出路”和“新的前景”的元素，也就是说，儒家文化不代表中国文化的整体，也不可能永远是“中国文化的基本精神”。在创建中国现代文化的进程中，儒家文化必然要下降为仅仅只是中国文化之“现代”系统的一个次要、从属的成分。因为儒家文化遵循的是“道德理想主义”原则，而（西方）现代文化遵循的是与之截然相反的“经济理性主义”原则，“二者不但没有‘内在亲和性’，而且直接抵牾”。甘阳描述了儒家在现代的尴尬地位：“它既不能使自己去迎合‘工具理性’（这是投降主义道路），又不能反其道而行之去高唱‘道德理想’（这是进攻主义道路），从而把社会往后拉。唯一的路只能是守卫人文文化（保守主义道路）。”①并在“文化热”早期就提出了“继承发扬‘传统’的最强劲手段恰恰就是‘反传统’”②的激进主张。

甘阳的观点主张与“五四”时期的陈独秀是一脉相承的，大概也是因为他的相对激进，海内外一些学者把以甘阳为代表的

---

① 甘阳：《古今中西之争》，三联书店，2006，第135页。

② 同上书，第65页。

一些人称之为“反传统”的一派(与之并存的还有李泽厚的“西体中用”说的一派,杜维明等海外“新儒学”的一派),并随着 80 年代“文化热”的散播,形成了有关“五四运动”的激进评价。

1988 年,美籍华人学者林毓生出版了《中国意识的危机——“五四”时期激烈的反传统主义》一书,对“五四运动”进行了重新评价。林毓生指责“五四”时期以陈独秀为代表的“全盘性反传统”的倾向,并把“五四”和“文革”相提并论,认为正是因为“五四”的“全盘性反传统”造成了中国的文化“断裂”,带来了中国意识的危机,并催生了后来的十年“文革”。“五四”和“文革”“两次文化革命的特点,都是要对传统观念和传统价值采取疾恶如仇、全盘否定的立场”。① 林毓生的著作和言论在 80 年代末以后的中国汉学界引起了强烈的反响,众多学者参与到有关重新评价“五四”思潮的论争中来。1988 年 9 月,余英时在香港中文大学 25 周年纪念讲座上宣讲了以“中国近代思想史上的激进与保守”为题的长篇演讲,梳理了百年来中国近代思想史的激进主义之路。1991 年 7 月,美国纽约又召开了题为“中国重要转型期知识分子的角色和贡献”的学术会议,会议的中心议题之一就是“近代中国知识分子的乌托邦理想与不断激烈化的过程……以及这一思想趋向所埋下的自我毁灭的种子”。1992 年 4 月,《二十一世纪》上又发表了姜义华与余英时有关“激进主义”与“保守主义”的争鸣。之后的《东方》杂志的创刊号又发表了陈来的《20 世纪文化运动中的激进主义》一文,对 20 世纪从“五四”到

---

① 林毓生:《中国意识的危机——“五四”时期激烈的反传统主义》,贵州人民出版社,1988,第 2—3 页。

“文革”再到“文化热”的文化运动进行了细述，强调了文化激进主义在此运动过程中的重要作用。[①] 至此，从 80 年代末开始，到 20 世纪的 90 年代，在中国的知识阶层，掀起了一股反激进主义（或者反省文化激进主义）的大潮，文化保守主义重新崛起。

文化保守主义在 20 世纪末的中国曾一度成为显学，它在文学、艺术、哲学、历史等诸多领域都有所体现，有学者认为文化保守主义甚至是“全社会性的”。但总的来看，文化保守主义较重要地体现为三个方面：第一，“国学热”。“1993 年，北京大学出版社先后出版了《国学研究》（第一卷）与《国故新知》。同年 8 月 16 日，《人民日报》以整版篇幅发表了《燕园涌起‘国学热’》。两年后，《人民日报》再一次发表长篇报道《久违了，国学》。‘国学’一词也由此取得了它在当今中国文化中的钦定地位。”[②]第二，治史研究。在文学方面主要体现在“重新文学史”的热潮中。“重写文学史”是由陈思和与王晓明在 1988 年发起的，1994 年 1 月陈思和在《上海文学》上发表了题为“民间的浮沉——对抗战到文革文学史的一个尝试性解释”的文章，同刊 9 月号“批评家俱乐部”集合十位批评家讨论此文。这一主张强调，当代中国知识分子应当守护散落在民间的传统文化，而“对知识分子来说，民间还不只是一种临时的支撑点，而是他最后的家园与安身立命之地。从过于浓厚的意识形态兴趣转向广阔的民间大地，这

---

① 陈晓明：《反激进与当代知识分子的历史境遇》，载于李世涛主编：《知识分子立场：激进与保守之间的动荡》，时代文艺出版社，2002，第 310 页。

② 转引自王思睿：《今日中国的新保守主义》，载于李世涛主编：《知识分子立场：激进与保守之间的动荡》，时代文艺出版社，2002，第 417 页。

已不仅是80—90年代文学的一个演化趋势,也可以说是世纪末中国知识分子的一种精神自觉”。[①] 第三,以温和和稳定的话语方式讨论中国传统文化的现代转型,放弃激进的批判精神,再次探寻“古今”“中西”的文化差异,重新评估儒家文化与新儒学,寻求中国未来的文化出路。

文化保守主义是新保守主义[②]在文化层面上的体现,是20世纪80年代末90年代初反激进主义思潮的直接产物,但它在这样一个特殊的时刻形成和重新崛起的根本原因,却是十年“文革”对现代知识分子理想信念的残酷挫败及后者对文革的反思。激进主义思潮首先源于“文革”后的价值真空和文化空缺,因此才有对西方文化的狂热引进和推崇,才有与百年前“五四”时期相似的文化思考和“文化热”。所以可以说,“文革”才是文化保守主义的真正母体。

“文革”之后的个体是脆弱无力的,但个体又不得不承担起

---

① 转引自赵毅衡:《“后学”,新保守主义与文化批判》,载于李世涛主编:《知识分子立场:激进与保守之间的动荡》,时代文艺出版社,2002,第349—350页。

② 1990年12月,萧功秦在《中国青年报》思想理论部主办的一个题为“中国传统文化与社会主义现代化”座谈会上,正式提出新保守主义的概念。他对新保守主义的概括是:“从变革过程所必需的历史连续性上,从现代化的积极的中介和杠杆功能上,重新肯定传统价值系统、意识形态和权威形态的意义和积极作用,并在这一基础上渐进地推进中国的现代化。”90年代的中国新保守主义,在政治层面上的主要表现形式是国家主义、新秩序主义和民族主义。参见王思睿:《今日中国的新保守主义》,载于李世涛主编:《知识分子立场:激进与保守之间的动荡》,时代文艺出版社,2002,第410—412页。

在文化荒原上重建意义价值范式和人类精神支柱的使命，在那样一个特殊的、脆弱的历史时期，古老的传统文化，尤其是质朴、静穆却又蕴含着无限生命真谛的传统人类精神，很容易成为人们获救的希望。如李振声所形容的："沉迷于经典的破译，复活和重现古老的岁月和种族生命，将先民们遭遇过的苦难连同他们的真诚或愚妄的信念，一起加以神圣化的处理，返身投入种族集体生命经验的渊薮之中，从而把一时漂泊无根的精神，引渡到种族信念的源头去安家落户，就成为一种别无选择下的选择，一种可以理解和宽谅的冲动。"①

另外，在同样一个历史时期，国际上也掀起了"寻根"的热潮。20 世纪 70 年代末，美国黑人作家哈利的小说《根——一个美国家族的历史》在美国发表，这部家谱式的小说揭示了代际之间与种族之间的"根系"关联，促成了全美范围内的"寻根"热，并由美国迅速扩散开来，直至影响到世界上的大多数国家，包括中国。国际"寻根"热潮包括文学、艺术、理论等各个方面，如印象派大师高更对塔希提岛的原始部落风貌的描绘、立体主义大师毕加索对远东原始雕塑和非洲面具艺术的吸纳、维柯的"诗性智慧"对原始历史的沉思、列维—布留尔的"原始思维"、弗洛伊德对无意识的发掘、荣格的原型和集体无意识说、尼采对酒神精神的张扬、席勒与黑格尔对古希腊精神及艺术的向往等。它的丰富复杂性使中国的"寻根"激情更加高涨，中国的"寻根"热潮也几乎涵盖了所有的艺术门类：诗歌领域中的四川"整体主义"和"新传统主义"诗派，杨炼、江河、王家新等诗人的部分作品；小说

---

① 李振声：《季节轮换》，学林出版社，1996，第 3 页。

领域中的韩少功(《爸爸爸》)、阿城(《棋王》)、郑义(《老井》)、贾平凹(《商州系列》)、李杭育(《最后一个渔老儿》)、扎西达娃(《西藏:隐秘岁月》)、残雪(《苍老的浮云》)、王安忆(《小鲍庄》)等;美术领域中的"89 现代艺术大展";音乐领域中的崔健的摇滚乐、流行音乐"西北风"等;电影领域中的张艺谋、田壮壮、吴子牛、陈凯歌、黄建新等第五代导演,等等。

在像这样文学艺术家们对"寻根"潮的追随中,其实始终潜藏着一种寄托和一份使命感,亦即希望通过寻根人们可以再度找回自己,把断裂了的个体精神生命与社会历史发展重新结合起来。因此,寻根不是游戏,没有单纯的愉悦,也不只是智性的魅力,而是"想象力活动中的严肃",其中"心情不只是被吸引着,同时又不断地反复地被拒绝着",①它是根柢意识的充分展现。比如北岛,他从 20 世纪 80 年代末开始就在海外漂泊,但游历多年,中文是他一直带在身边的、最珍爱的、惟一不能丢的"行李"。作为一个诗人或作家,中文写作本身就确定了他的身份;而作为一个漂泊异乡的诗人或作家,"在语言上的忠诚和在文化上的反叛"之间的紧张关系恰恰又是他写作的动力。② "必须修改背景,你才能够重返故乡",对于像北岛一样的中国诗人而言,返乡之途不是别的,正是也只能是其"文化之根"和"灵魂之根"——语言。

这暗示出 20 世纪 80 年代末至 90 年代初的文化保守主义

---

① 康德:《判断力批判》(上卷),宗白华译,商务印书馆,1996,第 83—84页。

② 参见北岛:《失败之书》,汕头大学出版社,2004。

有着强烈的反政治性，是中国传统文化精神在现代社会的“复活”，是现代知识分子对文化民族主义的潜认同，是与中国传统士大夫一脉相承的“中国文化情结”之被激活的具体表现。王岳川就认为：“文化保守主义主要以一种反现代性的、反美学的和文化民族主义的方式出现，是20世纪世界范围内反现代化思潮的主潮。……其骨子里是一种浪漫主义，为葆有人生的诗意和人生内在的魅力，而反对人性的异化和人的工具化面具化。”①

作为与激进主义相对立的一种思想进路，学界对文化保守主义的是非优劣有诸多论争，这一点单从《知识分子立场：激进与保守之间的动荡》一书中所收录的论争文章的题目的尖锐性和挑战性就可以看得出来。比如有《谁应对辛亥革命负责？——与李泽厚先生商榷》，《如何评价“五四”白话文运动？——与郑敏先生商榷》，《文化崩溃时代的逃亡与皈依——90年代文化的新保守主义精神》，《时间神话的终结》，《民族自尊的误区与现代文化的选择——对一种东方怀古情结的批判》，《低调一些——向文化保守主义进言》，《“只有一次，等于没有”——关于“保守”与“激进”的经验之争》，《真假亨廷顿与东西亨廷顿——从“新保守”到“文明冲突”的此岸回应》等。激进一方认为保守主义体现了一种民族自卑感，20世纪90年代的保守主义种种不是一种严密的理论，而是一种心照不宣的情绪，只关注个体境遇，而放弃了对共同处境的忧患和对终极价值的追

---

① 王岳川：《当代文化研究中的激进与保守之维》，载于李世涛主编：《知识分子立场：激进与保守之间的动荡》，时代文艺出版社，2002，第434页。

求;保守一方认为保守主义是一种稳健、持续和平衡的文化发展理路,保守体现了人类的审慎,是一种有节制并且有效的手段。我认为,单纯的强调激进主义的激进或保守主义的保守都是没有意义的,与其说激进主义与保守主义是一对截然两分的二元对立范畴,倒不如把它们看成是“你中有我,我中有你”、有可能也有条件相互转化的互补模式。保守主义其实是激进主义自身的“反骨”,绝对地反对保守主义实际上就等于绝对地反对激进主义,有效的方法之一也许不在于比较二者的概念差异或是非优劣,而着重发掘二者对中国现代化进程的积极意义和建构功能,这样才有可能摆脱抽象的理论争论,而回到实际、务实的现实生活中来。

三、20世纪90年代中后期:世纪末的失落与回望[①]

1993年,《上海文学》第6期发表了王晓明等人的《旷野的废墟——文学与人文精神危机》一文,文章从对当前中国文学危机的警告和诘难出发,提出当代人的精神信仰已然破灭、人文精神日渐委顿的问题,呼吁作家的“灵魂救赎”和文化人的自省,呼

① 本小节中部分内容(有关普通民众怀旧风潮)已拓展论述,成为拙著《抵达生命的底色——老照片现象研究》中的一部分,详见《抵达生命的底色——老照片现象研究》第五部分“照片里的花样年华”,广西师范大学出版社,2005。《抵达生命的底色》为本课题的阶段性成果。

唤新的人文精神的诞生。人文精神的讨论①由此揭开了序幕。

20世纪90年代初的人文精神大讨论是当代中国思想史上的一个重要事件，它与20世纪初的“五四”新文化运动遥相呼应，标志着中国知识界在历经几重困顿和磨难之后，开始重新面对自身。有学者认为，人文精神讨论实际上仍是“八十年代文化热的一个延续，仍然是一种文化情绪”，我倒觉得它“启下”的作用较之“承上”的作用更大，与其说它是20世纪80年代文化情绪和倾向的终结，毋宁说它引领了整个20世纪90年代的知识分子的“现世情怀”，为世纪之交的时代精神和历史意识奠定了基调。

20世纪90年代人文精神讨论的核心是人文精神与知识分子的关系问题，比如知识分子对人文精神的承当和发扬，人文精神对知识分子的专业功能及社会功能的塑造和影响，人文精神在当代知识分子身上的缺席与萎顿等。与此相关的还有文学世

---

① 1993年《上海文学》第6期发表王晓明等人的《旷野的废墟——文学与人文精神危机》一文之后，1994年《读书》第3—8期又连续发表了一系列文章，深入探讨人文精神及其危机的问题。主要参与讨论者及文章有：《人文精神：是否可能与如何可能》（张汝伦、王晓明、朱学勤、陈思和）、《人文精神寻踪》（高瑞泉、袁进、张汝伦、李天纲）、《道统、学统与政统》（许纪霖、陈思和、蔡翔、郜元宝），《我们需要怎样的人文精神》（吴炫、王干、费振钟、王彬彬），《危机？进步？》（曲卫国）。另外，《东方》和《上海文学》也陆续刊发了王蒙、王晓明等人的讨论文章，成为人文精神讨论的重要阵地。1994年下半年至1995年，《文汇报》、《作家报》、《光明日报》又分别刊发了关于人文精神的争鸣文章，张承志、张炜、王彬彬、南帆、徐中玉、张汝伦等作家、理论家和学者都参与了讨论。1996年，上海和北京两地同时出版了两本《人文精神讨论文选》，标志着人文精神讨论已渐近尾声。

俗化、经济体制改革、政治中心主义及其后果等其他问题。讨论的基调和主流观点认为,人文精神应当以人为本,关怀人在现世存在的基本意义;知识分子作为人文精神的集中体现者,要有使命感和责任感,有价值追求,有精神信仰和现实实践的能力。这本应是知识分子应有的品格和素质,但令人痛心的是,在以市场经济及商业文明为主导的现代社会,这一品格衰落了,人文精神成了一种浪漫主义和理想主义,它被寄望于在知识分子的内心重新培植和发展,它成了物质时代和利益社会的奢侈品。人文精神的倡导者由此将人文精神与市场经济和商业文明对立起来,指斥后者导致了享乐主义、金钱至上和拜物教,也引发了道德堕落、个人主义极端膨胀、责任心泯灭,文学成了"媚俗"和"自娱"的工具,知识分子则人格病态,灵魂麻木,丧失了应有的生命力。

这场讨论所产生的观点是否正确也许还有待商榷,比如人文精神是否与市场经济和商业文明截然对立?文学的世俗化是否必然意味着文学的自甘堕落?知识分子的物质存在及生活欲望与其精神追求是否一定水火不容?知识分子对人文精神的体现和承担是否是唯一因而也是范式的体现和承当?在知识分子身上,人文精神是否确有一个从既有到失落甚至消弭的过程?在知识分子的众多品格中,最重要的品格是否必然是纯粹精神化或精英化的?它与民众的生存智慧应当如何相处?但是,特别值得提出的是,这场讨论所揭示的现实状况确实是令人担忧的。虽然知识分子的立场与使命一直以来就是学界的一个基本命题,但在世纪之交,在社会发生急剧转型的关键时期,重新阐释这一命题毫无疑问是亟须的、不可或缺的。在某种程度上可以说，它意味着知识分子在一个特殊的时刻对自身的历史以及学术的历史进行清理和疏通，它必然涉及到知识分子对待传统、历史、过去、现实、身份、价值等诸多重要问题的立场和态度，也很有可能引发社会大众的思考，并相当影响后者的判断和现实选择。90年代的人文精神讨论就是以多种方式在这些不同层面上发挥了作用。

人文精神的确切内涵究竟是什么？我非常赞同李劼的观点，他把人文精神界定为一种“贵族精神”，一种新的人文传统和民族精神，其标志是具有自由的思想和独立的人格。在李劼这里，人文精神不是知识分子或所谓“文化人”的专利，一个具备自由思想和独立人格的人，一个所认同的文化心理和所选择的生存方式都具有人文气息和精神气度的人，都可以被认为是具有人文精神的人。在研究《红楼梦》以及与之相关的王国维、陈寅恪(及《柳如是别传》)的文章中，李劼这样写道：

> 《红楼梦》之伟大在于展示了与以往传统文化全然不同的审美境界，王国维之卓越在于领略了这种境界并以此拓展开去，奠定了一种新的人文传统，而陈寅恪之睿智在于领悟了王国维其人其死连同其著之深意，从而自觉承担了文化的命运和自身的使命。此乃晚近中国思想史上最具深意的人文三部曲，以奏鸣曲式的结构互相联接，一章终了，一章又起；宛如一场灵魂之接力长跑，存在之火炬，从容沉着地彼此传递，由此写出一种民族精神之新篇章。以往之历史，乃《资治通鉴》之历史，《三国演义》之历史；自《红楼梦》，《“红楼梦”评论》及《柳如是别传》相继问世，始见历史有了

> 别一种讲述。权力斗争,道德相残,于灵魂烛照之下方显出其贫乏苍白。①

作为一种重要的人格或品质,人文精神确乎与“权力斗争”和“道德相残”无关,它应当是一种纯洁和纯粹的人文关怀,也本应具有与民众的天然的亲和性。李劼意义上的人文精神,其首要和根本的意义在于自由的思想与独立的人格,这是一切其他品格生长的出发点,也是一切正义、使命与责任等抽象概念发挥效应的条件。只有具备前者,后者才有讨论、沟通的共同语境以及现实操作的可能性。相比之下,李劼意义上的“人文精神”要比20世纪90年代人文精神讨论中被界定的“人文精神”更具有理论的原创性和包容性,也更有生命感。

李劼认为,谈论“人文精神的失落”的语境和话语前提是整个民族文化心理的沦落,是《资治通鉴》和《三国演义》的传统对国人造成的负面影响的后果,而不是市场经济和商业文明与人文精神之间的对立冲突。李劼所涉及的话题当然是一个超出本文范围和能力的庞大的话题,但问题在于,为什么这样一个庞大的话题在20世纪90年代的人文精神讨论里具体缩小到了一个人文精神与市场经济及商业文明两两对立的问题中了呢?20世纪90年代究竟发生了什么,使得当时(乃至)之后的中国知识分子如此忧虑自身的身份认同、现实处境、专业功能以及社会职责呢?这才是与本文主旨密切相关的问题。

中国社会自改革开放以来,发生了巨大的变迁,其中最根本

---

① 李劼:《悲悼〈柳如是别传〉》,载于《读书》1993年第4期。

的变化，当属“社会结构的变迁”，也即“社会分层结构的变迁”。分层涉及到人们的身份和地位，其本质就是对资源和利益的占有关系的不同。在改革开放之前，中国的社会结构以身份制为主，这是一种维持传统经济秩序的必要机制，它“由严格的户籍制度、单位制度、干部工人区分的档案制度、干部级别制度”等构成，“将户口、家庭出身、参加工作时间、级别、工作单位所有制等等作为社会屏蔽的基本指标，对社会群体进行区分”。这种体制的最大特点就是“讲究等级、秩序”，被法律、法规所认可的身份界限分明，身份群体也难以越界。虽然整个体制看上去井然有序，但个体的活力和积极性也被束缚得很紧，而“在这种体制下，人们的后天努力与地位变迁没有太大的联系，因此，这是一种缺少公平竞争机会的体制。……它是市场经济不发达的产物”。①

改革开放改变了这一切，使身份制开始解体，身份分层的地位下降，而经济分层的地位上升。李强将之归结为五种变迁：第一，农民开始突破了户籍身份的限制。第二，“官本位制”有所变化，官员逐渐离开社会经济运行的中心位置。第三，“档案身份”已被突破。第四，取代传统的先天身份指标，人们通过后天努力获得文凭、学历、技术证书等作为社会屏蔽和筛选的概念越来越突出。第五，产权的“排他”作用将更为突出。财产所有权制度地位正在逐渐上升，并有可能成为新的维持秩序的首要制度。②这一切变迁的前提当然是经济体制和社会体制改革，改革重新

---

①　以上有关社会结构及社会分层结构的论述，参见李培林、李强、孙立平等：《中国社会分层》，社会科学文献出版社，2004，第16—18页。

②　李培林、李强、孙立平等：《中国社会分层》，社会科学文献出版社，2004，第18—19页。

配置了资源及对资源的占有关系,并重新建构了新的社会生活运作机制。“中国社会正在由过去那种高度统一和集中、社会化连带性极强的社会,转变为更多带有局部性、碎片化特征的社会。这种变化的意义是多方面的。从更直接的意义来说,它导致社会危机发生和解决机制的变化。一方面,社会的脱节现象在增加,不同演化阶段的碎片无规则地交织在一起,社会张力在蓄积。另一方面,社会的弹性也在增大,局部性危机演变为全局性危机的可能性也在缩小”。①

20 世纪 90 年代以来,随着社会的转型和发展,社会的核心精神从政治性转向了经济化,历史的创伤被慢慢抚平,改革开放带来的物质实惠和政治环境的宽松也使社会大众越来越畏惧和厌烦轰轰烈烈的“革命”,而渴望回归平静安宁,“渴望回到世俗生活,回到人类生活的基本价值:个人自由和权利、家庭、爱情和幸福,即回到一切革命的初衷。这一历史趋向,成为新时期人道主义哲学的现实基础”。② 政治性的社会生活关注制度、民族、国家等全民性的、公共化的宏大问题,而经济化却强调利益、习俗、旨趣等个体性的、私密化的微小问题。社会大众的生存语境被具体化、平民化和日常化了,他们的精神语境也为之改观。长久以来一直压抑着人们的沉重的历史终于在 20 世纪 90 年代初被放下了,像个包袱一样被搁在一旁,人们迫切地想要寻回被遗忘的个性,急匆匆地从整体性的社会生活中抽身出来,返归到更

---

① 李培林、李强、孙立平等:《中国社会分层》,社会科学文献出版社,2004,第 48 页。

② 祝东力:《精神之旅——新时期以来的美学与知识分子》,中国广播电视出版社,1998,第 51 页。

安静也更安全的内心世界当中。

然而,正如我们前面所提到过的,改革开放给中国社会带来了多方面的影响,甚至在某种程度上,它的负面效应比它的积极作用还要突出。完整的现代化性格是有优有劣的。在这样的社会背景下,伴随着一系列乃至越来越多也越来越复杂的社会问题的出现,原本笃定的改革开放的现实目标变得令人怀疑了,人们的信心被不同程度地动摇,越来越多的困惑浮现到日常生活的表面上来。最实质性的问题就是:现代化的实施究竟是以什么为依据的?有中国特色的现代化道路又是什么?西方的现代化模式能否真正适合中国?如何评价和解决消极的现代化影响?这些问题再次关乎对中国与西方、传统与现代的认识和取舍,因此意义重大。在这一过程中,作为一种专家群体的知识分子群体,内心经历了前所未有的"文化震惊",而就像近一个世纪之前的中国思想界一样,对这些问题的认识也由此成为知识分子的主要分歧所在。①

事实上,在改革开放初期,知识分子的主流态度是怀抱着一种虔诚的信心和热切的希望支持改革的,有学者分析说:"就总体来说,知识阶层是当时中国社会各个阶层中对改革的支持最明确的一个阶层。"②这种支持的热情是不难理解的,因为知识分子是时代精神的晴雨表,他们对历史与现实、中国与世界的了解必然使他们在思想认识的高度和深度上要远远超出普通大

---

① 此两段论述参见赵静蓉:《抵达生命的底色——老照片现象研究》,广西师范大学出版社,2005,第25—26页。

② 李培林、李强、孙立平等:《中国社会分层》,社会科学文献出版社,2004,第51页。

众,从而也更理性、更确定地认识到中国的时势非改革不足以发展、非开放不足以更新。从理论上讲,知识分子有理由相信,改革是中国唯一的出路。

改革初期,中国经济的持续高速发展确实使社会民众大大受益,特别是20世纪80年代引入市场机制之后,物质增长尤其迅猛。然而,市场以利益为原则,以经济为杠杆,最先与市场结合并从中获利的恰恰不是"处于社会内层、核心层的知识层、技术层、管理层",而是"处在社会外层、边缘层的体力劳动者群体"。[①] 直到90年代以后,当市场侵入到了社会的核心群体中来,知识技术层也开始经历下海浪潮后,这种局面才有所转变。

然而,这本身就是一个令知识分子群体颇感尴尬的转变。转变之前,知识贬值,金钱至上,利益中心,拜物盛行,知识分子不仅物质收获大打折扣,其社会身份和地位也大幅降低,其专业职能取代社会职能成了知识分子的主要(甚至是唯一)职能,知识分子的自由思想、独立人格、批判意识和价值追求反而被嘲讽为"不合时宜"。转变之后,受利益驱动,知识技术阶层与统治集团联盟,精神的崇高性和抽象性被消解,信仰被抽空、被现实生活破除,高蹈、务虚的价值追求被世俗、务实的利益追求所取代,部分知识分子学会与市场友好相处,从而也重获利益。转变是以对资源和利益的重新分配与占有为依据的,而对资源和利益的重新分配与占有又不得不遵循市场机制的游戏规则,后者显然不利于知识分子继续保持权威、典范、立法者的传统角色,这

---

① 李培林、李强、孙立平等:《中国社会分层》,社会科学文献出版社,2004,第52页。

必然会造成知识分子的失落。在一个不推崇坚守的时代里坚守自我,知识分子会被奚落为“迂腐”,会感到孤独和困惑;而放弃坚守,追随时代,知识分子又要以丧失自我为代价,会被指责为“软弱”,仍然会感到痛苦。20 世纪 90 年代有关“人文精神失落”的大讨论背后,实际上正是这种让知识分子进退两难的窘境。而讨论开展的持久和热烈,恰恰证明了知识分子群体对这一两难难题的无力解决。

按照汪晖的说法,20 世纪 80 年代末期以来的社会变迁瓦解了作为一个独特群体的“知识分子”:

> 这些改变中国“知识分子”社会身份的社会变迁包括:现代社会日趋分工严密的职业化过程,现代企业和公司内部的科层制的发展,国家体制内部的技术官僚化,以及与之相伴随的社会价值取向的转移。原有的知识分子阶层正在分化为专家、学者、经理人员、技术官僚,并被组织到中国社会日益发展的科层制度之中。把当代“知识分子”的变化归结为某种“精神”的失落,而回避导致“知识分子”阶层发生变化的社会条件,其根源之一就是“启蒙主义”知识分子对这个社会过程本身持有极为暧昧的矛盾态度。①

面对历史和现实,活跃在 20 世纪 80 年代的中国启蒙知识分子分化了。其中一部分仍然对改革充满信心,仍然坚持效仿

---

① 公羊主编:《思潮——中国“新左派”及其影响》,中国社会科学出版社,2003,第 26 页。

西方的模式,变得相对激进的他们有可能是改革的既得利益者,也有可能是改革的理想主义者;而另外一些人则在改革遇到障碍的时候对长久以来奉为理想的西方模式产生了巨大的怀疑。理想不再是完美的理想,理论依托也失效了,他们重新退回到中国的传统文化中来,希望能通过体制内的改革解决好开放所带来的价值危机和精神失落的问题。这部分人有可能是改革的利益受损者,也有可能是改革的保守主义者。如果说 20 世纪 80 年代是中国改革开放的青春期,启蒙是一种青春的心态,那么 90 年代则出现了一个回环,那些部分步入保守的知识分子则像是进入了中年期。

在短暂的三十年改革开放的过程中,知识分子经历了一个曲折、复杂的转型过程,在现实层面上,这一转型可被表述为“从中心游离出去,在边缘调整,继之分化,部分与统治集团联盟,重新回到中心;部分与民众接近,同中心保持若即若离的关系”;在精神层面上,这一转型可被表述为“从激进支持改革,到利益受损后的低落、迷茫,继之分化,部分继续激进求变,部分变得谨慎保守,开始质疑改革”。我之所以把 20 世纪 90 年代人文精神大讨论的重要意义界定为“启下”而非“承上”,就是因为这一讨论反映出当代知识分子对自身处境的自明,“失落”这一概念本身就揭示了知识分子对过往生活的某种恋恋不舍和潜意识的认可,而当“失落”的根源被归结为现实的市场经济和商业文明时,这种文化心态就因“美好的过去—缺失的现在”的二元对立模式而被认为是具有了怀旧的性格。中国近现代思想史上的第三次怀旧大潮就始自 20 世纪 90 年代的人文精神讨论。

另外还需要特别强调的是,在对改革提出异议之前,改革开放所批判所质疑的恰恰是传统，对传统的信任和依靠并不能使其突然变成坍塌的理想的替代品，传统的力量还需要在一段时间内以信任和科学的态度去开发。这样一来，对于 20 世纪 90 年代的知识分子（尤其是文化保守主义知识分子）来说，未来、前途和方向等都变得茫然和不可预料了。由此，知识分子隐退了，从社会文化的中心位置退到了边缘，从鲍曼意义上的“立法者”变成了“阐释者”，而变得更具有权威性和权贵性的专家、学者却不可阻挡地成为新的社会规则的制定者。

改革是不以人的主观意志为转移的，改革还要继续下去。但在急剧变革的现实面前，在不可知的未来面前，一个个体通常所能采取的本能的应对方式却是“向后看”，即感慨现实生活的诸多不如意，暂时不去理会麻烦的未来，而把安慰寄托在对已然消逝的“黄金岁月”的怀想之中。经过了从 20 世纪 70 年代末到 90 年代的一段历史发展后，上述保守主义的文化性格不仅没有在越来越快的改革步伐中被削弱，反而随着越来越多意想不到的新问题的出现，慢慢地声势浩大起来。改革带来的问题越多，保守派的力量就越壮大；改革的问题越严重，保守派就越容易被大众接受并认可。不仅如此，这场社会转型的风暴，或思想界分化重组的潮流，不仅影响到了身处其中的知识分子，就连普通百姓也能感受到那种惶惑不安的情绪，而后者甚至要付出远比知识分子更大的代价和努力来适应社会的变化，来处理各种各样的社会问题。①

---

① 此两段论述参见赵静蓉：《抵达生命的底色——老照片现象研究》，广西师范大学出版社，2005，第 34—35 页。

改革进程中,普通民众(尤其是处于社会底层的、以体力劳动为主要劳动方式的劳动者群体)也经历了一种“心理转折”。前面我们提到过,当20世纪80年代刚刚引入市场机制时,正是这些体力劳动者群体最先与市场结合,并从中获得了明显的利益。但随着90年代市场进入到社会的知识层、技术层、管理层后,中国的产业结构发生了变化,市场向高档产业发展。“而这一阶段,体力劳动者由于无法和知识、技术、管理层相竞争而处于明显的劣势。正是在这种利益的驱动下,知识技术层开始与统治集团形成联盟,而体力劳动者层由于利益上的损失,产生了对于社会变迁的极大不满情绪”。①

与知识分子不同,普通民众的失落和不满最直接地来源于利益的受损或不平衡关系。衣食住行,这些最基本的生活元素同样也是最重要的生活元素。20世纪90年代以来,社会发展越来越快,社会的流动性也越来越强。“铁饭碗”被打破了,不断地“跳槽”以重新开始成为很多人(尤其是年轻人)认可的工作方式。随着社会分工日益细密化,各行各业的竞争也越来越激烈,年轻化、技术化、专业化、团队精神、创新意识等等越来越成为衡量一个人的才能从而选择或淘汰这个人的重要指标。而与生活水平提高的同时,生活质量却不容乐观。人们越来越感觉到生活压力大、工作繁重,越来越多的人处于“亚健康”状态。就像一句戏言中所说的:现代人拼命赚钱,之后又拿钱买命,人们的生活似乎陷入到一种疲惫的状态中。李培林认为,“在社会阶层结

① 李培林、李强、孙立平等:《中国社会分层》,社会科学文献出版社,2004,第53页。

构的变动中，社会流动的增强，特别是普遍的向上流动趋势的形成，具有化解社会紧张和社会冲突的重要作用”，而“人们比较的参照体系，除了临近的阶层，更直接的是他们的过去”。“如果失去向上流动的机会，则更容易产生对过去的怀旧和对‘献了终身献青春、献了青春献子孙’的不满。”[①]然而，我们都知道的事实是，对于普通民众而言，尤其对于那些以体力劳动者群体为代表的低技术含量的人而言，向上流动几乎难上加难。比较容易实现或可能实现的途径大概就是办自己的产业，做自己的老板。这也是为什么现代社会对白手起家、一穷二白而最终奋斗成功的创业者尤为宣扬的原因之一。他们被称为“奇迹”，但却不是不可能，他们是无数同类人的理想和梦想。

1996 年下半年，当学术界的人文精神讨论几近结束之后，整个社会又掀起了一股怀旧的高潮。它最初开始于 1996 年 12 月下旬山东画报出版社出版的第 1 辑《老照片》，之后《老照片》又以每年 4～5 辑的速度陆续出版。1999 年，山东画报出版社《老照片》的出版被有关媒体组织评为“新中国出版 50 年推动出版业的五十件大事之一”[②]。所谓“大”就大在它给当代中国的文化研究带来的变化大，它对当代中国的社会心理产生的影响大。而这大的变化和大的影响最突出的，就是它以摄影的方式，以私人化的角度提供给社会大众重新认识历史、记忆过去并占有时间的可能性，它激活并创造了整个时代和社会的“怀旧的境

---

① 李培林、李强、孙立平等：《中国社会分层》，社会科学文献出版社，2004，第 15 页。

② 《出版广角·新中国出版五十年特辑》，1999 年第 10 期。

界”。《老照片》开风气之先,之后又陆续出现了摄影界“老”系列的“黑白艺术”、音乐界的“红色经典”、文学界的“怀旧系列丛书”、影视界的历史剧创作、科学界的考古热、民俗学神话学的复兴、博物馆艺术的兴盛和收藏热等现象。从收藏实物到文字抒怀,再到图像记忆甚或身体行为,怀旧以多种多样的表现形态逐渐覆盖人们的日常生活,成为一种社会性的、群体性的文化景观。①

这样一来,20 世纪末的整个社会都自然而然地都浸润在怀旧的情绪中。这一怀旧是世纪末的失落与回望,是对过去三十年的一种反思,是对现实的无声埋怨,却也潜藏着对未来的冀望和期待。一方面,我们要充分理解世纪末怀旧思潮形成的社会心理原因与社会现实动机,对怀旧主体的情绪和情感抱持一定的同情;另一方面,我们还要更严肃、更全面地分析对待中国社会的各种变迁,对改革开放过程中出现的各种问题要辩证、历史地看待,不遗忘过去,也不美化过去;不回避现实,也不否定现实。

从以上的梳理中我们可以看到,20 世纪的中国大致经历了三次社会性怀旧的高潮,分别是 20 世纪二三十年代、20 世纪 80 年代末 90 年代初和 20 世纪 90 年代中后期。笼统地说,从现实动机来看,第一次怀旧思潮主要面临的问题是如何评价处理“西化”和“民族化”之间的关系;第二次怀旧思潮是如何渡过政治理

① 参见赵静蓉:《抵达生命的底色——老照片现象研究》,广西师范大学出版社,2005,第 27 页。

想、民主信念的破灭所带来的精神危机，以及如何处理"西化"和"现代化"之间的问题；第三次怀旧思潮是如何看待和解决经济发展、政治体制改革所产生的社会发展不平衡的问题。从怀旧主体来看，三次怀旧思潮都是以知识分子为先锋，第一次怀旧思潮更是以知识分子为主导性主体，这显示出在某些特定的历史时期和社会语境下，怀旧表现为一种具有相当精英化、贵族化的社会情绪。第三次怀旧思潮就扩大到全体社会大众，这恰恰从一个侧面证明了现代人及其现代生活的经济性特征。从怀旧客体来看，三次怀旧思潮表现出最大程度的趋同性，即都指向宽泛意义上的中国的传统资源。传统既是一种精神资源，也是一种心理资源，还是一种知识资源，虽然每次怀旧指向的传统资源都各有差异，但它都是在两个层面上发挥作用的：第一，在时间层面上，它作为中国历史的一部分或一个阶段，与现代对立；第二，在空间层面上，它代表中国文化和中国精神与西方文明形成对照、发生碰撞。传统不是固定不变的，就像林毓生所提出的，传统也需要"创造性的转化"，创造不仅不能离开传统或反传统，反而要建立在对传统的充分反思、建构和利用之上，传统是创造的活的源泉。

第五章　现代性的总体后果

在西美尔看来，个体的生成可被视为现代性的标志，亦即现代性的主体是人。这就决定了我们不能单从发生在政治、经济、文化等领域内的转变来把握现代性，也还必须通过人的精神气质、体验结构、自我理解、信仰或心态等来把握，看看在现代性的语境下人的价值信念发生了怎样的变化，人又怎样权衡和承当在这场变动中的得失，人将如何为自身的实际生存确立某种标尺，又如何保持自身发展与新的价值秩序之间的平衡等等。舍勒的概括一语中的：现代性关涉到个体和群体对安身立命之基础的重新设定。这样一来，从人的角度来思考现代性，现代性的基本冲突就可以被表述为：现代人对生存发展的理性诉求与对生命质态的感性体验之间的冲突，或者说，人的主体性的极度发展及其带来的人的自由性的极度增强为什么会与人的幸福感的获得不成正比。正是因此，舍勒才会断言，现代性，一言以蔽之，就是本能冲动造反逻各斯。西美尔也认为，现代性不是生命的新形式反抗生命的旧形式，而是生命反抗形式原则本身。麦克法兰在《现代主义思想》一文中也这样总结：

> 新的关注对象是所选择的现象的特殊性，个性的独特本质，以及个性和“整体”之间不断变化的关系。那些流浪

者、孤独者、流亡者、焦虑不安者、不定居者和无家可归者不再是被自信的社会所遗弃的人，在这个时代，主观性乃是具有想象力的人们以权威口吻说出来的真理。有一点在九十年代已初露端倪、而到本世纪初更加明显了，这就是维护生活完整性的任务开始由社会转交给个人——转交给对生活中的事物具有独特看法的个人，他体现了某种秘密的本质，只有这种本质才使世界具有合理性。①

我们知道，现代性是以现代市民社会为基础的，其前提就是世界的“去魅”，就是人与神的维度的连接被中断，一个完全世俗的文化和社会成型。现代性强调的是对此岸、在世和俗态的归属，一方面，被神抛弃后的人处身于一个怎样的世界呢？新的、即时性的、流动性的，因此人必须充分发扬主体性的精神，借助于理性和知识的力量摆脱自身对自然界的依赖，使作为个体的人得以保持在世界面前的独立性。不仅如此，神的隐退也必然会扩大乃至膨胀人类主体的自信心，导致人对自身力量无节制地使用或滥用。另一方面，在失去神的庇护的世界里，人又是脆弱的、偶然的、碎片化的，与外在世界和理性的张扬相对，人又以回返内心标识一种自成体统的此岸世界态度。所谓“人的心性乃至生活样式在感性自在中找到足够的生存理由和自我满足”，在西美尔看来，“现代的本质根本上就是心理主义，即依据我们

---

① 詹姆斯·麦克法兰：《现代主义思想》，载于《现代主义》，马·布雷德伯里、詹·麦克法兰编，胡家峦等译，上海外语教育出版社，1995，第63页。

的内在反应并作为一个内在世界来体验和解释世界,把固定的内容融解到心理的流逝因素中,在心理中,一切实体都化解了,实体的形式仅只是运动的形式而已"[1]。而这正是审美的特质。由此可见,恰恰正是现代性的世俗本质,孕育了现代人实际生存的悖论,人的主体性的发扬(即人的理性诉求)必须以心理主义(即人的感性体验)的扩张为基础,也只有当二者构成一种张力关系时,审美对人类主体性的极端发展的救赎才有可能。

人的两难处境是现代性的必然后果,而现代人生活在这样的困境中不可能感受不到自身的矛盾和分裂性,舍勒由此认为,现代现象中的根本事件是传统的人的理念被根本动摇,以致于"在历史上没有任何一个时代像当前这样,人对于自身如此地困惑不解"。[2] 现代怀旧产生于现代社会之中,本质上就是对这一"动摇"和"困惑不解"的应对,是现代人用以稳定自身的心灵平衡、重新寻得某种灵魂归宿感的自我防御机制。本书认为,"动摇"源于五个方面:从生存背景来看,现代性最深刻的特征就是传统的"断裂",断裂既是一个正在进行的过程,也是一个已经有所展示的结果,断裂的内涵、方式和范围等直接影响到现代怀旧的形成;从生存依据来看,现代人的本真性被消解,固有的真实感受被抽空;从生存意识来看,速度控制了人,施加给人巨大的压力,改变了人对存在的认识;从生存经验来看,距离感的重心转移,人与人之间的心理疏离及其造成的个体生存的不确定性、

---

① 转引自刘小枫:《现代性社会理论绪论》,上海三联书店,1998,第302页。

② 同上书,第19页。

不安全感和孤独感成为困扰现代人的重大问题；从生存状态来看，碎片化生存成为人的日常生存。归根结底，正是这五个方面的变动根本动摇了人的传统理念，也正是对此变动的“困惑不解”催生了现代怀旧。

一、生存背景：断裂的命运

断裂是中断、隔阂，与前一个阶段或前一种状态突然拉开距离并形成紧张冲突的局面，但又不完全等同于“决裂”。断裂是现代性的宿命，对这一点，马克思、丹尼尔·贝尔、鲍曼、伊夫·瓦岱、查尔斯·泰勒、吉登斯等许多学者都有不同角度的论述。吉登斯认为，断裂涉及到三种要素：分别是现代时代到来的绝对速度（尤其表现在技术领域），社会变迁的范围和现代制度的固有特性。[①] 贝尔则提供了一种文化言路的断裂思维，指文化和社会结构之间的断裂造成了个人和社会的全面紧张，表现也有三方面：角色和人的断裂，功能专门化（或称角色与象征表现之间的断裂），词汇从隐喻向数学的转变。[②] 泰勒从谈论人类的道德根源在现代社会的转变出发，重点涉及了人类信仰层面与宗教活动和仪式发生断裂的“视野”。[③] 这样的论述不胜枚举，我

---

① 参见安东尼·吉登斯：《现代性的后果》，田禾译，译林出版社，2000。

② 参见丹尼尔·贝尔：《资本主义文化矛盾》，赵一凡等译，三联书店，1992。

③ 参见查尔斯·泰勒：《自我的根源：现代认同的形成》，韩震等译，译林出版社，2001。

们不在此一一赘述。那么,究竟现代性为人类社会历史发展带来了什么样的断裂、这些断裂又如何影响或促成现代怀旧的产生呢?

大致看来,我们可以把现代性的断裂概括为以下三点。

第一,时空观念的根本变革。正如著名的英国物理学家史蒂芬·霍金所言:"空间和时间不仅去影响、而且被发生在宇宙中的每一件事所影响。"①对时空的全新理解是我们的宇宙观变革的根本动机。在西方传统社会(或称前现代社会)中,时间和空间是两个独立的概念。时间意味着某种顺序,有开始、发展和结束;空间意味着某种距离感,有前景和背景、近处和远处、内和外。在时空坐标的划定下,每个人和每件事都可以为自身精确地定位,并按照一定的秩序有条不紊地发展。这种对时空的感知渗透着浓厚的科学和理性的意味。所谓人不能两次跨进同一条河里,这不仅说明时间是无限流逝的,而且揭示出在现实层面上,人类的个体生命只有一次,它以个体意识为起始,以死亡意识为终结。究其本质,它是一种机械的、进化论式的时间观,而受到这一观念的影响,西方人的空间意识也与生命本身呈分裂与分立状。

从古希腊的毕达哥拉斯学派开始,数的范型化及数理和谐性就是西方人把握自然现实、表现宇宙形象的最高标准。经过中古时代到文艺复兴,西方人在几何学、透视法和解剖学的引领下,更自觉地讲求艺术与科学的一致性。唯其科学,文学艺术的

---

① 史蒂芬·霍金:《时间简史》,吴忠超译,湖南科学技术出版社,2001,第34—35页。

逼真摹仿才更容易透露出艺术活动的主客分立的本质。空间的广阔、博大直接与个体的渺小、卑微相对立，对立必要直面，而直面就意味着距离，西方人的空间感是外在于生命本身的，它们的存在是机械的客观存在，与人的情感或意愿比较疏远，人类对空间的掌握也只是经由科学规则超越必然，达到对象化的自由而已。中国人不同。正所谓“其生也天行，其死也物化”，[1]“大曰逝、逝曰远、远曰返”，[2]中国人多认为在无往而无返的时间洪流中，一切有限的存在只有融入其中，才能与宇宙同在。这是一种自由的、循环式的生命节奏和精神气质，维柯称之为“诗性智慧”，正是取其对“知性智慧”的拒绝之意。与之相应，中国人的空间意识就要开放得多。由于它从一开始就拒绝了把宇宙当作冷冰冰的对象来占有的理性冲动，而以“齐物”的主观处理方式取而代之，因此与西方的空间感相比，中国的空间感更更趋于对主客二分模式的克服和对物我之间僵化抗衡的破除。

尽管中西方的传统时空观各有不同，但有一点可以肯定，二者都为人类营造了一个稳定的、有序的生存世界。这个世界是能够被人类的理性所把握的，因此它是安全的，也是有“根”的。但现代社会却截然不同。现代时间不再指柏格森意义上的“绵延”，因此它既不持存过去，也不朝向将来，只把握此时此刻的现在、当下甚至是一个瞬间，就像巴雷特对昆廷·康普森（福克纳的小说《喧嚣与骚动》中的人物）的阐释所表明的：

---

① 邵雍：《观物篇》，转引自刘士林：《中国诗性文化》，江苏人民出版社，1999，第81页。

② 老子：《道德经》，三秦出版社，1995，第71页。

一般的、可以觉察的时间延续——一个片刻接着另一个片刻——被打断了,消失了。但是由于表继续作响,对昆廷·康普森来说,时间显得更为紧迫,更为真实。他不能逃过时间。他就在时间之中。这是他的命运及其决断的时间,而手表也不再有指针来告诉他一般的、可以计算的分钟、小时的进展,而我们日常的日复一日的生活就是在这种进展中逝去的。这样,对他来说,时间不再是可以计算的延续过程,而是没有穷尽、无法逃避的现在。……真正的时间,构成我们生活中戏剧性内容的时间,是比手表、时钟和年历更为深刻、更为基本的东西。时间是稠密的介质,……时间是他们的实质或存在,……没有时间的世界,即永恒,已从现代作家的视野中消失了,……它也从我们自己的日常生活中消失了。因此,时间变成了一个更为无情、更为绝对的现实。短暂性是现代人视野的界限,就像永恒是中世纪人视野的界限一样。①

时间的深度和历史意义削弱了,而在共时的层面上时间的广度和现实意义又得以延展,时间的空间化成为现代社会占据主导地位的表现形态。

空间的拓展也有类似情况。现代人对空间的使用既包括物理空间、心理空间,也包括事实空间、想象空间等,这些多重涵义不仅使其超越了传统社会更多局限于地方、民族、本土、局部的

① 威廉·巴雷特:《非理性的人》,杨照明、艾平译,商务印书馆,1999,第52—53页。

范围，进入到他者、整体、全球的敞开领域中，而且还为发掘空间能指的多功能、多可能性提供了契机。现代艺术对传统艺术的改造翻新就最能证明这一点。比如，现代画家把传统绘画中借助透视法和几何观念来表现的画的立体感和三维性压缩到了一个二维平面上，力求在平整的画布上表达画家的主观性，"平面的立体性"成了现代画家的新理想。再比如现代建筑作为"凝固的音乐"，其流动感也越来越被现代精神所强化，舞蹈的生命特征和音乐的想象性被融合到生硬的建筑材料中，赋予后者一种张扬的运动精神和强烈厚重的"包蕴性"。大体来说，现代时空观大大摆脱了过去各自独立的特点，成了一种彼此交融、可以相互参照和相互印证的概念。二者的"场"已被打开，它们与更多的社会事物产生了关联，具有了更加鲜明的社会属性和时代特征，与哲学、艺术以及日常生活紧密缠绕在一起。它们的意识形态因素被现实强化了，并且成了所有其他社会现象形成发生的基本动力和出发点。

第二，"生活世界"观发生了裂变。这里所说的生活世界不单单指称一个由时空共同定位和构架的物理实体，它还包括人类所制造的种种生活事件及其蕴藏着的人类精神观念。在现代性的宏大语境下，生活世界成了全面展开现代性精神的唯一场所，它不仅要涵盖现代性的发生过程，还必须承担现代性的后果。所以，现代性的形成所带来的前现代与现代的分野，及现代性本身具有的启蒙性质与审美性质的冲突和互补，以致现代性的双重现实化——现代化与现代主义的矛盾对立，都暗含了现代性的分裂意味，也都预设了生活世界在现代时期发生断裂的可能性和必然性。

“生活世界”观的断裂最突出地体现在传统宗教在现代的衰微以及传统信仰在现代社会的被摧。“信”(包含信仰、信奉、信守等诸多意义)是一种彻底的姿态,不需要求证,不附带任何条件,充满虔敬和牺牲的精神,没有理性的周旋。这种姿态或态度是传统社会中的信众最自然也最本质的东西,它相当深刻地体现出传统宗教本身的纯粹性和神圣性。在传统社会的语境中,“信”最重要地含有两种意义和功效。第一,“信”的态度确定和确认了上帝是神圣的,是外在于人并且超越于人的另一个客观存在,人与上帝之间是有序的、有距离的。只有上帝是万能的,人类才可以克服社会的匮乏和人自身的局限性;只有上帝是神圣的,人类才有希望被超越、被提升。上帝的人性化赋予人类世俗生活的勇气,而上帝的神化才根本性地培养、加强和决定了人类信神的信心;第二,“信”也象征了社会与人之间的一种秩序,“信”的确切性意味着社会是确定的,人也能够凭借这双重的确切性稳固和强化自身的心理。传统社会和传统信众是相互印证并相互支撑的。

而在现代社会中,科技的高速发展与人类理性力量的增长互为表里,通过无限地创造生活资料和生产资料,人类积累了大量的社会财富,人类自身的自信心和优越感也逐渐膨胀,甚至产生了如上帝创世一般的无畏心理。科技作为最发达的生产力,使一切都变得可能,而幻想、创意、策划等思想的创造活动也取代了实际的行为操作变成首要关键的问题。正所谓“没有做不到的,只有想不到的”,科技成为现代人通天的巴别塔。从这个意义上说,科技使人变成了“超人”,使宗教意义上的神沦为神话,一方面,它使神融汇到了现代人的日常生活之中,无处不在;

另一方面，也正是神的这一切身性暗示了神与人之间距离的无限增大。世俗的人被科技赋予了传统的神的力量，人皆为神，因而神的标准也不得不被重新制定。在这种生存境遇中，人被体现为多种生存意志和生存欲望的集合体。为了适宜地生存，人不得不经常变换自己的身份以适用于不同的角色、场合和环境。久而久之，面具掩盖了人的真实表情，千篇一律的交往规则抹杀了形形色色的人的个性，这种随时变换不仅变成了一种习惯，成了现代人的日常状态，也就是分裂的而非完整的、碎片的而非统一的、习惯的而非自在的不和谐状态；而且加剧了人的怀疑心态，给生活带来了不安。就像西班牙社会学家奥尔特加所描述的那样：

> 过去与现代之间的豁然断裂是我们这个时代无法挽回的事实，它引发了或多或少有些暧昧的怀疑心态，这一怀疑心态给当代生活带来了不安；我们感到自己突然被遗弃在这个星球上，茫然无助；逝去的人不但在形体上离我们而去，而且在精神上也杳然无迹，他们不再给我们任何帮助；传统精神的鲁殿灵光也已消失殆尽，残留的规范、模式、标准对我们而言已经全然无用；失去了历史的助力与合作，我们所面临的一切问题，无论是艺术的、科学的，还是政治的，都必须独自解决；现代人孤零零地立于大地之上，再也没有充满生机的幽灵伴随其左右。①

---

① 奥尔特加·加塞特：《大众的反叛》，刘训练、佟德志译，吉林人民出版社，2004，第29—30页。

分裂导致人对自身的身份认同发生危机,导致人本应有的圆满、和谐、统一、圆融的本真性生存不复存在,分裂使人彻底地丧失了神性,而成为世俗的人。

现代社会中的人类生存是不连贯、不完整和不确定的。正是在这些特征的影响下,神或上帝的万能性和神圣性遭到了前所未有的质疑,现代科技不仅摧毁了坚挺于传统社会中的“信”,甚至更在某种程度上取代了传统宗教里的上帝,成为现代社会的“新神”。我们的“信”曾经是一个抽象的、纯粹的精神存在,而如今,信仰却被“物化在我们有效的社会行为之中。信仰支撑着幻想,而幻想调节着社会现实”①,现代社会里的上帝成了现实主义的神。在宗教学的意义上,这个神使我们远离了崇高、神圣、权威等精神的可能性,无法处理越来越严重的宗教危机。

第三,传统的断裂。断裂是多方面的,但构成一切断裂的宏大基础则是传统在现代社会的迅疾消逝,或者更恰当地说,不是作为人类整体历史的突然中断,而是传统的精神理念、价值规则、思维途径,甚至包括传统的实在事物在本质上的转换和隐退。相对而言,后者更体现了现代性的现实对过去历史的冲击力。德国诗人里尔克对现代社会曾经有过这样的说法:“世界在收敛,因为事物也在收敛,事物日益将其存在置入金钱的震动之中,并且在此发展出一种精神性,此精神性现在已经超过了其可捉摸的实在性。”②诗人所说的“收敛”大概是指人类存在与世界

---

① 齐泽克:《意识形态的崇高客体》,季广茂译,中央编译出版社,2002,第49页。

② 转引于海德格尔:《林中路》,孙周兴译,上海译文出版社,1997,第297页。

之间日益滋生出某种紧张感，而这种紧张感也正借助于现代科学技术的无限发展日益强化，并越来越令人不安。就像诗人在早些时候写下的一首诗歌中所描述的：

> 世界诸王皆衰老，/无人继承其王位。/王子哥儿早夭折，/公主小姐已憔悴，/破烂王冠委暴力。/暴民捣之成钱币，/趋时世界新主人，/熔之锻之成机器，/机器隆隆效人欲，/未见送来真幸福。/金属怀着乡愁病，/生机渺渺无处寻，/欲离钱币和齿轮，/离开工厂和金库，/回归敞开山脉中，山脉纳之将门闭。①

可以看出，由技术暴力所带来的金钱和机器是诗歌中的关键词，而这两样现代社会的标志却不仅没有给现代人带来幸福，反倒使他们失落在既坚硬又冷冰冰的金属世界里，找不到回家的路。"乡愁病"已经扩展成了弥漫和浸透于整个现代人类心灵之中的不治之症，无法"回归山脉"的灵魂只能作为"大地上的异乡者"无声无息、却也无休止地漫游。"技术统治之对象事物愈来愈快、愈来愈无所顾忌、愈来愈完满地推行于全球，取代了昔日可见的世事所约定俗成的一切。技术的统治不仅把一切存在者设立为生产过程中制造的东西，而且通过市场把生产的产品提供出来。人之人性和物之物性，都在贯彻意图的制造范围内分化为一个在市场上可计算出来的市场

---

① 转引于海德格尔：《林中路》，孙周兴译，上海译文出版社，1997，第297—298页。

价值。这个市场不仅作为世界市场遍布全球,而且作为求意志的意志在存在的本质中进行买卖,并因此把一切存在者带如一种计算行为之中",技术使"旧日成长的事物迅速地消逝"了。①

这一点最鲜明地体现在现代艺术中。尤其是在小说、绘画和摄影艺术中,日常性的主题已经渐渐取代了同类传统艺术中的英雄主题而占据了表现领域。作家、画家和摄影艺术家不仅不必再去搜捕英雄人物的丰功伟绩作为作品的素材,而直接从日常生活中、从每个常人的身边抓取灵感,直接把琐碎的、凡常的、毫无吸引力的东西拿来渲染甚至"平铺直叙",而且观众也开始公开认可、欣赏甚至推崇与自身的现实经历有关联的、微观的常人常事。原来神性的、崇高的、唯美的艺术规则被推翻,艺术变成了可以任意表现世俗的、卑微的、丑陋的事物的大杂烩。现代时代也成了一个诗歌失落的时代,成了一个散文写作和散文化表现人类自身、人与世界之间关系的时代。当然,这并不意味着艺术的完全媚俗,也不能证明现代人的心灵世界已然缺席甚至不复存在,从另一个角度来看,这恰恰证实现代艺术乃至现代生活对待传统的决裂精神和朝向未来的创新气质。事实上,只是在现代社会里,我们才对自己的生存处境有了较为完整和开放的认识,因而在艺术中的这种"贬低价值或使价值平整化的作法,并不一定表明道德观上的虚无主义。恰恰相反,艺术由于使我们向现有的被拒绝的因素睁开双眼,可能引导我们更为完整、

① 海德格尔:《林中路》,孙周兴译,上海译文出版社,1997,第297—298页。

更少虚假地颂扬这一世界”①。或许可以这么说，现代人以直面生活真实的心态摒弃了传统由架空理想而生发的某种虚幻，在获得对世界的全面认知的同时，也付出了彻底将自我抛入破碎的、零散的、琐碎的、缺失意义的混乱状态的惨重代价。在现代社会，生命与生存这两个在传统社会截然有别，并象征着完善与残缺、灵魂与肉体、神性与世俗、理想与现实、个人化与庸众性等鲜明对立的概念，也在被削平的、被压缩的一个个偶然的瞬间或二维空间内渐至等同起来。

断裂意味着我们的生活没有根基，而怀旧就是要借助“复活”历史记忆的方式来回返到过去，重建根基。通过真实的回忆和虚幻的想象，怀旧赋予我们一种“似真似幻”的连续性和完整感，使我们的生活世界得到平衡。

二、生存依据：本真性的消解

本真性的提法最初是出现在音乐领域中的。19世纪之前，除圣乐演奏之外很少有其他的音乐演奏，而到了19世纪中后期，音乐篇章的概念被作品（work）的概念所取代，自律、完整和包容性的艺术作品开始形成，音乐演奏也变得丰富起来。本真性的问题也由此开始引起了音乐理论家们的关注。所谓本真性，其最原初的意思就是指对作品的表演要符合作者的本意，它是介于原作和表演实践之间的一种对应关系，主要针对古典音

① 威廉·巴雷特：《非理性的人》，杨照明、艾平译，商务印书馆，1999，第58页。

乐、芭蕾和交响乐,而不适用于爵士乐和戏剧。迄今为止,讨论本真性要考虑到如下几个问题:第一,本真性是否可能?第二,是否必须要用到作品形成时的特殊乐器进行演奏才能达到本真的效果?第三,是否必须遵循作者所处时代的习俗惯例?第四,如何跨越作者的指导建议和演奏者的实际表演之间的鸿沟?第五,当原作缺失时,怎么处理原作、表演和表演的表演三者之间的关系?第六,音乐作品的风格、流派对本真性的形成确定有何影响?第七,作品本身能否被独立考虑?它在作者和表演者之间扮演了何种角色?第八,本真性是否值得发扬?第九,表演者的动机在本真性中起到一个什么作用?等等。①

从音乐对本真性概念的阐释来看,本真性是一个非常类似于作者身份的问题,而用解释学的理论来分析它,又可以牵涉到真实(客体真实和主体真实)、意图和意图谬误之间的复杂关系,这说明本真性这个概念具有一种理论的弹性。如果把它的原初意义扩大到文学艺术的范围,或许可以笼统地说,本真的就是原创的,与仿造的或摹仿的相对。在现代艺术史上,无论是音乐、绘画、建筑、舞蹈、雕塑,还是戏曲或影视文学等别的艺术种类,都要涉及到对摹仿、表现甚或对赝品的争论,这些都足以说明本真性是艺术理论中的首要问题和焦点问题。从这些争论中我们可以看出,真实性是本真性最基本的意义,这是毋庸置疑的。然而,真实性绝不等于本真性。相对而言,真实性是一个古已有之、较多适用在文学艺术领域中的词,本真性的内涵在人类学、

---

① See Michael Kelly etc, eds., *Encyclopedia of Aesthetics*. New York: Oxford University Press, 1998.

哲学、社会学、文学和美学等领域的扩展却是在现代性的语境下才得以完成的，而恰恰是后者才真正构成了本真性作为一个文化概念所独具的理论张力。所以，在现代性的视域下重谈本真性才是非常必要和紧迫的。

本真性在现代社会中的表现形态大概包括四种。

第一，从历史学的角度来看，本真的也即完整的和原生态的，与被遮蔽的、被表现的、被想象的或被主观理解的，或片面的和派生的不同。拿《红高粱》来说，本真性的东西是唯一的，即自行放置在遥远的时间之流中的历史本身，莫言的小说原创和张艺谋的电影改编都是非本真的，无论其中揭示或印证了多少与切实发生的历史完全吻合的内容，它们都不是历史本身，而是“历史的文本”，是被想象和表现出来的某一部分历史内容。尽管“历史本身在任何意义上不是一个文本，也不是主导文本或主导叙事，但我们只能了解以文本形式或叙事模式体现出来的历史，换句话说，我们只能通过预先的本文或叙事建构才能接触历史”。①

根据历史学家萨林（Sahlins）的说法，“文化的每一项复制都是一次改变，把当前世界和谐地组织起来的各种范畴在实践中总会吸收一些新的经验的内容”，②无论是小说家以文字的方式“复制”历史，还是影视艺术家以图像的方式“复制”历史，都不可能完全等同于彼时彼刻的历史真实，这之间必然存在着一个

① 弗雷德里克·詹姆逊：《马克思主义与历史主义》，见《新历史主义与文学批评》，张京媛主编，北京大学出版社，1993，第19页。

② 转引于彼得·伯克：《历史学与社会理论》，姚朋等译，上海人民出版社，2001，第158页。

历史与历史理解之间的差距。正如保罗·康纳顿所说的,“我们应当把社会记忆和最好称之为历史重构(historical reconstruction)的活动区分开来”。① 一方面,一向被视为真实客观的传统史学观念已遭到了来自文学和修辞学最猛烈的质疑和颠覆,因为文字记忆本身就是一种有所选择、有所裁定的主观行为,“历史学家远非依赖他们在思想上必须保持一致的自我以外权威的陈述,他们是自己的权威;他们的思想相对于他们的证据是自主的”②。正是在此基础上,新历史主义学家才提出了“文化诗学”的概念,就是把历史学家所做的工作描述为对事实的“文本建构”,认为前者与小说家、诗人一样从事的都是虚构故事的工作,也要遵循一定的流派和文体规则,是“历史文学作品”的制造者。另一方面,小说和电影本身也一样包括社会记忆和历史重构的双重内涵。因为艺术创作在本质上也是一种意识形态化的行为,它不可避免地要与一个时代的文化形态、时代精神、社会风尚等多种因素发生关联,当艺术家以个体的身份进入历史、解读历史和开放历史的同时,也意味着原本复杂和完整的历史真相被遮蔽、被筛选了,我们所见证到的只能是我们所看到的那一部分。

第二,从人类学的角度来看,本真的也即本土的和民族的,与异域的相对。在早期人类学中,判断一个社会是否本真,其主要标准就是看这个社会是否受到了外国的殖民统治或传教士

---

① 保罗·康纳顿:《社会如何记忆》,纳日碧力戈译,上海人民出版社,2000,第9页。

② 同上书,第10页。

的影响，假如这个社会还处于一种太古的、未受玷污的状态，那么它就是本真的。詹姆斯·科林伍德称之为“人种学的现在”，意指一种静止的、凝固在时间中的社会图像，主要用来与始终变化的西方文化形成对照。而自20世纪20年代以降，当田野调查成为人类学的主要实践标准之后，本真性就更被当成了人类学家的一个关键目标，以求找寻到对外国文化的一种真实的理解。

再借电影《红高粱》来谈。在承认它是一个“历史的文本”的基础上，外国影评专家对它的理解就要比张艺谋本人的理解较少本真化，因为对前者而言，《红高粱》所揭示的世俗风情、社会习俗、传统惯例和文化精神都是一种异己的东西，他们本身是与这种异己的东西深深隔阂的，他们只有把自我的生存体验和本民族的文化阅历参与合并到异己文化的本真性中，才有可能获得对异己文化的理解。使此理解活动顺利进行下去的前提条件是：被理解的事物与被表现的文化内容之间有某种相容性。而即使这种理解能够达成，其实质也是在一个虚设的语境中本土民族精神的“异域投射”，已经和必然的是一种“二手”的本真性。换句话说，本土意义上的本真性必然存在着“意图谬误”，必然是一种“影响的误读”。值得我们特殊关注的是，异域情调在现代性语境下不仅指对另一种异质文化的本真感受，还包括在同种文化形态下对熟悉但却遥远的事物的陌生化体验，而后一种异域情调实际就是传统的复兴。比如《红高粱》里面所表现出来的原始生命力和黄土高原上颠轿、酿酒、祭天等民俗，不只是对外国人，对生长在远离黄土高原的其他中国地区、深受都市文明浸润的现代中国人来说也是极其陌生和充满神秘魅力的，他们观看《红高粱》也是以一种“他者”的身份,也要超越时间对历史的蒙蔽,也要经历两种异类的地方文化之间的碰撞冲突和磨合融会。又如《花样年华》中男女主人公之间克制而隐忍的爱与忠诚,以及女主人公在一部影片中连换28身旗袍,同样激发了现代人的怀旧之情和对传统文化精神的向往。道理是一样的,在现代人的理解范围内,两部影片都是现代文明下的“异类”,因而它们所象征的文化也就是本真的。

第三,从哲学的角度看,本真的也是存在的澄明状态,它的对立面是异化的、沉沦的和不自明的状态。这种提法主要取自海德格尔在《存在与时间》中对此在的分析。在海德格尔看来,我们每个人都应该从我们的地位、家庭、文化等方面获得一个身份,我们的生活价值和目标就取决于对此身份的定位、认同、反思和批判,“本真的个体,已经从他们的日常关注中被唤醒,对他们的生命负有责任,因而也选择自己的身份”,而本真性就是这些人“理解自己生命的存在结构”的状态。但是问题恰恰在于,在此在宿命的沉沦与被抛状态中,人只能作为常人而存在。常人是以非自立状态存在的,因而此在也以非本真状态存在。此在被异化了,这使得某种程度上的非本真性成为不可避免的事情,海德格尔也不得不承认“对价值的批判性估价是以非批判地接受它们为先决条件的,实际的生命的必要条件使非反思性的行为优于批判性的深思熟虑”,因此,本真性成了一种不可能实现也无法通过“堕落的”个体的自身努力来争取的状况。海德格尔最后指出,我们只能在过去和历史中寻找自我存在的根据,回到我们自身,通过对存在的回顾保持一种本真生存的可能性。

第四，从美学的角度来看，本真的也是本能的、自然的和和谐的，与冲突的和文明的相对。这一点不仅在第二和第三点中已经有所显露，而且正是从本土到异域、从本真到异化的演变过程揭示了本真性一词在美学领域内形成对立范畴的原因，即异域和异化本身就是现代文明的必然产物。在众多美学理论中，对本真性的讨论体现在对自然界的热爱、对以古希腊精神和艺术为象征的美的理想的尊崇、对以艺术为代表的感性世界和美的张扬、对以童年为代表的人的本原状态的留恋，等等。这个问题已在前面详细探讨过，在此不再赘述。

通过从不同的视角分析，我们可以看出，本真性完全是一个现代概念，它昭示了现代文明的代价，与现代人的生活境遇息息相关。但问题恰恰在于，本真性只是现代人精神栖息的乌托邦，在现代社会中，它是必然缺席的。取而代之的甚至不是真实，而是“仿真”，是法国社会学家鲍德里亚所揭示的现代人类生存的无奈的真相。

鲍德里亚在重述博尔赫斯那个关于地图和国土的寓言时，曾经提出过一个著名的“地图在先”的原则，他说：

> 今天的抽象之物不再是地图、副本、镜子或概念了。仿真的对象也不再是国土、指涉物或某种物质。现在是用模型生成一种没有本源或现实的真实：超现实。国土不再先于地图，已经没有国土，所以是地图先于国土，亦即拟像在先，地图生成国土。如果今天重述那个寓言，就是国土的碎片在地图上慢慢腐烂了。遗迹斑斑的是国土，而不是地图，在沙漠里的不是帝国的遗墟，而是我们自己的遗墟。真实

自身的沙漠。①

这其中就谈到关键的概念——拟像和仿真。仿真是个动词,也可译作模拟,是控制现实社会生活的基本原则和目前历史阶段的主要生产方式,意味着"一切现实都被符号仿真的超现实所吞噬";②拟像是个名词,也可译作仿像,是仿真的产物,是代替原本及其再现客体而组成社会的形象和符号系统。

在鲍德里亚看来,运用仿真原则制造拟像,有别于以任何形态出现在历史上的摹仿及表征(或再现)。归纳起来,差别有两点。

第一,参照物不同。摹仿是对原本的摹仿,不但必然存在着一个原本,而且摹本与原本之间的相似性(尤其是外形的相似性)是衡量摹本价值大小的关键依据。甚至在柏拉图看来,摹本根本就不存在所谓的价值,因为我们不能通过观看摹本获知任何有关原件的新知识,相似性既是再现艺术唯一的手段,也是它获得合法性存在的唯一理由。詹姆逊在比较摹本和仿像之不同的时候也说:"摹本的价值是从属性的,而且摹本帮助你获得现实感,使你知道自己所处的地位。"③也即摹本与原本的相似性永远也无法取消二者之间的地位差距,由于原本的独一无二性,

① Mark Poster, ed., *Jean Baudrillard*: *Selected Writings*. Stanford: Stanford University Press, 1988, p. 166.

② Mark Poster, ed., *Jean Baudrillard*: *Selected Writings*. Stanford: Stanford University Press, 1988, p. 120.

③ 詹姆逊:《后现代主义与文化理论》,陕西师范大学出版社,1986,第199页。

原本永远都是高高在上的。

而仿真却截然不同。仿真就是把没有的东西假装成有，把不在场的呈现为在场的，它实际暗示的是被模拟之物的缺席状态，也即摹仿没有原本的东西。看起来，这简直是不可思议的，因为缺失就意味着每个拟像都是新的，都能赋予我们前所未有的新信息和新知识，或者换句话说，我们惯常拥有的对原本的实体性想象已被纯粹的、无从取证也无可驳斥的理念取而代之。从某种程度上讲，这未始不是对柏拉图建基于理念之上的摹仿说的"戏仿"，所不同的是，这种戏仿已经完全由一种显现和再现变成了一种策略性的操作。鲍德里亚称之为"超现实"，它既非实存的客体，也非再现的客体，而是自身无限重复和复制的东西；它既非现实或现实的对照物，也不根源于现实，而是自我指涉的符号世界和形象系统，是一种新的真实。

第二，生产方式不同。虽然摹仿强调摹本和原本在视觉外观上的相似性，但只有相似性并不意味着完成了对原本的再现。尼尔森·古德曼认为，相似只是"对一幅画的视觉经验和物体/对象之间的相似"，而不是"所画之物与原物体之间的相似"，①意即在从原本到摹本的过程中还必须有艺术家个体的视觉经验参与，从而使图画不是看起来像自然的样子，而是像自然被画家通常所画出来的样子。绘画及观画就是一个"画画家看到的东西"与"看画家画出的东西"的双向互动的过程，这个过程充满了主观精神和人格化活动，是选择和呈现而不是接受和复制的过

① See Michael Kelly, eds., *Encyclopedia of Aesthetics*. New York: Oxford University Press, 1998, p. 137.

程。

仿真与此相反,因为仿真没有可以信奉和依据的真理源头,因此拟像本身既是形象,也是幻象,它与任何现实无关,也与任何对现实的观念无关,它只是某种符号系统而已。这一符号系统是先于其自身的指涉物而存在的,鲍德里亚称之为"仿像的先在性",实质上它不过"是一个用现实物的符号来取代现实本身的问题;即是说,是借助其操作性的双重性来延宕任何现实的运作,是一种超稳定的、程序化的、完美描述的机器,它提供了现实物的一切符号,阻止了一切变动",[①]逃避了想象物及其与现实物之间的区别,彻底颠覆了指涉的可能性。也正是在这个意义上,鲍德里亚才会宣称,海湾战争不过是一场新闻事件,也许它并未真正发生过。沃尔夫冈·威尔什声称:"'你看到的就是你看到的',但你从未看到你不应看到的东西。你不可能确定你看到的东西是现实的馈赠,还是电视频道的礼物。"[②]鲍曼也不得不承认:"'新闻'、戏剧和游戏之间的区分界线已变得日趋模糊,在这个过程中,现实正演变成诸多形象之一。"[③]

根据以上论述可以得知,仿真与摹仿之间最重大的差异就是前者改变了我们对真实性的定义。真实不再是客观事实或心理事实,它也不等于真理,它只是一种"可以被对等地再现的东

① Mark Poster, ed., *Jean Baudrillard: Selected Writings*. Stanford: Stanford University Press, 1988, p. 167.

② Wolfgang Welsch, *Undoing Aesthetics*. London: Sage, 1997, p. 85.

③ Zygmunt Bauman, *Life in Fragments*. Cambridge: Blackwell, 1995, p. 150.

西”，“可以被复制的东西”，或根本就是“总是已经被复制出来的东西”。① “真实已经与理性无关，因为不再根据某种理想的或否定的事例来衡量真实。它只是一种操作的东西。事实上，由于真实不再包裹在想象之中，它就根本不再是真实了。它是一种超现实。”②作为超现实的真实是依据人的记忆和指令模型得以创造的，这必然会导致真实的不确定性和虚幻性。看起来这似乎是一个自相矛盾的悖论，但事实上，它在我们的日常生活中却是“具体可感”的。还拿海湾战争的例子来说。战争的缘起、进行过程乃至双方的战略战策都是媒介传导给我们的，当我们从屏幕上看到浓烟、士兵、枪炮和被战火吞噬的大海，听到有关战况的精确报道和战争专家对胜负伤亡的数量估计，我们无法不相信这场战争的真实性，即使没有亲眼看到它，我们也能够确定它发生在世界的另外一个地方。但是，鲍德里亚的真实观就是要让我们对此产生怀疑。

按照鲍德里亚的理解，海湾战争作为一个电视事件是真实的，但在现实世界中却未必真有这么一回事，甚至电视报道也有可能是媒体的运作，持不同立场的电视节目制作人完全可能使海湾战争的面目各异。即便我们确信海湾战争曾经发生或正在发生，我们看到听到的也已经成了被媒介再现、复制或操作的海湾战争。生活也是如此，通过符号的生产、交换和消费，生活被设计成一个巨大的拟像，通过抹去现实和想象、真与假、物质与

① Mark Poster, ed., *Jean Baudrillard*: *Selected Writings*. Stanford: Stanford University Press, 1988, pp. 145—146.

② Mark Poster, ed., *Jean Baudrillard*: *Selected Writings*. Stanford: Stanford University Press, 1988, p. 167.

观念等的分界来证实自身。生活也成了屏幕上的一个事件,人们凭借这一事件的吸引力、愉悦感、快感和美感来对待生活,媒介是唯一的操纵者和设计者,而媒介也充满了虚拟性和游戏性。它更像是一场审美的幻境,与其说这是把"生活向艺术学习"的唯美主义信条推进到安迪·沃霍尔的交换艺术符号的极致,把人变成机器的超现实主义戒律,不如说它已经把后现代主义的社会生活发挥到了超艺术的极致。

既如此,我们还有什么能把握的呢?仿真世界对我们的视听冲击和真实信念的彻底颠覆不但使语言遭到了有史以来最严重的挫败(这大概是20世纪后期以降"视觉文化转向"取代占据20世纪主流的"语言学转向"的重要原因之一,马丁·杰伊称后现代主义是"视觉物的神圣化",[①]显然一语中的),而且也使怀旧承担起再度体验真实的使命蓬勃发展起来。鲍德里亚如是说:"当真实不再是以前的样子,怀旧便展现出充分的意义。关于现实的起源和符号的神话以及关于二手真理、客观性和确切性的神话大量繁殖。真理得到了攀升,生活体验得到了攀升,客体和实质已经消失的形象语言得到了复活。"[②]与现代怀旧略有不同的是,在拟像盛行的后现代语境中,怀旧也成了一种仿真行为,怀旧主体所消费的同样是关于过去的符号和拟像,怀旧的实质就是怀旧需求的具体化和这种需求的自我满足。这其中所蕴

---

① See Martin Jay, *Downcast Eyes: The Denigration of Vision in Twentieth-Century French Thought*. Berkeley: University of California, 1993, p. 544.

② Mark Poster, ed., *Jean Baudrillard: Selected Writings*. Stanford: Stanford University Press, 1988, p. 171.

涵的最大深意就是"'思考'的缺席"和"对自身视角的缺席",①即反思的缺席。它不仅使怀旧越来越趋向于一种对"旧"所代表的文化趣味的消费活动,而且通过消费趣味和消费趣味的符号及拟像膨胀了怀旧工业的可能性,说到底,怀旧也只是可能性之一而已,拟像的无穷无尽本身就象征着无限的可能性。

三、生存意识:速度对人的控制

速度不仅能决定我们感知和体验到的世界内容,还能影响我们对世界的把握和评价,使我们形成一定的时空观和世界观,因此速度是人类社会生活中一个原发性而非派生性的概念。现代社会的一个重要标志就是速度对人的控制,速度是现代性的表征。

速度对人的控制基于观念形态和社会实践两方面的保证:在观念形态上,启蒙思想信仰理性和知识,坚信人类能够凭借科学占有更广阔的自然世界、改善社会形态,进而改进人类的世界观,因此,进步是宗旨,精确的实证和及时的行动是保证胜利的首要力量,张扬速度精神成为自启蒙运动以来社会人士的共识。而在社会实践上,首先是自18世纪的工业革命以来,交通、通讯业愈益发达,社会的运行速度也越来越快,正如马克思所看到的,"自然力的征服,机器的采用,化学在工业和农业中的应用,轮船的行驶,铁路的通行,电报的使用,整个大陆的开垦,河川的

---

① 波德里亚:《消费社会》,刘成富、全志钢译,南京大学出版社,2000,第225页。

通航，仿佛用法术从地下呼唤出来的大量人口，——过去哪一个世纪能够料想到有这样的生产力潜伏在社会劳动里呢？”[①]麦克法兰对此也有论述：“可以看到，时空结构已开始变化。由于通讯系统的改进，距离缩短了。由于城市生活的狂热节奏强加于社会的广阔领域，事件的发展更迅速了，整个生活的节奏也加快了。”[②]速度成为社会生产力发展的见证人。其次是自20世纪中后期以来，以法国社会学家维瑞里奥对“地理的终结”、军事及光速的分析为标志，速度又从机械速度进入了光速和电磁速度的新时期，这个时期速度以爱因斯坦的相对论为理论参照，而与机械速度以牛顿力学为参照有显著的不同。在维瑞里奥看来，“速度不是一种现象，而是现象间的联系，换句话说，是相关性本身，因而也是在物理学或天体物理学以及我们日常生活中的光速的重要性。我们一移动，就可体验到速度，除了公共传送的范式之外，速度还深入到了组织范式和区域性空间的电磁状态中”[③]。新时期的速度不但彻底摆脱了人的身体行动对它的束缚，而且还游离在以物质为载体的真实空间之外，变成了一种抽象的“极速”。

---

① 《马克思恩格斯选集》(第一卷)，中共中央编译局编，人民出版社，1972，第256页。

② 詹姆斯·麦克法兰：《现代主义思想》，载于《现代主义》，马·布雷德伯里、詹·麦克法兰编，胡家峦等译，上海外语教育出版社，1992，第59页。

③ Paul Virilio, "The Third Interval: A Critical Transition", *Rethinking Technologies*. Minneapolis: University of Minnesota Press, 1993.

从速度到快速到不断地加速再到抽象的极速，这是人类运用现代科技的必然结果，它反映为一种新旧更替的频率，也反映为一种不断丧失已有事物的速率。速度模糊了现实、虚拟现实和视觉现实之间的界限，维瑞里奥的分析在这一点上与鲍德里亚对拟像和仿真的论述不谋而合，如同拟像已成为一种新的现实——超现实一样，速度也"成了一种进步的形式、一种文明、一种宿命"，[①]它代表了自现代社会以降的某种价值和标准，时刻决定着人类生活，因此现代人才会崇拜速度。就像詹姆逊所说的，"速度就是最后的战争"，[②]在现代社会里，把握住速度就意味着获得了掌握新事物、夺取未来的可能性。

也正是在新旧更替和多重现实交织的双重意义上，吉登斯认为，恰恰是速度导致了传统的文明形态与现代社会体系之间的断裂，使现代社会的变迁越来越难以确定。也就是说，对速度利益的享用是以丧失对生命情绪的细腻感受为代价的，而缺乏后者，现代人就难以在瞬息即逝的生活表象背后寻找到意义、价值和信念的归宿，从而无法确切地把握生活或把握自我。唯其如此，怀旧作为一种"反速度"的或"倒速"的心理冲动才应运而生，它所体现的正是现代人在迅疾飞逝的岁月中想要记住什么、留住什么或拥有什么的心理。如尼古拉斯·丹姆所言："怀旧是一种缺席，它所缺乏的正是以其最纯粹形式呈现的记忆。""怀旧和记忆一样是自我定义的，它由关于一个人过去的故事所构成，

---

① James Der Derian, ed., *The Virilio Reader*. Oxford: Blackwell, 1998, p. 51.

② 詹姆逊：《文化转向》，胡亚敏等译，中国社会科学出版社，2000，第49页。

这些故事解释和巩固了记忆而不是把记忆分散到一系列生动的、被放弃了的时刻,而且这些故事只有通过根除掉‘纯粹记忆’(也即威胁到前者的关于消失的细节的巨大领域)才能被保存下来。”①

速度带给我们的是眩晕与陌生的感觉,外部世界的速度带动了现代人心灵世界的紧迫感和跳跃性,不仅要求我们即时调整以往慢速的视觉经验,更快地转动眼球,以更高的视觉速度来适应和重新感受一切高速的日常生活,而且还要调整我们的感知方式,在瞬间承受大量信息刺激的同时体验这一刺激带给我们的震惊感。这样一来,人的身体行动的主动性就逐渐陷落到了被迫跟从客体的境地中,它不可避免地导致人类对自身、对他人乃至对世界的把握越来越力不从心。速度主宰了人的行为,也打破了人与世界的和谐关系,人无法再像传统社会中那样从容地“进入”一个事件,在“我”与外物的相互勾缠中反复体会某种韵味,从而享受到蕴藏在传统静观的审美活动中的那份稳定感和自在感。

这也可以很好地解释为什么在电影已然取代了摄影、京剧的统治权旁落、MTV大肆流行的今天,以黑白色彩为主的老照片艺术重又兴盛起来,或者“中兴”京剧、关注京剧危机的呼声重又高涨。显而易见,此中最关键的因素就是怀旧对速度的反抗。老照片和京剧象征了静态的、低速的从而是安宁恬淡的传统生

① Nicholas Dames, *Amnesiac Selves: Nostalgia, Forgetting, and British Fiction, 1810—1870*. London: Oxford University Press, 2001, pp. 4—15.

活，也代表了那种被速度失落了的、在沉思、玩赏、品味的过程中细细感受生活、体味人生的审美情感，相对现代人的浮躁和漂泊之心而言，它们无疑是一种有形的抚慰，因而也是在生活急流中现代人寻求实实在在的物质替代物的最佳手段。速度在此体现为一种缓冲和安抚的功能，也即"它使我们从急速奔驰的和未来导向的世界中得以缓解，也能为我们今天位于何处提供一个急需定位的视角"。①

速度对现代人日常生活的冲击还表现为速度导致了空间的时间化。地理空间随着速度的增长而缩减，直至被压缩成时间，时间感成了人类生存的主要内容。詹姆逊宣称"时间在今天是一种速度功能"，②维瑞里奥也认为，速度的本质意识就是时间，没有绝对的速度(光)，时间和空间也根本不可能。在低速世界行将结束的时候，有限世界的时间——过去、未来、现在——也日趋终结，③取而代之的是一种单向度的、以"现时"(real time)和"延时"(deferred time)组成的"全球时间"。④ 全球时间是以现在为基础的，尽管现时包含了对未来的预想，延时留有过去的痕迹，但时间本身已不再具有柏格森绵延说的意味，相反，瞬时

---

① Gerald F. Kreyche, "Basking in the Glow of Nostalgia", in *USA Today* (Jan, 1998), in http://findarticles. com/p/atricles/mi_m1272/is_n2632_v126/ai_20301243.

② 弗雷德里克·詹姆逊:《文化转向》，胡亚敏等译，中国社会科学出版社，2000，第50页。

③ James Der Derian, ed., *The Virilio Reader*. Oxford: Blackwell, 1998, p. 46ff.

④ See Virilio, "Speed and Information: Cyberspace Alarm!", in http://www. humanities. uci. edu/mposter/syllabi/readings/alarm. htm.

和当下替代传统的时间连续体承担起了为人类定位的功能,就像维瑞里奥所说的那样,"传统社会里存在于人们之间的'距离专政'已经让位给现在的'现时专政'"。[①] 由此,速度也改变了媒介形态,并由之重塑了我们的感知经验。

麦克卢汉曾说:"任何媒介或技术的'讯息',是由它引入的人间事物的尺度变化、速度变化和模式变化。"[②]速度使"'图像'取代'事物'成了社会的主流",还使视觉经验成为主导的感知方式,正所谓"速度并不仅仅被用来使旅游更有成效,它首先被用于看、用于听、用于观察,因之也用于更深刻地理解当前这个世界"。[③] 可以断言,当前视觉文化的兴起根本上就是"眼球运动"对极速要求的满足。从文本(语言阅读)到照片(静止的画面,速度为零)到舞台演出(相对低速的、可把握的舞台动作),再到电影电视(高速的镜头连接和传播)和网络游戏(极速);从摹仿(静态玩味)到表现(想象的大量参与)到印象派(把握瞬间,加速),再到未来主义(为运动而运动,高扬速度之美),直至行为艺术(艺术完全成为一次性的动作,与电影有类似之处),速度越来越填平了现实与想象之间的距离,所以匈牙利艺术家奈吉才会说:

---

① Paul Virilio, "The Third Interval: A Critical Transition", *Rethinking Technologies*. Minneapolis: University of Minnesota Press, 1993.

② 麦克卢汉:《理解媒介——论人的延伸》,何道宽译,商务印书馆,2000,第34页。

③ Paul Virilio, "The Third Interval: A Critical Transition", *Rethinking Technologies*. Minneapolis: University of Minnesota Press, 1993.

“视觉艺术中的新视点是这个速度时代的自然结果，后者不得不考虑到转动的眼球。……速度自身可能成了视觉分析的一个主题。……时空不仅能被表示/说出来，还能被用作一种表达手段。”①

从表面上看，速度通过占有无数个瞬时使人们摆脱了沉重的使命感、享受到最大程度的当下自由，但事实上，这种自由却使现代人丧失了生存之根、陷落到一种“悬空”和“空虚”的状态。因为快捷地占有“现时”并不等于就占有历史，恰恰相反，被切割成散点的时间之流永不停息地消逝着，人们的生活实际上是被分裂成了无数个碎片（鲍曼）或“断片”（席勒），方位感没有了，历史感没有了，社会传统随之失落，连同人对自身的身份认同感也一并丧失，速度不但无法承载连贯而统一的过去，甚至对即时即刻的当下的把握也是暂时的，人类不可能不滑落到失重的生存怪圈里。然而从另一个角度说，人都有趋向连贯和统一的愿望，都希望能够随时回顾历史并有能力瞻望未来，而不只是被捆绑在当下现实中。因此速度的极致发展必然引发对速度的反抗，怀旧的心理就像速度心理的副产品一样，必然会伴随着速度的形成而形成。

不仅如此，速度还剥夺了人的反思能力和想象能力，培养了人的惰性，它以大量的图像占据人类的视野，使我们只来得及根据眼睛所见到的选择我们所需要的，从而心灵的功能渐趋退化，

---

① L. Moholy-Nagy, “Space-Time Problems”, *Esthetica Contempory* (Revised edition), Richard Rostelanetz, ed., New York: Prometheus Books, 1989, p. 71.

导致了形式上而非真正意义上的自由。这种形式上的自由表现在生活中是我们作为一个群体的孱弱和肤浅,“在历史的当下时间体验中去感受断裂感”(王岳川语);表现在文学创作中是经验性或欲望化写作,极端注重作品与现实的“同构性”,忽略和回避价值判断。这也从一个方面导致了怀旧心理的形成。因为道德需求或对“善”的规定是人的一种社会行为,在某种程度上,它使人对世界的意象与世界本身符合一致,人掌握了自己的生存世界,因此对生存本身有一种确定感和自信心。而形式上的自由意味着事实上的不自由,当速度的发展使世界超出了人的想象范围之后,人的生活就会变得惶惑和没有着落感,就会自觉地退回到过去的某种生活方式中以求安慰,弗洛姆的“逃避自由”其实就是希望回到传统社会中那种恒定的、由一个更大更有力的共同体所支撑着的自由秩序当中。

四、生存经验:距离产生美

我们通常所说的距离包括两种意思:第一,由于时间的自然流逝和人、物的地理位移造成的时空距离;第二,不同时代的人类主体对认识和理解世界、命运、历史、社会等的心理分歧,以及相同时期的人类个体之间的思想差异和心理隔阂。无论是在传统社会还是在现代社会,这两种意思的距离都是恒久存在的,但在现代社会里,由于速度拉大了距离,距离的中心问题发生了转变,因此距离也成为改变现代人心理体验的另一个原因。

我们知道,在传统社会里,由于交通设备的原始落后及其导致的旅行难度，距离的存在显得格外突出和真实。大多数人一辈子足不出户，活动范围拘囿在一个村落、一个乡镇或极其狭小的范围内。这个事实使距离的传统价值举足轻重，它至少在四个方面深远地影响了传统社会的生活方式。

首先，传统的距离概念缺乏精确性和严密性。因为距离对传统人类生活所造成的真切障碍导致了他们的生活世界相对闭锁，而这一闭锁又使得他们满足于有限的活动场所，在“亲近”的日常生活中消磨了对距离的敏感性。社会学家维托尔德·库拉就论证出远古人类丈量距离的工具不是别的，正是人的身体、人的日常用具、人际关系和人类活动，这说明衡量距离的传统标准以及传统距离本身都是“人格化”、“主观性”的，不仅不存在放之四海而皆准的统一尺度，也不会产生精密的客观结果。但可以肯定的一点是，恰恰是由于传统社会中的人对距离裁定和使用的随意性，才使得尽管距离问题是传统社会的关键问题，但人类并没有因此而与距离所带来的种种不便产生冲突，尤其没有形成人与时代的心理对抗，这大概可以看作传统社会较为稳定谐和的原因之一。

其次，传统的距离观是与对土地、血缘和家族的亲密情感相互派生的，这一点在中外各国都无例外。因为距离是以人的自然条件为限度的，所以人们之间的交往沟通必然会以人的感性认识为出发点，科学的距离意识是不存在的，它反而与直觉、感受、估计等非理性的认知方式有关，并直接与人对物的占有、人与人之间的亲疏远近以及人对自然生存条件的掌握关联在一起。过去我们常把大地比作母亲、用手足象征兄弟情谊，就在于土地、血缘和家族等传统距离观念的产物所赋予人们生活的稳

定感、确定性和安全感。鲍曼有一段区分“附近”和“远处”的话非常精辟地论证了这一点:

附近,即就在手边,通常是平淡无奇、再熟悉不过的;有些人每天都会看见,有些事情每天都要处置,它们已经跟我们的习惯紧密相联,成了我们日常生活的一部分;“附近”是一个使人感到宾至如归的地方,在这里人们很少会感到迷失,很少会感到不知该说什么或怎么做。相反,“远处”却是人们很少涉足或从不涉足的空间,这里会发生什么事人们无法预料或理解;一旦发生了什么事,人们会觉得不知所措;这个空间包含有人们不了解的东西,人们不存希望,也觉得没有去关心的义务。发现自己置身于“遥远的”空间是一种令人紧张不安的经历;冒险去“远方”意味着到某人视野之外,意味着感到别扭及不得其所,意味着招惹麻烦和害怕受伤。

由于以上这些特征,“远与近”的对立之中还有一个重要的方面:即确定性与不确定性,自信与犹豫之间的对立。在“远处”意味着处于麻烦之中——因而它需要机灵、活络、机敏或勇气,需要学习别的地方用不着的陌生的清规戒律,需要通过危险的尝试和常常是代价昂贵的错误来掌握它们。另一方面,“近处”表明胸有成竹,不费吹灰之力养成的习惯就可以应付,而且因它们是习惯,所以有无足轻重之感,且毫不费力,也不会导致焦虑和犹豫。我们所熟知的“地方社团”就是在“这儿”和“那儿”、“附近”和“远处”的对立中才得以存在的。①

这就引出第三点影响，也是传统距离自身的一个悖论，即一方面距离只有在传统社会里才具有强烈的现实意义，但传统人的生活却最少受到距离的影响；另一方面，传统的时空阻隔是自发存在且难以克服的，但这并不影响人们的心灵靠得很近，恰恰相反，在传统社会中人们对信任乃至信赖的确知是远远超出现代社会的，土地、风水、天象或所有的大自然，还有他人、世界都是值得信任的对象。

最后，传统人对自身生命的距离是敬畏且信仰的。这个意义上的距离不仅包括人与事件发生时的时间差距，还指人本身的成长过程，从出生到成长到衰老再到死亡的生命经历。这是建立在传统的个体意识和时间意识基础上的距离意识，它使传统人对自然生命抱着一种尊崇和膜拜的态度，就像古代哲人赫拉克里特所宣称的那样，“人不能两次踏进同一条河流”，在传统社会中，生命是神秘的，时间是唯一的，人的存在是有始有终的一次性过程。这一点从现今保留的大量文献、许多诸如生殖崇拜、自然崇拜或对死神的祭祀仪式以及一些文学作品中都可以得到证明。

根据吉登斯的理解，传统的时间和空间是密切结合在一起的，因此时空距离（或物理距离）是传统距离的主导问题，而自现代社会以降，时空却产生了分离，所谓“现代性的动力机制派生

① 齐格蒙特·鲍曼：《全球化——人类的后果》，郭国良、徐建华译，商务印书馆，2001，第12—13页。

于时间和空间的分离和它们在形式上的重新组合”。[①] 时空分离既导致过去在整体上成为世界性的,也导致对这种世界性的“历史”的解释差异纷呈,而恰恰是前者保持了怀旧形成的可能性。换个方式说,与吉登斯意义上的“脱域”相对应的是罗伯森意义上的“同质化要求”,也即“全球性变迁的变动不居,本身便招致对世俗形式的‘世界秩序’的怀旧,以及对作为家园的世界的某种前望式乡愁”。从某种程度上说,这正是现代性在民族多样性和文化多样性面前对怀旧产生巨大影响的主要特征之一。[②]

这一辨证的后果暗示出心理距离已经取代时空距离成了困惑现代人交际沟通的头等大事。一方面,人类对世界的开发无限扩增了空间距离,世界突然变得很大;另一方面,正是这种外延激增的距离感反衬出现代交通通讯手段的无所不能,因为人们完全可以在真实的世界和虚拟的赛博空间里自由穿行,因此往来交际反而彻底摆脱了距离的限制,使现实世界在感觉中又显得很小。全球化使地球变成了一个村落,就像鲍曼所说的那样:“在我们生活的这个世界上,距离好像并没有太大的意义。有时候,它的存在似乎只是为了被人们消除。空间仿佛是在不断地诱使人们去轻视、驳倒或否定它。空间已不再是一个障碍

---

① 安东尼·吉登斯:《现代性的后果》,田禾译,译林出版社,2000,第14页。

② 参见罗伯森:《全球化社会理论和全球文化》,梁光严译,上海人民出版社,2000,第220—232页。

物——人们只需短暂的一瞬就能征服它。”①再一方面，现代的时间被日益压缩成空间，流动的历史被杂乱纷呈的空间意象所代替，“这不仅涉及到空间的变幻和结构，还涉及到空间主观的一面，即空间内定向和体验苦恼”。②

因为过去、未来都可以被集中到现在，现代人的生命感受因此只在“某个瞬间”，大卫·哈维所说的“时空凝缩”带来了“地理的终结”③，物理距离彻底丧失了意义。物理距离的终结使我们所生活的世界成了一个没有边界、也无从确认自身的方位并安身立命的世界，就像鲍曼引证帕斯卡尔的箴言所讲到的，我们实际上居住在一个奇异的怪圈中，它的圆心无处不在，而圆周却无处可寻。心理距离或精神隔膜不仅没有随着时空距离的淡化而消失，反而在现代性的语境下被日益强化。在地理终结的时期，全球化、大众移民、赛博空间和电子媒介的无限膨胀都变成了具有政治意义和社会作用的文化现象而非单纯的科学事件，这些事件所导致的直接后果不只是人们与原初的家乡、本土的现实分离，还有在精神层面上对后者的疏离感，对传统意义上固着在土地家园中的那个本真自我的失落感和陌生化。距离因此一反终结的“宿命”而占据了一个形而上的本体地位，迫使一个人的

① 齐格蒙特·鲍曼：《全球化——人类的后果》，郭国良、徐建华译，商务印书馆，2001，第77页。

② 戴维·莫莉、凯文·罗宾斯：《认同的空间》，司艳译，南京大学出版社，2001，第50页。

③ 英国学者理查德·奥布赖恩和法国学者保罗·维瑞利奥都在20世纪90年代提出过“地理的终结”的思想，他们所涉及到的正是物理距离在现代社会已然失去意义的事实。——作者注

社会语境发生质的改变,在某种意义上把每个人都投掷到了“边缘”的位置上去,从而远离了现代生活的中心,远离了本真性和统一性。如米夏埃尔·贝内迪克特所说:“所有地理位置的重要性开始受到人们的质疑。我们变成了流浪者——时时刻刻互相联络的流浪者”。① 在精神的层面上,我们每个人都是孤独的流浪者,我们或许能够确定身处何地,但却总是无法摆脱“生活在别处”的疏离感。

正因为总是“生活在别处”,所以现代人总在怀旧,总在寻找“在家里”的体验。现代怀旧就是要在全新的时空世界里重新定位自我,找到新的全球化空间和本土性空间的契合点,调整现代人在虚拟的、多维的网络世界里的抽象存在和在真实生活世界里的肉体存在,用新的时空认同来恢复我们的生存自在感。这一点与传统的怀旧有显著的不同。传统怀旧的发生大多是自发性的,主要源于物理距离的存在,比如叶落归根、游子思乡、怀念童年时代的纯真美好等等。并且由于受限于与身体、土地或血缘等事物的天然亲密性,传统怀旧的指向也多为一定时空距离之外的某个物质实体或某种确定的概念,比如一段界限分明的时光、一个实际存在的地方等。而在现代社会里,物理距离的消失和心理距离的扩大体现出现代社会的不确定性,不能给人以安全感和归属感,而与社会的动荡相对应,现代怀旧也是暧昧朦胧的。它不像传统怀旧那样具有明确的指向,而大多呈现为一种普遍的、无来由的“乡

---

① 转引自齐格蒙特·鲍曼:《全球化——人类的后果》,郭国良、徐建华译,商务印书馆,2001,第75页。

愁”，它所拒斥的实质是现代人的心灵荒漠和漂泊无依的灵魂无归宿感，而它趋同的则是对某种模糊不清的、虚幻的甚或是形而上的“在家感”。就像一个孤独的人渴望见到人群，一个敏感的人渴望向谁托付某种信任一样，现代怀旧许诺给人的那种温情和安全感使现代人自觉自愿地陷入到了怀旧的“温柔乡”里，正如刘小枫所说的：“距离是现代社会中个体存在的样式，要求在距离中维系与他者的关系，是社会实用性交往和纠葛过于繁复的结果。”[①]距离产生怀旧，也使怀旧扩大成了一种社会化的生存方式。

关于现代距离的本质，霍克海默和阿多诺在《启蒙辩证法》里曾说过这么一句话：“主体与客体的距离是抽象的前提，它是主人通过所支配的东西所获得的事物的距离为基础的。”[②]这句话一语道破了现代距离的实质，即主客体之间的关系。这个看法与西美尔的距离观非常类似。在西美尔看来，距离就是自我作为中心同事物、他人、观念、兴趣之间的关联模式，正是主体在文化过程中的客观化或对象化行为导致了距离的产生，而“人与种种事物最内在关联的多样性被理解为二者之间远近亲疏的距离的多样化”。[③] 距离为我们感觉的现实蒙上了一层面纱，或者使现实产生了一种变形，而西美尔认为，这恰恰是“认知现实、再

---

① 刘小枫：《现代性社会理论绪论》，上海三联书店，1998，第334页。

② 霍克海默、阿多诺：《启蒙辩证法》，洪佩郁等译，重庆出版社，1996，第11页。

③ 西美尔：《货币哲学》，陈戎女、耿开君等译，华夏出版社，2003，第384页。

现现实的先决条件”。[①] 为了获得和事物更真实更亲近的关系，我们只能承认这个距离，或者从纯粹的文化客体中抽身退出，摆脱我们与事物间的直接关联返回我们自己的内心，只有这样才能使现实展示它最内在根基的东西。距离产生美，也保证了主体及事物的自在安全，西美尔的距离观不仅表征了现代人生活的感觉状态，即随着物理距离被征服得越多，心理距离就拉开得越大，从而对从直接环境中脱身而出的个体性也就愈益珍视；而且确证了现代怀旧得以可能的前提条件，“返回我们自己的内心”实质上就是怀旧，就是依据自我精神对外部世界的规定性来裁断客观事物的美与丑、来确定主体的感情倾向及价值判断。

西美尔认为，正是在审美距离和文化距离的基础上，现代人才能重返自然并从中体会到生命的美感，而对于整体生活受到货币经济的分裂与挤压作用的现代人而言，这种重返才能最大程度地弥合分裂，帮助他们找回都市生活的和谐感与安定感。如其所言：

> 只有在距离基础上他才可能对自然产生真正的审美观照，此外通过距离还可以产生那种宁静的哀伤，那种渴望陌生的存在和失落的天堂的感觉，这种感觉就是那种浪漫的自然感觉的特征。……也可以这么来解释，这个不好接近的、实际上把人拒之门外的世界代表的是整个自然之于人的意义的极度强化和风格化，自然之于人的意义乃是：一个

---

① 西美尔:《货币哲学》，陈戎女、耿开君等译，华夏出版社，2003，第385页。

精神上遥远的形象，即便身体挨近的时刻仍旧是作为一种内在意义上无法接近的东西，一个永不能兑现的诺言出现在我们面前，对我们最热情的献身它只报之以淡淡的拒绝和冷漠。……都市人恰恰只有在这样的条件（即总是在他与自然之间硬塞入这种东西）下才能享受自然，这表明——无论自然有多少的变形以及自然只是纯粹的回声而已——这种东西连接了都市人与自然，同时它也分裂了二者。①

由此得知，没有距离的怀旧是无法被现实化的，就像传统艺术及对传统艺术的怀想往往能使人找到"回家"的感觉，而尽管现代美学对现代生活无孔不入，甚至"生活摹仿艺术远甚于艺术摹仿生活"（王尔德），但它却不能平复人们的心灵悸动，反而使人类变得更加浮躁一样，取消了距离的审美活动非但不能带给人们真正的美感，反而破坏了"自然"本身的和谐安宁。时空距离使真相变得暧昧和模糊，使怀旧得以可能，而心理距离又保证了怀旧的审美属性的实现，西美尔的距离观证明现代怀旧在本质上确乎是个美学问题。

五、生存状态：修复碎片

现代性最严重的后果就是人的碎片化生存，碎片化生存是现代人最真切的命运。从马克思对商品的分析开始至今，有越

① 西美尔：《货币哲学》，陈戎女、耿开君等译，华夏出版社，2003，第389—390页。（注："这种东西"指金钱）

来越多的理论家关注到碎片化的问题,比如黑格尔、大卫·弗里斯比(David Frisby)、西美尔、本雅明、克拉考瑟(Kracauser)、鲍曼、黑尔德(Held)、大卫·哈维、杰拉德·德兰蒂(Gerard Delanty)等。所谓碎片化,就是指一切社会内容——包括个体、世界、知识、道德等等——都成了碎片,碎片就是社会生活本身,就像鲍曼说的那样:“世界呈现为一个碎片和插曲所组合而成的样子,其中的意象不停地追逐着意象,又不停地替换着前一个意象,而在下一个瞬间这个意象又替换了它本身。”① 由碎片所构成的景观社会暗示出现代生活的瞬时性和无序性,就像电影中运用蒙太奇手法一样,碎片化也使我们的生活变成了“流动的”、“偶然的”和“随意的”,它保证和维持了现代人的多重身份。

在现代社会中,碎片化大致包含三个内涵。

第一,碎片化是与整合统一相对立的,之所以形成碎片化,根本原因还是上文所谈到的时空凝缩:时间空间化,被凝固成一个个“瞬时”;空间时间化,又被分裂为“当下”。时空意识的转变根本性地动摇了人类传统的生活世界,因此碎片化首先是指生存变得不确定、不完整。在碎片化事实的面前,卢卡契的总体性原则遭到了致命的抨击。

第二,碎片化象征了现代文化的多元化以及理解和解释现代文化的多种可能性。它是全球化的必然结果。正如卢克(Timothy W. Luke)所言,“全球的碎片化暗示出一种对世界阐

---

① Zygmunt Bauman, *Life In Fragments*. Oxford: Blackwell, 1995, p. 266.

释的增殖状况，而正是这种增殖是全球话语历史的特殊的内容。”[①]这同时意味着“世界集合体的去中心化”和“地方集合体在世界范围内的复活”，也展现出现代社会交流的增强和冲突的加剧，这是碎片化政治的双面性。黑尔德就说：“全球化能同时制造出碎片化和统一性的强力来……全球化还能呈现出一种政治差异的意识，就如同呈现出普遍身份的意识来；被增强了的国际交流能够强化利益和意识形态的冲突，而不仅仅是消除互相理解的障碍。”[②]碎片化使现代人的生存经验变得支离破碎。

第三，碎片化还与现代人的生存理念的改变有很大的关系。我们知道，现代世界是一个技术化的世界，舍勒形容这样的世界“不再是真实的、有机的‘家园’，而是冷静计算的对象和工作进取的对象”，“不再是爱和冥思的对象，而是计算和工作的对象”。[③] 而与这样工具性、对象性的世界相应的是，现时代的主导理念不再是存在（希腊）、上帝（中世纪）、自然（17、18 世纪）或社会（19 世纪），而是人的个体生命（20 世纪）。[④] 这就意味着人的存在从传统形而上学的本质存在或本体论式的价值存在转变成了形而下的或经验性的存在，人不再以整体性的人格概念为基础，而“只被视为各种自然生理和历史社会因素的总和”，“现

---

① See Mike Featherstone, Scott Lash & Roland Robertson, eds., *Global Modernities*. London: Sage Publications, 1995, p. 80.

② See Mike Featherstone, Scott Lash & Roland Robertson, eds., *Global Modernities*. London: Sage Publications, 1995, p. 49.

③ 转引自刘小枫：《现代性社会理论绪论》，上海三联书店，1998，第 20 页。

④ 同上书，第 21 页。

代社会使人的实在的整体性不复存在。其结果是,人的哲学被人的社会学取代了:人的科学成为人的社会科学"。① 碎片化不仅象征生存的破碎性及经验的分裂性,更重要的,它还标志着对人的传统本体论规定的瓦解和修改。正是因此,从马克思开始,社会现实的碎片化就成了现代性批判的一个出发点。既如此,与传统的总体性认识相对,对人的理解就不能再从人本身来理解,而只有靠把握环绕着人的社会机体才能把握人。

然而,尽管生活的本质是碎片化的,过去仅以碎片的形式承传到我们的手中,而历史的本来面目也是非连贯的、偶然的,但现实世界并不是碎片的拼贴和总和。在西美尔看来,现代性是一种生活经验模式,它与我们的内心生活息息相关,因为外部世界内缩至我们的内心世界,因此外部世界的物质因素就变得像人的心理反应一样充满了永无休止的流动、易逝、碎片化和矛盾的特征。而碎片不仅仅是一个碎片,"'唯一'性中包含了'典型'性,迅疾飞逝的碎片也是'本质'的。这样,这些碎片之间就不再存在着本体论的秩序,这种秩序允许观察者宣称这个碎片比别的碎片更有意义。每个碎片、每张快照都把自身包含在揭示世界作为一个'整体'的整体性意义中。这个表面上看起来肤浅的碎片是我们认识社会现实的基本方面的关键……"②

这就好像破碎的玻璃,即使把所有的碎玻璃都粘合起来,也不能形成一面光滑完整的镜子,但每片碎玻璃都能折射出一个

---

① 刘小枫:《现代性社会理论绪论》,上海三联书店,1998,第 20—21 页。

② See David Frisby, *Fragments of Modernity*. Cambridge: The MIT Press, 1986, p. 57.

世界。在某种程度上，每片碎玻璃都是一个世界，在揭示自身的整体性方面，没有哪一片玻璃比另外的玻璃更有优越性。正是在每片玻璃的独立反映和所有玻璃的相互折射及相互映照下，这个世界才完全地呈现在我们面前。西美尔提出，我们可以通过现代艺术来把握这些被融入我们内心生活的流动的、碎片化的社会现实，因为现代艺术不仅掌握着真实，而且它本身就是真实，审美完全可以不必顾忌自身的局限性而成为现代生活的一种有效的尝试，艺术和美的魅力就在于它能作为一个自律的整体存在于碎片化的现实中，给人以瞬间的、但令人目眩的美。①

与冷冰冰的理性计算相对，感性的艺术不仅是美的，而且给人以温暖和自在的感觉。西美尔借助艺术的碎片来把握碎片化的社会现实，恰恰体现出他以个体生命对抗社会原则、以艺术审美反拨现实理性、以感性体验弥合人性分裂的思路。这条思路与审美现代性的取向是一致的，它也传达出处在碎片化生存困境中的现代人渴望重获完整感的要求。由此也可推想，碎片化的现实之所以能够促成现代怀旧的发生，就在于后者的基本指向是和谐完整的传统，而传统就像能够给人带来美感的艺术一样，也是自在自为的，也能赋予现代人某种实在性的本质感。这种传统是人与人之间“亲密的、秘密的、单纯的共同生活”，是持久的和真正的“休戚与共，同甘共苦”，是“一种生机勃勃的有机体”，也就是滕尼斯意义上的“共同体”。② 它不像“社会”，社会

① See David Frisby, *Fragments of Modernity*. Cambridge: The MIT Press, 1986, pp. 46—47.

② 斐迪南·滕尼斯：《共同体与社会》，林荣远译，商务印书馆，1999，第 52—54 页。

恰恰“是公众性的,是世界”,“人类的社会被理解为相互独立的个人的一种纯粹的并存”,“被理解为一种机械的聚合和人工制品”,而“人们走进社会就如同走进他乡异国”。①

基于碎片化现实的怀旧,本质上就是要通过回溯和追忆拾掇起人类成长历程中的“碎片”,在一种对过去和传统的美好幻想中把破碎了的现实还原为完整的、统一的和圆满的,从而抵制碎片化现状对其关于历史和世界的信念的侵蚀,重获某种对生活的虔诚之心。正如詹尼斯·道安所言:“在怀旧的表达模式中,所指扮演了一个关键的角色:它是一个本真的起源或中心,轻视堕落的现在,它还是一种在陈旧的性别对立背后的‘真实’。”②

圆满、统一、和谐、完整,这些都是人原本应有的本真性的生存状态,但在理性的极端发展下,完整的或原生态的本真性被消解了,碎片化成了人类生存的日常状态,而怀旧说到底就是修复碎片、追求这种本真性生存的一种努力,因此怀旧的基本指向必定是美的。另一方面,怀旧也是对碎片化所造成的现代人生存经验的分裂性的一种弥补。渴望回到过去或回归家园,本质上就是希望“退回到历史上一个较少复杂的时刻和个人经验”,③

---

① 斐迪南·滕尼斯:《共同体与社会》,林荣远译,商务印书馆,1999,第53—54页。

② Janice Doane, *Nostalgia and Sexual Difference: The Resistance to Contemporary Feminism*. New York: Methuen, 1987, pp. 3—15.

③ Roberta Rubenstein, *Home Matters: Longing and Belonging, Nostalgia and Mourning in Women's Fiction*. New York: Palgrave, 2001, pp. 3—5.

它既代表了在全球化语境下人们对“本土本乡”及其所代表的“我”的文化的怀念，也反映出现代民族国家在民族多样化和文化多样性面前的“同质化要求”(罗伯森语)。因此鲁宾斯坦才会断定，怀旧实际上代表了“被压迫者的回归”。

根据对断裂、本真性、速度、距离和碎片化给现代人造成的影响进行分析，我们可以看到，现代怀旧得以可能和生成主要基于两方面的趋同：第一，整个社会现实的诉求：现代性发展的理性极端倾向，极速体验对人的生存自在感的剥夺，心理距离导致的精神荒漠，碎片化生存的残缺感等等。这是大气候，把整个社会都推向紧张状态，使现代人陷落在一种“不得不怀旧”的氛围中。第二，人的生存理念的诉求：渴望稳定、安全、完整，追寻感性生命的自在满足，对精神家园的崇尚，对自我发展的连续感、归宿感的渴求，趋向人性的完善和美等等。人类最直接的生存经验和最深层的生命感使怀旧得以实现。

第六章　现代怀旧的艺术形态

从前面的论述中我们得知，怀旧所处理的基本问题就是怀旧主体如何对待现实和过去的关系问题，引发怀旧的一个基本条件是现实的匮乏和不足，这一点运用于解释所有的怀旧行为大概都可以成立。但关键的区别就在于，基于如此令人失望的现实，不同的怀旧主体如何向过去求助，如何在过去与现实之间的矛盾冲突中安置自身的精神生活，反过来他们又怎样维系或改变了过去在现实中的存在状态。简单地说，就是因为怀旧主体想象过去乃至把过去现实化的方式不一样，由此协调自身与过去、与现实之间的矛盾冲突的方式也不一样，才使得虽然怀旧主体的现实情境大致相同，但怀旧的表现类型仍然各有差异。或者是对现实绝对不满，想重返过去，希望重新体验到过去的生活感受；或者是承认过去一去不复返，保持现实生活中的精神独立性；或者是认可现实对过去的必然取代，想把过去融入到现实以至将来的精神生活中，寻求自我的连续性发展。在这三种类型中，随着过去与人类存在的深层困境缠绕得越来越紧密，人的意识行为也逐步深入，在审美风格上表现出从朴素的到游移的再到永恒的这样一种发展趋势，我们姑且称之为朴素回归型怀旧、游移反思型怀旧和永恒认同型怀旧。

一、朴素回归型

曾经有过这么一条新闻报道，说伦敦兴起过一种“以旧代新”的时尚，市区部分主要街道取消了异彩纷呈的霓虹灯，而代之以昏暗朦胧的煤气灯，其目的就是要对现代都市文明及由之带来的生态环境的恶化问题提出警示，并重申伦敦居民对18世纪英国工业革命前那个时代和社会秩序的怀念与向往。且不管这条新闻是否确切，或者这项社会举措是否真正可行，它所蕴涵与传达的深意却不言自明。在现在的都市生活中，人们根据某种精神需要把煤气灯重新语境化了，煤气灯所蕴含的贫穷的意味被有意忽略了，现在它只象征着一种充满温情的、田园牧歌式的宁静生活。当代伦敦居民只对煤气灯的美好象征心向往之，正表现出他们对复杂的过去所抱有的简单信念。在他们眼里，过去代表了一种温暖的激情、甜蜜的忧伤、神圣的价值和绝对的善，怀旧主要体现为回归的姿态。

回归是怀旧问题最表层最直观的特征，也是怀旧主体最容易产生的心理冲动。单就字面看，它包含两种意思：一则认为过去的一切都是好的、值得留恋的，而现实世界被剥夺了诗意、价值、意义等美好的东西，变得平庸且令人不满。怀旧主体因之具有强烈的回返过去的情感倾向。二则注重和张扬生活中美好和光明的一面，回避甚至无视过去艰难、丑陋和琐屑等负面特性，过去的优势被拿到意识层面上来与现实的缺陷做对比。怀旧主体多呈现为一种回望过去的姿态。很显然，两者都是一种纯粹的主观状态或“唯心”状态，就像美国社会学家弗雷德·戴维斯

(Fred Davis)所说的那样:“它隐匿和包含了未被检验过的信念,即认为过去的事情比现在更好、更美、更健康、更令人愉悦、更文明也更振奋人心。简言之,它泰然自若地宣称‘美好的过去和毫无吸引力的现在’,尽管这类宣告也多倾向于仪式性地承认(似乎赋予他们的表达一种客观性)他们那个时候也经历了很多问题和困难,但总有一种内在的情感和不言而喻的认识前提,即‘不管这个……’。”①戴维斯索性把这种怀旧方式定义为“朴素的怀旧”(也可译成“简单的怀旧”,simple nostalgia)。

朴素的怀旧或回归型怀旧,是指这样一种情绪:主体完全地、有意地回避和忽略了现实的复杂情境,迫切地希望在现在的生活中重新体验到过去的种种美好感觉,甚至希望以过去取代现实,并认为过去是解决现实焦虑的唯一途径。它有三个特征:

第一,现实与过去截然对立。这一点与卢梭对文明和自然之间的冲突的看法非常相似,卢梭就认为文明是自然的天敌,自然象征了人性的善,而文明却诱发了一切恶的可能。这个观点使现实与过去之间没有妥协和沟通的可能,人只能选择一种立场,或者维护现实,或者回返过去。

因此第二个特征就是,为着过去爱上过去。从前面的论述中我们已经得知,浪漫主义者就是如此。当时正值工业革命在资本主义世界大获全胜的时候,那种小心谨慎的、注重功利实用的、追随大众模式按部就班地生活的日常习气使整个社会变得乏味单调,人们无法在现实中获得一种精神上的超越,这对崇尚

① Fred Davis, *Yearning for Yesterday*: *A Sociology of Nostalgia*. New York: The Free Press, 1979, p.19.

信仰和热爱激情的浪漫主义者而言不啻是一种无形的囚牢。他们普遍地从社会转向自然、从物质现实转向精神追求、从对大机器的顺从转向对人类本能生命力的歌颂、从平庸的商业和金融转向朴素的乡村田野，对那远未被工业文明玷污过的遥远的过去产生了强烈的怀想。施莱格尔说："每个人都在古代人那里找到了他所需要的或所希冀的，但首先是找到他自己"，说到底，人不过是"自然对于自己的创造的回顾"。① 为了重新发现过去，浪漫主义者将过去变成了一个完全不同的过去，一个他们所需要所希望见到的过去，这样，在对过去的构建中他们才又意识到了他们自己。回归型怀旧主体也是这样，他们想象了一个绝对完美的过去，又在此想象中激增了对现实的不满，从而诱使其距于"坏的现在"和"好的过去"之间的心理距离拉得更大，更想回到过去。在想象过去与拒斥现实这种回环反复的过程中，过去渐渐成了一个没有理由的目的。

第三，怀旧主体大多依托某种明确的客体和对象来支撑自己的情绪。克里斯托弗·肖和马尔科姆在总结怀旧产生的条件时，认为其中之一就是"要有可适用的过去留下的客体对象用于怀旧"，"西方社会几乎怀旧地占用了一切事物，但它所带有的韵味却非常含糊，甚至具有讽刺性，这是因为两个原因：其一，我们与它们的对话是单向度的，我们所感到的与过去的深层联系只单纯地是我们的现实焦虑及渴望对它的投射。其二，这些东西大多是琐碎的、不重要的，当它们的功能被使用完后，它们就被

① 施勒格尔：《雅典娜神殿断片集》，李伯杰译，三联书店，1996，第 80、157 页。

扔掉了"①。这一点是非常符合回归型怀旧的。从某种程度上讲,回归型怀旧主体对过去所抱的态度可谓"单相思",他们不需要客体的回应,而只是沉醉在自我的"一厢情愿"里,把主观感情人为地附加在客体身上,甚至不去顾及客体本身的含义。

换个角度看,正是这种特征使回归型怀旧最典型地演变成了现代社会中最具商业化的东西,或者说成了一种怀旧文化。因为这种类型的怀旧主体把感情都寄托在了某个实体上面,因此即便感情不能被复制,但却可以通过复制实体的方式再现感情,一样达到缓解主体现实焦虑的目的。在其中,怀旧变得可以操作可以实行,像鲍德里亚所说的,一切都可以"被对等地再现","现实不仅变成了可以被复制的东西,而且成了总是已经被复制出来的东西:超现实"。② 在这样的现实环境中,艺术就是象征性符号和符号自身。比如在富丽堂皇的家居装饰中放一张破旧的藤椅,或者点缀几张旧照片,挂一把褪色的吉他等,这些装饰都可以起到代替真正的过去、满足人的恋旧感的作用。再比如西方的迪斯尼乐园和电影《侏罗纪公园》,它通过使成年人置身于一个完全仿真的儿童世界中重温旧时的记忆,或者说制造出一种理想化的动物(恐龙)来表现人类与原初自然界的和谐与冲突。又如王家卫导演的《花样年华》,它以扑朔迷离的服装变换把观众带入一个似真似幻的场景,在主人公对理想化感情

---

① Christopher Shaw & Malcolm Chase, eds., *The Imagined Past: History and Nostalgia*. Manchester: Manchester University Press, 1989, pp. 3—4.

② Mark Poster, ed., *Jean Baudrillard: Selected Writings*. Stanford: Stanford University Press, 1988, p. 145.

的小心守护和不得不错过碰撞的无奈伤感中，寻求往昔的纯情与忠诚之美。二者的焦点或“卖点”都是体验，即以当下的体验置换真实发生过的历史，以视觉化的怀旧之情替换本真性的深度历史感，这是现代怀旧文化最主要的特征之一。

由此我们或可断言，回归型怀旧是完全主观化、唯心化的。尤其是在现代科技的影响下，回归型怀旧甚至不需要亲验性的生活体会，甚至没有个体或集体对于历史的记忆也可以，怀旧对象成了一种既真实又虚幻的东西，并且正唯其虚幻，才使它的发生更为便利。在现代社会中，一切都是媒介，而一切媒介都可以被制作成怀旧符号，回归式怀旧因其单一性成了一种极易被现代媒介利用的精神消费。麦克卢汉曾对此精辟地论断：“对理性的人来说，在新的物质形态中看见或认出自己的经验，是一种无需代价的生活雅兴。经验转换为新的媒介，确实赐予我们愉快地重温过去知觉的机会。”①而“现代社会的未来及精神生活是否安定，在很大程度上取决于在传播技术和个人的回应能力之间，是否能维持平衡”②。

它也从另一个侧面反映出怀旧（尤其是大规模的社会性怀旧）的发生往往需要一个特殊的情境。通常状况下，任何一个个体，当他所处身的地理位置发生重大的转变，由此也使其一贯熟知并熟练掌握的政治、经济、文化环境变得陌生化时，他会产生怀旧之情。这是个体生活安全感、稳定感、自尊感和优越感在需

---

① 马歇尔·麦克卢汉：《理解媒介——论人的延伸》，何道宽译，商务印书馆，2000，第 264 页。

② 同上书，第 49 页。

要面对、调整、改变甚至重建另一种生活感觉时必然会产生的心理反应。

另外,当一个人历经了岁月的沧桑,真切体会到了时间流逝对个体生命的掠夺时,他也有可能转回身去,回望过去的黄金岁月。而当社会急剧变动、社会发生激荡人心的革命性事件或一个世纪临近尾声,牵动了人们的世纪末情绪时,社会性的怀旧更容易发生。这是因为在那个时候,人们普遍会感到社会现实变幻莫测,感到自身难以把握生活的实质,感到自我面对历史的分合和波折无能为力,感到没有"人在大地"或"居家"的踏实感,而投向过去、传统、自然这些古老而深厚的"根"才能找到人之所由来的源泉和令人温暖的、足以使人继续面对现世生命的勇气和信心。迫切地希望退回到过去的精神体验中,这一方面说明了现实变革与人自身的承受能力之间的激烈碰撞;另一方面也体现了人的惰性以及趋乐避苦的本能,反映出不敢直面也不能直面、只求退避和自保的怯懦心态。

如此看来,回归型怀旧又必然具有这样三种美学特性:第一,朴素性,或称简单性。这一点既指怀旧主体的意识行为的简单化,也指主体情感的朴素性,主体对客体的情感投射可被视为一种"移情",即主体对客体特性的自我规定性。第二,怀旧主体情感的强烈宣泄和直露性。这是源于主体对客体的"移情"及完全信任,客体的能动性在此几乎是难以发挥作用的,它变成了单纯情感的载体。第三,呈现出一种自足的美。朴素回归型的怀旧有点像人类在童年时期的精神状态,一切都是明朗的、单纯的、直截了当的,因为对现实感到失望,感觉生活不是在前进而是在倒退,所以就对过去怀抱着强烈而热切的感情,希望时光能够倒流，生活可以从头再来。

这是一种以退为进、以守为攻的生活姿态，在其中，美是自足的，人的情感体验是内敛的，自我在内心深处所感受到的爱（对过去）憎（对现实）分明是主体的全部感情内容，由此朴素回归型的怀旧往往具有煽情的效应。掩盖过去的丑陋和落后，突显过去的美好和完善，怀旧主体的表达大多是直抒胸臆的，这一点在大多数浪漫主义、自然主义或原始主义文学作品中都可以见到。比如美国自然文学代表人物梭罗及其名作《瓦尔登湖》。梭罗预见到了现代工业文明对本真自然的破坏，认为所有所谓的人类进步，如建筑房屋、砍伐森林树木等等，只能摧残自然景色，使后者变得日益温顺而廉价。而对抗工业文明的最有效手段就是回归荒野，重新培养和挖掘充满野性的生命力，“在不受人类影响的、颤动着的沼泽里”发现未来与希望，在“文明的沙漠中保留一小片荒野的绿洲”。梭罗宣称只有在荒野中才能保护这个世界，他在创作和生活中对人类生存简朴化、健康化及和谐化的信念躬奉亲行。在《瓦尔登湖》中他曾这样呼吁：“为什么人们一生下来就开始挖掘他们的坟墓呢？……让我们首先像自然那样简朴而健康，驱散笼罩在我们额头上的愁云，给我们身上来一点活力吧。”他高呼“给我大海，给我沙漠，给我荒野吧！”“我愿意让每个人都像野生的羚羊一样，都像自然的重要组成部分一样”[①]。梭罗的热烈奔放的感情及其直白的抒情方式很能代表朴素回归型怀旧的特性。

---

① 参见梭罗：《梭罗集》，罗伯特·塞尔编，陈凯、许崇信等译，三联书店，1996。程虹：《寻归荒野》，三联书店，2001，第119—120页。

有希望回到过去的愿望是自然的,在现代社会中它表现得尤为迫切和突出。因为现代性生产出了比传统的任何时代都严重割裂我们身心的文化景观,把现代人抛入了充斥着焦虑和动荡的大旋涡中。这样的生活是没有方向感和安全感的,因此现代人不能不幻想回到过去,希望找一个安静稳定的历史让自己有所平息,在对过去的"记忆重塑"里重新树立面对现实和未来的勇气。

然而,仅仅希望回到过去的心态又是值得怀疑的。对于复杂而深刻的人类生存和文化困境,对于人类与过去的千缠万绕,回归型怀旧最终被证明只是一种不切实际的精神幻象。这一点从西方积极浪漫主义对消极浪漫主义的反拨和提升就可以看得出来,而"寻归荒野"至多也只能作为一个文学母题在人格精神、文化理念的层面上影响到自然文学派的作家们。不仅梭罗不可能毕生生活在"荒野"中,就是凭靠"荒野"般"野性的自然"来抗拒现代文明的进程,也是一种非常边缘化和特殊化的举动,更遑论这一举动的现实有效性和可成就性。根据前面我们对怀旧的界定,我们已经确知,任何形态的怀旧(当然包括回归型怀旧)所怀念的过去都不是本真的过去,而是经过怀旧主体想象加工过的过去,这个过去半真半假。怀旧因此被认为是人类意识的产物,它的诱因是现在以及人们对待现实的态度(主要是不满意的态度)。因此怀想过去必须要与现实感和未来指向紧密联系在一起。这里的过去既是被记住的过去,也是被创造的过去,它"必须持续不断地从集体经验中被提纯、被选择、被置放、被构建、被重新构建。而这项巨大工程的支点只可能是与这过去有着共享的焦虑、渴念、希望、恐惧和幻想的现在”。[①] 这样说来，“一个人并不是对是其所是的那种过去怀旧，而是对是其本可能是的那种过去怀旧。这个人努力奋斗为能在将来得以实现的正是这一过去”[②]。

朴素回归型怀旧所要现实化的正是这样一种“是其本可能是的那种过去”，而关键问题就在于，怀旧主体却把它想象成“是其所是的那种过去”，不是寻求把过去的理想现实化的途径，而是希望现实变回到过去的样子，这一寄望于过去而非现实的态度正是朴素回归型怀旧最大的特点，也是与下面我们将要谈到的其他两种类型的怀旧最本质的区别。正是在这个意义上，我们才说朴素回归型的怀旧是消极的、退避的、保守的。退一步说，“即使开历史倒车，也无法真正地恢复旧时光，只不过是恢复了人们过去意识中的、正规制度的某些部分，但现在就连这个部分在功能上也与往日大不一样。……首先，人们无法如实地恢复过去，因为它涉及到人们要对无法精确记忆或客观记忆的因素的重新构建，更不用说对‘本应怎样’的构建，并因而被认为——或至少是被想象为——实际的存在。其次，被人仇视的革新，并非仅仅是莫名其妙地嵌入社会机体的异物，……革新构成了社会变迁的一个方面，它无法与社会变迁的其他部分相分离，因而要想消除它，只能付出变化为代价，而非想象中的手术。再次，一心要开历史倒车的社会努力，肯定会演变成具有广泛影

---

① Fred Davis, *Yearning for Yesterday: A Sociology of Nostalgia*. New York: The Free Press, 1979, p. 116.

② Svetlana Boym, *The Future of Nostalgia*. New York: Basic Books, 2001, p. 351.

响的力量"①。

然而,作为一种极其主观的行为,朴素回归型怀旧恰恰是最不注重后果的,它常常满足于一种对现实焦虑的暂时缓和,"能够恢复已逝过去的一小部分,却能激发人们的强烈感情,即使是一种幻术,在一定程度也等于恢复了整个过去",而与现实的暂时缓和最终将被证明是无效的,"当过去无法再如实地重现或恢复时,人们迟早会到达一个点。在这个点上,过去离现实世界、甚至离记忆中的世界是如此遥远,以至于它最终成了不过是用历史词汇来说明今天某个不切实际的保守愿望的一种语言"②。

二、游移反思型

就像人不可能总处在童年时代一样,人的精神意识也不可能总停留在朴素回归型的怀旧层面上,后者的"简单"就在于它把过去的本真性做了一种单纯美化和盲目极端化的处理,无视过去与现实之间的复杂关系。这样一来,当自身回返的渴望与实现渴望的不可能之间发生冲撞时,怀旧主体就不能不对这种带有自我满足和自我遮蔽性质的意识行为感到失望,而且一个人渐渐积聚的生活经历也会教会他不轻易地迷信过去,这就必然引发对过去的怀疑心理,从而也为朴素回归型怀旧深化为游移反思型怀旧提供了可能。

---

① 埃里克·霍布斯鲍姆:《史学家——历史神话的终结者》,马俊亚、郭英剑译,上海人民出版社,2002,第16页。

② 同上书,第18页。

游移反思型怀旧是现代怀旧最频繁发生的形态，这不单与反思作为人类意识行为的日常性和普适性有关，也与现代社会及现代性的独特背景有着不可分割的联系。按照哈贝马斯的说法，现代就是从总体历史事宜出发，对本体所处位置进行反思的当下化。而现代社会在根本上就是一个指向现代性自身的、反思的社会，既是审美对启蒙的反思，也是多种二元模式的自我反思，如感性对理性、保守对进步、自然对技术、乡村对城市、本土对全球、童年对成年、传统对现实、落后对文明、个人对群体、自我对他人、美对丑、完整对残缺等等。在这样的大气候下，游移反思型怀旧呈现出三个主要特点。

第一，反思既包括对过去的本真性的反思，也包括对怀旧行为（主要是对回归型怀旧）本身的反思，简言之，促成怀旧意识从朴素的回归发展到游移的反思，其基本动力就是对“过去是否真好，现实是否真坏”这个问题的质疑。这一怀旧类型的主体多为中产阶级，他们既对过去美好的一面充满了依恋，同时又质疑这种美好过去的真实性，进而与当下现实丑陋与否的可信度相碰撞。现实不断地成为过去，而过去与现实渐离渐远，我们凭靠什么来把握过去？又如何确保和信任我们所看到所把握住的过去一定就是本真的过去？我们愿意相信过去是纯真美好的，但是单凭对过去的信念是否就能支撑起一个远逝了的乌托邦世界？进而又该如何评价处身其中的实实在在的现实生活？这一系列的问题模糊了过去的本真性，在对生活世界和历史真相产生怀疑的过程中，对过去某件事、某个人、某处场景的提问会被逐渐提升到对个体经验与集体记忆之区分、对人类知觉的自然记忆与文化积淀的社会记忆之区分、对亲身体会与流传构建之区分的追问上,因此过去的本真性所针对的就不单单指历史阶段、历史事实,它还包括对历史阶段和历史事实的理解、经验、记忆、表达和再造等,作为名词的本真性被动词化,指向一个流动的、随着人类自身经验的增加而逐步丰富的、在不同阶层和境况的主体那里差异纷呈的动态过程。

这样一来,当怀旧的客体变得令人怀疑时,怀旧行为本身的确定性就必然要大打折扣:怎么能简单地回归过去?而回归过去是否能真正解决自身的问题?与朴素回归型怀旧不同,过去不再只是主体的情感寄托,还是主体用以反思和批判现实的武器。假如说在朴素回归型怀旧那里过去对现实主要是一种遮盖和替代作用的话,那么在游移反思型怀旧里,过去对现实则有一种破坏作用,它实质上是对过去或将来的新渴念,它"有一个乌托邦的维度,存在于对其它潜能和未实现的现代快乐的诺言的探索"①。

由此而来,游移反思型怀旧的第二个也是最重要的一个特征就是,怀旧主体的精神独立性和批判性,反思的意义主要体现为此。这一点与朴素回归型的怀旧主体有很大的不同。由于后者把过去视为现实唯一的出路,因此对待过去是一种盲从和迷信的态度,在某种程度上,这种态度实际上遮掩了主体自身的精神独立性,使其失去了对过去的反思能力,从而极易在现实生活中走极端。所以我们才说,朴素回归型怀旧是为着过去的缘故而热爱过去,不是要把过去的理想现实化,而是希望现实变得更

① Svetlana Boym, *The Future of Nostalgia*. New York: Basic Books, 2001, p. 342.

像过去。相反，在游移反思型怀旧这里，主体不是不相信过去的美好，而是不相信过去的完美；不是不想摆脱现实困境，而是认为不可能通过重新回到过去实现生活的理想化情境；不是要与过去或现实任何一方决然对立，而是游移于两者之间，时刻关注自身的真切处境。反思和怀疑本身就为怀旧主体自身的情感场打开了一个缺口，使其既能品味到遥远过去的韵味，也不会囿于对过去的盲目迷信和崇拜而封闭对现实生活丰富多彩的感悟和体会，怀旧因此变得开放、有张力。正如哈贝马斯在解释批判的效用时提到：

文化传统具有自己脆弱的再生产条件。只要它们是以自发的方式形成，或者带有解释学意识（解释学作为对传统的学术解释和学术应用，具有自己的特性，它能够打破传统的自发性，并把它们保持在一种反思水平上），它们就依然具有“活力”。对传统的批判占有，破坏了话语媒介中的自发性。因为批判的特点就在于它有双重功能：一方面，通过分析或意识形态批判，来消解无法用话语兑现的有效性要求，另一方面，它能够把传统中的语义学潜能释放出来。就此而言，批判和解释学一样，也是一种占有传统的形式。在这两种情况下，被占有的文化内容都保持着其作为命令的力量。也即是说，它们保障着历史的连续性，有了这种历史的连续性，个人和群体就能够确认自身和彼此的认同。①

---

① 哈贝马斯：《合法化危机》，刘北成、曹卫东译，上海人民出版社，2000，第93页。

应该说,游移反思型怀旧比朴素回归型怀旧更恰切地体现出怀旧自身的两面性。

第三,游移反思型怀旧没有固定的实体可以依托,它在过去与现实之间游移不定,看起来似乎没有着落,因此这种怀旧情绪大多呈现为一种无来由的、普遍化的乡愁。基于主体对客体以及怀旧行为本身的质疑,主体并不存在回返过去的现实冲动,而往往只是感到精神上的怅然若失,感到一种暧昧朦胧的依恋感。这种依恋感没有明确的目标,既不是真实的过去,也不是回归型怀旧所心向往之的那个透明完美的世界,甚至也不是主体所建构的那个过去。也许它只是某种游移的情境,某种笼而统之的"善"或"美",某种既被加之于过去之上的、又游移于过去之外的感觉。从某种程度上讲,这种模糊不清的失落感实际上反映出了主体对现实的某种认可或认同的态度。正因为部分地认同现实又部分地认同过去,所以主体才表现出游移两难的情绪状态来,而不能像回归型怀旧一样无所顾忌地"回返过去"。如果说回归型怀旧是以过去为导向,那么反思性怀旧就是以现在为导向。

游移是反思型怀旧最主要的审美风格,加之反思,它比起明快的回归型怀旧来就要沉重许多,而且在那种莫名的、令人难以释怀的感伤情绪里,往往由于渗透了主体对现实和过去的深刻理解而带有某种智性的光辉。这类怀旧的感情显现不是热烈奔放的,而是静穆凝重的,它的价值取向也更积极。假如我们匆匆地回顾一下怀旧的历史,可以发现,这种怀旧情绪在席勒那里就已经有所萌芽,而在黑格尔那里表现得尤为突出。席勒和黑格尔都明确意识到在现代社会里他们失落了什么,然而这种失落绝不可能通过回到过去而被重新获得。卢梭的心路历程也可以证明这一点。卢梭曾经做过回返自然的努力，但最终他还是不得不抽身出来，站在社会的立场上反思自己曾经走过的路并最终否决了它。在对待过去和现实之间的矛盾问题上，黑格尔的反思加重了他的失落感，但也进一步堵绝了他的回归之途，所以黑格尔的怀旧感必然是游移、但又无所不在的，从这个角度来理解有论者所谓的"黑格尔的哲学是怀旧的哲学"，也许对我们有另一种启示意义。

应当承认，反思型怀旧是远比回归型怀旧复杂得多的怀旧类型。我们可举鲁迅及其创作为例来说明这个问题。鲁迅的怀旧之情体现在他对童年、故乡、故人和传统文化之精髓的眷恋，但他并不想、也深知自己回不到过去。他是一位深受中国传统儒道精神浸染的现代人，因此中西思想、传统现代在他个人身上的激烈冲撞必然要产生反思。从鲁迅以怀旧为主的散文集《朝花夕拾》看起，到其以反思和自省为主的小说集《呐喊》、《彷徨》和《故事新编》，包括他的杂文，我们不难看出鲁迅对延续历史传统和推进历史进程之间的矛盾对立所感怀的痛苦和悲哀。鲁迅一生始终在追问、批判和反叛中国传统的礼教文化、愚昧麻木的国民劣根性，①实际上也是始终在处理如何对待过去，如何开始

① 许寿裳在《亡友鲁迅印象记》中曾描述道："鲁迅在弘文学院的时候，常常和我讨论下列三个相关的大问题：一、怎样才是最理想的人性？二、中国国民性中最缺乏的是什么？三、它的病根何在？他对这三大问题的研究，毕生孜孜不懈，后来所以毅然决定放弃学医而从事于文艺运动，其目标之一，就是想解决这些问题，他知道即使不能骤然得到全部解决，也求于逐渐解决上有所贡献。因之，办杂志、译小说，主旨重在此；后半生的创作数百万言，主旨也重在此。"参见许寿裳：《亡友鲁迅印象记》，人民文学出版社，1977，第19页。

将来的问题。因此,虽然他感怀到了某个故人、童年和家乡的美好,但这种感怀却因其浓重的反思而被压抑了。反思不仅牵涉到对国家民族的批判和反叛,还要与笼罩自身的虚无绝望作斗争,他的爱裹挟着浓烈的恨,他的希望被绝望和虚无掩盖着,他对美好光明的忠诚赞颂又时时刻刻与对这种美好光明的质疑分割不开。所以在鲁迅的身上,从来只有彻底的反思,没有彻底的怀旧。他是与"旧"缠绕始终、对"旧"反思最强烈的人之一。汪晖这样评述鲁迅的"记忆"与"反思":

> 鲁迅的世界中也隐含着女吊、无常的民间世界所没有的东西,那就是对于人的内在性、复杂性和深度性的理解。在这种理解中产生了反思的文化。他所体验到的痛苦和罪恶感,把一种深刻的忧郁和绝望的气质注入了他创造的民间性的世界。
>
> 鲁迅抑制不住地将被压抑在记忆里的东西当作眼下的事情来体验,以至现实与历史不再有明确的界限,面前的人与事似乎不过是一段早该逝去而偏偏不能逝去的过去而已。他不信任事物表面的、外在的形态,总要去追究隐藏在表象下的真实,那些洞若观火的杂感中荡漾着的幽默、机智、讽刺的笑声撕开了生活中的假面。
>
> 那种由精神的创伤和阴暗记忆所形成的不信任感,那种总是把现实作为逝去经验的悲剧性循环的心理图式,也常常会导致鲁迅内心的分裂。"挖祖坟"、"翻老账"的历史方法赋予他深沉的历史感,但他对阴暗经验的独特的、异常

> 的敏感，也使他不像同时代人那样无保留地沉浸于某一价值理想之中，而总是以自己独立的思考不无怀疑地献身于时代的运动。……真正惊心动魄、令人难以平静的，恰恰是他那种对于历史经验的悲剧性的重复感与循环感：历史的演进仿佛不过是一次次重复、一次次循环构成的，而现实——包括自身所从事的运动——似乎并没有标示历史的进步，倒是陷入了荒谬的轮回。[①]

比如他的小说《在酒楼上》，以"我"作为一名客人暂居在久已陌生的故乡里开头，不仅为全文奠定了怀旧的情绪和氛围，也暗示了小说必将以回忆为出发点，通过怀旧来推动叙事的动机。在这篇小说中，吕纬甫的两个故事是极有深意的：一个是吕从太原千里迢迢赶回故乡为他在三岁时死掉的小弟弟掘墓迁坟的事，坟墓埋葬的是过去的生命及记忆，掘墓就象征着对已逝生命的追寻，[②]而迁坟则意味着重塑过去，也正因此，吕纬甫才会感觉"掘开来"的命令超越了他作为一个庸人的凡常存在，而"是一个在我一生中最为伟大的命令"。[③] 然而最终却是"踪影全无"。那曾经鲜活存在过的、并为我们的记忆所拥有的生命在时间的悄然流逝中竟然只呈现为一片空白，在这里，吕纬甫对过去的追忆与过去对他的嘲弄表明了鲁迅对怀旧的怀疑和否定态度，也即他惯常存有的"虚空"的心理体验。第二个是吕为当年邻居的

---

① 汪晖：《死火重温》，人民文学出版社，2000，第422、423页。

② 参见吴晓东：《记忆的神话》，新世界出版社，2002，第73页以下。

③ 本篇涉及到的鲁迅小说均选自《鲁迅小说全编》（插图本），漓江出版社，1997。

女孩子顺姑送剪绒花的故事,结局是我们所能料到的,顺姑早已死去,活着的人也无从相认,吕只能"模模糊糊"地敷衍了事。怀旧再一次欺骗了想要通过怀旧追寻生命踪迹的人,在叙事者"我"的审视下,吕纬甫一再地自我嘲弄又自我否定,由琐事构成的生活本身以及对生活的意义的堪定在此全然变成了"无聊的事"。从这个角度来看,《在酒楼上》虽然充满了怀旧的温情,就像吴晓东所认为的那样:

> 对于从记忆中获得心理慰藉和归宿的吕纬甫来说,回忆是现实中的吕纬甫的救赎方式,回忆的姿态从根本上说标志了现实中吕纬甫的缺失,因为对往昔记忆的追寻总是与弥补现实的缺失联系在一起的。同样我们也可以说,吕纬甫的缺失也是叙事者"我"的缺失,回忆对吕纬甫的救赎也恰恰是对"我"的救赎,因此,小说结尾当"我"走出酒楼在"寒风和雪片"中"很爽快"的感觉不仅是生理体验,更是心理体验,象征着匮缺感获得了暂时的缓解。①

但反思仍然占据了一个相当重要的位置。怀旧只能使"匮缺感获得暂时的缓解",而始终挥之不去的、深刻压抑着吕纬甫和"我"的痛苦却是深深隐匿在怀旧背后的反思情结,正是这种无法自欺只能自嘲的对生活的清醒认识导致了怀旧的不彻底。

可以看到,鲁迅通过吕纬甫所传达的怀旧感最终就像小说中的"雪"一样,弥漫在整个空气当中却又无处可寻。吕纬甫无

---

① 吴晓东:《记忆的神话》,新世界出版社,2002,第78页。

法回到过去，甚至不可能把自己的感情完全落脚在过去，怀旧于此表现为一种生命状态，尽管无始无终，但却深深地困扰着吕纬甫。小说写到最后，吕纬甫反比刚来的时候更加茫然了，“以后？——我不知道。你看我们那时预想的事可有一件如意？我现在什么也不知道，连明天怎样也不知道，连后一分……”很多评论家认为，吕纬甫实际上是“我”的另一个影子，而两者的相互审视相互辩难又构成了鲁迅在认知自我把握世界时的多重思维。本书非常信服这种说法，实际上这正是游移反思型怀旧的特点。但问题是，萦绕着《在酒楼上》这篇小说乃至萦绕着鲁迅终身的那种茫然感究竟是什么？为何产生？鲁迅的怀旧与对怀旧的反思能否构成他创作《在酒楼上》的全部动机？又能否解决鲁迅的所有思想困惑？

事实上，《在酒楼上》以及鲁迅的大多数小说都有一个中心问题，那就是吕纬甫对自己多年经历的总结以及对“我”的发问：

> “我在少年时，看见蜂子或蝇子停在一个地方，给什么来一吓，即刻飞去了，但是飞了一个小圈子，便又回来停在原地点，便以为这实在很可笑，也可怜。可不料现在我自己也飞回来了，不过绕了一点小圈子。又不料你也回来了。你不能飞得更远些吗？”
>
> “这难说，大约也不外乎绕点小圈子罢。”

人的一生就像在绕圈子，人的命运也如蜂子或蝇子一样的可怜亦可笑，任谁都摆脱不了。鲁迅在经过温情脉脉的怀旧和残酷无情的反思之后，最终不得不面对的就是无边无际的虚空以及人应当如何在这虚空中找到生命的意义和生存的价值、继而把虚空的人生延续下去乃至充盈光大的问题。就像鲁迅在《伤逝》里所宣告的,“那时使我希望,欢欣,爱,生活的,却全都逝去了,只有一个虚空,我用真实去换来的虚空存在”。虚空是宿命,而充实这一虚空却是每个个体的生存义务,也是人类整体所肩负的文化使命。只有对历史所呈现出来的断裂、碎片化或不完整的表象进行弥合与接续,我们才有可能找回自我的完整感、统一性,重新赋予生命以意义。一言以蔽之,这就是个认同的问题:我们都必须认同,自我认同或集体认同,历史性的认同或现实性的认同,身份化的认同或功能化的认同,审美的认同或政治经济的认同,时间的认同或空间的认同,等等。

事实上,导致吕纬甫产生茫然感的就是认同的未完成状态,缠绕鲁迅始终的也是这个问题,更恰切地说,正是鲁迅对自我如何连续统一、传统如何被继承发展、历史如何不被现实中断等更深刻问题的思索才使得他追忆往昔、反思过去。在他的小说《端午节》中的方玄绰、《祝福》中的“我”、《在酒楼上》的吕纬甫、《孤独者》中的魏连殳、《伤逝》中的涓生等人物身上,那种不能与真实的自我达成沟通和一致的消沉感和绝望感已经越来越强烈了。其实不仅是鲁迅,假如深究下去的话,任何反思型怀旧都不得不面临这一困境:即当物的本真与人的本真都成了问题,人不能确知物的本真,而物也无法赋予人确定性时,人类应当如何确认自己?进而如何确认人类的历史和物的历史?反思型怀旧也许只是反思和解决了“我曾是谁”的问题,但“我是谁”的问题却不得不被悬置起来。在反思的途中,人类的意识行为需要再一次被推向深处,认同型怀旧产生的根源之一即为此。

三、永恒认同型

把认同与怀旧放在一起构成一个词，并不是指认同必需要以怀旧的方式来完成，或者怀旧也一定导致认同，实际上无论在认同还是在怀旧的层面上，二者都有相当程度的弹性和张力。而所以如此界定这一怀旧类型，是因为本书认为，以怀旧的方式实现认同是现代众多认同方式中最普遍的一种，而以认同为旨意的怀旧又是所有怀旧类型中最深刻的怀旧，人类的任何怀旧形式发展到最后都会演变为认同型怀旧，这既是人类意识活动的逐层推进，也是人类最深层的精神需求。

认同，在英文中为 identity，最初由德国心理学家埃里克·埃里克森提出。早期台湾心理学者将其译为“同一性”或“自我同一性”，这种译法为心理学界和哲学界普遍使用，而在社会上更广泛流传的则是“认同”或“自我认同”，“身份”也是这个词。

埃里克森认为，人格在人的一生要经过八个发展阶段，每个阶段人格都要面临一定的危机并试图适应乃至解决它：1. 口腔——感觉阶段：基本信任对不信任；2. 肌肉——肛门阶段：自主对羞怯和疑虑；3. 运动——性器阶段：主动性对内疚感；4. 潜伏阶段：勤奋对自卑；5. 青春期：自我同一性对角色混乱；6. 成人早期：亲密对孤离；7. 成人中期：繁殖对停滞；8. 成人后期：自我综合对绝望。① 从人格发展的第五个阶段（即青春期）开始，同

---

① 参见叶浩生主编：《心理学理论精粹》，福建教育出版社，2000，第 163—166 页。

一性危机或认同危机出现。这个阶段正是儿童向成年人过渡的阶段,青少年不仅要经历一个生理上性别明确区分的发展过程,还要在心理上适应和承受社会文化的急剧变迁所带来的价值观念的冲突,因此在这个阶段最容易产生危机。

所谓自我同一性或自我认同感,就是一种熟悉自身的感觉,一种知道自己将会怎样生活的感觉,"是一种自然增长的信心,即相信自己保持内在一致性和连续性的能力(心理学意义上的自我)。这种信心是与他对别人保持的一致性和连续性相协调的"。① 一般说来,它大致包括四个含义:第一,自我意识。亦即自我对自己在时间上的内在相同性和连续性的直接觉知,以及对别人对这种相同性和连续性的认可的觉知。第二,对个人性格连续性的一种潜意识的追求。第三,对个人以往各种身份、各种自我形象的综合感。第四,对未来理想职业的向往和作为社会成员的意识,亦即个人同一性及其在民族、政治、宗教等在意识形态上所表明的集体同一性,在个人心中的一致性的保持。② 在埃里克森看来,自我的基本功能就是建立并保持自我同一性或自我认同感,而一旦青少年不能正确处理这些问题,就会产生危机,导致角色混乱,不利于青少年的健康发展。

尽管在埃里克森的理论体系中,认同危机通常出现在青春期,但实际上,由于现代社会的剧变对人的现实生存的冲击,许

① 埃里克森:《同一性与同一性扩散》,载于莫雷主编:《20 世纪心理学名家名著》,广东高等教育出版社,2002,第 797 页。

② 参见叶浩生主编:《心理学理论精粹》,福建教育出版社,2000,第 164 页以及孙名之:《埃里克森的自我同一性述评》,载于《湖南师范学院学报》1984 年第 4 期。

多成年人也都有类似的经历，在生活中的很多时候，人们不能确知自己的生活价值和方向感，对瞬息即逝的社会变化感到无所适从。阿奎那也讲人格认同，他的人格认同包含三个主要的维度：第一，灵魂与肉体的统一；第二，个人与共同体的统一，“这意味着要能够在我所在的共同体内向别人持续而可靠地解释我的作为、态度和信念”；第三，“我的生活作为一种追求就具有连续性和统一性”，这指的是目的论意义上的统一。[①] 麦金泰尔也认为现代性面临三大问题，即人格认同、自我统一与连续性问题。尼采提出我们是全部历史的自我意识，福柯也发出疑问：“据我看，自从19世纪以来，哲学不断询问的都是‘现在正在发生什么？我们这些也许只不过是现在正在发生的东西，又是什么呢？’因此，哲学的问题也是有关我们自己是什么的问题。”[②]由此可见，认同危机及自我认同感是现代社会的一个重大问题。

认同主要是自我认同，自我认同又主要表现为身份认同和人格认同，说到底，这就是我们应当如何在历史中为自己找到“归属的标记”，从而如何保持我们的个体感、唯一感、完整感及过去与未来的连续性的问题。根据我们前面对怀旧的哲学、社会学及美学界定，应该很清楚，认同所要解决的问题也正是怀旧所关心的问题，所以说，认同危机未必导致怀旧，但怀旧却天然地与认同有密切的关系。那么我们所要解答的问题就是，怀旧（或者说认同型怀旧）何以能够承担解救认同危机的功能？在此

---

① 转引自陈家琪：《我们自己是谁？——尼采及其现代性问题》，载于萌萌主编：《启示与理性：从苏格拉底、尼采到施特劳斯》，中国社会科学出版社，2001，第178—179页。

② 同上书，第172页。

中,认同型怀旧究竟指什么?而在现代性加重认同危机的情况下,认同型怀旧是否有其发生的必然性?

根据时间与自我发展的关系,人的自我认同至少可以按照现在时、将来时和过去时三种方式进行:或者立足当下,寻找各种应对现实困境的出路,积极地解决危机以适应现实或渡过难关;或者为自己树立理想或目标,以对将来的期待和信心指引现实,超脱于当下的实际困境;或者返回到过去的历史当中,从既有的生存经验那里寻求帮助。怀旧属于过去时,也是与人的内心最为贴近的一种方式,我们可以从怀旧的生理发生机制和社会发生机制来理解这一点。

先从精神分析的角度来看一下怀旧的生理发生缘由。

精神分析理论看重人类的儿童时代,就是因为"童年代表着压抑发生前一个较为幸福的时期",[①]虽然"两千年来,一种体系化制度化的努力一直在把人变成一种苦行禁欲的动物。然而人却始终是寻求快乐的动物。父母的管教约束、宗教对肉体快感的恫吓、哲学对理智生活的推崇,所有这一切仅仅在表面上使人变得驯顺;而在暗地里,在无意识中,人始终是不相信这一套的(正因为如此,人才变成了神经症动物)。人始终不相信这一套是因为他在童年时代尝过生命之树上的果实,他知道它的美好滋味,他永远忘不了它的美好滋味。"[②]

童年无疑是珍贵的,但它受到时间规律和文明发展趋势的

① 诺尔曼·布朗:《生与死的对抗》,冯川等译,贵州人民出版社,1994,第23页。

② 同上书,第31页。

支配，必然一去而不可复得。一方面，对于个体而言，随着现实生活对自身的压抑和要求逐渐增多，具有爱欲性质的儿童游戏也越来越被成年人失落，当其再无力承担内心狂放与现实挤压的冲突，进而无法抹平理想幻灭的创伤时，他就必然会身心失衡、会焦虑，甚至演变成一种精神病症。由此，一个对生活感到沉重疲惫的成年人，必然向往着回复到一个相对轻松和自由的时空里去寻求救赎。童年因而成为抚慰成年人心灵的一剂良药、或一杆天平。另一方面，对于人类整体来说，从传统社会向现代社会的急剧变动又加剧了人类整体感、道德确定性、真实的社会关系、自发性和表现意味的缺失（特纳语），以田园式的、确定、安宁、低速等为理念的传统精神被信息式的、不确定、动荡、高速等现代社会精神所代替。就像尼采的"上帝死了"宣告了人类从此将永远失去上帝的庇护，而不得不独自选择和承担一切世俗生活一样，现代化也促成了人类童年期的结束和成年期的开始。

这样看来，怀旧之"旧"首先当指代逝去的童年，对于不得不承受现实与文明淘洗的人类而言，怀旧注定是要发生的。普遍来讲，怀旧的对象一则必然是一去不复返的、永不可得的，这就使怀旧在某种程度上肯定并挽救了失去的时间，反而使真正现在的生活变得无时间感。正如柏拉图所说，时间是永恒的流动形态，我们的生活就是一个在时间中不断死亡、又不断诞生的过程，因此人类只有通过怀旧的心理意志，才能替换那种由被消解的现实感和重复过去的冲动所表现出来的无时间性，减缓这种无时间性带给人类的茫然、紧张和恐惧的感觉。

在这个意义上说，怀旧意味着一种反思；另一则它又必定是美好的、珍贵的,值得人依恋和珍惜。怀旧正是在这两者的双重作用下,才具有了现实意义和可操作性。否则为什么儿童很少怀旧甚或从未有怀旧意识呢?为什么怀旧现象多发生在上了一定年纪的、或有过一定生活阅历的人身上呢?这恰恰说明,怀旧在本质上是人的一种生命本能,是人类整体的一种"集体无意识",是一种以人类的历史发展为背景的心理现实,是文学、哲学、美学或宗教共有的原型。同时,它又是成年人的有意识行为,是理性的产物。它是一种"我思",是生命经验的一种历时比较,是人类个体生命成熟时的精神冲动。儿童不懂怀旧是因为儿童还没有或较少经历到诸如理想破灭、在现实社会中受挫、被时间牵着鼻子仓促走的失败感,没有那些能破坏生命伊始、一切都圆满和谐的二元对立,没有自我与他人、梦想与现实、生与死的极端冲突,过去与乌托邦都不存在,因而无旧要怀。成年人正相反,他对时间有着清醒的意识,要承担各种各样的冲突对抗,怀旧既是逃避,也是前进,更可谓救赎。

童年与死亡是人类生命历程中的两种极端、两个相对静止的点,而人的个体历史就是一个从未受压抑的、类似动物"原状稳定"的儿童时代到无压抑无冲突的、类似"涅槃"的死亡状态,从创世初的平静和安宁到世界末日的恬静和死寂的过程。而表现这两点之间过程的紧张张力的、并因而引发人类心理最深层的怀旧动机的,就是自我认同。

弗洛伊德把自我看做是"一个心理过程的连贯组织"①,自

---

① 西格蒙特·弗洛伊德:《一个幻觉的未来》,杨韶钢译,华夏出版社,1999,第169页。

我的发展和充盈就在于不断地把外界的影响施加给本我，使发生在本我中的自恋倾向扩张到爱他人的地步，由此达到现实原则代替快乐原则、自我与外部现实越来越紧密联系的目的。在弗洛伊德看来，自我实现是一个由内向外、由己及人、由本然向必然的发展过程，人格的和谐统一曾经存在过并且只存在于人的无意识中，但本我经过现实原则的改造之后，必然要丧失其原来的面目。所以弗洛伊德声称幸福就是"前历史的愿望在后来的实现"，就是"需要的完全满足"，

> 文明中的自由本质上与幸福是相对立的，因为这种自由对幸福作了压抑性的改变（升华）。相反，心理人格中最古老、最深层的无意识倒是达到完全满足的内驱力，在这里没有缺乏和压抑，因而这是自由与必然的直接同一。弗洛伊德认为，这种在意识中被禁忌的自由与必然的等同在无意识中却得到了支持，因而它的真实性虽然受到意识的否弃，但仍经常萦绕于心际。它还记忆着个体过去的、实现完全满足的那些发展阶段。而且过去仍在对未来提出要求，因为它使人产生了以文明成就为基础重建天堂的愿望。①

尽管弗洛伊德把这一过程理解为爱的范围和爱的能力逐步扩大的过程，但这种看似温情的人生表象依然无法掩盖由拉康所明确指出的、实为异化的本质。

---

① 马尔库塞：《爱欲与文明——对弗洛伊德思想的哲学探讨》，黄勇、薛民译，上海译文出版社，1987，第 8 页。

拉康认为,弗洛伊德把自我等同于"理性和精神健全"——也即我们的感觉和知觉系统用以回应现实的所有机制的总和——这一观点具有太浓厚的旧的理性主义哲学的色彩,因此他从观察婴幼儿在成长过程中"镜像阶段"的反应为出发点,提出一个等同于平面影像的自我。且无论这一影像是如何反映出自我功能的重要性,或如何表现出人类对生命认识的突破,毋庸置疑的一点是:被人类规定为安身立命之所在的这个自我,实质上却是主体在一个真实情境中对自身或虚妄或虚幻的指认。它既使"我突进成一种首要的形式","象征了我在思想上的永恒性","同时也预示了它异化的结局"。就像拉康自己所说的:"这个形式将自我的动因于社会规定之前就置在一条虚构的途径上。"①源于此,人类的一生就是一个从镜像阶段开始,连续不断地认同某个"意象"(拉康语)或某个形象、某种特性、某种形式的过程。一方面;这一认同过程促成了人类自我的持续形成和不断变化;另一方面,因为自我认同的初始就是不真实的,所以以后的认同注定将是虚幻的,而把虚幻的对象据为己有、并视之为自我的这种认同方式又不能不导致异化,人类终其一生,就是一个不断异化的过程。在拉康看来:

> 这个发展是作为时间上的辨证过程而度过的。它将个体的形式决定性地映现成历史:镜子阶段是场悲剧,它的内在冲劲从不足匮缺奔向预见先定——对于受空间确认诱惑的主体来说,它策动了从身体的残缺形象到我们称之为整

---

① 《拉康选集》,三联书店,2001,第90—91页。

体的矫形形式的种种狂想——一直达到建立起异化着的个体的强固框架，这个框架以其僵硬的结构将影响整个精神发展。由此，从内在世界到外在世界的循环的打破，导致了对自我的验证的无穷化解。①

弗洛伊德和拉康的观点归结为一句话就是：自我的扩张表现为对本我的离弃。从出生时的无知无觉到童年时的自由自在，中间经过现实规则的淘洗，人类在与他人的认同过程中逐渐臻达客观化的自我完善，并在现实层面上越来越被社会文明、时代进步的要求所统领，以致最终在死亡的瞬间完成自我在世的使命。在这一过程中，异化是无可避免的，也是必要的。因此，如何保持自我的连贯性、统一性，关键就不在于如何抗拒异化，而在于如何实现异化的宿命与人类完整主体的能动性的持衡。

怀旧就是一种途径。此处之"旧"不仅指时间意义上的自我生命的流逝，还指空间意义上的被异化、被变换了的自我整体，更指文化意义上的整个精神生命发展的连续性。正所谓"失去的天堂才是真正的天堂"，这恰恰使幸福在本质上成了一件过去的事情。它永远无法在现实生活中实现或复现，它是人类始终向往的乌托邦。因此，怀旧首先是一种寻找自我的过程，是回到那种未被社会化和异化的本真自我中去的努力，是借此努力抗衡异化又记忆异化的方式。作为一种自我认同，怀旧就是要在越来越远离理想自我的同时有意识地保留住对理想自我的向往，在自我不断产生又不断失落的过程中，在与其疏离的状态

① 《拉康选集》，三联书店，2001，第93页。

下,始终怀抱重返本我的强烈愿望和冲动,体验那种回返爱与快乐融合一体的、无限制的、原初自恋的感觉。在自我不断选择本我、又被超我选择,在现实原则努力克制快乐原则、又朝向道德原则的人类生命历程中,这种愿望和冲动无疑起到了双重作用:一则使人类生命的根基不断得到加强,一则又使人类对未来充满理想,因为怀旧的对象正是人类自以为是的、最幸福和最完美的东西。

荣格也认为寻求自我认同的最佳途径就是"回归"。当人的自我在行进过程中不能使环境的现实与心灵的需要达成和谐统一的时候,就要隐退到无意识之中寻找解决问题的答案,通过开掘无意识的资源来使自我重新获得发展的动力。荣格把自我界定为"一种复合的东西:首先是你对自己的身体、自身存在的一般意识,其次是你的记忆材料;你对已有的一连串记忆的某种观念",基于这两种构成物,自我才是"精神事件的情结"。在荣格看来,只有当自我回归到原型心灵的领域中,或者当差异纷呈的个体与此领域中的"一个人"相认同的时候,主体才能获得某种永恒的幸福感。据此,荣格"高度地推崇从世界的忙乱喧嚣中的阶段性隐退,以及沉浸于宁静的沉思冥想",不仅"为数众多的富有创造性的人都进行阶段性的隐退,……荣格本人亦通过退隐到自己伯灵根的幽居地来躬行己说"。① 除此之外,马尔库塞也是通过分析记忆来探索自我认同之途的。因为就马尔库塞所理解的精神分析学说而言,记忆的领域就是无意识的领域,就是那

① 卡尔文·S·霍尔、沃农·J·诺德拜:《荣格心理学纲要》,张月译,黄河文艺出版社,1987,第91页。

些完全满足需要的人类发展阶段。记忆不仅是一种对于本真自我的重要的认识方式，它还具有“真理价值”，“有一种保存希望和潜能的特殊功能”。

> 虽然成熟的、文明的个体出卖甚至剥夺了这些希望和潜能，但由于它们在个体的朦胧的过去曾被实现过，因而也不会被个体完全忘却。现实原则限制了记忆的认识功能，限制了它对往日的幸福体验的依恋，从而使人不再产生有意识地重建这种幸福的愿望。精神分析解放了记忆，从而使个体受压抑不再是合理的事了。由于认识让位于重新认识，幼时被禁的形象和冲动开始说出为理性所否定的真理。倒退具有一种进步功能。重新发现的过去提供了一种现在正受到禁忌的批评标准。而且，记忆的恢复还伴随着幻想的认识内容的恢复。精神分析理论把这些心理机能排除在白日梦和虚构这些不确定的领域之外，从而恢复了这些机能的严格的真实性。这些发现所具有的力量最终将冲破产生和限制它们的那个框架。解放过去，并不是要使过去与现在调和。与发现者自己施加的限制相反，面向过去的结果将是面向未来。追回失去的时间成了未来解放的手段。①

征服时间的唯一力量就是释放被压抑的记忆，而征服时间本身

---

① 马尔库塞：《爱欲与文明——对弗洛伊德思想的哲学探讨》，黄勇、薛民译，上海译文出版社，1987，第8—9页。

则意味着自我有可能获得一种持久的快乐,当自我通过记起那些深藏在无意识领域中的永恒的快乐时,自我也在连贯的时间之流中获取了一种战胜时间或超越时间的自由感。认同不是向未来的痛苦行进,而成了对过去记忆的平和的恢复。

自我认同对自我原貌的记忆功效,或借助想象弥合遭到时间侵蚀和现实割裂的自我形象的功能,并不等于知觉和感觉系统对过去意识的原封不动的复制。这是因为自我认同必须要在与他人的联系中才能完成,也就是说,任何一个完整的自我,都不可能全部通过自我对自身的意识和认识体现出来,他人是不可或缺的参照物。就好像帮助婴幼儿找到自我的那面镜子一样,他人也是自我形成过程中相当重要的一面镜子。因此认同不是复原,而是再造和重建。

怀旧也一样。怀旧不是消极被动的,不可能完全复原自我的本相,它发生在人类有意识的成长经历中,本身已然带上了特定的时代、社会和大众的独特痕迹,包含了对过去事情的情感依恋和价值判断。它所着力完成的不仅是最大限度地回忆或记忆渐遭遗忘的过去,更重要的,它要凭借具有个性色彩的叙述方式再创造出一个真实的、但绝不完全等同于那个原初自我的"我"来。借用班纳迪克·安德森的一段话来说,"在经验过青春期造成的生理和心理的变化之后,就已经不可能再'记得'童年时期的意识了。从婴儿期到成年初期,有几千天的岁月就此消逝,不复直接记忆了!必须求助于他人,才会知道泛黄的照片中这个在地毯上或婴儿床上快活地爬行的赤身露体的婴儿就是你——这是多么奇怪啊!这张照片——机械再生产时代的佳儿——只不过是同时记录了某种表面的连续性并且又强调它之从记忆中丧失的，已经累积了非常多种的现代记录性证据……当中的一种而已。从这种疏隔之中产生了一种关于人格的概念，也就是因为不能被'记忆'，所以必须被叙述的认同……的概念"。①

我们知道，埃里克森的理论是对弗洛伊德自我理论的扩展和社会化解释，也为拉康的"不可逃避的异化"注入了现实情境。他强调人性本善的力量，主张自我有巨大的潜能，可以改变人与人之间的调节模型，如其所言，青年"总是怀着极其隐晦的焦虑和返回早期的态度，向着成人期的文化形象奋力前进"。② 也就是说，在相当程度上，埃里克森使认同和认同危机的问题从一个"元命题"变成了一个阶段性的、情境化的甚至有望解决的问题。这就牵涉到怀旧发生的社会缘由。前面章节已对这个问题有过详细的论述，在此，我们只是重点强调一下认同危机的形成。

现代社会造成了人类对普遍社会现象的认识差异和传统的断裂，而在吉登斯看来，

> 传统是身份属性的媒介。无论是个人身份还是集体身份都预设了意义；但它也预设了……不断重述和重新阐释的过程。身份在时间中创造出恒定，使过去的开端与预期的将来相连接。在所有社会中，个人身份的维系以及个人身份与更广泛的社会身份的联系是本体安全的基本要素。

---

① 班纳迪克·安德森：《想象的共同体：民族主义的起源与散布》，吴叡人译，时报文化出版社，1999，第 22 页。

② 参见莫雷主编：《20 世纪心理学名家名著》，广东高等教育出版社，2002，第 812 页。

> 这种心理关注是一种主要力量,使得传统能够在“信徒”身上创造出强烈的情感依附。对传统完整性的威胁常常——如果不能说普遍如此的话——体现为自我完整性的威胁。[①]

查尔斯·泰勒也说过:“我们的认同,是某种给予我们根本方向感的东西所规定的,事实上是复杂的和多层次的。我们全部都是由我们看作构成的,也是由我们所理解为特殊身份的东西构成的。”[②]传统就是那种能够给予我们“根本方向感”和“普遍有效的承诺”的东西。而现在,传统失落了,方向感没有了,承诺也已失效,必然产生认同的焦虑,产生吉登斯所归纳的“本体的安全和存在性焦虑”问题,[③]就会不知道我们从哪里来、我们现在位于何处、我们是谁以及将要向哪里去,就会对所有有助于自我定位的东西感到无从把握。

现代人的认同危机源于传统与现实生活的脱节,这使得现代人面对危机都不约而同地转向对传统、历史、过去和民族等共同话语的追寻。这样一来,怀旧本质上就变成了认同的手段,如弗雷德曼所言:“由于历史是认同的话语,所以谁拥有或占用过

---

① 安东尼·吉登斯:《生活在后传统社会中》,载于吉登斯、乌尔里希·贝克和斯科特·拉什:《自反性现代化——现代社会秩序中的政治、传统与美学》,赵文书译,商务印书馆,2001,第101页。

② 查尔斯·泰勒:《自我的根源:现代认同的形成》,韩震等译,译林出版社,2001,第39页。

③ 参见安东尼·吉登斯:《现代性与自我认同》,赵旭东、方文译,三联书店,1998。

去的问题就变成了谁能在任何时空认同他自己或认同他人的问题。如果一个世界秩序的碎片化暗示了文化身份的增殖,后者就表现为历史的扩增,多样的身份暗示了多样的历史。"①这样看来,认同型怀旧就是指主体为了解决现实情境中的认同危机,时常回溯过去的自我形象和生存经验,并据此不断地调整自我的现实形象和生存体验,从而保持自我发展的历史不被中断、自成一体的自我世界不被分裂的行为。

需要注意的是,过去的自我形象和生存经验不是一成不变的,因而它也不是作为一个明确的概念或具体生动的形象供我们参考借鉴的。随着人的不断成长,自我也要不断变化,而随着现实境况的日新月异,对所谓过去那个自我形象的认同也会不断地调整。因此,无论是人的自我形象,还是生存经验,甚至是人的认同需求和认同行为,都是持续形成和不断变化的,是一个永无停息的"认同——认同危机——再认同"的动态过程。认同就意味着重新界定,而认同型怀旧就意味着重新建构过去。正如弗雷德曼所言:"构建过去是一项有选择地组织事件的规划,这些事件要与当代的主题相联系,从而创造一种适宜的、导向现在的生活表征,也即在自我界定的行为中形成生活史。"②"构建过去是一个自我认同的行为,它必须依据其本真性被阐释,也就是说,必须依据主体和一个有意义的世界之构建之间的存在联

① Jonathan Friedman, *Cultural Identity and Global Process*. London: Sage Publications, 1994, p. 142.

② Jonathan Friedman, *Cultural Identity and Global Process*. London: Sage Publications, 1994, p. 117.

系来阐释,在不同的社会秩序中,这种联系也呈现出巨大的不同。"[①]而"过去总在现实中被演练/实践,不是因为过去强调自己如此,而是因为现在的主体在他们的社会身份社会认同行为中形成了过去(或培养了过去)。……影响到现在的过去是一种在当下现实中被建构或被再造的过去"。[②] 这种怀旧对过去的"现在价值化"也不是根据现在的形象再造自己或预示将来的什么,只是揭示自身无限的可能性。

既然不是原封不动地复现过去,那么认同型怀旧中就必然含有反思的因素,尤其是对过去的本真性进行反思。从这个角度比较反思型怀旧和认同型怀旧,二者确实有很多相似之处。实际上,根据对人类意识的纵深推进的预测,任何反思型怀旧被推到深处都会演变成认同型怀旧。当然,二者的差异不仅在于意识行为的深浅程度。

第一,认同型怀旧把反思型怀旧对过去的本真性的质疑推到了极致,或者也可以说,在推到极致后又把"过去的本真性"这个疑惑"悬置"起来,不再去考虑过去究竟是真是假、或者有多真有多假的问题,而是承认过去曾经真切地发生过,我们每个人都来自过去,现在怎样过以及将来怎样过都还要依靠过去的力量。至此,过去不再像回归型怀旧中的过去那样,是与现实截然对立、且游离于现实之外的"另一个部分",也不完全等同于反思型怀旧中的过去,作为与主体拉开距离、被主体反思和观照的对

---

① Jonathan Friedman, *Cultural Identity and Global Process*. London: Sage Publications, 1994, p. 145.

② Jonathan Friedman, *Cultural Identity and Global Process*. London: Sage Publications, 1994, p. 141.

象，而是融入了现实生活，成了时刻影响人的现实存在的一部分。这样一来，过去既不支配现实，也不破坏现实，而是对现实有强大的塑造功能，与现在对过去的想象和建构这一活动的影响同步，过去也反作用于我们今天的生活，形成对后者的阐释和规约。

第二，假如说回归型怀旧是朝向过去的，反思型怀旧是朝向现在的，那么认同型怀旧就是朝向将来的。或者可以说，它是为着将来的缘故而热爱过去。因为认同最终是为了求得发展，是为了在将来能与社会和他人和谐相处而奠定基础，并不是要回到过去。戴维斯说怀旧就是“用回望和前瞻性的姿态去设想过去的人如何看待过去的过去，以及将来的人如何看待今天”，①也正是这个意思。所以，认同不是仿照着过去的原貌而复原过去，而是比对着将来而重塑现在，它是一个动态的过程，也是一个反复调整、反复建构和反复创造的过程。

第三，认同型怀旧也是一种对“深度”的保持。说到底，认同就是一个“深度”的问题：过去的深度、时间的深度、“我”的深度、人的深度。但这又不单是一个经验上的直觉判断，我们不是因为过去离现在很遥远或者“从前的我”在现实情境中已经变得模糊、隐晦、难以确认才强调深度的，也即“深度”不仅仅是一个时间概念，或是一个基于“瞬时”意义上的空间概念，而是一个精神层面上的“意识”概念。一言以蔽之，深度就是在自我的形象中集中了对时间体验、空间体验、生存经验和精神理念的认同，就

① Fred Davis, *Yearning for Yesterday*: *A Sociology of Nostalgia*. New York: The Free Press, 1979, p. 24.

是自我内在的同一性。对这个问题,法国现象学家杜夫海纳有非常精辟的论述。他说:

> "过去"无疑感动我们,有时在某些特殊经验中比我们敢于承认的还要强烈。返回到家乡(不管是哀歌还是史诗)那就是到本原地朝拜:我们与自身连结在一起,我们的情感向我们保证了这一点。但带有这种深度的东西在这里或许不是作为过去的过去,而是某种知觉在向我们展示我们的过去的见证时,我们把自己连结到这个过去以及把自己等同于我的曾经之所是的经验。这是三重经验。首先,我们和自身形成一个整体,不管时间上的分散,我们都是统一的。其次,我们充满着自己的过去;……最后,我们感到时间在无情流逝,同时又感到我们身上有某种东西是不受时间侵害的,因为我们的过去不但没有消灭,而且与我们也不陌生。这样,我们体验到内在性的含义,从而我们有了深度,亦即我们具有的、把我们与自身相连结以及在时间方面逃脱时间并通过忠于回忆和展望而建立新时间的这种能力。但过去不是由于它自身才有深度的,它甚至不使我们感动,因为真正感动我们的是过去和现在在我身上的汇合,也许还有这生活的奇巧可能为我安排的这种汇合的突然性和意外性。所以深度就存在于我们对过去的使用之中。①

---

① 米·杜夫海纳:《审美经验现象学》(下),韩树站译,文化艺术出版社,1996,第439页。

可见，尽管“我”的过去、“我”的原型、“我”的种族、“我”的生命的原始形态统统都是“我”，但“我”并不能还原为这些东西，而“我”也绝不是一个“偶然事件的会合场所”，一个“无穷无尽的片断事件的产物”，或者是“自然史的一个时刻”。[①] 更恰切地说，“我”应该是“成为自我”，而“深度”则是“成为自我的能力，即过一种其节奏不受外界偶然事件影响的内心生活的能力”。[②] 因此认同型怀旧就不再像回归型怀旧那样是一种消极的回忆，也不拘囿于反思型怀旧主体对自我的精神独立性的维系和保持，而是通过建构一个有深度的自我历史，或者在斗转星移的人世变迁中保持一种生命的热情和充实性，获得一种能够凝聚自我的感情，也即保持“深度”的持久性：

> 有深度就是把自己放在某一方位，使自己的整个存在都有感觉，使自身集中起来并介入进去。……有深度，就是不愿成为物，永远外在于自身，被分散和肢解于时间的流逝之中。有深度，就是变得能有一种内心生活，把自己聚集在自身，获得一种内心感情，亦即普拉蒂诺所说的“意识”一词所明确指出的东西：一个作为肯定能力而不是作为否定能力的自为的浮现。[③]

比起反思型怀旧主体仅仅在精神生活中保持自我这一点，

---

① 米·杜夫海纳：《审美经验现象学》（下），韩树站译，文化艺术出版社，1996，第441页。

② 同上书，第442页。

③ 同上书，第443页。

认同型怀旧的这种"保持深度"、"成为自我"的感觉显然更带有人格塑造的色彩,它不仅关系到个体的生命感知,而且历来就是一个人乃至一个种族得以维系自己的生命尊严和文化传统的最高法典。

比如1977年4月,美国国家书籍奖委员会把历史特等奖授予了黑人作家亚历克斯·哈里的长篇小说《根》,以表彰这部"非虚构的历史作品"。《根》之所以能够获得如此巨大的成功,就在于它挖掘了一条美国黑人之根,而在寻根的历程中延续了真正黑人的民族传统。作者的第一代黑奴祖先康达·金特在被贩卖到残忍的白人奴隶主约翰家后曾屡次试图逃跑但未成功,最终以失去一只脚的代价被约翰的哥哥华勒主人买走。在华勒庄园里,康达和女奴蓓尔结婚生子建立了屈辱悲惨的黑奴家族。从他们的第一个女儿济茜开始,到济茜有了孩子乔治,再到乔治的孩子维吉尔以至代代相传,每到一个新生儿开始懂事以后,上一代人就把非洲家园和康达被卖的悲惨经历告诉他们,黑人之根就这样凭靠每个人的口传坚持不懈地保留了下来。

他们这样做的目的就是为了不让自己以及下一代在"土霸"(白人)的世界里迷失,为了始终知道自己是谁、来自于什么地方、应该向往和思念谁。这就是一种对被强行剥夺和践踏了的民族身份及人格尊严的认同的渴望,是在绵延不绝的历史长河中以为孩子命名的方式追根溯源、并在精神上保持与传统的亲近的努力。当作者历经十二年的艰辛最终找到了康达生长于斯的非洲村落时,村里几乎所有抱着婴儿的妇女都为作者实施了"触手仪式"的典礼,借此方式,她们告诉作者:"经由这个小生命代表我们，我们今后就是你，你就是我们！”[①]对根的追寻、对自我的认同终于在此完成。其实在以黑人为题材的文学作品当中，“寻根”和认同型怀旧是一个非常突出的母题，像《汤姆叔叔的小屋》、《飘》等世界名著都是如此。

第四，与反思型怀旧是一种无来由的乡愁不同，认同型怀旧体现为一种永恒的乡愁。现实危机是一个永远的激发点，当反思型怀旧主体借助反思已使自己的情感得以宣泄从而暂缓了现实危机时，认同型怀旧主体却会继续深入下去，继续挖掘过去对于现实的种种可能性。更多的时候，这种对过去的追问和探究甚至不需要现实的直接激发，而始终缠绕在主体的精神世界里。因为不仅在现代社会中意义缺失或价值虚无是人们普遍感到的困惑，而且在任何时代，保持自我的个体感、完整性和连续发展都是一项重大的工程，甚至可以说，因为自我的不断变化而是一项永远也完不成的工程，认同的焦虑和认同的危机始终存在，所以认同型怀旧也必然是永恒的。这种情绪充满了自我冲突感，体现为一种严肃的美。

比如中国的寻根思潮。寻根文学或艺术带给我们的往往是一种强烈的审美震撼，因为寻根主题的严肃性和永恒性使主体的审美反观同时也是一种道德力量、伦理意识和价值体系的自我沟通、自我连贯和自我超越，它必须要突破个体的现实局限性，而达到与整体人类历史的融合及认同。由此来看，认同型怀旧的对象往往是非常抽象的、形而上的，这种怀旧本身就已经成了一种“怀旧情结”、一种“精神情调”，它是对自我生命意识的观

---

① 参见亚历克斯·哈里：《根》，郑惠丹译，译林出版社，1997。

照和发扬，常常会演变成主体的一种历史情怀。

认同不仅包括时间认同，还包括空间认同，因此认同型怀旧的另外一个内涵就是寻找永恒的"在家感"。

从个体生命小的方面来讲，人们常说"叶落归根"，就是希望当生命即将走到尽头的时候，人还能返回到他由之所来的、最原初的地方，也即家、居所、家园、故乡的意象。家是空间的一种特殊形式，象征了历史上不太复杂的时刻和个体经验的居所，

> 如果说家乡从根本上作为亲切回忆的场所抓住了人心，令人魂牵梦挂，离情别绪，难解难分，吸引远离乡土的游子怀着渴望和思乡之情，重返故里，那么，它作为祖先曾经生活过的地方和现在的葬身之地，对头脑简单和迷信的人还具有一种特殊的和高尚的意义，过世的人们的灵魂还漫步和逗留在这里，在屋顶上和在墙壁面，他们保护和关怀后代，但是也强烈要求要缅怀他们。……房屋和庄院愈是长久存在，愈是显得与土地长为一体，这种感觉就必然愈发强烈。土地业经开垦，它本身包含着前人付出了的生命的力量，就像包括着先人的血和汗一样，它本身要求享受者们对逝者怀着虔诚的感激。①

一个个体只有在一定程度上与家保持一定距离时，才可能最贴

① 斐迪南·滕尼斯:《共同体与社会——纯粹社会学的基本概念》，林荣远译，商务印书馆，1999，第 303 页。

切地感受到对家的探索欲望和居家的舒适与安宁，才有对还乡的真正渴望。就像北岛的诗所表达的那样："必须修改背景，你才能够重返故乡。"

从人类群体大的方面来考虑，认同型怀旧又表现为在全球化语境下对本土文化的重建，这又独属于现代时期的特征。①伯曼曾形象地描绘过做现代人的新感觉：

> 就是发现自己身处的环境预示着有冒险、权势、喜悦、发展、自我和这个世界要变革——而与此同时，这种环境威胁要毁掉我们所有、所知、所是的一切。现代环境和现代体验切断了所有地理的和种族特性的界线、阶级和国籍的界线、宗教和意识形态的界线；现代性在这个意义上可以说是统一了全人类；但是这是个矛盾的统一，是个解体的统一；它将我们全抛入无休止的解体和更新、斗争和对立、含混不清和悲痛的大旋涡之中。②

全球化使世界越来越趋向于总体性、一致性和同质性，一方面导致了文化的中心化或文化的增殖；另一方面也唤起一定地域的人们对"本土本乡"及其所代表的"我"的文化的怀念，生成了对现代民族国家"在民族多样化和文化多样性面前的同

---

① Jonathan Friedman, *Cultural Identity and Global Process*. London: Sage Publications, 1994, p. 102.

② 转引自戴维·莫利、凯文·罗宾斯:《认同的空间》，司艳译，南京大学出版社，2001，第117页。

质化要求”。[1] 比如留学国外的学生因“文化震惊”而产生的对自身能力的焦虑和怀疑就源于这一要求的不能满足。在此,认同首先就表现为划界的问题,如施莱辛格所说:“认同同样涉及到排斥与包含,因此界定种族集团至关重要的因素便成了界定该集团相对其他集团而言的社会边界……而不是边境线内的文化现实。”[2]自 20 世纪 60 年代以降,本土的、地域性的和亚民族文化的重建逐渐兴盛起来,“怀旧也伴随着我们有目共睹的本土性的破坏而发生,这一破坏是经由世界经济的全球化、大众媒介和消费文化的扩张而完成的,因此,怀旧也可以被理解为是用这些手段重新建构了一种本土感。”[3]

从本质上讲,维护本土文化也就是对文化个性和文化特性的坚守,把这一坚守的举动放到整个现代性的大背景下来看,可以发现,对个性的急切追求是现代文化的标志性特征。本土文化象征着血缘、地缘和精神的紧密统一,按照腾尼斯对共同体和社会的区分,它根本就是一种社团文化的体现。

> 血缘共同体作为行为的统一体发展为和分离为地缘共同体,地缘共同体直接表现为居住在一起,而地缘共同体又发展为精神共同体,作为在相同的方向上和相同的意向上

---

① 罗兰·罗伯森:《全球化社会理论和全球文化》,梁光严译,上海人民出版社,2000,第 220 页。

② 转引自戴维·莫利 、凯文·罗宾斯:《认同的空间》,司艳译,南京大学出版社,2001,第 61 页。

③ Mike Featherstone, *Undoing Culture: Globalization, Postmodernism and Identity*. London: Sage Publications, 1995, p. 95.

的纯粹的相互作用和支配。①

> 共同体的任何关系在结构上或者按其本质的核心是一种更高的和更普遍的自我，犹如各个单一的自我及其自由赖以引申的方式或理念一样。与此相反，任何社会的关系都表现着一个被置于它之前的、人为的个人的开端和可能性，人为的个人拥有一定数量的力量或手段。据此，社会本身也是被设想为一个能发挥影响的整体。因此按照普遍的看法，共同体是结合的本质意志的主体，社会是结合的选择意志的主体。②

可以这么说，当各个民族在现代性的语境下重建和重创被全球化势头破坏了的本土文化时，他们既是在不断地变动、重组和更新各个“共同体”的记忆，在以各种特殊形式进行民族认同，也是在不断地创建各个新的“想象的共同体”(本尼迪克特·安德森语)，因为在社会发展的影响下，对“共同体”的记忆不断地被调整被更新。“所有认同都在一套社会关系体系内构建起来，并要求与其他认同相互认知。不应把认同……看作个‘事物’，而应看作‘关系与表述的体系’……维系一者的认同是……一个持续重组的过程，而不是个已知物，在此过程中人们一再纠缠于自我认同和确认差异这两个构成元素……认同被看作是动态的自然

① 斐迪南·滕尼斯：《共同体与社会——纯粹社会学的基本概念》，林荣远译，商务印书馆，1999，第65页。

② 同上书，第255页。

发生的集体行为。”①这才是在现代性的视域下认同型怀旧的基本特征。

在这一方面,中国的怀旧是比较特殊的,这缘于中国现实的特殊情境,而特殊就特殊在在现代性展开的过程中“思想启蒙”与“民族救亡”始终是同步发生的,这就使中国的现代怀旧必然主要表现为对传统精神和民族精神的双重认同。“从许多方面看,寻找认同的行为是有历史前提的:首先,由于传统社会制度和伦理结构的瓦解,我们的社会角色本身不再能提供道德评价的客观基础和理解我们自己的条件;其次,对传统伦理制度的反叛伴随着新的自我观念的产生,即这种内在的本质显然与我们的实际社会状态相脱离。只有现代社会使我们同时面对这两个前提。因此,寻找认同也是在新的社会条件下重新确认自己的行为,而要完成这个行为就必须重建认识自己的框架,就如同古代人用‘天地君亲师’的伦理结构理解自己一样。重建新的意识结构是和重建新的社会结构同步的。”②

然而,这种双重认同的艰难性又在于个体不得不同时承受两种压力:其一来自于异域文化对本土文化的冲击和碰撞,个体如何在同化、转化和变化中重获自身的协调感和平衡感;其二来自于传统文化对现实困境的渗透,个体又当如何在“个人意识”和“集体无意识”的夹缝中求得同一性。经济学家汪丁丁也曾对此作过评论,他认为我们现在正在经历的一个现代性问题就是

---

① 转引自戴维·莫利、凯文·罗宾斯:《认同的空间》,司艳译,南京大学出版社,2001,第61页。

② 汪晖:《死火重温》,人民文学出版社,2000,第403—404页。

"非西方的本土文化传统中的个人，在面对西方技术、知识体系、权利方式以及随着现代市场经济涌进本土社会里来的全部西方影响时，所体验的那种'认同危机(the identity crisis)'，那种丧失了真实的'自我'的心理体验，那种对异化的'变形记'式的痛苦感受，那种找不到'场景(frame)'从而失去家园时的茫然。"① 因此，中国的现代怀旧感往往与往昔、故乡、祖国、民族等多有联系，在中国的近现代历史和文学史中，王国维、孔乙己、涓生、海子和寻根文学中的大量人物都可以说明这一点，而此怀旧所指向的或者是借助个体记忆获取本体的安全，或者是"借助集体记忆，借助共享的传统，借助对共同历史和遗产的认识"，"保持集体认同的凝聚性"。②

由此可见，认同型怀旧，同时也是一个在变更了的社会语境中重新确认自己、把握自己、从而把握世界的过程，更是我们重新寻求生存意义和生命归属的必要手段。因此在某种程度上说，它已不仅仅拘囿于一个心理感知的层面，还必然要以新的信念指引着个体投入到新的社会实践和审美活动中，它完全是一个个体与世界、主观与客观或者多重精神及实践因素的相互生发和互动的过程。

根据怀旧的基本问题来为怀旧归类，这种做法有利有弊。利处在于始终密切关注现代人的真实生存困境，依循人的意识

---

① 汪丁丁:《回家的路》，中国社会科学出版社，1998，第 78 页。

② 戴维·莫利 、凯文·罗宾斯:《认同的空间》，司艳译，南京大学出版社，2001，第 98 页。

行为由浅入深逐层推进,捕捉到了现代人心理的微妙变化;弊处也在于此,根据每个个体的记忆、生活经历、社会教育、心理感受、阶层定位等的不同,不仅这三种形态的怀旧各有不同的着眼点和侧重点,而且怀旧本身有可能呈现出更具个性化的表现形态来。所以说,把怀旧区分为朴素回归型、游移反思型和永恒认同型三种类型,只是从一个角度涵盖了怀旧的主要表现形态,并不排除怀旧还有其他归类方式及其他多种形态的可能性。总而言之,怀旧是丰富的,也更复杂。有必要再次强调的是,回归、反思和认同是同一怀旧主题的不同层面,只关系到人类意识行为的深浅程度,不仅与怀旧主体的道德优劣或怀旧行为本身的价值高低无关,而且三者之间也不是截然对立的。实际上,在现实的怀旧中,回归、反思与认同几乎是共时存在的,回归的欲望暗含着认同的渴求,而回归的不能实现又必然导致反思,认同实质上就是一个以反思为始终的、不断调整和重构自我与他者、传统与现实、统一与多元等关系的动态过程。所以,这三种形态的怀旧完全有可能在一个人身上逐层转换,或者说任何人都有可能同时经验到三个层面的怀旧情绪。这也说明怀旧并非神秘主义,在现代社会中,它就是我们实实在在的日常生活。

第七章 怀旧与现代人的日常生活和精神世界

一、视觉时代的怀旧消费①

美国社会学家丹尼尔·贝尔声称："我相信，当代文化正在变成一种视觉文化，而不是一种印刷文化，这是千真万确的事实。"②贝尔的断言确实道破了现代文化的特征，即这是一个"读图时代"或视觉文化的时代。视觉文化是和语言文化或话语文化相对立的。视觉文化的出现意味着我们对语言的重视开始减弱，对图像的重视开始加强，对形象的感觉能力被再次发掘出来。

从艺术史的发生发展来看，从文字转向图像，体现了艺术规律的必然性。因为相对于文字表达而言，图像表达是直观和简化的。语言是人类理性的产物，是高度抽象的。我们运用文字思考或阅读，往往要借助自己的人生阅历、知识背景、生活经验

---

① 本小节有关视觉艺术、视觉时代、视觉文化、图像与语言的关系等部分的论述节选自拙著《抵达生命的底色——老照片现象研究》第三部分"思想的盛宴与眼睛的快餐"，广西师范大学出版社，2005。

② 丹尼尔·贝尔：《资本主义文化矛盾》，赵一凡等译，三联书店，1989，第156页。

等多种因素,对文字意义和文学情境的体认必须要靠想象,而思考本身就是一个时间性的排序过程,就是把对象从粗糙的、变化动荡的、混乱无序的原生态中抽离出来、固定下来,把现象本质化,把事实概念化,把形象思维化。所以,文字可以体现某种倾向、传达某种价值、依托某种认识,它代表了传统、秩序和精神的生活。而相形之下,感性的、具体的图像则更快捷、更具包容性。图像可以快捷地把过去和现实联系到一起,使观看者能够在占有图像的同时也占有图像所涵盖的时间和历史。一言以蔽之,语言是思想的盛宴,而图像则是眼睛的快餐。

当然,与视觉文化相关的视觉艺术并不是一个全新的概念,因为形象是人类认识外物最质朴、最直接的手段,在人类接收外界信息的所有方式中,图像总是先于语言的。[①] 然而,由于技术

① 图像和语言是两种文化形式,法国社会学家利奥塔曾在他的著作中以"话语的"和"形象的"两个概念来区分。他把这两种文化形式和精神分析学说里的意识原则结合在一起考虑,认为"话语的"文化是现代文化,其特征是理性主义,依据的是"现实原则";而"形象的"文化是后现代文化,其特征是感性张扬,依据的是"快乐原则"。这个说法可谓一语中的。英国社会学家拉什更是将这种区分具体化为几个可分别判断的标准:"在这一语境中,话语的文化意味着:1.认为词语比想象具有优先性;2.注重文化对象的形式特质;3.宣传理性主义的文化观;4.赋予文本以极端的重要性;5.是一种自我而非本我的感性;6.通过观众和文化对象的距离来运作。相反,'形象的'则意味着:1.是视觉的而非词语的感性;2.贬低形式主义,将来自日常生活中常见之物的能指并置起来;3.反对理性主义的或'教化的'文化观;4.不去询问文化文本表达了什么,而是它做了什么;5.用弗洛伊德的术语来说,原初过程扩张进文化领域;6.通过观众沉浸其中来运作,即借助与一种将人们的欲望相对说来无中介地进入文化对象的运作。"(详见 Scott Lash, *Sociology of Postmodernism*, London: Routledge, 1990, p. 175. 转载自周宪:《读图,身体,意识形态》,见《文化研究》(第3辑),第79页。)

的介入和媒介含量的增加，视觉文化却成为现代社会独有的文化现象。按照文化传播的方式和载体来划分，人类历史的发展阶段大致可以分为口传文化、印刷文化和电子媒介文化三个阶段。在口传文化阶段，文化交流的主体是在场的，语言是交流的主要工具，面对面的交谈或口耳相传是主要的文化传播方式。而在印刷文化阶段，文化交流的主体是可以"退场"或"不在场"的，文字成了文化表述和传播的重要手段。到了电子媒介文化阶段，图像就变成了最重要的东西。我们所说的视觉文化，就出现在电子媒介文化阶段。

另一方面，从文化形态的衍变来看，语言向图像的转向又深刻地揭示出人类社会从生产文化到消费文化的发展趋势。卡西尔说，人是符号的动物。伽达默尔说，人永远以语言的方式拥有世界。这两种说法对传统文化的影响非常深远，它们其实都包含了一种优越感，认为只要掌握了语言，人就可以保护自己并提升自身，可以主动地了解他人、认识世界或征服自然，成为生产文化的主体。语言赋予人判断是非、裁定优劣的权力。这种权力的革命性映射在西方长久以来的哲学要义之中，就是"语言中心主义"或"逻各斯中心主义"。"语言中心主义"是传统社会的文化规则的核心，是相当宏大也相当贵族化和精英化的一个文化观念。在一定程度上，它揭示出文化的等级性。也就是说，文化只是有条件接受教育的人的事情，是少数人而非多数人的事情，从而也是某种权力的象征。在传统社会里，所谓的"少数人"主要指精英知识分子。他们不仅为自然立法，还为道德立法，是不折不扣的社会权威。而到了现代社会，随着价值标准的多元化和道德立场的渐渐隐退，知识分子作为"立法者"的权威性已渐渐弱化了。像英国社会学家齐格蒙特·鲍曼所形容的那样,他们的身份从“立法者”过渡和转变成了“阐释者”,具有解释的权利但被解除了为游戏制定规则的权力。他们不再是特殊的或唯一的,不再是“这一个”或“那一个”,而成了多数的,成了“某一个”。

事实上,在现代社会里,随着教育的逐渐普及,人人都享有了受教育的权利,只要他愿意,他就可以获取知识,占有资源,成为“有文化”的人。加之图像对语言的侵越和替代,在相当程度上降低了获取思想和信息的难度,知识的传授和传播就更通畅了。在此,“文化具体化为文化资源,而资源被越来越平均地分配了;知识贬值为信息,信息又无穷尽地膨胀和激增。过去只为少数人服务、并为少数人所掌控的场所越来越面向多数人开放,比如大学、研究所、博物馆、美术馆等;过去只能被少数人享用的文化,今天也变成了大众的消费内容,比如听高雅音乐、看芭蕾舞剧、看现代派绘画展览等”。[①] 正如西班牙社会学家奥尔特加所宣称的,现代社会一个极为突出的现象就是“大众增长变成为一种社会力量”[②],传统社会中“大众”与“小众”之间的区分与限制慢慢地淡化了。“大众”来到社会舞台的前台,承担着社会生活的重要角色。“大众的崛起就意味着生活可能性(living possibilities)的惊人增加”和“一种人人有权享受文化的新的游戏

① 赵静蓉:《抵达生命的底色——老照片现象研究》,广西师范大学出版社,2005,第31页。

② Ortega y Gasset, J., “The Coming of the Masses” in Rosenberg B. & White, D. M., (eds), *Mass Culture*. New York: The Free Press of Glencoe, 1957, p. 41.

规则正在形成。”①

随着现代科技的发展和知识的激增，生产变得快捷了，生产也变得不重要了，消费的欲望却越来越多；差异被抹平了，多元化的处境越来越尴尬，想象力却越来越贫弱。我们看到的越多就越想多看，越想多看就越追求“看图说话”带给我们的快感。这种快感首先是一种感官的愉悦，它有效缓解了以语言为中心的理性主义文化带来的社会焦虑，使我们一边狂欢，一边突破不同文化的限制，对形形色色的信息“一目了然”。“读图一代”大无畏地打破了笼罩在传统身上的神圣光环，把现代社会变成了一个可以被技术复制，也可以被无限消费的图像的“大杂烩”。

与之相应的，现代怀旧的主要表现形式就是视觉化，怀旧从“心动”转变到了“眼动”，变得越来越快捷，也越来越普泛。在传统的怀旧体验中，怀旧主体是怀旧情感的全部承担者，或者口头上直接抒发，或者形诸书面文字，或者在某个运动或某种思潮史上奉之为一种理念，怀旧与主体之间是没有距离的，怀旧感的表达主要是一种“心动”的过程。而在现代社会里，随着印刷文化和电子文化的高度发展，我们的世界也越来越趋向于对象化。同样是对故乡和过去的一种挪用和占有，但现代人却越来越贫于依靠自我的感受力和理解力来达成，就像詹姆逊所深刻认识到的：“现代派在缅怀过去时经常是充满痛苦的，原因是在当时‘过去’除了透过美感的形式以外，无法重现于眼前。”②换句话

---

① 奥尔特加·加塞特：《大众的反叛》，刘训练、佟德志译，吉林人民出版社2004年版，第20页。

② 詹明信：《晚期资本主义的文化逻辑》，陈清侨等译，三联书店，1997，第457页。

说,在现代科技的“包办”下,我们越来越难以做到对过去和历史的直觉把握,而只能将这一切已然消逝的事物和逐渐淡化的记忆转换成“文本”、“形象”、“符号”,通过在现代语境下的阅读或观看去接近过去、去构建历史的真相。在这种阅读和观看过程中,不仅怀旧的方式发生了改变,而且过去、历史和人类在文化史上的地位也发生了戏剧性的转移。

过去不再是“我们要复活、保存,或维持的某种静止和无生命的客体;过去本身在阅读过程中变成活跃因素,以全然相异的生活模式质疑我们自己的生活模式。过去开始评判我们,通过评判我们赖以生存的社会构成。这时,历史法庭的动力出乎意料和辩证地被颠倒过来:不是我们评判过去,而是过去以其他生产模式的巨大差异来评判我们,让我们明白我们曾经不是、我们不再是、我们将不是的一切。正是在这层意义上,过去对我们讲述我们自己所具有的、实质上的和未实现的‘人的潜力’,但是过去不是增添个人或文化知识的教诲或消遣”①。

现代怀旧是充分形式化的,这一形式不仅阻碍了怀旧主体对怀旧感的全盘承受,而且它本身作为一个中介或媒介,也使得怀旧感被具体化和形象化了。形式由于负载了情感意义而成为“有意味的形式”,我们所体验到的怀旧感也已不单纯地是从我们自身出发而来的某种感情了,它是否以及能在多大程度上被激活,往往要取决于怀旧客体所包孕的怀旧感以怎样的面目呈现于我们的眼前。从根本上讲,这是一种由客及主的怀旧,也是

---

① 詹明信:《晚期资本主义的文化逻辑》,陈清侨等译,三联书店,1997,第190—191页。

一种被怀旧主体、怀旧客体、怀旧形式甚至包括怀旧行为本身所共同负担的一种怀旧。

形式化的例子在当今社会比比皆是，比如古物收藏、博物馆艺术、老照片、老房子、老城市、旧歌翻唱、历史题材的影视创作的流行，还包括服饰界以“唐装”为代表的返古倾向和本土热等等，都是如此。怀念20世纪50年代那种充满温情的小资情调，是从邓丽君的歌开始的；喜欢上尽展女性妩媚的、古色古香的旗袍，是从张曼玉主演的《花样年华》开始的；对历代的王朝更替、深宫秘史、将相王侯开始感兴趣，是从《康熙大帝》、《雍正王朝》、《戏说乾隆》、《荆轲刺秦王》等影视剧开始的；旅游寻根热的兴起，是从家族史学、家谱学和大量介绍异域风情的景观书系的上市开始的……如此我们几可断言，大多现代怀旧的盛行都离不开形式媒介的功劳。也正是因为这样，现代怀旧变成了一种商品，成了一种关于过去（黄金岁月）的工业文化。

鲍德里亚把这一切归结为消费社会的必然产物，他认为当今社会是一个消费社会，大众是消费的主体，全部文化都可以作为消费的内容。在这种社会形态下，一个事物的价值大小不是由其使用价值而是由其交换价值来决定的，这就导致事物自身的有用性远远不如它的可赏析性和可接受性重要。怀旧的可赏析性在于怀旧是某种情感、情绪或趣味，怀旧的可接受性则在于人类“趋乐避苦”的本能及其对于“根柢”的集体无意识，至于怀旧的有用性，也许仅仅在于现代人在心灵上或精神世界里对它的明确需要。怀旧之所以能在当下社会成为一种流行的精神时尚，正是因为它顺应并满足了现代人对于心灵宁静的需要。就像罗伯森所精辟论述到的：“显然，20世纪后期的乡愁是与消费至上主义密切联系在一起的。……现在有着对乡愁的明确需求,当然也存在着对乡愁的大量供应。"①现代社会供应给我们多种多样的怀旧客体,或者是现实之物,或者是拟像或景观,甚至是空洞无物、但却表征意义的符号或符码,对我们而言,消费这些形象、符号或信息就等于消费我们心中的宁静,与外界之间的距离或对真相的强烈影射不仅不会损害或削弱这种宁静,反而只能更加巩固它。怀旧消费成了一种"情感消费"或"情绪消费",这大概也是罗伯森所说的在现代社会里我们可以"存心怀旧"的便利吧。

再以老照片为例。如果说1996年年底山东画报社首次推出《老照片》是开启摄影界怀旧风气的先河,那么随后至今推出的"老房子"、"老城市"、"老百姓的日常生活"、"老日子"等一系列"照片本",就是怀旧工业的鲜明体现。因为经过摄像机和观者的眼睛过滤之后,照片以及照片所表现出来的怀旧感已经变成了一种商品,其编辑者和出版商完全可以顺应社会大众的心理需求,以怀旧感在这种文化活动过程中的"含金量"为原则,通过不断地推出"老"的系列,营造一种普遍的怀旧氛围,从而增强观者的怀旧情绪或者使越来越多的社会大众产生怀旧的渴望。而接踵而来的"怀旧金曲"、"怀旧电影"、"怀旧书系"的大肆流行更确证了现代怀旧的产业性或商品化。

不过,值得我们注意的是,现代怀旧的商品化并不违背怀旧本身的反思性,商业运作对怀旧的参与一方面反证出启蒙现代

① 罗兰·罗伯森:《全球化社会理论和全球文化》,梁光严译,上海人民出版社,2000,第228页。

性的强大威力，从而更加突出了怀旧的审美特性对它的质疑和反拨；另一方面也主要强化了怀旧的普泛性，使怀旧愈益成为现代人日常生存的一种“常态”，它恰恰暗示出现代性的矛盾冲突日益激化的事实。

在现代社会里，怀旧已扩展为一种无处不在的文化情怀。从客观方面来讲，这一点导源于现代性的流动性、多变性、快速化等特点，是物理距离终结、全球化、“景观社会”或“拟像”世界的形成等所导致的现代性的后果。而从主观方面来讲，现代性的后果必然作用于社会的每一个人，对待相同的生存困境，大多数人多半会有相似的心理体验或文化体验。随着消费范围和消费对象的无限扩增，怀旧也演变成了一个普遍的社会景观。

不仅如此，现代怀旧比传统怀旧所指涉的范围也更为深广了。通过对过去的重构和再创，怀旧作为一种“疗伤”或“修复”的手段，已经承担起了对人类所遭受的文化伤害的文化救赎功能，它真正体现了作为一种幻想文化在真实与想象之间的文化冲突。就像基思·泰斯特所说的：“思乡首先要求我能够构想一个家，对这个家，我是确定的或者可以详细描述它；其次，我知道我没有家。……这也可以被解释为界于形式认同和生活认同、反思性认同和具体化认同之间的一种文化冲突。”①从本质上来看，这种文化冲突恰恰表明怀旧就是两种异质文化或异类文化之间的压制与反压制、弱化与反弱化的斗争，具体而言，即为传统文化对现代文明、乡村文化对城市文化、自然文化对技术文

① Keith Tester, *The Life and Times of Post-modernity*. London: Routledge, 1993, p. 66.

化、本土文化对异域文化、童年文化对成年文化甚至女性文化对男性文化的斗争。在此斗争中,怀旧不仅涉及人类生活的衣食住行等细节问题,而且更为主要地是关涉到人的文化身份、信仰、生活空间、地位、权利所有、民族感等各种较为抽象的人类社会属性,在这方面,现代怀旧显然拓宽了传统怀旧的视域。传统怀旧所指向的客体往往是具体的、确定的(如故乡、童年等),而现代怀旧则要抽象得多,除了常说的"思乡病"之外,"它还常常被用来指一种更为宽泛的统一性,道德确定性,真实的社会关系、自发性和表现性的丧失(Turner, 1987)"。[①] 由此我们完全有理由认为,怀旧是现代人的文化生存的方式之一。

二、通向一种文化诗学

从前面的讨论中我们知道,怀旧本质上是一个美学问题,它可以同时被界定为审美心理、审美创造、审美意象以及审美格调,它是一种想象的艺术、一种有距离的观审、一种建立在感觉基础上的情绪化行为、一种纯粹精神性的情感投射。它拓宽了传统美学思维以"摹仿"或"再现"、"表现"来定夺艺术品性质的理路,而代之以"文化诗学"的美学视角,由此强化了审美的意识形态性。

"文化诗学"是美国新历史主义理论家格林布拉特提出的一个概念,其核心意义是"文化的文本间性",意思是说,形式主义

---

① Mike Featherstone, *Undoing Culture: Globalization, Postmodernism and Identity*. London: Sage Publications, 1995, p. 93.

的修辞细读应该与自我指涉的思想史研究结合在一起，应当突破文学的界限，通过考察不同的文化实践及其相互之间的关系，把文学文本的研究扩展到一个文化研究的宏大领域中来，研究者不应只关注文学的“内部”研究，而要致力于文学的“外部”研究，转向“历史、文化、社会、政治、体制、阶级和性属”（希利斯·米勒语），转向人类学、政治学、历史学、经济学等广阔的社会生活领域。这一种开放的视角恰恰是与怀旧相同的。我们知道，怀旧艺术所具有的“挽歌”式的美感和抒情品质都不是来自于怀旧对象本身，而是取决于它的观照者和阐释者及其对怀旧对象的想象方式和表达样式，怀旧对象只是一个情感的中介，情感本身及孕育和构成情感的文化内容才是解读怀旧的关键要素。诗意来源于对象之外的文化动力，因此传统美学中的“摹仿论”、“再现论”或“表现论”都不足以说明和涵盖怀旧的真正意味，这一点非常类似于中国现代文学史上的诗话小说，

诗话小说的抒情性及诗意品质并不是因为作者们选择了一个更有诗意的对象，而是因为他们的回眸式的姿态，是因为他们之所以开始一种诗意叙述的外在的文化动力。……为外来势力和现代文明冲击下的老中国唱一曲挽歌，这就是诗话小说作者的普泛的创作动机。当外在的文化动力内化在一部部具体的小说中，生成为小说文本形式的时候，诗性品质以及抒情性就最终得以生成。文化诗学为我们解决的问题是，小说中的审美机制看似由文本内部结构所生成，而在根本上，则来自于社会与文化机制，审美因素

最终是文化语境生成为文本语境的结果。①

格林布拉特曾说过:“避开稳定的艺术模仿论,试图重建一种能够更好地说明物质与话语间不稳定的阐释范式,而这种交流,正是现代审美实践的中心。”②怀旧正是如此。怀旧所构成的世界就是一种引入了广泛的历史语境和文化语境的开放的世界,对这个世界的美好,我们不能“摹仿”、“再现”或“表现”,而只能“体验”,以想象性的建构连缀有关过去的丰盛的“形式景观”,并得以宣泄和舒展我们的情绪。这是一个在我们所亲历过的文化氛围中被虚构和创造出来的世界,是一个伊格尔顿所说的完全审美的世界:

审美是一个虚构的或探索性的领域,在此领域内我们可以悬置我们的一般能力所具有的力量,并以心灵的自由体验的方式想象性地把特性从一种冲动转化为另一种冲动。迅速地把这些冲动与其真实生活的背景分离开来之后,我们就可能以此为手段来重建幻觉,以其潜在的结构来重建心灵的矛盾。……这种状态是一种绝对的潜在,是我们积极的自我决定的模糊而不确定的源泉。在审美中,我们暂时地从生理的或道德的决定中解放出来,体验到绝对的确定性状态。这是个纯粹假设的世界,一种永恒的“仿

① 吴晓东:《记忆的神话》,新世界出版社,2002,第88页。

② 格林布拉特:《通向一种文化诗学》,载于张京媛主编:《新历史主义与文学批评》,北京大学出版社,1993,第15页。

佛”，在其中我们体验到自己的力量和能力，视之为排除了特殊性的纯粹形式的可能性；因此，这是一种等同于康德的纯粹的审美认识能力的存在状态，没有受到特殊的概念的决定所限制的存在状态。①

正因为怀旧的本质是审美的，所以怀旧对过去的展示功能也必然是双重的，这一点也体现了怀旧作为一种“文化诗学”的美学视角。一方面，怀旧保存过去，是美好的真理；另一方面，怀旧又遮蔽和“改变”过去，是虚假的谎言。怀旧所指向的是一个固定的、静止的对象，但对这一对象的“诗意”阐释却是反反复复、没有止境的，它不是一次完成的，根据怀旧主体所处身的现实情境的改变以及怀旧主体本身的心理变迁，主体、对象与其文化环境之间的关系也会有变化。过程、关系甚至对象本身都是变动的，这使得怀旧对过去的“开放”和“遮蔽”也不确定，也是反复被调整、被塑造、被阐释的结果。对怀旧这种“开放”和“遮蔽”的双重功能的认识有助于我们更深刻地认识和理解审美的意识形态性，即其调节功能（康德）与压抑作用（霍克海默）对人的双重影响。一方面，审美带有令人解放的属性，因为它在人的感性自在中调和了理性激化对人性的损害，使主体能够基于心灵的内在反应来体验和解释外在世界，从而融合了人的知识、欲望、道德、情感等多种需求，达到生存的和谐统一。席勒的游戏冲动、黑格尔的艺术终结、海德格尔的诗意栖居等都证明了这一

① 特里·伊格尔顿：《审美意识形态》，王杰等译，广西师范大学出版社，2001，第99页。

点。身体、自然、感性、本能是审美的核心概念,“它扮演着真正的解放力量的角色——扮演着主体的统一的角色,这些主体通过感觉冲动和同情而不是通过外在的法律联系在一起,每一主体在达成社会和谐的同时又保持独特的个性。审美为中产阶级提供了其政治理想的通用模式,例证了自律和自我决定的新形式,改善了法律和欲望、道德和知识之间的关系,重建了个体和总体之间的联系,在风俗、情感和同情的基础上调整了各种社会关系”。[①] 另一方面,感性又把主体束缚在“肉身”的有限性中,对世界的解释和规定变成了自我的解释和规定,而这一自律又建基于感性经验的自我认同,刘小枫因此认为审美主义在哲学本体论和社会理论层面引出的难题就是“‘身’与‘义’之间的紧张”。[②] 伊格尔顿说道:“审美预示了马克斯·霍克海默所称的‘内化的压抑’,把社会统治更深地置于被征服者的肉体中,并因此作为一种最有效的政治领导权模式而发挥作用。……作为风俗、情感和自发冲动的审美可以很好地与政治统治协调起来;但是令人尴尬的是,这些现象很近似于激情、想象和感性,后三者往往是不易混合起来的。……统治性的社会秩序所渴望的正是这种深层的主体性,最能引起恐惧的也是这种主体性。如果说审美是危险的、模糊的,这是因为肉体中存在反抗权力的事物,而权力又规定着审美。”[③]

---

① 特里·伊格尔顿:《审美意识形态》,王杰等译,广西师范大学出版社,2001,第16—17页。

② 刘小枫:《现代性社会理论绪论》,上海三联书店,1998,第351页。

③ 特里·伊格尔顿:《审美意识形态》,王杰等译,广西师范大学出版社,2001,第17页。

作为一种审美的“调节”，怀旧使历史被抒情化或诗化了，历史呈现为审美的。怀旧越盛，意味着过去越远、本真性越不可靠，从而传统和历史就越容易被建构、被制造。换句话说，传统和历史的“美学化”成了现代历史学家和文学美学家不得不共同面对的问题。这里涉及两个层面的问题：第一，怀旧揭示了怎样的历史？第二，怀旧的揭示方式又怎样“美学化”了历史？

怀旧所指向的大多是日常化、世俗化、民间化的历史，与“正史”或“官方史”记录宏观的、主流的“大历史”(History)不同，怀旧所传达的历史感一般都比较微观和边缘，可谓“小历史”(history)。“大历史”就是“我”的历史，是受制于一定的文化惯例和意识形态标准而写成的历史，是强调和记载对人类社会的发展有重大影响的人与事的历史，比如战争、革命、英雄、国际关系、社会变革、政治风云等。“大历史”反映了一个时代的主流，是宏大叙事。而“小历史”是“他者”的历史，是把作为整体的“大历史”复原为个体的、细节的、分散的和偶然的历史，相对于“大历史”的政治化而言，“小历史”更为日常生活化一些，它所倾听的是那些被“大历史”遗忘和忽略了的“历史声音”。比如一个小人物的喜怒哀乐，一段成功决策背后的失败和挫折，一个英雄人物的脆弱和柔情，一段战争生活中老百姓的日常起居。“小历史”是“另类”的历史，是宽容的历史。正是因为怀旧所展示所欣赏的是“小历史”，怀旧才对社会大众具有无比的亲和性，才在现代社会中越来越普泛。

“小历史”和“大历史”的区分不仅涉及历史观念的问题，还涉及历史的“叙事策略”的问题。换句话说，历史不仅仅是历史资料和历史事实，还包括对它们的理解，历史可被视为拥有本身话语类型的叙事陈述,也只有当历史被作为“历史文本”的时候我们才能理解历史。按照王德威的说法就是,“只有在我们认清历史具有‘文本特质’及叙述活动性质之时,我们才能开始讨论历史话语陈述;而历史陈述‘可信度’的达成主要并非仅根据众说纷纭的‘事实’,而是来自人类对事物的‘可理解性’所作的努力”。① 新历史主义的代表人物孟托斯把这一点概括为“历史的文本性”,它包含两个意思:第一,如果没有保存下来的文本,我们就无法了解一个社会的真正的、完整的过去;第二,这些文本在转变成文献、成为历史学家撰写历史的基础的时候,它们将再次充当文本阐释的媒介。② 历史成了文本或历史话语,因此历史可以被虚构、被塑造、被想象,从而也可以被“美学化”。

我们有必要重新检视亚里士多德关于诗与史的区分:

> 诗人的职责不在于描述已经发生的事,而在于描述可能发生的事,即根据可然或必然的原则可能发生的事。历史学家和诗人的区别……在于前者记述已经发生的事,后者描述可能发生的事。所以,诗是一种比历史更富哲学性、更严肃的艺术,因为诗倾向于表现带普遍性的事,而历史却

---

① 王德威:《想像中国的方法:历史·小说·叙事》,三联书店,1998,第301页。

② Louis A. Montrose:“Professing the Renaissance: The Poetics and Politics of Culture”, in K. M. Newton, ed., *Twentieth-Century Literary Theory: A Reader* (2nd edition). New York: St. Martin's Press, 1997, pp. 242—243.

倾向于记载具体事件。[①]

怀旧是一种诗意化的行为，它对过去的建构最恰切地证明了亚里士多德关于"诗"的界定，即描述可能发生的而非已经发生的事，在其中，怀旧体现了主体的审美理想，使真实的历史变成了"本来可能"的历史，由此也使历史充满了诗意。怀旧话语通过揭示真实历史未曾实现的、潜在的可能性，让我们了解到历史认知的力量不在于过去曾经真切存在过，而是出于对历史的叙述形式所引发的功能，这一功能不仅把历史当成"文本"来解读，而且由于整个怀旧行为的情感性及情绪化，原本客观冷静的历史面貌也被抹上了丰富的主观感情，通过怀旧话语的描述，历史不再局限于亚里士多德所说的"历史的必然性"，而是也具有了"诗的或然性"，这充分说明怀旧对历史具有一种审美塑造的功能。反过来讲，这也有力地证明了怀旧绝不单单是一种历史感，而是一种抒情化的、诗意化的，而且有一定价值偏向的历史情绪或情怀。

以好莱坞巨片《阿甘正传》为例。怀旧是阿甘的生活方式，也是他一生的精神动力，尽管成年后的阿甘和女主人公珍妮并没有什么现实交往，双方对彼此的生活也不了解，但阿甘能够通过怀旧更为准确也更为笃定地把握到珍妮，并以这种想象的把握理解现实并参与现实。随着生活越来越向前走，阿甘反而离旧日的梦想越来越近，不是现实把过去具体化形象化了，而是怀旧推动了现实的发展，使现实变得虎虎有生气。通过阿甘的怀

① 亚里士多德：《诗学》，陈中梅译注，商务印书馆，1999，第81页。

旧,不仅阿甘和珍妮两个人的个体历史呈现为一种温情的美,而且他们所置身其中的整个社会背景(包括战争)也被罩上了一层面纱,战争的残酷被有意忽略了,琐屑的现实生活也被弃之不顾,每个个体的艰难成长更被遮蔽得严严实实。阿甘在过去的生活经历中曾经得到过来自于珍妮的关爱和保护,这种爱根本地消除了阿甘对生活的恐慌感和孤独感,因此在阿甘的生命体验中,她(或它)就是历史。拥有珍妮就意味着拥有自我拥有一切,真实的历史和社会反而被冷落了,《阿甘正传》完美地体现出历史在怀旧的塑造下被抒情化、诗意化和审美化的倾向。这种以回溯为机制的文化模式在一个更为普遍的层面上体现了现代人"缅怀过去"的整个过程,按照詹姆逊的说法就是:"它试图生殖关于往昔生活的形象与类象,因而……为消费而生产某种虚假的过去,不仅以之作为一种补偿和替代,而且也是作为一种移置。这种与历史真实不同的过去(与对未来的积极向往一起)已经成了其他环境中不同集群的人们在制定实践规划和激励公益精神时所必需的成分。"①历史的审美化越来越不可或缺,实际上也暗示出怀旧作为一种生活风格和艺术风格的不可替代性。

最后,怀旧作为一种主题,也使消费怀旧成为日常生活审美化的一个重要组成部分,由此间接地改变或扩大了美的概念的外延。自 20 世纪 90 年代中后期以来在中国文坛上获得显著发展的传记文学就是一个很好的证明。其中,传主不仅包括了知识分子(学术回忆录)、成功人士(创业经历),甚至演员、节目主

---

① 詹姆逊:《晚期资本主义的文化逻辑》,陈清侨等译,三联书店,1997,第 564 页。

持人、歌星、影星等从前处于“文学边缘”位置的人也开始涉足这一领域，并迅速地成为主流。传记把一个人一生中的烦琐的生活细节变成了艺术，使最平常不过的饮食、交际、出游、工作等日常生活具有了独特的美，读者不只是怀着某种程度的猎奇心理去阅读他人的传记，而且还能在一种无功利的“旁观者清”的欣赏态度中发现生活的丰富性和复杂性，培养一种“自我省察”的审美趣味。而现代传记的传主又超越了传统传记中“伟大人物”的限制，人人皆可立传，因此美的享用就越来越成了一件非精英化的、日常性的、大众口味的事情。

美成了所有的现实生活，而审美则变为对现实的观照，美与生活的主客关系在现代社会中完全倒了过来。德国学者沃尔夫冈·韦尔施就说：“现实不再是给定的什么东西，而是一种构造，现实展示了某种建构的性质。审美的状态属性就它们揭示的恰恰是构造的存在模式而言，如今便得以发展成为现实之一般理解方面的基本属性。现代美学有一种走向诗性化和审美化的趋势，现代世界则有一种与日俱增地将现实理解为一种审美现象的趋势。”[①]这一点实际上在海德格尔“诗意栖居”的命题中已经有所展露。海德格尔主张人可以通过诗意的言说来拒斥主体的主体性，从而把主体转移到沉思的客体中与之统一和谐，事实上这已构成对现实的审美建构。尽管海德格尔对主体性的拒绝不可能不导致审美的抽象，或者说它反而使主体性变形为“人自身的封闭性，从而阻止人与真实的交往，使人沉溺于艺术的激情状

① 沃尔夫冈·韦尔施：《重构美学》，陆扬、张岩冰译，上海译文出版社，2002年，第52页。

态,受自我的奴役”,但这一努力毕竟张扬了想象的法则,突出了海德格尔对于审美化生存的可能性的探索。而美,在此不只是鲍姆嘉通意义上的“感性”,而是一种“感性的法则”或“自由的法则”,它体现为自我对现实生存的主观规定性,也标志了价值世界的不可通约性。

在日渐高涨的怀旧风气中,生活经验的共通性已经不是问题了,而恰恰是人对“感性”、“想象”及“自由”等法则的延续使怀旧越来越呈现为美的,怀旧和审美一样,越来越奠基在了一个虚拟性的基础上。韦尔施对改变了的美及审美的概念有极其精辟的认识,他说:

> “审美”归根到底是指虚拟性。意识的审美化最终意味着我们将不再看见任何最初的或最后的基础,相反,现实对于我们来说成为一种建构,而迄今为止我们仅仅是从艺术之中对它有所了解。①

> 审美过程不仅包裹了业已完成的、给定的物质,而且甚至决定了它们的结构,不光影响它们的外表,而且甚至影响其内核。美学因此不再仅仅属于上层建筑,而且属于基础。我们可以发现,今天的审美化不再仅仅是一种“美的精神”,抑或娱乐的后现代缪斯,不再是浅显的经济策略,而是同样发端于最基本的技术变革,发端于生产诸过程的确凿事实。

---

① 沃尔夫冈·韦尔施:《重构美学》,陆扬、张岩冰译,上海译文出版社,2002年,第14页。

> 我将这些过程命名为物质的审美化，它同时也导致了一种非物质的审美化。日常生活与微电子生产过程的交互作用，导致我们的意识，以及我们对于现实的整体把握的一种审美化。……真实的现实是多么贫乏，是多么易于作美学上的塑造。①

这些特征同样也在怀旧风尚日益兴盛的景观美学、装饰艺术、博物馆艺术和旅游美学等日常生活实践中越来越鲜明地体现出来了，怀旧本身的精神实质也越来越被融合在现代怀旧的物质活动中，人们已经习惯了“经常怀旧”的现代生活。

基于怀旧的美学本质来检视怀旧与历史、文化诗学之间的关系及其各自的特点和职能，我们不难发现，作为一个美学概念或审美范畴，怀旧不仅是突显了审美的特点，更重要的是从方法论的意义上拓宽了我们的传统美学思维，为美学的学科建设提供了某些新思路。我们所熟知的传统美学范畴——比如意象、意境、风格、情感、想象等等——往往都是较“纯粹”的，它们以情感和形式两者间的相互派生与沟通为主，借此创设了一个个审美的世界。也就是说，在这些范畴中，鲍姆嘉通意义上的“感性”是最主要的，审美致力于对形式与情感的感知和经验，其他问题——诸如历史的、社会的、意识形态的等等——都只作为审美的一个背景而存在，没有被重视。然而，随着社会的变迁和新问题的层出不穷，现代人的思维方式也在不断改变，旧有的美学概

---

① 沃尔夫冈·韦尔施：《重构美学》，陆扬、张岩冰译，上海译文出版社，2002年，第9页。

念或审美范畴已经不能用来涵盖并解释所有的美学现象了,现代美学需要开阔自己的视野、从不同学科中汲取和增生自身发展所需要的理论。这不仅意味着打破学科边界,融汇各科优势,乃至形成一个宏大的问题情境和全面的理论视角,还暗示出现代美学所关注的焦点的转移以及对其他可能性的重新开掘。怀旧研究就此应运而生。

怀旧与传统的美学思维就有很大不同。怀旧更关注人的时空意识,而且为我们提供了一个历史的视角和社会的视角,把美学本身的暧昧性、复杂性、矛盾性揭示得淋漓尽致。从前面的论述中我们得知,怀旧形成的根本原因是人在想象中对时空的重新占有,而怀旧兴盛的直接导火索又是现代性,是对现代性导致的社会剧变及其带给人类生存的不确定感、不安全感的"心理反应",正是在历史缘由和社会因素的推动下,怀旧的审美本质才得以张扬。这正说明了引入历史及社会视角对于解释现代美学现象的必要性和有效性。它不仅批判和解构了传统美学的贵族主义和精英主义倾向,把美学变成了关于社会的美学思考和审美思维,而且超越了某些传统美学范畴于特定历史时期或特定社会现实(如"感伤的诗"、"艺术的终结"、浪漫主义等)的局限性,上升为一种普遍模式,使美真正与人的生存态势紧密联系起来。

我们知道,按照韦伯的理论来看,现代社会的形成就是一个不同价值领域愈益分化、并逐渐取得自身合法化的过程;布尔迪厄也认为现代化就是一个从"领域"(或"场",field)到"众多的领域"(或"众多的场",fields)的过程;哈贝马斯更认为传统的宗教形而上学主要被分化为认知——工具理性、道德——实践理性、审美——表现理性三大领域。怀旧作为审美现代性的表现和延伸，之所以能够缓冲启蒙现代性的偏激发展带来的社会冲突问题，正是基于社会分化及其造成的各领域的自律性。然而，就怀旧研究引入历史、社会及时空视角这个问题来看，怀旧又不自觉地起到了一种对分化的领域进行弥合和重整的作用。事实上，在这一重整中，历史学、社会学、哲学、心理学乃至美学的边界及内涵都被重新规定了，怀旧的弹性既表现在这种分化和弥合之间的张力中，又表现为游离于各个学科的碰撞、交叉和边缘化中，也就是这种“自由”的状态真正打通了现代美学与历史理论、社会理论、哲学理论等的融会贯通，使美学研究不再拘囿于美的历史研究、社会研究等以美为中心的单向度研究，而拓展为对历史、对社会的审美之维。

结语:反思怀旧的合法性与有效性

怀旧事实(怀旧现象与怀旧意识)的恒久存在显然是毋庸置疑的,它是人类共有的情结。虽然从本质上看,怀旧仅属于人类个体的心理行为,是个体对时空变迁及其所导致的生活失落感的积极反应,但在特殊的历史时期(比如社会转型期),当时代精神与社会变动赋予大多数人以某种相同或类似的生活感受时,个体的怀旧就有可能上升为群体的怀旧,甚至演变为社会性的怀旧思潮。可以断言,怀旧不仅是现代文化转型的表征,还是现代文化转型的后果。而这正是本文的现实依据和理论前提。

然而,值得更深入推敲的是,作为表征,怀旧之合法性的理论依据是什么;而作为后果,怀旧之有效性的事实限度又在何处。怀旧是否可以被判断为应对现代文化转型的有效手段或合法途径?这一判断本身是否能够揭示现代文化转型与怀旧情结之间的复杂关系?

大体说来,怀旧之合法性之“法”通常可以包含两层意义:一是“人心之法”,二是“事实之法”。人心之法是针对怀旧主体而言的,亦即怀旧符合主体的某种愿望,能够满足主体的某种心灵需要,是构建主体精神和谐的正当手段。事实之法是针对怀旧对象或怀旧客体而言的,亦即所怀之“旧”必须或者应该是积极的、正面的、美好的,确实能够弥合主体的某种精神缺损,并且不虚妄、不粉饰,其价值有一定的事实依据。

我们知道,怀旧不是一个平面的概念,它至少具有时间、空间和深度三个维度,而我们通常所讲的怀古、思乡和认同就是这三个维度的具体表征。从时间方面来看,怀旧情结的形成最根本地源于线性时间观。就像古希腊哲人赫拉克利特所说:人不能两次踏进同一条河流。对于宏观和客观的历史而言,时间是线性、单向发展的,从古至今,有新有旧,包括了过去、现在和将来;对于微观和主观的人类个体而言,时间具体体现为一个人的生命,从个体意识开始,到死亡意识结束,它是一次性的,有始有终,不存在重复,没有循环。这样的时间观念使人类个体的生命体验必然是不完满或不完美的。因为我们不能重复我们的生活,所以现实充满了各种各样的缺憾,最常见的一种表达就是"假如再给我一次机会……""假如再来一次……",这种句式暗含着我们的某种共识,那就是我们曾经拥有一些东西,这些东西原本可以使我们的生活变得更富足、更美好,但由于我们的不经意,这些好东西被我们失落了,由此造成了现实的匮乏和缺失。而现实的匮乏和缺失正是怀旧产生最基本的要素之一。

现实的匮乏和缺失不单体现出人类对时间的欲望,也从另一个角度反映出人类对于界定"位置"、"身份"等空间概念的迫切性。这一点,当人被迫放弃"居家守地"的稳定状态而不得不去迁徙、奔波、流散时,就体现得更为明显。不仅如此,人需要在群体性的社会生活中为自我定位,这是人类对获取安全感的基本诉求,然而,社会生活、历史生活乃至个体生活都是变动不居的,恰恰是流动、变化、不断地位移与界定、打破与重组、分裂与整合,而不是固定、停滞、绝对的单一的静止与整齐,才是人类生活的本质。就像故乡相对于异乡、本土相对于全球、民族相对于世界等多组二元对立范畴所暗示的那样,前者是我们的根基、支柱和起点,而我们却永恒地向往后者、追求后者,并时时借助后者来认同前者。因此,人类个体生命的物质体验和精神诉求之间就必然是一种不平衡的关系,由此也激活了精神"寻根"的古老冲动。而"寻根"又是怀旧在空间意义上的又一要义。

借助怀旧的三个维度及其表征来反观怀旧的合法性,怀旧合乎"人心之法"似乎是毫无疑问的。或者与其说是合法,毋宁称之为合情、合理。因为"人心之法"的基本是人的主观情感和主观需求,是一种心理机制,是一种不需要证实或证伪、也无须区分高下优劣的精神本能。相应地,从"人心之法"的角度来讨论,合法的怀旧也必然是有效的。而在现代人应对现代性的危机所采取的策略中,合法且有效的怀旧是最具渗透力和亲和性的一种。它的亲和性一则来自于借助"回溯"的视角怀旧主体得以反观自身,在对过去的反思中重构过去,正如贝克所言:"想得到的+熟悉的=新的现代性"①;一则来自于怀旧主体在对过去的情感体验中暗含了认同的需要,而自我的同一性和连贯性在怀旧行为中被保证。

然而,合乎"人心之法"却未必等于合乎"事实之法"。在事实层面上,怀旧往往是"去合法化"的。这是因为,怀旧在本质上属于一种审美行为,怀旧对象不单单为怀旧主体"一厢情愿"地

---

① 乌尔里希·贝克:《再造政治:自反性现代化理论初探》,载于安东尼·吉登斯、贝克和斯科特·拉什:《自反性现代化——现代社会秩序中的政治、传统与美学》,赵文书译,商务印书馆,2001,第 7 页。

设定和判断为美的,而且这一设定和判断的过程往往有想象力的参与。换句话说,对象本身究竟如何是不重要的,重要的是我们怎样看待和想象对象,或者怎样在自己的内心深处“设计”或“装扮”对象。我们的依据是现实的需求和我们的审美理想,对象本身的是非美丑往往是被有意忽略的。因此,辩证地看,怀旧自身其实充满了悖论。首先,怀旧是以亲历过的事实为依据的,因此从理论上讲怀旧必然具有认知功能,即怀旧不是空洞无物的,它能够告诉我们关于过去的知识。然而怀旧的本质又是审美的,对过去“原封不动”的复制并不能构成真正的怀旧行为,怀旧恰恰是最具建构意义的,它必将体现怀旧主体的审美理想。其次,怀旧揭示了过去“美好”的一面,同时也掩盖了真实的历史场景,怀旧使历史呈现为审美的。再次,怀旧对象与怀旧的表现形态之间呈现为一种张力,怀旧所指向的内容可以是原初的、远古的、传统的,但却可以用极端的、现代的形式予以表现,体现出“越是现代的,越是传统的”这样一种微妙的关系。最后,怀旧往往指向“平民史”,亦即揭示那些为史学家和正史所忽略的老百姓的普通生活、民俗礼仪、世态风情等等,但怀旧主体通常却落实在中产阶级身上,他们最丰满地展现了怀旧的有闲、情调、优越性等特征。因此从某种程度上讲,怀旧又是一种“精英文化”或“贵族文化”。这些悖论构成了怀旧的内涵和外延不断扩大的动力,也使怀旧的合法性和有效性变得可疑。

确切地说,怀旧的审美本质决定了怀旧不一定符合“事实之法”,在更多情况下,怀旧反而淡化和遮蔽了对象的复杂性,使所怀之“旧”单一化、片面化、绝对化。由此,怀旧的有效性也成了一个问题,它似乎甚至等同于“自欺欺人”。对此,我们有必要再区分两种态度以及立场。首先是理论的态度及立场。怀旧作为一个理论命题,确实充满了无穷的魅力,因为它不仅是一个视角,还是一条途径,它使我们得以敏锐地考察艺术史、人类精神史的发展及其与时代生活之间的丰富关系。怀旧的不合法和无效性不仅不会削减这一魅力,反而会使我们的考察更加深刻、犀利、全面,以至于更富有人性。其次是现实的态度及立场。理论最终应当运用于现实,怀旧首先和根本上是一个“人”的问题,它不能也无法逃避有关人类生活的方方面面,诸如种种责任感、道德标准、伦理价值、使命精神、时代局限性等。在这一方面,我们必须辩证地对待怀旧的不合法和无效性。具体来说,就是尽可能地还原历史,尊重事实,面对真相,不遗忘不背叛过去,也不粉饰不美化过去,学会与自我、与他人、与社会、与历史内在地对话,让过去真正成为实现理想不可或缺的思想财富。

在现实生活中,怀旧任何时候都不可能成为历史或时代的主流,这是因为怀旧固有的保守性。怀旧的保守性来自于怀旧主体既不着力于对当下的生活情境进行诗意化的提升,也不试图以激进极端的形式打破日常生活的“铁笼”,更没有上升到信仰的层面求助于宗教的救赎,而是转向过去求得平衡,怀旧文化因此也被戏称为“中年文化”。而与之相对,对每一个活生生的个体以及每一个特定的时代而言,在这个个体有限的生命中,在这个时代的起伏转承中,积极地“向前进”才是硬道理。生命应该展开,历史必然要发展,怀旧应该只是一种潜流。

当然,这与怀旧决定性地影响一个人的性格塑造或在某些特殊的历史时期上升为一种社会性的思潮之间并不矛盾。尤其是在现代性的视域下讨论现代怀旧。作为谈论怀旧(尤其是现代怀旧)无法跨越的语境,怀旧既是现代文化转型的产物,也是对现代性的反思,是使现代性健康发展的一大动因。一方面,现代性不仅激活了怀旧主体的内在需求,也强化和丰富了怀旧本身的表现形态,使其与种种特殊的时代主题和文化焦点相互影响。另一方面,作为一个理论研究的切入点,怀旧又折射出现代性自身的弊病,使现代人得以透过怀旧透视到社会思想的完整性和历史发展的统一性。但往往因为后者,在现代性的视域下,怀旧经常受到激进分子的指责。

假如站在社会主流意识形态的立场上讲,这种指责是不无道理的,因为怀旧总是将怀旧主体限制在一个过去的立场上,并把未来设想成过去的理想化,从而极易培养怀旧主体的惰性,而现代知识分子的职责恰恰是要立足现实,敢于改造和创造新的传统。但换个角度考虑,怀旧又意味着审慎,意味着我们必须尊重历史,尊重传统,不孤立、不割裂地看待问题,善于在激进思潮盛行的关头退一步思想,对越出正常历史轨道的东西予以纠正。有学者称其为知识分子的“二次启蒙”,既启蒙民众,又进行自我启蒙,这大概才是健全和健康的现代人格精神。现代性是一把双刃剑,而现代性视域下的怀旧同样是一把双刃剑,我们必须辩证地对待各种实际问题,绝不能以怀旧的保守性格来对峙怀旧在现代化进程中的积极意义。

怀旧的复杂性不止于此。我们知道,现代怀旧的问题是被现代文化的转型(尤其是社会的现代化进程)所带出来的,而随着全球化观念的深入人心,西欧世界的现代化模式几乎成了全世界现代化进程所仿效的对象,甚至在许多国家还未完成现代性的规划之前,西欧世界的现代性危机就被作为一个普遍的问题提到研究者的议事日程上来。这种思路是非常值得怀疑的。美国社会学家图雷纳曾专门就此发表过文章,探讨现代化的多元化问题。在他看来,“现代化是一种运动,一种以人的意志去追求的东西,是一场动员;无论它依靠什么样的社会力量,追本溯源,进行这场动员的终归是国家。”①我们不可能在此深入讨论各个国家的现代化模式的问题,这也远远超出了本文的能力范围,但若联系到怀旧的问题上来,值得我们特别关注的是:在纷繁复杂的现代性背景下,我们应该如何对待怀旧的多样性问题。

具体到中国的现代文化语境中,怀旧的多样性问题实际上就是如何把西方的怀旧理论本土化或者如何把中国的怀旧现实理论化的问题,进而就是“中国的现代性”和“西方的现代性”之间的深层差异问题。怀旧的问题意识和问题结构在中国及西方世界是不完全相同的,由此而来,对“为何怀旧”、“如何怀旧”乃至“怀旧的实效是否得以发挥”等问题的解答也不尽相同。假如我们单纯地求助于西方的现代性理论或者单纯地归纳中国的怀旧现实,大概都不可取,也许比较稳妥和公正的反倒是开辟“第三条道路”,即在两者的交错碰撞中寻求新的“生长点”,通过对西方理论的“修正”或“转化”来挖掘理论的可操作性及现实的潜力。就像周宪先生在《现代性的张力》一书中所讲到的:“中国现代性问题是一个复杂的‘场’,而西方现代性理论本身也是一个

① 阿兰·图雷纳:《现代性与文化特殊性》,载于《社会转型:多文化多民族社会》,中国社会科学杂志社编,社会科学文献出版社,2000,第15页。

复杂的'场'。两者的互动为新理论的形成和建构提供了多种生长点。"①保持两个"场"的开放性和弹性是保证解决怀旧现实问题的有效性的重要前提。

① 周宪:《现代性的张力》,首都师范大学出版社,2001,第42页。

参 考 文 献

英文文献

Bauman, Zygmunt. *Modernity and Ambivalence*. Cambridge: Polity, 1991.

Bauman, Zygmunt. *Life in Fragments*. Cambridge: Blackwell, 1995.

Berman, Marshall. *All That Is Solid Melts into Air: The Experience of Modernity*. New York: Penguin Books, 1988.

Boym, Svetlana. *The Future of Nostalgia*. New York: Basic Books, 2001.

Dames, Nicholas. *Amnesiac Selves: Nostalgia, Forgetting, and Gritish Fiction, 1810—1870*. London: Oxford University Press, 2001.

Davis, Fred. *Yearning for Yesterday: A Sociology of Nostalgia*. New York: The Free Press, 1979.

Delanty, Gerard. *Social Theory in a Changing World: Conceptions of Modernity*. Cambridge: Polity, 1999.

Derian, James Der. ed., *The Virilio Reader*. Oxford: Blackwell, 1998.

Doane, Janice. *Nostalgia and Sexual Difference: The Resistance to Contemporary Feminism*. New York: Methuen, 1987.

Duvenage, Pieter. *Habermas and Aesthetics: The Limits of Communicative Reason*. Cambridge: Polity Press, 2003.

Featherstone, Mike. *Undoing Culture: Globalization, Postmodernism and Identity*. London: Sage Publications, 1995.

Featherstone, Mike., Lash, Scott. & Roland Robertson. eds., *Global Modernities*. London: Sage Publications, 1995.

Friedman, Jonathan. *Cultural Identity and Global Process*. London: Sage

Publications, 1994.

Frisby, David. *Fragments of Modernity*. Cambridge: The MIT Press, 1986.

Gerth, H. H. & Mills, C. W. eds., *From Max Weber: Essays in Sociology*. New York: Oxford University Press, 1946.

Grainge, Paul. Monochrome Memories: Nostalgia and Style in Retro America. Westport: Praeger, 2002.

Greenblatt, Stephen. *Shakespearean Negotiations: The Cultural of Social Energy in Renaissance England*. Berkeley: University of California Press, 1988.

Habermas, Jürgen. *The Philosophical Discourse of Modernity*. Cambridge: The MIT Press, 1987.

Harvey, David. *The Condition of Postmodernity*. Oxford: Blackwell, 1990.

Jay, Martin. *Downcast Eyes: The Denigration of Vision in Twentieth-Century French Thought*. Berkeley: University of California, 1993.

Kelly, Michael. ed., *Encyclopedia of Aesthestics*. New York: Oxford University Press, 1998.

Larrissy, Edward. ed., *Romanticism and Postmodernism*. Cambridge: Cambridge University Press, 1999.

Lash, Scott & Urry, John. *Economies of Signs and Space*. London: Sage Publications, 1996.

Lucy, Niall. *Postmodern Literary Theory: An Anthology*. Oxford: Blackwell, 2000.

Maker, William. *Philosophy Without Foundations: Rethinking Hegel*. New York: State University of New York Press, 1994.

Maker, William. ed., *Hegel and Aesthetics*. New York: State University of New York Press, 2000.

Merobbie, Angela. *Postmodernism and Popular Culture*. London: Routledge, 1994.

Poster, Mark. ed., *Jean Baudrillard: Selected Writings*. Stanford: Stanford University Press, 1988.

Ritivoi, Andreea Deciu. *Yesterday's Self: Nostalgia and the Immigrant Identity*. New York: Rowman & Littlefield Publishers, INC, 2002.

Rubenstein, Roberta. *Home Matters: Longing and Belonging, Nostalgia and Mourning in Women's Fiction*. New York: Palgrave, 2001.

Shaw, Christopher. & Chase, Malcolm. eds., *The Imagined Past: History and Nostalgia*. Manchester: Manchester University Press, 1989.

Tester, Keith. *The Life and Times of Post-modernity*. London: Routledge, 1993.

Welsch, Wolfgang. *Undoing Aesthetics*. London: Sage, 1997.

Williams, Raymond. *Key Words: A Vocabulary of Culture and Society*. New York: Oxford University Press, 1985.

Wilson, Janelle L. *Nostalgia: Sanctuary of Meaning*. Lewisburg: Bucknell University Press, 2005.

Larrissy, Edward. ed., *Romanticism and Postmodernism*. Cambridge: Cambridge University Press, 1999.

中文文献

《1846年的沙龙:波德莱尔美学论文选》,郭宏安译,广西师范大学出版社,2002。

《柏拉图对话集》,朱光潜译,人民文学出版社,2000。

《柏拉图全集》(第一卷),王晓朝译,人民出版社,2002。

《不列颠百科全书》11卷(国际中文版),中国大百科全书出版社,1999。

《拉康选集》,三联书店,2001。

《理想国》,郭斌和、张竹明译,商务印书馆,1986。

《鲁迅小说全编》(插图本),漓江出版社,1997。

《马克思恩格斯选集》(第一卷、第三卷),中共中央编译局编,人民出版社,1972。

《王国维文集》(第一卷),中国文史出版社,1997。

《未来主义 · 超现实主义》,张秉真、黄晋凯译,中国人民大学出版社,1994。

J. M.伯格:《人格心理学》,陈会昌等译,中国轻工业出版社,2000。

Jorge Larrain:《意识形态与文化身份:现代性和第三世界的在场》,戴从容译,上海教育出版社,2005。

W. J. T. 米歇尔:《图像理论》,陈永国、胡文征译,北京大学出版社,2006。

W. T. 司退斯:《黑格尔哲学》,廖惠和、宋祖良译,中国社会科学出版社,1989。

阿多尔诺:《否定的辩证法》,张峰译,重庆出版社,1996。

阿兰·斯威伍德:《大众文化的神话》,冯建三译,三联书店,2003。

阿诺德·汤因比:《历史研究》,刘北成等译,上海人民出版社,2000。

埃里克·霍布斯鲍姆:《史学家——历史神话的终结者》,马俊亚、郭英剑译,上海人民出版社,2002。

埃里克·霍布斯鲍姆:《民族与民族主义》,李金梅译,上海人民出版社,2000。

埃米尔·施塔格尔:《诗学的基本概念》,胡其鼎译,中国社会科学出版社,1992。

艾森克主编:《心理学——一条整合的途径》,阎巩固译,华东师范大学出版社,2000。

安德鲁·芬伯格:《可选择的现代性》,陆俊等译,中国社会科学出版社,2003。

安东尼·吉登斯:《现代性的后果》,田禾译,译林出版社,2000。

安东尼·史密斯:《全球化时代的民族与民族主义》,龚维斌、良警宇译,中央编译出版社,2002。

奥尔特加·加塞特:《大众的反叛》,刘训练、佟德志译,吉林人民出版社,2004。

斯宾格勒:《西方的没落:世界历史的透视》,齐世荣、田农等译,商务印书馆,1995。

保尔·汤普逊:《过去的声音——口述史》,渠东等译,辽宁教育出版社和牛津大学出版社,2000。

保罗·康纳顿:《社会如何记忆》,纳日碧力戈译,上海人民出版社,2000。

保罗·利科:《历史与真理》,姜志辉译,上海译文出版社,2004。

保罗·维利里奥:《解放的速度》,陆元昶译,江苏人民出版社,2004。

鲍曼:《立法者与阐释者:论现代性、后现代性与知识分子》,洪涛译,上海人民出版社,2000。

鲍曼:《流动的现代性》,欧阳景根译,上海三联书店,2002。

鲍曼:《生活在碎片之中——论后现代道德》,郁建兴、周俊等译,学林出版社,2002。

鲍曼:《全球化——人类的后果》,郭国良、徐建华译,商务印书馆,2001。

鲍曼:《共同体》,欧阳景根译,江苏人民出版社,2003。

鲍曼:《后现代性及其缺憾》,郇建宁等译,学林出版社,2002。

鲍桑葵:《美学史》,张今译,广西师范大学出版社,2001。

包亚明主编:《哈贝马斯访谈录:现代性的地平线》,李安东等译,上海人民出版社,1997。

包亚明主编:《利奥塔访谈、书信录:后现代性与公正游戏》,谈瀛洲译,上海人民出版社,1997。

包亚明主编:《布尔迪厄访谈录:文化资本与社会炼金术》,包亚明译,上海人民出版社,1997。

包亚明主编:《德里达访谈录:一种疯狂守护着思想》,何佩群译,上海人民出版社,1997。

贝克、吉登斯、拉什:《自反性现代化:现代社会秩序中的政治、传统与美学》,赵文书译,商务印书馆,2001。

贝尔纳·斯蒂格勒:《技术与时间:爱比米修斯的过失》,裴程译,译林出版社,2000。

本尼迪克特·安德森:《想象的共同体:民族主义的起源与散布》,吴倧人译,上海人民出版社,2003。

本雅明:《本雅明:作品与画像·论历史哲学》,孙冰编,文汇出版社,1999。

本雅明:《本雅明文选》,陈永国等编,中国社会科学出版社,1999。

本雅明:《发达资本主义时代的抒情诗人》张旭东、魏文生译,三联书店,1992。

本雅明:《机械复制时代的艺术作品》,王才勇译,中国城市出版社,2002。

本雅明:《经验与贫乏》,王炳钧、杨劲译,百花文艺出版社,1999。

本雅明:《莫斯科日记　柏林记事》,潘小松译,东方出版社,2001。

彼得·奥斯本:《时间的政治——现代性与先锋》,王志宏译,商务印书馆,2004。

彼得·伯克:《历史学与社会理论》,姚朋等译,上海人民出版社,2001。

波德莱尔:《恶之花》,郭宏安译,漓江出版社,1995。

波德里亚:《消费社会》,刘成富、全志钢译,南京大学出版社,2000。

伯林:《反潮流:观念史论文集》,冯克利译,译林出版社,2002。
布洛克:《现代艺术哲学》,滕守尧译,四川人民出版社,1998。
曹书文:《家族文化与中国现代文学》,中国社会科学出版社,2002。
曹卫东:《交往理性与诗学话语》,天津社会科学院出版社,2001。
曹卫东:《权力的他者》,上海教育出版社,2004。
查尔斯·泰勒:《黑格尔与现代社会》,徐文瑞译,台北联经出版事业公司,1989。
查尔斯·泰勒:《自我的根源:现代认同的形成》,韩震等译,译林出版社,2001。
陈嘉明等:《现代性与后现代性》,人民出版社,2001。
陈嘉映:《海德格尔哲学概论》,三联书店,1995。
陈建华:《"革命"的现代性:中国革命话语考论》,上海古籍出版社,2000。
陈平原:《中国现代学术之建立——以章太炎、胡适之为中心》,北京大学出版社,1998。
陈平原、王德威、商威编:《晚明与晚清:历史传承与文化创新》,湖北教育出版社,2002。
程光炜:《文学想象与文学国家——中国当代文学研究(1949—1976)》,河南大学出版社,2005。
程虹:《寻归荒野》,三联书店,2001。
大卫·理斯曼:《孤独的人群》,朱虹等译,南京大学出版社,2002。
戴维·莫利、凯文·罗宾斯:《认同的空间》,司艳译,南京大学出版社,2001。
丹尼尔·贝尔:《资本主义文化矛盾》,赵一凡等译,三联书店,1989。
丹尼尔·夏克特:《找寻逝去的自我:大脑、心灵和往事的记忆》,高申春译,吉林人民出版社,1998。
道格拉斯·凯尔纳、斯蒂文·贝斯特:《后现代理论:批判性的质疑》,张志斌译,中央编译出版社,2004。
德拉·沃尔佩:《卢梭和马克思》,赵培杰译,重庆出版社,1996。
杜夫海纳:《审美经验现象学》,韩树站译,文化艺术出版社,1996。
恩斯特·波佩尔:《意识的限度:关于时间与意识的新见解》,李百涵等译,北京大学出版社,2000。
法拉、帕特森编:《记忆:剑桥年度主题讲座》,户晓辉译,华夏出版社,

2006。
斐迪南·滕尼斯:《共同体与社会——纯粹社会学的基本概念》,林荣远译,商务印书馆,1999。
斐迪南·滕尼斯:《新时代的精神》,林荣远译,北京大学出版社,2006。
傅国涌:《1949年:中国知识分子的私人记录》,长江文艺出版社,2005。
弗雷德里克·C·巴特莱特:《记忆:一个实验的与社会的心理学研究》,黎炜译,浙江教育出版社,2000。
弗里斯比:《现代性的碎片:齐美尔、克拉考尔和本雅明作品中的现代性理论》,卢晖临等译,商务印书馆,2003。
弗莱:《现代百年》,盛宁译,辽宁教育出版社、牛津大学出版社,1998。
弗洛伊德:《一个幻觉的未来》,华夏出版社,1999。
伽达默尔:《真理与方法——哲学诠释学的基本特征》,洪汉鼎译,上海译文出版社,2002。
干春松、孟彦弘编:《王国维学术经典集》(下卷),江西人民出版社,1997。
甘阳:《古今中西之争》,三联书店,2006。
冈特·绍伊博尔德:《海德格尔分析新时代的技术》,宋祖良译,中国社会科学出版社,1998。
高瑞泉、山口久和主编:《城市知识分子的二重世界:中国现代性的历史视域》,上海古籍出版社,2005。
沟口雄三:《中国前近代思想的演变》,索介然等译,中华书局,1997。
沟口雄三:《中国的思想》,赵士林译,中国社会科学出版社,1995。
郭军、曹雷雨编:《论瓦尔特·本雅明:现代性、寓言和语言的种子》,吉林人民出版社,2004。
哈贝马斯:《合法化危机》,刘北成、曹卫东译,上海人民出版社,2000。
哈贝马斯:《作为"意识形态"的技术与科学》,李黎、郭官义译,学林出版社,1999。
哈贝马斯:《哈贝马斯精粹》,曹卫东译,南京大学出版社,2004。
哈拉尔德·韦尔策编:《社会记忆:历史、回忆、传承》,李斌等译,北京大学出版社,2007。
汉斯·罗伯特·耀斯:《审美经验与文学解释学》,顾建光等译,上海译文出版社,1997。
海德格尔:《存在与时间》(修订本),陈嘉映、王庆节译,三联书店,2000。

海德格尔:《海德格尔选集》,孙周兴选编,上海三联书店,1996。
海德格尔:《荷尔德林诗的阐释》,孙周兴译,商务印书馆,2000。
海德格尔:《林中路》,孙周兴译,上海译文出版社,1997。
海德格尔:《面向思的事情》,陈小文、孙周兴译,商务印书馆,1996。
海德格尔:《在通向语言的途中》,孙周兴译,商务印书馆,1999。
海德格尔:《尼采》,孙周兴译,商务印书馆,2003。
海登·怀特:《元史学:十九世纪欧洲的历史想象》,陈新译,译林出版社,2004。
韩少功:《灵魂的声音》,吉林人民出版社,1997。
何晓明:《知识分子与中国现代化》,东方出版中心,2007。
何晓明:《返本与开新——近代中国文化保守主义新论》,商务印书馆,2006。
何兆武等主编:《当代西方史学理论》,上海社会科学院出版社,2003。
黑格尔:《精神现象学》,贺麟、王玖兴译,商务印书馆,1997。
黑格尔:《历史哲学》,王造时译,上海书店出版社,2001。
黑格尔:《美学》,朱光潜译,商务印书馆,1997。
亨利·柏格森:《材料与记忆》,肖聿译,华夏出版社,1998。
亨利希·海涅:《浪漫派》,薛华译,上海人民出版社,2003。
胡逢祥:《社会变革与文化传统:中国近代文化保守主义思潮研究》,上海人民出版社,2000。
霍克海默、阿多尔诺:《启蒙辩证法》,洪佩郁等译,重庆出版社,1996。
霍兰德:《后现代精神分析》,潘国庆译,上海文艺出版社,1996。
吉登斯、乌尔里希·贝克和斯科特·拉什:《自反性现代化——现代社会秩序中的政治、传统与美学》,赵文书译,商务印书馆,2001。
吉登斯:《现代性与自我认同》,赵旭东、方文译,三联书店,1998。
吉尔·利波维茨基、塞巴斯蒂安·夏尔:《超越现代时间》,谢强译,中国人民大学出版社,2005。
吉尔伯特·罗兹曼:《中国的现代化》,国家社会科学基金“比较现代化”课题组译,江苏人民出版社,1998。
加斯东·巴什拉:《梦想的诗学》,刘自强译,三联书店,1996。
加斯东·巴什拉:《科学精神的形成》,钱培鑫译,江苏教育出版社,2006。
蒋锡武:《京剧的精神》,湖北教育出版社,1997。

杰夫瑞·C. 亚历山大:《世纪末社会理论》,张旅平等译,上海人民出版社,2003。

卡尔·博格斯:《知识分子与现代性的危机》,李俊、蔡海榕译,江苏人民出版社,2002。

卡尔·洛维特:《从黑格尔到尼采》,李秋零译,三联书店,2006。

卡尔·曼海姆:《保守主义》,李朝晖、牟建君译,译林出版社,2002。

卡尔·曼海姆:《意识形态和乌托邦》,艾彦译,华夏出版社,2001。

卡尔·施密特:《政治的浪漫派》,冯克利等译,上海人民出版社,2004。

卡尔·雅斯贝斯:《历史的起源与目标》,魏楚雄、俞新天译,华夏出版社,1989。

卡尔·雅斯贝斯:《现时代的人》,周晓亮、宋祖良译,社会科学文献出版社,1992。

卡尔文·S·霍尔、沃农·J·诺德拜:《荣格心理学纲要》,张月译,黄河文艺出版社,1987。

卡林内斯库:《现代性的五副面孔》,顾爱彬、李瑞华译,商务印书馆,2002。

卡西尔:《卢梭·康德·歌德》,刘东译,三联书店,2002。

卡西尔:《启蒙哲学》,顾伟铭等译,山东人民出版社,1996。

凯克斯:《为保守主义辩护》,应奇等译,江苏人民出版社,2003。

康德:《历史理性批判文集》,何兆武译,商务印书馆,1997。

康德:《论优美感和崇高感》,何兆武译,商务印书馆,2001。

康德:《判断力批判》,宗白华译,商务印书馆,1996。

拉塞尔·雅各比:《最后的知识分子》,洪洁译,江苏人民出版社,2002。

李培林等:《中国社会分层》,社会科学文献出版社,2004。

李欧梵:《上海摩登——一种新都市文化在中国1930—1945》,毛尖译,北京大学出版社,2001。

李奇志:《自然人格——卢梭》,长江文艺出版社,2000。

李泽厚:《中国现代思想史论》,安徽文艺出版社,1994。

李振声:《季节轮换》,学林出版社,1996。

里克曼:《理性的探险》,姚休等译,商务印书馆,1996。

利奥塔:《非人——时间漫谈》,罗国详译,商务印书馆,2001。

刘北成:《本雅明思想肖像》,上海人民出版社,1998。

刘禾:《跨语际实践——文学、民族文化与被译介的现代性》,宋伟杰等译,三联书店,2002。
刘军宁:《保守主义》,中国社会科学出版社,1998。
刘小枫、陈少明主编:《荷尔德林的新神话》,华夏出版社,2004。
刘小枫、倪为国选编:《尼采在西方——解读尼采》,上海三联书店,2002。
刘小枫:《现代性社会理论绪论》,上海三联书店,1998。
刘小枫:《个体信仰与文化理论》,四川人民出版社,1997。
刘小枫:《沉重的肉身:现代性伦理的叙事纬语》,上海人民出版社,1999。
刘小枫主编:《施特劳斯与古典政治哲学》,上海三联书店,2002。
卢梭:《爱弥儿》,李平沤译,商务印书馆,1978。
卢梭:《社会契约论》,何兆武译,红旗出版社,1997。
罗岗、顾铮主编:《视觉文化读本》,广西师范大学出版社,2003。
罗杰·斯克拉顿:《保守主义的含义》,王皖强译,中央编译出版社,2005。
罗兰·罗伯森:《全球化:社会理论和全球文化》,梁光严译,上海人民出版社,2000。
罗曼·罗兰编选:《卢梭的生平和著作》,王子野译,三联书店,1993年。
罗荣渠:《现代化新论——世界与中国的现代化进程》(增订版),商务印书馆,2004。
罗荣渠等编:《中国现代化历程的探索》,北京大学出版社,1992。
罗荣渠主编:《从"西化"到现代化——五四以来有关中国的文化趋向和发展道路论争文选》,北京大学出版社,1997。
罗荣渠主编:《现代化:理论与历史经验的再探讨》,上海译文出版社,1993。
罗素:《西方哲学史》,马元得译,商务印书馆,1997。
马·布雷德伯里 & 詹·麦克法兰编:《现代主义》,上海外语教育出版社,1995。
马尔库塞:《爱欲与文明》,费勇、薛民译,上海译文出版社,1987。
马尔库塞:《理性和革命——黑格尔和社会理论的兴起》,程志民译,重庆出版社,1996。
马尔库塞:《审美之维》,李小兵译,广西师范大学出版社,2001。
马克·里拉:《当知识分子遇到政治》,邓晓菁译,新星出版社,2005。
马克·波斯特:《第二媒介时代》,范静哗译,南京大学出版社,2000。
马克·波斯特:《信息方式》,范静哗译,商务印书馆,2000。

马克斯·韦伯:《经济与社会》,林荣远译,商务印书馆,1998。

马克斯·韦伯:《文明的历史脚步——韦伯文集》,黄宪起、张晓琳译,上海三联书店,1996。

马克斯·韦伯:《新教伦理与资本主义精神》,黄晓京、彭强译,四川人民出版社,1986。

玛里琳·巴特勒:《浪漫派、叛逆者及反动派:1760—1830年间的英国文学及其背景》,黄梅、陆建德译,辽宁教育出版社和牛津大学出版社,1998。

麦金太尔:《德性之后》,龚群等译,中国社会科学出版社,1995。

麦克卢汉:《理解媒介——论人的延伸》,何道宽译,商务印书馆,2000。

曼弗雷德·弗兰克:《个体的不可消逝性》,先刚译,华夏出版社,2001。

萌萌主编:《启示与理性:从苏格拉底、尼采到施特劳斯》,中国社会科学出版社,2001。

孟繁华:《1978:激情岁月》,山东教育出版社,1998。

米德:《十九世纪的思想运动》,陈虎平、刘芳念译,中国城市出版社,2003。

米德:《现在的哲学》,李猛译,上海人民出版社,2003。

米德:《心灵、自我与社会》,赵月瑟译,上海译文出版社,1997。

木山英雄:《文学复古与文学革命——木山英雄中国现代文学思想论集》,赵京华编译,北京大学出版社,2004。

莫雷主编:《二十世纪心理学名家名著》,广东高等教育出版社,2002。

莫里斯·哈布瓦赫:《论集体记忆》,毕然、郭金华译,上海人民出版社,2002。

尼采:《悲剧的诞生》,熊希伟译,华龄出版社,1996。

尼采:《历史的用途与滥用》,陈涛等译,上海人民出版社,2005。

尼采:《尼采反对瓦格纳》,陈燕茹、赵秀芬译,山东画报出版社,2002。

尼格尔·多德:《社会理论与现代性》,陶传进译,社会科学文献出版社,2002。

尼尔·波兹曼:《童年的消逝》,吴燕莛译,广西师范大学出版社,2004。

尼尔·波兹曼:《娱乐至死》,章艳译,广西师范大学出版社,2004。

诺埃尔·卡罗尔:《超越美学:哲学论文集》,李媛媛译,商务印书馆,2006。

裴毅然:《中国知识分子的选择与探索》,河南人民出版社,2004。

彭富春:《无之无化——论海德格尔思想道路的核心问题》,上海三联书店,2000。

乔纳森·弗里德曼:《文化认同与全球性过程》,郭建中译,商务印书馆,2003。

荣格:《分析心理学的理论与实践——塔维斯托克讲演》,成穷、王作虹译,三联书店,1997。

萨义德:《文化与帝国主义》,李琨译,三联书店,2003。

萨义德:《萨义德回忆录:格格不入》,彭淮栋译,三联书店,2004。

萨义德:《权力、政治与文化——萨义德访谈录》,单德兴译,三联书店,2006。

三岛宪一:《本雅明:破坏·收集·记忆》,贾倞译,河北教育出版社,2001。

佘碧平:《现代性的意义与局限》,上海三联书店,2000。

施勒格尔:《雅典娜神殿断片集》,李伯杰译,三联书店,1996。

史成芳:《诗学中的时间概念》,湖南教育出版社,2001。

斯蒂芬·埃里克·布隆纳:《重申启蒙:论一种积极参与的政治》,殷杲译,江苏人民出版社,2006。

斯蒂芬·贝斯特、道格拉斯·科尔纳:《后现代转向》,陈刚译,南京大学出版社,2002。

斯蒂芬·欧文:《追忆——中国古典文学中的往事再现》,郑学勤译,上海古籍出版社,1990。

斯塔夫里阿诺斯:《全球通史:从史前史到21世纪》(第7版)(上、下),董书慧等译,北京大学出版社,2005。

苏珊·桑塔格:《论摄影》,艾红华、毛健雄译,湖南美术出版社,1999。

孙立平:《转型与断裂:改革以来中国社会结构的变迁》,清华大学出版社,2004。

孙隆基:《历史学家的经线:历史心理文集》,广西师范大学出版社,2004。

孙周兴:《我们时代的思想姿态》,东方出版社,2001。

梭罗:《梭罗集》,罗伯特·塞尔编,陈凯、许崇信等译,三联书店,1996。

谭好哲等:《现代性与民族性:中国文学理论建设的双重追求》,社会科学文献出版社,2005。

汤因比等:《历史的话语——现代西方历史哲学译文集》,张文杰编,广西师范大学,2002。

陶东风:《社会转型与当代知识分子》,上海三联书店,1999。

陶家俊:《思想认同的焦虑:旅行后殖民理论的对话与超越精神》,中国社会科学出版社,2008。
特里·伊格尔顿:《审美意识形态》,王杰等译,广西师范大学出版社,2001。
特里·伊格尔顿:《历史中的政治、哲学、爱欲》,马海良译,中国社会科学出版社,1999。
瓦尔特·比梅尔:《当代艺术的哲学分析》,孙周兴、李媛译,商务印书馆,1999。
瓦尔特·赫斯编著:《欧洲现代画派画论选》,宗白华译,人民美术出版社,1980。
瓦莱里:《文艺杂谈》,段映虹译,百花文艺出版社,2002。
汪丁丁:《回家的路:经济学家的思想轨迹》,中国社会科学出版社,1998。
汪晖:《死火重温》,人民文学出版社,2000。
汪晖:《现代中国思想的兴起》,三联书店,2004。
王安忆:《长恨歌》,作家出版社,1999。
王成兵:《当代认同危机的人学解读》,中国社会科学出版社,2004。
王德威:《想像中国的方法:历史·小说·叙事》,三联书店,1998。
王尔敏:《中国近代思想史论》,社会科学文献出版社,2003。
王岳川、尚水编:《后现代主义文化与美学》,北京大学出版社,1993。
王增进:《后现代与知识分子社会位置》,中国社会科学出版社,2003。
威廉·巴雷特:《非理性的人——存在主义哲学研究》,杨照明、艾平译,商务印书馆,1999。
沃尔夫冈·韦尔施:《重构美学》,陆扬、张岩冰译,上海译文出版社,2002。
沃特斯:《美学权威主义批判》,昂智慧译,北京大学出版社,2000。
吴晓东:《记忆的神话》,新世界出版社,2002。
西尔维娅·阿加辛斯基:《时间的摆渡者:现代与怀旧》,吴云凤译,中信出版社,2003。
西美尔:《货币哲学》,陈戎女、耿开君等译,华夏出版社,2002。
西美尔:《金钱、性别、现代社会风格》,顾仁明译,学林出版社,2000。
西美尔:《时尚的哲学》,费勇等译,文化艺术出版社,2001。
席勒:《美育书简》,徐恒醇译,中国文联出版公司,1984。
席勒:《审美教育书简》,冯至、范大灿译,上海人民出版社,2003。
席勒:《秀美与尊严》,张玉能译,文化艺术出版社,1996。

夏晓虹:《晚清社会与文化》,湖北教育出版社,2001。
夏光:《东亚现代性与西方现代性:从文化的角度看》,三联书店,2005。
徐贲:《知识分子——我的思想和我们的行为》,华东师范大学出版社,2005。
许纪霖、罗岗等:《启蒙的自我瓦解:1990年代以来中国思想文化界重大论争研究》,吉林出版集团有限责任公司,2007。
薛华:《黑格尔对历史终点的理解》,中国社会科学出版社,1983。
薛华:《黑格尔与艺术难题——一段问题史》,中国社会科学出版社,1986。
雅克·巴尊:《古典的,浪漫的,现代的》,侯蓓译,江苏教育出版社,2005。
雅克·德里达:《多义的记忆——为保罗·德曼而作》,蒋梓骅译,中央编译出版社,1999。
亚历克斯·哈里:《根》,郑惠丹译,译林出版社,1997。
杨河:《时间概念史研究》,北京大学出版社,1998。
叶浩生主编:《心理学理论精粹》,福建教育出版社,2000。
叶秀山:《思·史·诗:现象学和存在哲学研究》,人民出版社,1988。
叶秀山:《愉快的思》,辽宁教育出版社,1996。
伊夫·瓦岱:《文学与现代性》,田庆生译,北京大学出版社,2001。
尹昌龙:《1985:延伸与转折》,山东教育出版社,1998。
喻大华:《晚清文化保守思潮研究》,人民出版社,2001。
余英时:《现代危机与思想人物》,三联书店,2005。
余英时:《文史传统与文化重建》,三联书店,2004。
约翰·伯格:《观看之道》,戴行钺译,广西师范大学出版社,2005。
约翰·伯格:《看》,刘惠媛译,广西师范大学出版社,2005。
约翰·拉塞尔:《现代艺术的意义》,江苏美术出版社,1996。
詹姆斯·施密特:《启蒙运动与现代性:18世纪与20世纪的对话》,徐向东等译,上海人民出版社,2005。
詹姆逊:《后现代主义与文化理论》,陕西师范大学出版社,1986。
詹姆逊:《晚期资本主义的文化逻辑》,陈清侨等译,三联书店,1997。
詹姆逊:《文化转向》,胡亚敏等译,中国社会科学出版社,2000。
张凤阳:《现代性的谱系》,南京大学出版社,2004。
张京媛主编:《新历史主义与文学批评》,北京大学出版社,1993。
张世英:《论黑格尔的精神哲学》,上海人民出版社,1986。

张世英:《进入澄明之境——哲学的新方向》,商务印书馆,1999。
张旭东:《全球化时代的文化认同:西方普遍主义话语的历史批判》,北京大学出版社,2005。
张志扬:《现代性理论的检测与防御》,社会科学文献出版社,2000。
赵汀阳:《现代性与中国》,广东教育出版社,2000。
赵宪章主编:《西方形式美学:关于形式的美学研究》,上海人民出版社,1998。
周伟驰:《记忆与光照——奥古斯丁神哲学研究》,社会科学文献出版社,2001。
周宪:《20世纪西方美学》,南京大学出版社,1999。
周宪:《审美现代性批判》,商务印书馆,2005。
周宪:《现代性的张力》,首都师范大学出版社,2001。
竹内好:《近代的超克》,李冬木等译,三联书店,2005。
朱学勤:《书斋里的革命》,云南人民出版社,2006。

后　记

我是从2001年开始接触“怀旧”的主题的。当时的缘起是要解读“老照片”，我把“老照片现象”界定为一种怀旧文化的现实表现。在那篇小小的文章里，我满怀深情地写道：“对于怀旧的人来说，‘遁入’对过去生活的怀想，就是要借助这种精神上的‘回返’排除现实世界对自身的异己感。”①写下这句话的时候，我并没有料想到“怀旧”会成为我后来八年学术生涯的主题，更没有想到当八年过去，我终于要把“怀旧”放下的时候，我自己已经成了一个如我文章当中所言的“怀旧的人”。有时候真想问问自己：是怀旧塑造了我？还是真实的我被怀旧所揭示？

其实，我越是深入“怀旧”，就越觉得这是一个非常迷人且深广的话题。它绝不单单是一种感性体验或心理防御机制，它还是一种文化记忆、文化乡愁，其本质与身份认同紧密联系在一起。怀旧需要勇气和理性，而不仅仅是温情。这也是为什么我最终决定放下“怀旧”而以“认同”重新开始的原因。我想，时间、空间、记忆、身份、世界、他者、理想等等，这些重要而永恒的词语应该并且可以在“认同”的主题研究里得到更有力的诠释。

---

① 赵静蓉：《解读老照片》，载于《文学前沿》第5期，首都师范大学出版社，2002，第38页。

怀旧理论在西方的研究史要比在中国的研究史丰厚得多,而且涉猎广泛,文学、历史学、社会学、类型学、艺术等都有谈及。这也是我在整个研究过程中始终未解的一个困惑。因为显而易见的是,无论艺术的发生和体验,也无论时间与生命的缠绕和纠葛,甚至包括对生死永恒的追问,中国的渊源无疑更为久远。排除中国人固有的思维方式和理论表达特色不谈,我猜想,怀旧本质上是一种历史感,但对这种历史感的体验却与现实而非历史有更直接的关系。制度的变迁、社会的动荡、现实的失落等因素对人心的影响之大之深或许要远远超出历史的潜移默化。而从这一点来看,怀旧在中国情境下的发生和被激活确实有些晚。然而,中国的现实变革对中国的传统历史的冲击之大、影响之剧却是怎么形容都不为过的。所以说中国并不缺乏怀旧理论研究的土壤。

还想说的是,我期待着我的另一部关于西方怀旧理论研究的译著能在不久的将来问世,以成全我的怀旧情结以及我对怀旧研究前景的期许和心愿。

最后,我要对多年来给予我无私帮助的人们致以深深的谢意:

深深地感谢我的导师周宪教授。本书是在与恩师不停“对话”的基础上完善形成的,感谢恩师从选题的确定到材料的搜寻,再到章节结构的推敲和观点内容的反复讨论,始终都在关注和陪伴着我。

深深地感谢我的导师赵宪章教授。先生从开题时的质疑和批评到后来的多次讨论商榷,甚至在本书完成后对全部书稿进行审读和检查,体现了先生对学生的严格要求和爱护。

深深地感谢南京大学的包忠文教授、胡有清教授，东南大学的凌继尧教授、万书元教授，南京师范大学的王长俊教授，他们对本书的进一步修改完善提出了无比宝贵的意见。特别是包忠文教授提出，要把中国的怀旧思想梳理一下，要利用和挖掘中国的思想资源。正是包老师的忠告和催促才使我有勇气把怀旧研究继续下去，并且深入到中国的现实情境中来。

还要感谢暨南大学的饶芃子教授、蒋述卓教授、费勇教授、刘绍瑾教授，山东画报出版社的冯克力老师、三联书店的汪家明老师、中国社会科学院的叶舒宪教授、四川大学的徐新建教授、厦门大学的彭兆荣教授、中国人民大学的张永清教授、南京大学的包兆会博士、西南师范大学的肖伟胜教授、南开大学的李玉平博士、南京大学的黎广基博士和殷曼楟博士、《文艺研究》杂志社的陈剑澜老师、《民族文学研究》杂志社的刘大先博士、《社会学研究》杂志社的罗琳老师、《文学理论研究》杂志社的陈佳鸣老师、《南京师范大学学报》编辑部的陆林教授、《福建论坛》杂志社的管宁老师、《人文杂志》杂志社的杨力民老师、《求索》杂志社的章克团老师、《山西师范大学学报》编辑部的畅引婷老师、《暨南学报》编辑部的吴奔锜教授、《学术研究》杂志社的陶原珂老师、《福建师范大学学报》编辑部的陈颖老师，他们或者对本书的观点形成提出过建设性的建议，或者为本书提供了大量的资料，或者在成书过程中发表了本书的部分章节。

非常感谢商务印书馆的丁波博士，他对本书的细心审读使我有机会更正自己的错误，也正是他不间断的关注和催促使我最终顺利完成书稿。同时非常感谢暨南大学国家211工程重点项目“比较文艺学与海外华文文学”的资助，他们的资助使本书得以如愿出版。

深深地感谢我的父母,他们为我承担了大量的家务,在我最需要帮助的时候始终毫不含糊地帮助我。还有我的爱人,他始终是我的第一读者,无论是内容还是技术细节,他都事无巨细地与我反复沟通。在本书完稿时刚刚诞生的孩子赋予我最大的信心和勇气,使我继续修改以致完善成书。家人的爱使我静下心来,踏踏实实地做完这份工作,在享受生命的同时也享受了学术。